La sangre de los cátaros

5€

Elizabeth Chadwick

La sangre de los cátaros

Traducción de
Albert Solé

Círculo de Lectores

AGRADECIMIENTOS

Querría dejar constancia en esta página de lo mucho que debo a cuantos me han ayudado, de una forma u otra, a escribir este libro: a Tony Sutcliffe, que me lo planteó como un desafío primero y me animó continuamente después; a mis agentes, Carole Blake y Julian Friedman, de la Blake Friedman TV and Film Agency, que me han acompañado en todos los pasos del camino; a Maggie Pringle y Susan Watt, de la editorial Michael Joseph, que miraron con benevolencia mi manuscrito cuando aún era un simple pergeño.

En mi investigación he contado con la ayuda de mi buena amiga Alison King, a la que siempre agradeceré sus análisis y su interés constante. He tenido la callada colaboración de Roger, mi marido, que me ha facilitado el espacio que necesitaba para escribir. Y, como telón de fondo, el apoyo entusiasta del personal de la biblioteca del condado de West Bridgford, de la asociación de escritores de Nottingham y de muchos amigos pertenecientes o no al mundillo literario, demasiado numerosos para mencionarlos aquí a todos.

Por último, me gustaría dar las gracias a Bryan Adams, Runrig, Gordon Lightfood, Big Country, REM, Jim Steinmann y The Mission, entre otros, por haberme acompañado e inspirado con su música durante las largas horas dedicadas a escribir *La sangre de los cátaros*.

Primera parte

EL ERIAL

1207-1218

Capítulo primero

Sudoeste de Francia, abril de 1207

Dando muestras de una prudencia mayor de la que cabía esperar de sus veintiún años, Raoul de Montvallant cubrió con la palma de la mano la copa de cristal veneciano que tenía delante y rechazó con un gesto al escanciador que se disponía a llenársela de nuevo. Nada tenía contra el vino, que era excelente; en cualquier otra ocasión se habría emborrachado como los demás jóvenes sentados a la mesa, pero aquella noche tenía un buen motivo para tratar de mantenerse sobrio.

Inconscientemente, la mirada se le escapó otra vez, nerviosa y furtiva, hacia el motivo en cuestión: su esposa Claire, con la que acababa de contraer matrimonio después de haber estado prometidos desde niños. Aún recordaba cuando la conoció correteando por el castillo con una sonrisa de ingenua sorpresa y con el dobladillo de las faldas sucio de barro tras haber jugado en los charcos de la muralla. Ahora su sonrisa descubría unos dientes blanquísimos, que podrían decirse perfectos de no ser porque los dos centrales montaban ligerísimamente el uno sobre el otro, y la orla de su vestido estaba recamada con hilos de oro en zigzag, brillantes sobre el suntuoso terciopelo italiano.

Sus cabellos, sueltos sobre la espalda como símbolo de virginidad, lanzaban destellos de seda incandescente, y Raoul ansiaba pasar los dedos por entre sus ondas para descubrir si eran tan suaves como parecían. Sus miradas se cruzaron un instante y pudo ver sus luminosos ojos de color castaño, pero enseguida ella dejó caer el velo de sus pestañas, ofreciéndole solo la dulce media luna de sus párpados y el sereno entrecejo. Trató de pensar en algo que decirle..., algo que no pareciera manido o banal. Pero aquella hermosa joven no era ya la chiquilla flacucha de entonces y su belleza lo enmudecía. El pensamiento de que estarían pronto los dos solos, en el lecho, desnudos, secó su garganta. Alargó el brazo para asir la copa, pero al recordar que estaba vacía dejó caer la mano abierta sobre la mesa.

–Impaciente, ¿eh, muchacho? –se burló sonriente el padre Otho, el sacerdote que había oficiado la ceremonia de su boda en la poco frecuentada capilla del castillo–. No te lo reprocho. ¡Tampoco a mí me desagradaría llevármela a la cama!

Con los dientes hincados en una manzana de mazapán, recordaba la cabeza del jabalí relleno que los sirvientes habían llevado a la mesa en un momento anterior del banquete.

La mano de Raoul se contrajo en un puño, que estuvo muy tentado de estrellar en la cara fofa del clérigo. El padre Otho era un cura embustero, un glotón y un mujeriego que anteponía sus placeres y su codicia a las necesidades de su rebaño. No era extraño que la austera religión cátara se extendiera tan rápidamente si quienes encarnaban la oposición al catolicismo eclesiástico respondían a la imagen típica de aquella bola de sebo sentada a su lado.

–¡Lástima que hayáis hecho voto de celibato! –dijo Raoul, sarcástico, con un brillo frío y acerado en sus ojos azules.

–¡Y que lo digas! –Un sonoro eructo cortó la risotada del sacerdote. Medio sepultada entre los mofletes con que la buena vida había rellenado su rostro, su expresión al chasquear los labios era manifiestamente lujuriosa–. Pero todos tenemos que hacer algunos sacrificios en esta vida, ¿no crees? ¡Eh, tú, chico! ¡Llénala, llénala hasta arriba! –ordenó al imperturbable sirviente que escanciaba el vino y luego, alzando la rebosante copa, se inclinó hacia el padre de Raoul diciéndole–: Tenéis una magnífica bodega, señor.

Berenguer de Montvallant respondió al elogio con una tibia

sonrisa y acto seguido, cuando la atención del odioso clérigo fue a perderse en otra parte, se volvió hacia su viejo amigo y padre de la novia para murmurarle:

–¡Y este será capaz de vaciármela antes de que concluya la noche!

Huon d'Agen enlazó las manos sobre la confortable curva de su abdomen.

–No es precisamente el tipo de sacerdote que volverá a atraer a la gente al redil de la Iglesia –observó con ironía–. ¿Cabe extrañarse de que los cátaros tengan tanto éxito entre nosotros, siendo como son los únicos que practican la pureza de costumbres que predican?

Bajo el manto de seda, Berenguer se encogió de hombros.

–Yo nunca abrazaría su fe, pero no me opongo a que celebren sus reuniones en la ciudad. Como dices, su ejemplo es una vergüenza para la Iglesia de Roma.

–Pues el papa Inocencio no es tan tolerante –objetó Huon apretando los labios–. Supongo que estarás enterado de la última injerencia de Roma, ¿no? Se habla de convocar una cruzada para frenar a los cátaros si nuestro conde Raimundo no se decide a hacerlo.

Berenguer se pasó la mano por la barba recién recortada. Sus ojos, más hundidos y empañados por los años que los de su hijo Raoul, tenían sin embargo su mismo brillo azul metálico.

–Se ha hablado de esa cruzada desde que yo tenía la edad de mi hijo y es un tema demasiado viejo para darle importancia. Dudo mucho de que se llegue a nada práctico. –Dirigió la mirada hacia el padre Otho, que ahora estaba comiéndose con los ojos a la linda doncella de Claire . Mejor haría la Iglesia en ordenar su casa antes de ponerse a lanzar piedras a tejados ajenos.

–Bueno..., algo están haciendo en ese sentido...

–¿Te refieres a Domingo de Guzmán y a su pandilla de frailes predicadores? –preguntó Berenguer con indiferencia–. Son una pobre imitación de los Hombres Buenos de los cátaros y no representan a la generalidad de los sacerdotes. Fracasarán.

Desde debajo de sus pobladas cejas, Huon lanzó una mirada escrutadora a su amigo.

–¿Ya sabes que se ha sugerido la implicación de la Francia septentrional en esta convocatoria de cruzada?

–Tampoco es nada nuevo –respondió amargamente Berenguer, y observó en silencio la entrada de unos músicos con laúdes y adufes que venían a sumarse a los dos arpistas que hasta entonces habían estado tocando suavemente sus instrumentos mientras se servían los platos–. Llevan años buscando una excusa para marchar contra Toulouse.

–Y los cátaros podrían servírsela en bandeja.

–El conde Raimundo jamás toleraría la presencia de un ejército francés en sus dominios –replicó con firmeza Berenguer, con la vista clavada en el blanco mantel bordado por su esposa, negándose a mirar a los ojos de Huon.

El conde Raimundo de Toulouse, su señor feudal, era un hombre indolente y acomodaticio, que rara vez se tomaba la molestia de preocuparse por algo que no tuviera al alcance de la mano y requiriera esfuerzo. En sus tierras reinaba la paz, florecía la cultura y la mayoría de sus súbditos se sentían satisfechos, de modo que no veía ninguna razón para introducir cambios que alteraran aquellas condiciones de vida, por mucho que el Papa refunfuñara y amenazara desde Roma. Tampoco estaba dispuesto Berenguer a prever posibles problemas..., por lo menos no en el día de la boda de su único hijo. Hoy solo deseaba albergar pensamientos de paz y de prosperidad..., la esperanza de futuros nietos. Por eso añadió, con una nota desafiante en su voz:

–Pasará todo como una tormenta en las montañas.

Se sintió aliviado al notar el cambio producido en la música, mucho más fuerte y animada ahora.

Miró de soslayo a su esposa, sentada al otro lado, y observó que seguía el ritmo con el pie. Tras su velo de seda, sus cabellos brillaban como el azabache pulido. Era diez años más joven que él y continuaba siendo una mujer asombrosamente atractiva, en particular cuando sonreía como lo hacía ahora. Le bastó verla para aventar sus pensamientos sombríos e, invitándola a ponerse en pie, la tomó de la mano para conducirla a donde ya bailaban otros invitados.

Se apagaban las luces del crepúsculo y los soldados se disponían a atrancar las puertas de Montvallant cuando llegaron tres viajeros que solicitaron hospitalidad para pasar la noche en el castillo.

–Estáis de suerte –comentó jovialmente el centinela de la puerta al tiempo que se hacía a un lado para franquearles el paso–. Hoy celebramos la boda del hijo de nuestro señor. Si os apresuráis, aún podréis comer y danzar en el salón. Por allí encontraréis un abrevadero para dar de beber a vuestros caballos.

El soldado escrutó a los componentes del grupo: dos hombres, cincuentón el uno y frisando en los cuarenta años el otro, vestidos ambos con las sobrias ropas oscuras de los Perfectos cátaros, a los que acompañaba una mujer joven cuyo rostro, enmarcado por la toca y el velo y resguardado por la ancha ala de un sombrero de peregrino, tenía una belleza escultural, no exenta de imperfección, pero absolutamente arrebatadora por el resplandor interior que la encendía. Bajo sus oscuras cejas, sus ojos eran claros, de un gris opalino que reflejaba los matices de sus ropas y de todo cuanto la rodeaba. La voz con que le dio las gracias poseía la suavidad y la riqueza del mejor vino de Gascuña.

–¿Vais muy lejos?

–Bastante lejos, sí –respondió el menor de los dos hombres al tiempo que extendía el brazo para guiar a la joven hacia el interior del castillo, en un gesto protector que zanjó la curiosidad del centinela.

Tan pronto como pasaron los rastrillos chirriaron a sus espaldas al deslizarse las cadenas de sus poleas, y el puente levadizo se alzó pesadamente al encuentro del muro de rojos ladrillos. La construcción de Montvallant databa de doscientos años antes, cuando lo edificaron para hacer frente a la amenaza de la invasión islámica. Ya no existía tal amenaza, pero sus imponentes muros seguían siendo un recordatorio de la función que había tenido originariamente el castillo.

Cuando los viajeros hubieron abrevado a sus caballerías y adosado al interior de la muralla una pequeña tienda de campaña, los últimos restos de luz diurna se habían transformado en una sutil franja verde tendida sobre el horizonte por el oeste. Por la entrada que daba al salón, que flanqueaban las llamas de las antorchas, llegaba la tentadora música de laúdes y flautas sobre el rítmico acompañamiento de los adufes. Voces alegres elevaban el tono y algunos invitados a la fiesta salían al patio y se dispersaban como brillantes mariposas a la luz de las antorchas luciendo sus mejores sedas y terciopelos. Uno de ellos alzó su copa en dirección a los recién llegados y balbuceó un saludo.

–No deberíamos haber venido –dijo el viajero de más edad poniéndose tenso y aferrando con las manos su gastado cinto de cuero. Le faltaban los dedos índice y corazón de la diestra y los tres restantes no tenían uñas.

–Todo va bien, Matthias –le tranquilizó la joven tocándole la manga para inspirarle seguridad–. Aquí no corremos peligro y, por otra parte, necesitamos comer algo y descansar por lo menos esta noche. Tío Chrétien podrá encargarse de dar las explicaciones precisas.

–¿De verdad no hay peligro? –insistió su interlocutor con un parpadeo nervioso.

–Os lo aseguro.

Le apretó el brazo y miró a Chrétien que, interpretando su muda petición, se atusó sus ya escasos cabellos oscuros y se adelantó hacia la puerta iluminada, en tanto que la muchacha acababa de persuadir a Matthias de que la acompañara también al interior. Mientras cruzaban el patio no pudo evitar preguntarse si alguna vez Matthias conseguiría sobreponerse a lo que le habían hecho.

El mayordomo de Montvallant les encontró un hueco donde tomar asiento, en un lugar retirado del salón, al extremo de una improvisada mesa en la que ya no parecía caber nadie más, pero el sitio era lo de menos. Estaban deseando poder sentarse donde fuera y reponerse de su cansancio con la comida y el vino, y no les importó en absoluto ver que sus compañeros de mesa, achispados en su mayoría y totalmente inmersos en la alegre celebración, apenas se fijaban en ellos.

–¿Un poco más de pan, Bridget? –le preguntó su tío Chrétien ofreciéndole un cesto lleno a rebosar.

La joven meneó la cabeza sonriendo.

–No podría tomar ni un bocado más –respondió.

Tras quitarse el sombrero, apoyó los codos en la mesa y se puso a observar a los que danzaban con una expresión de leve nostalgia en los ojos. Aquel era un mundo distinto, que podía atisbar a hurtadillas, pero que jamás conocería... y que ni siquiera estaba segura de querer conocer, salvo fugazmente, durante un día y una noche quizá... Le gustaban su colorido, su alegría y su despreocupada exuberancia que no aspiraba más que a vivir el momento presente. A veces se le hacía muy duro ser quien era y asumir su condición.

En los movimientos del baile, los que danzaban giraron en dirección a su mesa. Un muchacho atrapado en el festivo grupo trataba jovialmente –pero sin mucho empeño– de escapar de él. Bridget contuvo la respiración al observar su belleza varonil y orgullosa, así como el magnetismo que emanaba de su cuerpo joven y lleno de vigor. Sintió la felicidad que irradiaba y quedó contagiada. El muchacho miró un instante en su dirección y ella bajó al punto la vista para fijarla en una mancha de vino de la mesa, mientras el corazón le latía con dolorosa violencia y notaba los nervios a flor de piel. Los ojos de aquel joven eran más azules que las franjas de las alas del arrendajo.

–¿Qué te ocurre? –le preguntó Chrétien al advertir enseguida su turbación.

–Nada –respondió ella forzando una sonrisa–. Tal vez sea que la música es más embriagadora que el vino.

Chrétien frunció el ceño y se disponía a reprenderla por aquel pensamiento frívolo cuando la sala entera prorrumpió en vítores, gritos y silbidos de aprobación. Bridget vio entonces que el muchacho, todavía rodeado por sus camaradas, era conducido por estos hacia la escalera de la torre. Su mirada lo siguió en un involuntario gesto de curiosidad.

–¿Qué ocurre? –preguntó.

La mujer que se hallaba sentada a su lado en la mesa volvió ligeramente la cabeza, pero sin apartar la vista de la cuadrilla que ahora se apretujaba junto a la escalera.

–Dirás más bien qué es lo que va a ocurrir... –respondió tras una risita–. Es la ceremonia del lecho. ¡Ha llegado el momento de que nuestro joven señor Raoul y su esposa se conozcan mejor!

–¡Oh! –exclamó Bridget.

Se le cayó el alma a los pies al comprender la razón de que la hubiera sobresaltado aquel vigor de la masculinidad, que esa noche apuntaba a alguien en concreto: a una joven que, rodeada a su vez de damas y doncellas, era llevada desde el estrado hacia otra escalera. Aquella doncella poseía el andar elegante y vistoso de una gacela... y su misma expresión asustadiza y tímida.

Bridget volvió a bajar la vista. Tenía el sombrero en el regazo y comenzó a juguetear distraídamente con él. En silencio, pero con determinación, formuló el deseo de que los novios fueran muy felices. La envidia no tenía cabida en su carácter ni en el credo cátaro por el que se regían sus guardianes, pero aquella noche sintió su punzada. Reparó en la mirada inquisitiva de Chrétien, y también en la de Matthias; ambos estaban nerviosos y en ascuas. Alzó la cabeza y sonrió tristemente.

–Estoy muy cansada –dijo con un leve estremecimiento al tiempo que se ponía en pie–. Ya es hora de que vaya a acostarme... No, no... Terminad vuestro vino. Me agradaría estar un rato sola.

Entre las pobladas cejas de Chrétien se formó una arruga.

–Si hubiera algo que te inquietara, nos lo dirías, ¿verdad?

–Por supuesto que sí. –Titubeó antes de proseguir–: Noto una sensación extraña dentro de mí, como una luz en mi espíritu que, sin embargo, es opaca como la luna. De momento me resulta imposible ver a través de ella.

«Una luz dentro de la luz», pensó Chrétien, consciente de la incandescencia que podía alcanzar. La luz que hacía girar el mundo y lo disolvía en la matriz del puro espíritu. Cuando la joven apoyó fugazmente la mano en su hombro, se volvió para verla alejarse. Tenía el corazón abrumado por el temor. Bridget era flexible como un arbolillo, rica en frutos de la antigua sabiduría, pero no por ello menos vulnerable a los hachazos.

La alcoba donde los recién casados iban a pasar la noche de bodas era una estancia cómoda y lujosa. Tapices de tonos escarlata y azul recamados en oro adornaban sus paredes y evitaban las corrientes de aire, y allí donde no había tapices colgaban cuadros con escenas de la vida cotidiana, en especial escenas pastoriles sobre la cría de ovejas y el cultivo de la vid.

El lecho de madera de nogal era la pieza central del mobiliario: un estrado donde celebrar los ritos de la concepción, el nacimiento y la muerte, espléndidamente tallado para tan diferentes propósitos. Las cortinas de brocado azul y escarlata, rígidas por el relieve de los bordados que recreaban el tema de la Virgen y el Unicornio, lo rodeaban casi por completo creando un ámbito privado con respecto al resto del aposento. La colcha que cubría la almohada y las rozagantes y blancas sábanas de lino era de fina seda azul oscuro, con estrellas de hilo de plata que representaban un cielo nocturno en el apogeo de Venus. El mismo dibujo se repetía en el dosel.

El fuego ardía sin humo en el hogar, sobre el cual, una doncella había puesto una tisana de vino con especias para que hirviera a fuego lento mientras las damas invitadas para asistir a la novia se ocupaban de desvestirla. Beatrice, la madre de Raoul, atrajo a la joven hacia la chimenea y la instó a colocarse sobre una alfombra de piel de musmón para que no se le enfriaran los pies.

–Este es un día muy feliz para mí, Claire –exclamó mientras abrazaba y besaba cariñosamente a la novia–. Estoy más que orgullosa de poder llamarte por fin hija mía.

Claire le devolvió el abrazo, pero se le hizo un nudo en el estómago al pensar en lo que la aguardaba. Todas las mujeres querrían besarla para darle la enhorabuena..., y también los hombres, antes de que finalmente lo hiciera Raoul, su esposo. Ya se habían besado antes en alguna ocasión, pero vigilados siempre de cerca por su dama de compañía. Nunca habían tenido la oportunidad ni la licencia para gozar de mayor intimidad física. Se estremeció al pensarlo y preguntarse con cierta desesperación qué se dirían al reunirse. Hoy se habían sentido tan cohibidos por la tradición, la ceremonia y la excepcionalidad del festejo que les resultaría imposible mantener una conversación natural. Hoy habían sido dos desconocidos el uno para el otro, nerviosos y mudos, pero esta noche se esperaba que durmieran juntos, que se amaran, y que por la mañana dejaran en el lecho una sábana manchada de sangre susceptible de ser mostrada como prueba de virginidad y de virilidad. Si no hubiera sido por aquel nudo en el estómago, tal vez se habría echado a reír.

Le quitaron el velo de gasa y la guirnalda de flores doradas prendida en el pelo, y su madre, con un cepillo de cerdas, comenzó a peinarle los brillantes cabellos castaños para que relucieran todavía más.

–Estás muy hermosa, querida –musitó Alianor d'Agen con una mezcla de orgullo y tristeza.

A pesar de lo mucho que la complacía aquel matrimonio, le suponía un doloroso esfuerzo dejar marchar a su única hija.

–Cuida de Isabelle esta noche, mamá –le rogó Claire en voz baja mientras inclinaba la cabeza por los tirones del cepillo.

Alianor detuvo un momento la mano, enarcó una ceja en muda pregunta y miró de soslayo a la doncella de su hija, que en aquel instante se ocupaba de colgar cuidadosamente en el perchero el vestido de boda. Tan solo un año menor que Claire, era una joven gentil y dócil que pertenecía a una familia cátara de la pequeña nobleza. Claire le profesaba un gran cariño y mantenían una relación más cordial que la acostumbrada entre doncella y señora.

–No me fío del padre Otho –explicó Claire–. No le ha quitado el ojo de encima en toda la velada, y he visto cómo le daba un pellizco cuando creía que nadie miraba. Ya sabes lo reservada que es... Por nada del mundo armaría un escándalo, y no quiero que le ocurra nada.

Su madre se mordió los labios en un gesto de desagrado, no por el comentario de su hija, sino por el hecho que lo había motivado.

–No te preocupes, cariño, me aseguraré de que esté bien –prometió Alianor sin poder reprimir un bufido de disgusto–. Ese hombre no merece la dignidad que ostenta. ¡Deberían molerlo a zurriagazos!

Había hablado en voz baja, consciente de la amistad y cortesía que debía a los Montvallant, de cuya familia era capellán el padre Otho. Sin embargo Beatrice tenía el oído muy fino.

–¡Oh, te sobra razón! –intervino con tono severo–. Es un pariente lejano de Berenguer y prometimos a su familia que le confiaríamos la iglesia de Montvallant cuando se ordenara. Raoul era muy niño aún, pero no hemos dejado de lamentarlo desde entonces. ¡Llevo diez años sin confesarme porque no podría soportar hacerlo con él!

–¿Y por qué lo mantenéis en su cargo?

Beatrice se encogió de hombros, con gesto irritado.

–Obligación, sentimiento de culpabilidad, una concesión a la fe abandonada... Cuando el obispo viene a hacernos su visita pastoral, al menos podemos presumir de contar con un capellán propio..., aun cuando las dos terceras partes de los aldeanos no se acerquen jamás a la iglesia. Pero tienes razón... A menudo pagamos demasiado cara esta prebenda. –Apoyó la mano en el brazo de Claire y le aseguró con vehemencia–: Te prometo que, en cuanto dependa de mí, de Berenguer o de Raoul, tu doncella estará a salvo mientras se encuentre en Montvallant.

–Gracias..., madre.

La última palabra se trabó en la lengua de Claire. A pesar de que sentía gran aprecio por Beatrice, le costaba dirigirse a ella con aquel tratamiento tan familiar. Con el tiempo se acostumbraría, pero ahora, como todo lo demás, le resultaba nuevo y extraño, y la asustaba. El aire fresco de la noche le rozó la piel desnuda, haciéndola tiritar. Isabelle colgó la camisa de lino en el perchero junto con los otros atavíos de la boda, y Claire se sentó en la cama para que las mujeres pudieran quitarle las medias y las ligas. De fondo, se oían los acordes del laúd y el arpa. La seda fría resbaló sobre sus hombros cuando la vistieron con un holgado camisón y luego dejó que le recogieran el cabello en un moño de resplandeciente brillo.

Le castañeteaban los dientes y sentía las manos heladas por los nervios. Todas le hablaban, pero el palpitar de su corazón retumbaba en sus oídos ahogando las palabras, hasta que se dio cuenta de que ya no eran los latidos de su corazón, sino la bulliciosa llegada de los hombres desde la otra habitación de la torre... Raoul trataba de abrirse paso entre ellos a empujones, desnudo bajo un capote verde de lana. Se oían muchas risas estridentes y bromas alegres. Al levantar los párpados, Claire observó que Raoul se había ruborizado y su sonrisa era tan rígida y nerviosa como la suya. Sus miradas se encontraron a través de la estancia, y él le hizo un gesto tímido y pesaroso. Claire le saludó y volvió a clavar la vista en el camisón de seda pálida que cubría sus rodillas.

Beatrice tomó en sus manos una copa dorada de vino caliente.

–Bebe un poco y entrarás en calor –le susurró a la joven abrazándola de nuevo para tranquilizarla.

Claire acercó sus labios a la copa y tomó un sorbo mecánicamente. El sabor de la canela y del mosto tinto y caliente le impregnó la lengua. Raoul, entonces, ocupó el lugar de Beatrice junto a ella. Cogió la copa de sus manos y se la llevó a los labios por donde ella había bebido. Luego, con delicadeza, pasó el brazo por el talle de su esposa.

Todos los presentes prorrumpieron en un griterío jovial y obsceno, sobre todo los más jóvenes. La cara de Claire se encendió tanto como la palma de la mano de Raoul, que sentía arder en su espalda a través del camisón de fina seda y que suavemente la hizo volverse hasta mirar de frente a los congregados.

El padre Otho se abría paso a empellones para acercarse a los jóvenes esposos y darles la bendición que iba a librarlos de la festiva curiosidad de los invitados. Purificaría y rociaría con agua bendita el lecho matrimonial y bendeciría el fruto que allí pudiera nacer. Estaba ebrio, con sus negros ojos acuosos y achispados y la mirada obnubilada.

–¡Vaya, vaya...! –exclamó mirando lujuriosamente a Claire–. Ayer apenas eras un capullito cerrado y bien erguido en su tallo..., y ahora ¡te has convertido en una rosa abierta, a punto para ser arrancada!

Con gesto torpe el padre Otho se llevó el dedo índice a una aleta de la nariz mientras le guiñaba el ojo a Raoul.

La cólera y la vergüenza anegaron el pecho de Claire. Podía aceptar las pequeñas burlas de los presentes, pues formaban parte de la tradición de las bodas. Todas las novias y novios eran blanco de ellas, pero no por parte de un clérigo con la cara congestionada por la bebida y la lascivia. Raoul estuvo a punto de arremeter contra él, pero su madre le refrenó sujetándolo del brazo.

Berenguer tenía un inquietante tono púrpura en su tez oscura cuando intervino con voz queda:

–Os sugiero que os limitéis a pronunciar las palabras de la bendición, capellán.

La habitación quedó de súbito en silencio, roto solo por los suaves sones de la música. El cura trataba de mantenerse derecho, pero sus pies flaquearon y fue a caer de costado sobre uno de los presentes.

–¡Pues qué poco sentido del humor! –masculló, poniéndose en pie con dificultad–. Por lo visto aquí nadie sabe encajar una broma...

Estiraba el labio inferior como un crío en plena rabieta mientras se aproximaba prudentemente al lecho para murmurar en la tín las oraciones de la bendición, o mejor dicho, a chapurrearlas, pues le salían sin orden ni concierto. Luego sacudió desmañadamente el hisopo con el agua bendita y ofreció a los recién casados un crucifijo para que lo besaran.

Claire sintió un mareo. La respiración del padre Otho era tan estentórea como la de un mastín y la pestilencia de su sudor resultaba insoportable. No le hubiera sorprendido ver asomar la punta bífida de un rabo demoníaco bajo la faldamenta de su hábito. Incapaz de tocar la cruz con la boca, besó al aire. Isabelle le había dicho en cierta ocasión que el crucifijo no era más que un símbolo falso, sin valor en sí mismo, y Claire de pronto la creyó. También Raoul se limitó a besar al aire, con la cara tensa por la ira reprimida. El broche dorado de su capa centelleaba a cada movimiento de su respiración agitada.

Un acceso de hipo obligó al padre Otho a interrumpir su salmodia. Eructó groseramente.

–Y ahora, muchacho, a la faena... –concluyó sonriendo–. Para que mañana podamos presumir de una sábana bien manchada de sangre, ¿de acuerdo?

Su risita obscena fue sustituida por un chillido horrorizado cuando Raoul lo agarró por el cuello de su hábito pringoso de comida y lo retorció hasta tumbarlo en el suelo.

–¡Lástima que no viviréis para verlo! –gruñó mientras intentaba estrangularle.

El semblante de Otho se amorató de forma alarmante. De su garganta empezó a salir un ronco chirrido y se le hincharon las venas de la frente. Al cabo de unos segundos, Berenguer intervino de mala gana y obligó a su hijo a aflojar la mano que agarrotaba el cuello del clérigo.

–Déjalo, Raoul... No querrás mancillar vuestra noche de bodas con un crimen.

–¿Por qué no? –dijo Raoul entre dientes, pero se controló.

Dobló y estiró los doloridos dedos mientras clavaba la mirada en el hombre que yacía a sus pies medio inconsciente.

Berenguer hizo señas a dos criados.

–Llevad fuera al padre Otho hasta que se le pase la borrachera.

–¿Fuera, señor?

–Tan cerca del estercolero como merece su comportamiento.

–Sí, señor.

Con despiadada satisfacción en sus rostros, los dos hombres cargaron con el cura y lo sacaron a cuestas de la habitación, sin importarles que la cabeza fuera golpeando contra la pared.

Todavía con el rostro encendido, Berenguer pidió disculpas a los presentes.

–Ya es hora de que dejemos a los novios en paz –añadió con voz ronca, y abrazó con solícita ternura primero a Raoul y después a Claire–. No permitáis que os amargue la noche.

–No, padre.

La sonrisa de Raoul expresaba más convicción de la que en realidad sentía. Junto a él Claire temblaba, con la cara translúcida como el hielo.

Uno tras otro los invitados les felicitaron y salieron de la estancia. Raoul se dirigió a los músicos, que aún seguían tañendo una suave melodía, y los despidió con una palabra amable y un puñado de monedas de plata como pago. El silencio que inundó la alcoba aterrorizó a Claire. Probó el vino que quedaba en la copa, pero estaba frío. Para tranquilizarse, se dirigió a la chimenea, donde Isabelle había dejado la jarra sobre la lumbre, y tras verter el contenido de la copa en las llamas, volvió a llenarla.

El líquido silbó y chisporroteó al contacto con las ascuas, rompiendo el silencio. Claire, medio hipnotizada, tenía la mirada fija en los llameantes jirones de fuego. El calor le quemaba el rostro, y al probar el vino sintió como si bebiera el mismísimo fuego. Trató de mover los pies pero descubrió que no ejercía control sobre ellos, como tampoco sobre sus ojos, que seguían clavados en los cuchillos de luz y en la oscuridad que se abría detrás.

Raoul volvía de atrancar la puerta y, al ver a su esposa, temió que las llamas prendieran en su camisón. Lanzando un grito la apartó del hogar.

Claire alzó la vista entre las lenguas de fuego reflejadas en su tez y se llevó la mano a la frente.

–¿Claire? –La tenía sujeta por los hombros mientras escrutaba su rostro, que ya no estaba pálido sino sonrojado por el calor del hogar.

–Lo siento... Ha sido un día muy largo... Estoy bien.

–Demasiado largo, sí –asintió Raoul con una mueca–. Te juro que no me remordería la conciencia si hubiera estrangulado a ese maldito cura.

El recuerdo de la forma en que el eclesiástico había deshonrado su cámara nupcial, cuando debería haberla bendecido, se sumó a la tensión y la fatiga que la joven sentía. Un nudo de dolor se le formó en la garganta, imposible de deshacer tragando saliva. Sofocó un sollozo con el dorso de la mano.

–Lo lamento, Raoul..., lo lamento...

La angustia de Claire atenazó también la garganta de Raoul, que retiró una mano de su hombro y le acarició la mejilla. Su piel era tan suave como el pétalo de una rosa.

–¡Jesús! No tienes por qué disculparte, Claire... Tú no has hecho nada.

Inseguro sobre el siguiente paso que debería dar, la atrajo hacia sí, ofreciéndole el consuelo que podía. Su cuerpo se estremeció junto al de ella. Claire escondió su rostro bajo la capa y dejó que la cosquilleante suavidad del paño amortiguara sus sollozos. Él posó los labios en sus cabellos perfumados de espliego y en sus sienes, todavía ardientes por el fuego. Luego tomó su rostro entre las manos y la besó en las mejillas saladas por las lágrimas, en la comisura de la boca y, finalmente, en los labios.

Aunque Raoul no tenía gran experiencia con las mujeres, tampoco era inocente del todo. Alguna vez había visitado las *maisons lupanardes* de Toulouse, donde una de las prostitutas se había empeñado en enseñarle que existían otros placeres más dulces que los que había experimentado en la breve y ruda simplicidad de sus anteriores encuentros.

Sí, estaba nervioso. Claire era virgen, seguramente no se mostraría muy dispuesta a facilitarle las cosas si él se mostraba torpe... Y, además, estaba muy inquieta. Pero la deseaba y, mezclado con el nerviosismo, sentía el hormigueo de su sangre joven y ardiente. Entre beso y beso le musitaba palabras tranquilizadoras, mientras la retenía con suavidad e intentaba concentrarse en las reacciones de ella para distraerse de la creciente agitación de sus propios sentidos. Sabía que Claire era consciente de su deseo..., algo imposible de ocultar cuando todo lo que llevaba puesto era una capa y, ella, un finísimo camisón de seda.

–¡Eres tan hermosa! –exclamó con una nota de emoción en la voz–. No te haría daño por nada del mundo.

–Lo sé... No tengo miedo de ti.

Raoul advirtió el énfasis que había puesto en las dos últimas palabras.

–Entonces..., ¿qué temes?

Claire se apoyó contra su pecho y sintió en la mejilla el martilleo de los latidos de su corazón.

–Hace un instante, cuando miraba el hogar, me ha asaltado una sensación terrible, como si el mundo entero ardiera en llamas y yo no pudiera hacer nada por evitarlo. De niña solía tener pesadillas relacionadas con el fuego, porque una vez vino a Agen un cura y le oí predicar sobre las llamas del infierno que aguardan a todos los herejes. Mi madre me dijo que, después de aquello, tardé meses en volver a dormir bien.

–¡Curas! –gruñó Raoul en voz baja–. ¡El infierno debe de estar plagado de ellos! Olvídalos, Claire. Esta noche nos tenemos el uno al otro. –Besándola de nuevo en la boca, intentó con disimulo alcanzar el lazo del camisón–. Si esta noche ardemos, será de gozo.

Sus manos encontraron su piel desnuda.

Con un pequeño y sofocado grito, Claire cedió a las caricias y olvidó los presagios al apretarse contra su cuerpo fuerte, impulsada por una necesidad tan apremiante como la de él, aunque de distinta naturaleza.

Capítulo 2

En las altas y silenciosas murallas de Montvallant, Bridget llenó sus pulmones del aire nocturno todavía fresco y se sentó con las piernas cruzadas de cara al lugar por donde pronto asomaría el sol. Más allá de las almenas, el cielo destellaba como el nacarado interior de una ostra. Dulcemente, en un susurro, empezó a entonar las palabras sagradas que le había enseñado su madre, quien a su vez las había aprendido de su madre, legadas a través de un ininterrumpido linaje de mujeres que se remontaba más de mil años en el pasado.

Mientras cantaba, los muros circundantes empezaron a desvanecerse ante sus ojos. La luz vibró a su alrededor, cambiando todos los matices, fluyendo en su interior hasta llenarla como si fuera una copa rebosante de la emanación de un poder luminoso. Y, de súbito, surgió de entre las nubes un rayo de sol que, atravesando la aspillera de la almena junto a la que estaba sentada, la hirió con su resplandor. El dolor fue intenso. Un fuego líquido consumió su cuerpo hasta hacerla más brillante que la misma luz y transformarla en un disco ardiente suspendido en el aire que giraba como una rueda, mientras su mirada era como la del águila que cruza el cielo y escudriña las diminutas figuras en la tierra.

Sobre el fondo negro del cielo estaban crucificando a un hombre. Sintió un dolor insoportable, como si la atravesaran también a ella los clavos que hundían en sus manos y pies. Al lado de la cruz una mujer de cabellos oscuros lloraba, mientras una niña se agarraba a su falda; los ojos de la pequeña eran del mismo matiz cristalino que los de Bridget. La rueda giró, aumentando su velocidad y fulgor. Había fuego y una humareda asfixiante de la que se alzaban gritos de hombres y los lamentos de las mujeres. Las llamas se alimentaban de sangre, y Bridget retrocedió instintivamente. El calor del fuego era tan atroz que le chamuscaba las cejas y el pelo. Ya no formaba parte de la luz celeste, sino del fuego, de toda aquella gente que se abrasaba en las llamas. Un grito silencioso afloró en sus labios mientras trataba desesperadamente de huir.

De pronto, mientras caminaba a través de las llamas, vio llegar a un joven que empuñaba una espada y cuyo rostro mostraba una expresión desgarrada por el dolor. Se hallaba ya tan cerca que podía distinguir los galones de su manto, la rojiza barba de su mentón, las lágrimas que empañaban sus ojos de un azul intenso. Detrás de él avanzaba una mujer con la melena castaña suelta sobre los hombros. Lloraba también y trataba de alcanzar al muchacho, pero una rugiente masa de fuego los separó. Sin volver la vista atrás, el joven llegó hasta donde estaba Bridget y se arrodilló delante de ella. Las miradas de ambos se encontraron y un nombre, Raoul de Montvallant, cruzó por su mente como un fogonazo. El hombre le tendió la hoja de su espada, que ella agarró con ambas manos hasta que el doble filo las hirió y un hilillo de sangre empezó a grabar una filigrana escarlata en el acero. Y mientras el sol se alzaba en todo su esplendor sobre el horizonte, Bridget comprendió que había tenido una visión.

En la cámara nupcial, Raoul se revolvía y gemía asaltado por una pesadilla casi real. En su mente se agitaban imágenes de un fuego y destellos de armas. Los hombres proferían gritos de triunfo y de agonía, sobre los que se alzaban aterradores relinchos de caballos. Era consciente de estar luchando por su vida. El dolor que sentía en el brazo derecho era tan violento que a duras penas podía moverlo para protegerse de los golpes que caían sobre él... Todo en aquel sueño era extraño, porque jamás había entrado en batalla y mucho menos combatido hasta la extenuación. Un caballero cabalgaba hacia él. Era blanco el corcel que montaba, blanco su manto adornado con una cruz de color rojo sangre y blanca la luz que refulgía en el filo de su espada mientras la blandía amenazadora. La hoja cortó el escudo de Raoul como si fuera pan. El mundo se oscureció para él, y en las tinieblas que lo envolvieron oyó la voz de una mujer que lo buscaba y, tras preguntarle su nombre, lo llamaba a la luz. La divisó a lo lejos, con los cabellos negros y las manos tendidas. Él respondió por señas, conmovido hasta lo más hondo de su alma, y de repente se encontró delante de ella, que lo miraba con los ojos empañados, que eran como cristales cortantes.

–¡Raoul, por Dios, despierta! ¡Raoul!

El dolorido chillido de terror resonó en su cabeza al tiempo que se alejaba de la mujer del sueño para despertar con ojos de asombro en el dormitorio inundado por la luz del sol. Una voz lo llamaba todavía, pero distinta, más suave y serena. El cabello castaño le rozó el pecho desnudo haciéndole cosquillas, y descubrió la cara de Claire, que lo observaba con preocupación.

–Estabas soñando, mi señor.

–¡Soñando! –Se estremeció–. ¡Por los clavos de Cristo que jamás en mi vida he sentido tanto miedo!

Se cubrió los ojos con la mano. Estaba tan bañado en sudor que la sábana de lino se le había pegado al cuerpo como una mortaja. Los rayos del sol se filtraban a través de la cortina que cerraba el arco de la ventana y podía oír las palomas de su madre arrullándose en el alféizar. Claire estaba despeinada y hermosa a su lado, pero él se sentía como un gato con la piel erizada.

–¿Qué soñabas?

–No lo recuerdo bien... Solo sé que había una batalla y una mujer que me preguntaba cómo me llamaba con tal insistencia que me vi obligado a decírselo. –Un escalofrío le recorrió el cuerpo–. ¡Jesús...! ¡Siento como si tuviera hielo en las venas!

–¿Será por lo ocurrido anoche? –sugirió ella.

Él volvió la cabeza en la almohada y frunció el ceño.

–¿Anoche?

Claire se ruborizó mientras él la escrutaba. Habían sucedido muchas cosas la noche anterior, no todas desagradables.

–La pelea con el padre Otho... Quizá fue eso lo que te hizo soñar con un combate.

–Quizá –admitió Raoul sin mucha convicción.

Por la ventana penetró el estrépito de ruedas de carro y las voces alegres de la guardia al abrirse las puertas del castillo con la llegada de la mañana. Raoul apartó de sí la sábana húmeda por el sudor y se incorporó. En la ropa había manchas parduscas y trazas de sangre reseca, y sentía doloridos los hombros, donde ella le había clavado las uñas en el momento de la desfloración. Le asaltó un sentimiento de culpa y observó a Claire, que sostuvo su mirada mordiéndose el labio inferior.

–Lamento si me comporté rudamente contigo –se disculpó incómodo–. Tal vez no lo veas así, pero es un cumplido a tu belleza. No podía esperar más.

Ella relajó la presión de los dientes en el labio.

–No me dolió mucho..., solo al principio. Después me olvidé del dolor.

Se sonrojó y bajó la vista.

–Entonces..., ¿no estás enfadada conmigo?

Advirtiendo el deseo en su mirada, el rubor que encendía el rostro de Claire descendió hacia sus pechos cubiertos por la sábana.

–No, no estoy enfadada... –Cuando Raoul se inclinó hacia ella, añadió–: Un poco dolorida, pero tu madre y la mía ya me advirtieron que el dolor pasaría pronto.

Aunque ni su voz ni su actitud delataban pesar, Raoul notó una leve tensión en su cuerpo y se dijo que sería mejor que esa mañana limitara su admiración a las caricias y las palabras dulces, en vez de ofrecerle de nuevo la prueba plena de su pasión. Lo que necesitaba Claire ahora era estar sola un rato, y después en compañía de otras mujeres. Por otro lado, él necesitaba reponerse de la violencia casi real de su sueño. La besó con ternura en la nariz y en la comisura de la boca, y saltó de la cama para vestirse.

–Le diré a tu doncella que venga –le dijo mientras salía por la puerta.

Claire sonrió agradecida y se arrebujó bajo las sábanas.

Chrétien estaba junto al pozo del patio, llenando de agua los odres para el viaje, cuando Bridget bajó de las almenas y, sin mediar palabra, fue a ayudar a Matthias a enrollar los jergones y desmontar la tienda. La joven había adquirido la costumbre de procurarse al amanecer un tiempo y un lugar para la soledad; a veces, cuando regresaba de su meditación, parecía que el aire brillaba en torno a ella como una aureola, y así se sentía ahora. Chrétien no pudo evitar pensar en su secreto, en el saber volátil que los tres compartían; un hilo vivo capaz de trocar por completo el tapiz de la vida. Un secreto que a veces lo aterraba porque por él habían muerto de forma violenta su hermano y la mujer de este, y porque su amenaza se cernía sobre Bridget, sobre Matthias y sobre él mismo, cada vez más cerca. Los enviados del papa Inocencio los acosaban sin tregua, ansiosos por apoderarse de él, silenciarlo, destruirlo.

Chrétien taponó el último odre y se alejó del pozo para encaminarse hacia sus compañeros y los caballos. Matthias ataba con destreza el fardo a la grupa del animal, a pesar de su mano mutilada: el castigo por haber traducido unas escrituras hebreas que Roma no quería que se tradujeran, que Roma deseaba que no existiesen. Matthias escribía ahora con la mano izquierda.

–¿Estáis dispuestos?

Chrétien repartió los odres llenos. La pregunta no iba dirigida a Matthias, que estaba nervioso, y con razón, por el lugar elegido para pernoctar y feliz de alejarse de allí cuanto antes, sino a Bridget. La joven tenía una mirada ausente y, por la forma en que apretaba las correas de su montura, era evidente que algo la preocupaba. Tuvo que tocarla y repetir la pregunta, y las palabras de la joven le provocaron un escalofrío.

–Siempre estaremos preparados, pero jamás dispuestos.

Decidida y ágil como un muchacho, Bridget se encaramó a la silla de su montura y sujetó las riendas.

Chrétien abrió los labios para hablar, pero resolvió que no eran el lugar ni el momento adecuados para ahondar en las implicaciones de aquel comentario. Montó su caballo y tiró del ronzal que guiaba a la mula. De camino hacia las puertas, pasaron por delante del estercolero y vieron al cura que roncaba a pierna suelta, empapado como un trozo de carne en adobo. La escena no sorprendió a Chrétien, pero lo entristeció de veras.

–¿Comprendes lo que quiero decir? –preguntó Bridget en un susurro cuando lo dejaron atrás y penetraron en la oscuridad del túnel que comunicaba el rastrillo con la puerta–. Preparados, pero nunca dispuestos.

Capítulo 3

Las orillas del río eran un remanso de paz. Bajo el calor del mediodía, los árboles alineados en la ribera del Tarn prestaban su sombra agradable a los jinetes que habían bajado cabalgando desde el castillo para descansar junto al agua. La familia Montvallant tenía invitados; vecinos con quienes les unía una larga amistad. Aimery de Montreal y Berenguer se conocían desde niños y compartían la pasión por la cetrería. La hermana de Aimery, Geralda, era la señora del castillo de Lavaur, que se hallaba al sur de Montvallant. Era íntima confidente de Beatrice y tenía una personalidad formidable y franca. Decía exactamente lo que pensaba sin preocuparse de las consecuencias, lo que entrañaba cierto riesgo, puesto que profesaba la fe cátara, aunque sin haber hecho todavía los votos finales.

Algo apartados de los cuatro, y protegidos de su mirada por las altas hierbas y una pantalla de sauces y jóvenes fresnos, Raoul movió la cabeza para recostarla con más comodidad en el regazo de Claire, mientras dormitaba.

Claire se inclinó sobre él, sonriendo, y sintió de pronto cierta turbación al ver la curvatura ascendente de sus labios y recordar la sensualidad con que habían explorado su cuerpo. Las pestañas de Raoul eran cortas y gruesas, como el césped segado en el jardín del castillo, pero cuando se alzaban, su mirada tenía la virtud de clavársele hasta lo más hondo de su ser y trastornarla por completo.

A hurtadillas, alcanzó una mata de altas hierbas y cortó una con sus uñas afiladas. Reprimiendo una risita, balanceó en el aire la espiguilla sobre la nariz de Raoul, quien arrugó la nariz y levantó una mano lánguida para espantar lo que creyó un mosquito revoloteando. Claire esperó un instante y repitió la maniobra. Raoul reaccionó otra vez de la misma manera, y ella casi soltó una carcajada. Apretó bien los labios para reprimirla, pero no pudo conseguirlo del todo. Como Raoul parecía no haberse dado cuenta de nada, a los pocos minutos Claire volvió a balancear su señuelo, haciéndole cosquillas y provocándolo.

Con la velocidad de una serpiente al atacar, Raoul le agarró el brazo y, derribándola, la hizo rodar hasta tenerla debajo de sí.

–Y ahora, ¿qué harás? –le preguntó con sonrisa burlona, mientras le sujetaba las muñecas con las manos.

Claire, que se agitaba insinuante, inclinó la cabeza incitándolo a un beso.

–¿Qué ofreces a cambio de clemencia? –inquirió mientras enarcaba delicadamente una ceja.

–Prueba.

Se besaron. Raoul le soltó los brazos para poder apoyarse en el suelo y al mismo tiempo acariciarla. Las manos de la joven se deslizaron también bajo sus ropas y abarcaron el arco sudoroso de sus costillas. Una oleada de calor encendió el cuerpo de Claire y se concentró en su regazo al sentir contra sí la virilidad de su esposo.

–Es muy dura tu exigencia, mi señor –musitó rehuyendo el beso con una sonrisa.

–Confío en que tú la ablandes –replicó él recorriendo con fingidos mordiscos el camino de la barbilla al cuello.

Estaban estrechamente abrazados cuando se acercó para curiosear el perrazo de Aimery, un pastor de los Pirineos, que llegó meneando la cola, olfateando ruidosamente y amenazándolos a ambos con los lametones de su lengua rosada y húmeda. Raoul trató de ahuyentarlo, pero solo consiguió que el medio centenar de kilos de músculos caninos y huesos recubiertos generosamente por pelo blanco babease con mayor entusiasmo y alborozo, deseoso de agradar.

Aimery, aproximándose, llamó al animal con un agudo silbido, y el perro obedeció brincando, pero ya les había aguado la fiesta. Raoul se incorporó y entornó los párpados para mirar a Aimery en la deslumbrante claridad. Claire, con el rostro ruborizado, se apresuró a sentarse también, alisándose con la mano el vestido arrugado.

–Lo lamento... ¿Interrumpo algo?

Los ojos de Aimery centelleaban de regocijo y su pecho se agitaba con espasmos de risa contenida mientras atusaba el exuberante pelaje del perro.

Raoul le dedicó una mirada feroz.

–No lo lamentáis en absoluto. En realidad, ¡no me extrañaría nada que lo hubierais hecho a propósito!

Muy a su pesar, la irritación de su voz se trocó en buen humor.

–No puedo evitar que *Blanc* se divierta olisqueando entre los arbustos. Es su trabajo –se excusó Aimery con una sonrisa burlona. Sacó del cinturón un guante de cetrería doblado y se lo enfundó–. Tienes toda la noche para hacer lo que estabas tramando, si así lo deseas. Deja ahora tranquila a tu pobre mujer y ven a ver cómo se las arregla mi nuevo halcón. Tu padre está esperando.

Raoul suspiró y, poniéndose en pie, tendió una mano a Claire para ayudarla a levantarse, comprendiendo que había finalizado su idilio. Ella, con la mirada baja para evitar la sonrisa de Aimery, se sacudió el vestido y se ajustó su toca ladeada.

Al observar a los hombres que se alejaban a caballo, con los halcones en el puño, Geralda chascó la lengua y rió.

–Aimery estaba impaciente por enseñar su halcón a Berenguer y Raoul. Si hay que dar crédito a sus alabanzas, jamás ha existido un pájaro igual. Te aseguro que me trae medio loca con esta historia.

–Pues, entonces, debes de estar ya loca por completo –observó Beatrice con malicia.

Sus palabras asombraron a Claire, que no pudo por menos de sorprenderse ante aquella salida de su suegra.

Esta vez Geralda dejó escapar una franca carcajada tan profunda como el redoble de un timbal.

–¡Beatrice de Montvallant...! ¡Dios es testigo de que deberías avergonzarte de burlarte de una anciana!

–Pensaba que los cátaros no mentían... –replicó Beatrice, con ojos chispeantes–. Solo me llevas diez años y todavía no tengo la menor intención de admitir que soy vieja.

–Te las has arreglado no sé cómo para que Berenguer te mantenga en danza... y, ahora, además, tienes una recién casada a la que enseñar. –Dirigió una fugaz sonrisa a Claire–. Yo, en cambio, solo tengo a Aimery y esos halcones suyos que siempre están mudando de plumas.

–Tienes también tus creencias...

Ante estas palabras Geralda adoptó una actitud más seria, aunque sin perder la sonrisa que ahondaba las pequeñas patas de gallo de sus ojos. Miró hacia donde estaban los sirvientes, aunque Isabelle era la única que podía oírlas.

–Ahora que se han marchado los hombres, dejadme que os enseñe algo. –Les mostró un librito encuadernado en piel y las tapas estampadas con círculos de oro entrelazados–. No es que lo tenga escondido; varias veces le he leído a Aimery algunos pasajes en voz alta, pero muestra tanto interés por él como yo por sus dichosos halcones –explicó poniendo los ojos en blanco para recalcar sus palabras.

–¿Qué es?

–Un libro de sabiduría antigua. Lo trajo de Tierra Santa, junto con otros manuscritos, un hombre de nuestra ciudad que fue allí en peregrinación y que me los legó al morir. He encargado a un escribano cátaro de nuestra servidumbre que los vaya traduciendo a nuestra lengua poco a poco. Escuchad esto.

Abrió el libro al azar y leyó en voz alta con la voz clara y firme:

Conocerse a uno mismo al nivel más profundo es Conocer a Dios. Busca a Dios partiendo de ti mismo. Aprende quién es el que está dentro de ti, y te hace todo suyo, diciendo: «¡Mi Dios, mi mente, mi pensamiento, mi alma, mi cuerpo!». Conoce las fuentes de la tristeza, de la alegría, del amor, del odio. Porque, si examinas atentamente todo esto, lo encontrarás a Él en tu interior.

–¿No es maravilloso? –comentó–. Sin embargo, la Iglesia rechaza estas obras. –La expresión de su cara se tornó dura y su voz reflejó enojo–. Si pudieran, quemarían todos los libros no escritos en latín y cuantos no coinciden con su estrecha imagen de Dios. –Chasqueó los dedos–. ¡No necesitas a ese cura inútil vuestro para que tus plegarias lleguen a Dios, Beatrice! Preséntate delante de Él tal como eres, y te escuchará.

–Jamás se me ha ocurrido buscar a Dios a través del padre Otho –replicó Beatrice con un ligero estremecimiento–. Sería como beber vino de una copa mugrienta.

–¡Eso es! –Geralda golpeó el suelo para subrayar su asentimiento, con los ojos tan brillantes que parecían febriles–. ¡Los clérigos sirven al dios de sus intereses mundanos, no al único y verdadero! Nos dicen que creamos en un pecado que se transmite de padres a hijos, en el infierno... ¿Es esta la imagen del Dios de la Luz? –preguntó sacudiendo la cabeza–. Te lo aseguro, se valen del miedo y de la opresión para gobernar... Haz lo que te decimos, porque, de lo contrario...

–Predicas a una convencida –dijo Beatrice, que apoyó una mano sobre la de su amiga para tranquilizarla–. Hace tiempo que comparto la fe de los cátaros, aunque todavía no he hecho los votos finales, y sé también que Claire proviene de una familia cátara.

Claire asintió con timidez. La fuerte personalidad de Geralda casi le abrumaba, pero había algo excitante en su manera de hablar, en la vehemencia de su indignación, que suscitaba una respuesta en su propia alma. Para los cátaros, el camino hacia la verdad era una vida pura y sencilla: oración, celibato y comida frugal, no contaminada por la carne. Solo los plenamente consagrados, los Perfectos, pronunciaban los austeros votos finales, pero existían otros niveles para aquellos que, a pesar de profesar la fe cátara, no estaban preparados aún para someterse a la rigurosa disciplina que esta exigía. Algunos solo se convertían en el lecho de la muerte; otros después de haber formado familias y superado las pasiones de la juventud. Claire había acariciado a menudo la idea de llegar a ser uno de los cátaros y había puesto este sueño en un pedestal en su espíritu, de la misma forma que otras jóvenes conservaban la confusa imagen de un caballero de reluciente armadura o un trovador que encendiera sus primeros y vagos anhelos. Era solo un sueño, pero tan próximo a la realidad que ahora, junto a Geralda y Beatrice, podía sentirlo vivo.

–¿Podríais leer algo más? –rogó Claire con voz suave–. Antes de que vuelvan los hombres.

La señora de Lavaur la miró pensativa.

–Nada me complacería más, querida.

Su propia voz se enterneció y Claire vio en su expresión que había reconocido a un alma gemela.

Mientras herraban su caballo ruano, el padre Otho aguardaba a la sombra de un plátano fuera de la herrería, y siguió con la vista a los que volvían de su paseo por el campo, que cruzaban el pueblo de regreso al castillo. No habían creído conveniente invitarlo por lo ocurrido con Berenguer. Preferían exponerse a las llamas del infierno frecuentando la compañía de inmundos blasfemos como Aimery de Montreal y su ponzoñosa hermana Geralda, y ni siquiera se fijaron en su propio cura, medio asfixiado por el polvo que levantaban al pasar.

Sus acuosos y oscuros ojos se desviaron hacia la doncella de Claire, que montaba a la grupa en el caballo de un soldado. Le recordaba un racimo de uva en la vid en la época de la vendimia: negro, maduro... Se le hacía la boca agua con solo pensar en la dulzura de su sabor si pudiera morderla. El deseo le provocaba un hormigueo en la piel y hacía brotar gotas de sudor debajo del hábito. Alojó los pulgares en la hebilla dorada de su cinto y se humedeció los labios mientras observaba cada uno de sus movimientos. Él no tenía la culpa de sentirse así. Aquella mujer era instrumento del diablo, como todas, aunque algunas lo fueran más que otras. Como la señora Geralda, de la que sabía a ciencia cierta que era una bruja.

–¡Herejes...! –murmuró con odio.

Aborrecía sus risas despreocupadas, el tintineo de los cascabeles de los halcones, el oro de la pasamanería de las bridas, el reflejo del sol en los arneses y las joyas..., todo aquello que a él se le vedaba.

A su lado el herrero remachó el último clavo en la herradura del caballo y, enjugándose la frente, se tomó un pequeño descanso, pero, al advertir la expresión colérica del cura, fingió estar ocupado con sus herramientas.

Otho desenganchó su montura de la anilla de la pared y puso un pie en el estribo.

–Padre..., tenéis que pagarme.

–¡Ya te pagaré la próxima vez que te vea en misa!

Clavó los talones en los ijares de su cabalgadura, que se lanzó hacia delante, echando espuma por la boca, mientras el ruido de sus cascos recién herrados resonaba en la tierra reseca del camino. El herrero tuvo que dar un salto para evitar que lo arrollara y cayó cuan largo era entre el polvo, viendo cómo el sacerdote bajaba a toda prisa por una calle estrecha y dispersaba indiscriminadamente gallinas, gansos y personas. Su manteo se agitaba tras él como un par de alas negras y demoníacas.

Cuando Otho llegó a su casa, contigua a la iglesia cerrada, la encontró ocupada por dos frailes que, sentados a la mesa, trasegaban su vino y daban buena cuenta del pollo frío que había pensado tomar como cena. Braudi, su sirviente, dejó de atender a los visitantes y se limpió nervioso las manos en la túnica antes de salir para atar el caballo. Hasta ese momento, Otho hubiera dicho que no podría ponerse de peor humor, pero ahora vio cómo se le agriaba sin remedio. Lo último que deseaba era hacer de anfitrión de una pareja de frailes itinerantes quienes sin duda vaciarían su escasa despensa y perorarían de teología hasta el alba.

–Supongo que vuestras mercedes habrán venido por lo de los

herejes –dijo Otho con tosquedad, sin molestarse en preámbulos y con la esperanza de librarse pronto de ellos.

Se produjo un largo silencio en el que los visitantes intercambiaron miradas cautelosas. El más joven se disponía a hablar, pero su compañero levantó la mano para detenerlo y miró escrutadoramente a Otho.

–¿A qué herejes os referís?

Su acento era español; su voz, grave y apremiante.

–Los invitados del castillo: Geralda de Lavaur y su hermano.

Sin ninguna ceremonia, Otho alargó la mano por encima de la mesa, agarró la jarra de vino y bebió directamente de ella; luego volvió a dejarla bruscamente donde estaba, con un sonoro golpe, como retando a sus huéspedes a criticar su zafio comportamiento. De no haberlos tenido delante, la habría arrojado contra la pared para descargar su malhumor.

–Más de la mitad de la población está contaminada por los cátaros y sus infames prácticas –prosiguió–, ¡y en el castillo se les incita abiertamente! La señora de Lavaur, Geralda, es una conocida hereje, pero aquí la reciben con los brazos abiertos.

–No vendría mal que los pastores dieran buen ejemplo –señaló con recato el fraile más joven.

Tenía un rostro enjuto y ascético, y su piel marfileña se tensaba tanto en sus pómulos prominentes como en la frente, amplia y brillante, que se extendía sobre sus ojos negros y fríos como guijarros de obsidiana.

Ahogado por la cólera, Otho tragó saliva en un esfuerzo por tomar aire.

–¡Pues no he visto que vosotros, los frailes, hagáis mucho en este sentido! –replicó.

El hombre de más edad alzó otra vez la mano en señal de advertencia. En su dedo corazón, un sello grabado con la enseña papal relució al incidir en él la luz de la puerta entreabierta.

–No estamos aquí para discutir. Vuestro comportamiento es asunto vuestro y de vuestra conciencia –dijo fríamente, dejando claro lo que pensaba de los modales del cura–. Lo que buscamos es información. Necesitamos averiguar el paradero de tres herejes que viajan juntos: dos hombres y una mujer.

Otho estudió las facciones vulgares y abotargadas del fraile mayor, mientras su pensamiento vagaba de un lado a otro. Aunque llevaban ropas polvorientas y lucían barba de varios días, representaban la autoridad de Roma. Aquellos hombres eran algo más que dos simples frailes itinerantes. Esta certeza, en vez de disminuir su hostilidad hacia ellos, la aumentó, alimentada ahora por un temor creciente. Se humedeció los labios.

–Dos hombres y una mujer... –repitió.

–Uno de ellos es un notable cátaro, un Perfecto llamado Chrétien de Béziers; el otro, que se hace llamar Matthias, es un maniqueo de Marsella, y le faltan dos dedos de la mano derecha. La mujer es joven, y algunos dirían que hermosa –añadió, y al pronunciar la última palabra sus labios se curvaron en una mueca despectiva.

El fraile joven se inclinó con gesto apremiante hacia Otho.

–Llevan consigo documentos de naturaleza gravemente herética, y nos consta que predican abominaciones que rebasan incluso lo que osarían defender los cátaros corrientes. ¡Alguien ha de detenerlos! –exclamó, y su tersa piel blanquecina de pronto enrojeció de ira, como si hubieran derramado vino tinto dentro de un recipiente de cera.

Una mosca zumbó alrededor de la fuente con el pollo frío y se posó dispuesta a darse un banquete. Otho la miró con una fascinación que contuvo su mano, presta a espantarla.

–Recuerdo haber visto a dos hombres y una mujer que viajaban juntos. No sé si son los que buscáis, pero la joven era ciertamente atractiva y sus compañeros vestían como los cátaros.

–¿Cuándo ocurrió eso? –preguntó el fraile de más edad volviéndose hacia él.

–Hace un mes, en el castillo..., en el banquete de bodas de Raoul de Montvallant. –Sacudió la cabeza, como si rechazara un recuerdo que le causaba disgusto–. Montaron una tienda en el patio, junto a la puerta.

–¿Y...?

Otho indicó con un gesto que no sabía más. No estaba dispuesto a confesar a los agentes papales que había pasado la noche en el muladar durmiendo la borrachera y que la única razón de que recordara a aquellos viajeros era porque lo habían despertado de su sopor los rebuznos de sus mulas al abandonar el castillo.

–Se mantuvieron apartados de los demás. Creo que uno de ellos mencionó algo sobre el bosque de Buzet, pero no estoy completamente seguro.

El fraile mayor carraspeó y, tras dirigir una mirada a su compañero, se puso en pie.

–Entonces..., el rastro que seguimos no está frío aún –dijo, y tocó el rosario que llevaba prendido de la cintura, cuyas cuentas chasquearon a lo largo del hilo–. Si oyerais algo más, quiero que mandéis de inmediato recado a Fanjeaux. Cualquiera podrá indicaros la dirección. Preguntad simplemente por la casa de fray Guzmán.

Los ojos de Otho se abrieron de par en par. Hizo ademán de arrodillarse.

–Es demasiado tarde para eso, ¿no os parece? –le reprendió uno de los más poderosos predicadores que la Iglesia católica hubiera tenido jamás–. Os estaremos vigilando –añadió con voz glacial que expresaba el esfuerzo por dominar su repulsión–. Vamos, hermano Bernard.

Con el estómago revuelto y el corazón frenético, Otho oyó a los dos hombres pasar cuchicheando a su lado, las apagadas pisadas de sus sandalias y el ruido de la puerta al cerrarse. Solo cuando todo volvió a quedar en silencio se atrevió a moverse. Con mano temblorosa tomó la jarra, la estrelló contra la pared y la vio romperse en pedazos. El vino chorreó por la rugosa obra de yeso como si fuera sangre, y el moscardón revoloteó ruidosamente desde la mesa hasta la pared, donde se posó para beber.

Capítulo 4

Septiembre de 1207

El verano culminó con una cosecha abundante y espléndida. Uvas negras, maduras, y aceitunas carnosas eran pisadas y prensadas para extraer su jugo bajo un cielo de un azul tan intenso que hería los ojos al levantar la vista. Los campesinos, medio desnudos y sudorosos, trabajaban desde el alba hasta el crepúsculo; segaban los campos blancos, recogían las nueces y los frutos de las huertas, cebaban a los animales para el engorde final y reunían haces de leña para el invierno.

Geralda y Aimery regresaron a Lavaur, pero con frecuencia llegaban a Montvallant viajeros cátaros, siguiendo a menudo los consejos de la propia Geralda, que sabía que allí se les dispensaría una cálida acogida. En la época de la cosecha siempre se necesitaban trabajadores forasteros, y los cátaros, a cambio de comida y alojamiento –y de un auditorio dispuesto a escucharlos–, trabajaban de firme.

En varias ocasiones estos Perfectos pernoctaron en el castillo y celebraron oraciones comunitarias en el patio. Algunas veces, Claire y Beatrice asistían con sus doncellas a las reuniones que tenían lugar en el pueblo y en las aldeas de los alrededores. Los hombres declinaban de ordinario acudir a esas reuniones pues, aunque tolerantes con la fe cátara, no se comprometían tanto como sus esposas. Raoul incluso llegó a quejarse medio en broma de que Claire lo descuidara por atender a dos de sus más recientes huéspedes cátaros: dos hombres de edad, curtidos por el sol, que apestaban a cabra.

Con ánimo contrito, Claire renunció a la idea de participar en la siguiente celebración y, en vez de ello, acompañó a Raoul a inspeccionar la cosecha. Sin embargo, dio permiso a Isabelle para que fuera a oír predicar a los cátaros.

–Querías ir con ella, ¿verdad? –inquirió Raoul.

Se habían detenido para dar de beber a los caballos en un arroyo que serpenteaba entre huertas en la llanura dominada por el castillo.

Claire le miró por entre las pestañas. La expresión de Raoul era jovial, como revelaban las tenues líneas que el tiempo marcaría para siempre entre las aletas de la nariz y su boca.

–No tanto como deseaba estar junto a mi esposo –contestó con diplomacia.

–A veces lo dudo...

El caballo levantó el hocico mojado y sacudió la cabeza. Claire sintió un escalofrío de pánico al advertir de súbito dentro de sí una semilla que podría transformarse en un compromiso pleno si la dejaba crecer más allá de su tímida y lenta germinación.

–¡No pienses esas cosas! –exclamó, e inclinándose en su montura posó la mano sobre la de él.

Al sentir el contacto, Raoul bajó la vista, y las líneas marcadas en su cara se tornaron más profundas, ya sin anticipar una sonrisa.

–Puede que no desee compartirte con los cátaros –dijo–. Tal vez me asuste la idea de que te conviertas en una de ellos y ya no pueda volver a tocarte nunca más.

–¡Oh, Raoul!

Con un nudo en la garganta, Claire le apretó la mano, pero su marido espoleó a *Fauvel* y se alejó sin que ella pudiera retenerlo. Mordiéndose el labio, fue tras él con su yegua mientras trataba de pensar en qué le diría para aplacarlo sin comprometer sus propias convicciones. Aparte de asegurarle su amor, no había mucho más que pudiera hacer. Tal vez, de regreso en el castillo, alguna demostración física de ese amor serviría de bálsamo... Los cátaros veían con malos ojos la unión entre un hombre y una mujer por temor a que de ella naciera una criatura: otra alma inocente atrapada en la carne corrupta. Por eso, mientras ella continuara a su lado, gozando en sus relaciones sexuales, lograría disipar sus dudas.

Le dio alcance en la espesura del huerto. Las peras de color verde plateado inclinaban las ramas con su peso, y el follaje susurraba con la brisa.

Luces y sombras moteaban los dos caballos y sus jinetes, y los grillos chirriaban escandalosos alrededor.

–Raoul, escucha... –suplicó–. Quiero que entiendas...

El hombre fustigó con las riendas el cuello de su montura y salió de nuevo a galope. Lágrimas de dolor y de rabia asomaron a los ojos de Claire al pensar que Raoul se negaba incluso a escucharla; pero en aquel instante su atención se vio desviada por un grito ahogado seguido de una maldición.

Algo se agitó en la hierba entre los árboles a la izquierda de donde se hallaba Raoul, que, dando media vuelta, tiró de las riendas y desmontó rápidamente.

Claire aguijó a su yegua con los talones y avanzó a medio galope hacia Raoul. Al detenerse a su lado, tuvo que cubrirse la boca con la mano para sofocar un grito de horror y repulsión. Entre ella y Raoul, con el hábito remangado y mostrando unos muslos llenos de pústulas, el padre Otho los miraba con expresión atónita; debajo de él, con la falda subida hasta la cintura, yacía Isabelle. La muchacha tenía la boca ensangrentada y tumefacta, y arañazos de color escarlata en los hombros desnudos, donde su vestido y su camisa aparecían rasgados para dejar al descubierto los pechos.

–¡Es una hereje! –jadeó el padre Otho–. ¡Una sierva del demonio! ¡Me ha inducido a pecar!

–¡Aquí solo veo un siervo del demonio, y sois vos! –exclamó Raoul, que agarró al cura y, apartándolo de la joven, lo empujó airadamente hacia un lado.

Claire desmontó nerviosamente de su yegua y, agachándose junto a Isabelle, le bajó la falda y le cubrió los senos con la fina capa que vestía.

Raoul tenía la vista clavada en el padre Otho, y la repugnancia apenas si le permitió mascullar:

–Reunid vuestras pertenencias y abandonad de inmediato las tierras de los Montvallant.

–No tenéis derecho a... –comenzó el padre Otho, pero se tragó las palabras al ver que Raoul desenfundaba la espada.

–¡No! –exclamó débilmente Isabelle desde el suelo–. ¡Dejadle vivir! Va contra nuestra fe matar, cualquiera que sea el motivo.

–¡Yo no soy un cátaro! –replicó Raoul, pero guardó la espada en la vaina sin apartar la mirada del cura–. Os marcharéis antes de que se ponga el sol –agregó–. Iré a buscaros y, si todavía estáis aquí, os convertiré en un eunuco y clavaré vuestros huevos en la puerta de la iglesia como escarmiento para todos los de vuestra calaña. ¿Me habéis entendido?

El padre Otho trastabilló e intentó con escaso éxito recuperar su dignidad ciñéndose su cinturón dorado.

Raoul se aproximó a él en actitud amenazadora, y sus ojos, intensamente azules, parecían despedir llamas de fuegos fatuos.

–¡Largaos de aquí! –repitió con voz ronca, y la hoja de acero brillante asomó un palmo más por el borde superior de la vaina.

Los dedos con que asía la empuñadura estaban blancos por la presión que tensaba la piel sobre el hueso.

–¡El obispo tendrá noticia del trato que dispensáis a los herejes! –le amenazó Otho por encima del hombro cuando ya se alejaba cojeando.

–¡Y yo le explicaré gustoso muchas cosas que debe saber!

Dio unos pasos firmes en dirección al rechoncho individuo, al tiempo que desenfundaba la espada, y el padre Otho cesó en sus bravatas y escapó corriendo. Luego, tras introducir de nuevo el arma en la funda, Raoul dio media vuelta. Isabelle se había incorporado ya con la ayuda de Claire, que le pasaba solícita el brazo por el hombro. El rostro aceitunado de la joven estaba pálido y tembloroso; aparte de las contusiones visibles, parecía ilesa.

–¿Cómo ha ocurrido?

Isabelle miró a Raoul, y luego, con la vista perdida, sin poder reprimir un castañeteo involuntario provocado por la impresión, explicó entre dientes:

–Había ido a escuchar las prédicas de los cátaros, y decidí volver por el camino que atraviesa los huertos. Él estaba esperándome... Debió de seguirme. –Tragó saliva y sacudió la cabeza–. Dijo que quería salvar mi alma de la condenación eterna y, cuando le respondí que no necesitaba su intervención, ni la de ningún cura, me llamó bruja y hereje, y se lanzó sobre mí como un animal salvaje...

–¡Oh, Isabelle...! –exclamó Claire abrazándola–. Ya pasó todo, y no volverá a molestarte nunca más. Vamos... Te llevaremos a casa y te pondré ungüento de caléndula en esos morados.

–Puedes montar en mi grupa –ofreció Raoul, y le tendió la mano.

Isabelle clavó la mirada en la mano y tragó saliva.

–Monta detrás de mí –la invitó Claire con rapidez.

Comprendía mejor que Raoul lo delicado de la situación. Sufrir el ataque de alguien como el padre Otho, justo al salir de una reunión cátara con sentimientos de renovada pureza, tenía que ser un tremendo ultraje para el alma... Y en esas circunstancias la figura de Raoul, alto y ancho de espaldas, desbordante de vitalidad viril, debía de ser para Isabelle un recordatorio de la violación.

Raoul retiró la mano que le ofrecía.

–Supongo que la yegua tiene un paso más tranquilo –dijo con voz inexpresiva.

Antes de que se volviera para ir en busca del palafrén en que montarían las dos mujeres, a Claire no se le escapó la expresión dolida que cruzó su rostro al acusar el rechazo.

Berenguer de Montvallant observó en silencio a su hijo, que bajaba de la habitación de las mujeres, cruzaba el salón y se acercaba a una mesa auxiliar para tomar una jarra y servirse una copa de vino.

–¿Se encuentra bien? –preguntó con voz ronca–. Me han contado lo ocurrido nada más regresar.

Raoul se llevó la copa a la boca.

–Algo magullada y conmocionada, pero nada grave.

Tomó un largo sorbo, como si quisiera quitarse un mal sabor.

–Sé qué le dijiste al padre Otho...

–Y no me arrepiento de nada. –Tenía los ojos entrecerrados, desafiantes–. Si he usurpado tu autoridad, te pediré perdón por ello; pero por nada más.

Berenguer suspiró profundamente.

–Hemos sido demasiado condescendientes con Otho. Yo, en tu lugar, hubiera hecho lo mismo. –Reuniéndose con Raoul, volvió a llenar su propia copa–. ¡Aunque ojalá este incidente no hubiera coincidido con los resultados del maldito concilio organizado por el Papa! Precisamente hoy he estado hablando de esto con un comerciante llegado de Marsella.

–¿Sí?

–Corre el rumor de que el Papa se ha hartado de negociaciones. Si el conde Raimundo no se decide a castigar a los herejes de inmediato, actuarán las tropas del norte de Francia. Por lo visto, ha escrito al rey Felipe de Francia en términos durísimos. El comerciante del que te hablo atravesó los Alpes con el enviado de Roma... Según él, las palabras exactas de Inocencio fueron... –Berenguer alzó la vista hacia el techo–: «Haced que la fuerza de la corona y la miseria de la guerra los devuelvan a verdad».

–¿Es, pues, un desafío en toda regla?

Berenguer volvió a suspirar.

–Huon me comentó en tu boda que sospechaba que esto iba a ocurrir. No quise creerlo..., aún no le doy crédito... Pero la tensión no se ha apaciguado. Raimundo está en un atolladero.

–Y Pierre de Castelnau no es precisamente un prelado que se distinga por su amor al prójimo –observó Raoul con ironía.

Pierre de Castelnau era uno de los legados del papa Inocencio en el Languedoc, un clérigo frío y despótico que no poseía ni atractivo ni diplomacia para granjearse el apoyo de una nobleza que necesitaba de forma desesperada. El otro emisario pontificio, Arnaud-Amalric, tenía un carácter más intratable aún. Era un hombre capaz, poderoso y de ideas fijas, pero con una visión reducida al estrecho túnel de sus propias creencias. Nada salvo la total capitulación de la casa condal de Toulouse saciaría el fanatismo de ambos prelados.

Raoul agitó su copa y observó los cambiantes reflejos de la luz de la vela en la superficie del vino.

–Es decir, que si no somos unos necios, debemos sacrificar a los cátaros por la cuenta que nos trae.

–Algo parecido.

–¿Perseguirías a los cátaros de Montvallant?

–¿Cómo podría hacerlo? Tu madre los favorece, mi senescal es un converso..., también la doncella de Claire..., ¡y tú, por defenderla, acabas de expulsar a nuestro cura de su iglesia!

Raoul miró molesto el salón del castillo..., el mismo donde había nacido y se había hecho hombre... ¿Parecía más pequeño de pronto? ¿Eran sus sombras más amenazadoras? Se acercó al fuego para calentarse, pero humeaba mucho esa noche y proporcionaba poco calor y menor consuelo. Lo habían preparado para las artes de la guerra... ¿Qué muchacho de familia noble no recibía esa instrucción? Pero en su caso solo constituía una parte del plan general de su educación, como una forma de desahogar el exceso de energía entre la lectura y la escritura, el cálculo, el latín y la música. Jamás había alzado la espada contra nadie con intención de matar..., excepto aquella misma tarde..., y hasta la mera idea de hacerlo le revolvía el estómago.

–No es más que un rumor –dijo Berenguer, respondiendo de forma protectora a la expresión de su hijo.

–¡Ya no soy un niño!

El rostro de Raoul ardía con más calor que el que le daba el fuego. Berenguer sonrió amargamente.

–Todos somos niños –dijo–. Solo que nosotros pretendemos ser hombres.

Capítulo 5

Saint-Gilles, diciembre de 1207-febrero de 1208

Esa noche de enero era cruda por el viento que soplaba en el corredor del delta del Ródano, y Raoul se alegró de llevar puestas la capa y las botas forradas de lana que le llegaban hasta las pantorrillas. La mansión, propiedad de Marcel de Saliers, un primo segundo de Raoul, estaba abarrotada de gente y humo, y vibraba con risas amigables, a pesar de que Raoul advertía de vez en cuando notas demasiado alegres para ser sinceras. Parecían más bien gritos de miedo, la descarga de los nervios tensos, mientras el conde Raimundo y Pierre de Castelnau discutían sus diferencias sin siquiera acercarse a un acuerdo. Berenguer, uno de los consejeros de Raimundo, había acudido al palacio nada más despuntar el alba. Pero ya habían tocado a vísperas, con la noche casi cerrada, sin que hubiera llegado ninguna noticia a la casa de su primo Marcel, en las afueras de Saint-Gilles, donde Raoul aguardaba impaciente.

> Al amanecer nace la luz:
> el amor viene brillando,
> soy uno con claridad.
> Mi señora luce un cinturón de plata,
> que resplandece como la Luna:
> el amor viene brillando,
> somos una sola cosa con la claridad.

Raoul observó al juglar que desgranaba las notas de su canto para los reunidos. Claire estaba entre ellos, muy atractiva con el mismo vestido de terciopelo que había lucido en su boda. Llevaba un velo, pero no la toca, y su trenza castaña le llegaba hasta las caderas, gruesa como la soga de una gran campana. La imaginó con la cabellera suelta, extendida sobre la almohada, con su cuerpo respondiendo al suyo. A veces pensaba que hasta prenderían las sábanas con el fuego de su pasión... El juglar no paraba de mirarla insinuante, y Claire reía tapándose la boca como una niña pequeña. Raoul sentía agitado su pecho por el amor, el deseo y una pizca de celos.

Un golpe en el brazo lo hizo volverse; era Berenguer, que acababa de llegar acompañado por un joven caballero templario de cabellos castaños, barba oscura y cuerpo robusto. El olor a humedad del exterior impregnaba las ropas de ambos.

–Pensé que no llegarías nunca –dijo Raoul–. Debe de estar como boca de lobo a estas horas.

–Lo está –refunfuñó Berenguer–. Mucho más de lo que imaginas. Mira, Raoul..., quiero que conozcas a Luke de Béziers, de la preceptoría templaria de Bézu.

Los dos jóvenes se estrecharon las manos. El apretón del templario era seco y firme, y sus dedos tan delgados en contraste con su corpulencia que Raoul casi dio un respingo al notar el contacto de los huesos.

–Está emparentado, por su madre, con la mujer de Marcel –explicó Berenguer–, lo que lo convierte en pariente lejano nuestro.

–Lo que me sirve de excusa para pedir hospitalidad por esta noche –bromeó Luke–. Dado el humor del conde, preferiría no tener que dormir hoy en el palacio.

Golpeó con sus finos dedos la empuñadura en forma de disco de su espada y paseó la vista por los reunidos, escrutándolos a todos con sus ojos negros, que poseían la intensidad y cautela de un lince.

–¿Ha habido algún problema? –preguntó Raoul.

Berenguer soltó una risa agria.

–¡El infierno hubiera parecido frío en comparación! La reunión empezó en un ambiente bastante cortés, lo reconozco, pero enseguida se lanzaron el uno a la garganta del otro. De Castelnau dijo que no habría perdón para Raimundo mientras continuara albergando herejes en sus tierras y empleando a judíos libremente. El conde intentó razonar con él, prometió desarraigar lo peor de la podredumbre, pero el otro rechazó por completo un acuerdo. Acusó a Raimundo de perjurio, de quebrantar su promesa. Este afirmó que había venido para discutir el asunto, no a ser insultado, y antes de que nos diéramos cuenta, ¡ya estaban enzarzados como una pareja de perros de presa!

–Raimundo acabó amenazando de muerte a De Castelnau –añadió Luke, sarcástico.

Raoul le miró horrorizado.

–¡Oh, no es tan insensato como para cumplir su amenaza! –dijo Berenguer–. Sería como cortarse el cuello y dejar que los franceses le sorbieran la sangre.

Raoul bebió un trago de vino. Si el indolente conde Raimundo había pronunciado una amenaza de muerte, debía de estar realmente fuera de sí.

–¿Qué ocurrió luego?

Berenguer extendió los brazos.

–De Castelnau se marchó del palacio hecho una furia, como solo él sabe, y el conde lo imitó. Luke y yo decidimos venir. Huelga decir que Raimundo sigue excomulgado y los nervios están más crecidos que el Garona después de una tormenta invernal. –Se pasó la mano por el rostro en un gesto expresivo de su cansancio–. Sopla un áspero viento esta noche, y no hay un lugar donde guarecerse.

Como si las palabras de su padre hubieran conjurado el aire frío, Raoul comenzó a tiritar. Luke de Béziers se disculpó y se alejó para saludar al dueño de la casa. A pesar de su corpulencia, se movía con elegancia felina.

–Su padre es cátaro, un Perfecto –murmuró Berenguer–; al

menos eso me han dicho. Traté de sacar el tema a colación pero, cuando lo hice, se limitó a mirarme con la vista perdida y el rostro mortalmente pálido.

–Los templarios siempre han tenido fama de seguir tenazmente su propio camino, sin hacer caso a Roma –dijo Raoul, y dio un paso en dirección al juglar, que miraba a Claire con ojos ardientes mientras entonaba una sensual canción amorosa–. Ya se sabe que las familias cátaras envían a sus hijos a las preceptorías de los templarios para educarse y, llegado el caso, incorporarse también a la Orden.

La conversación entre padre e hijo se cortó en este punto porque había demasiada gente apiñada alrededor y porque Raoul decidió reunirse con su mujer para reclamar sus derechos de esposo antes de que el osado músico llegara más lejos en sus galanteos. Absorto en sus pensamientos, Berenguer fue en busca de una copa de vino y un rincón donde reflexionar sin que lo molestaran.

Aquella noche Raoul durmió mal. La cama, como todos los lechos improvisados, era incómoda y estaba llena de bultos; además, tuvo que compartir la habitación con otros huéspedes, uno de los cuales roncaba de tal forma que sus resoplidos hubieran hecho justicia a la nota más grave de un órgano catedralicio. Junto a Raoul dormía Claire, ajena al alboroto y arropada en su manto forrado de piel para mantenerse en calor. Raoul suspiró y cambió de postura, preguntándose cuánto faltaría para el amanecer. El roncador se dio la vuelta y el estruendo se suavizó un tanto para transformarse en un fabordón incesante parecido al ronroneo de un gato. Raoul se adormiló. Su mente se convirtió en un mosaico de cristal fundido, asaltada de nuevo por los recuerdos de su noche de bodas. Oyó que alguien pronunciaba su nombre en la distancia, y despertó con un espasmo y un fuerte gruñido. Claire le susurró unas palabras en sueños. Raoul tragó saliva y escudriñó la oscuridad por encima de su cabeza. Tenía la impresión de que lo acosaba una pesadilla. Con cuidado, se apartó de su esposa y buscó a tientas los zapatos y el cinturón.

–¿Raoul? –Claire alzó la cabeza, soñolienta.

–Chist..., todo va bien. Solo voy a dar una vuelta. No puedo dormir.

Ella murmuró algo confuso y volvió a arrebujarse en su manto. Raoul se deslizó a hurtadillas hasta la puerta, maldiciendo al tropezar con el fardo de uno de los huéspedes.

El salón estaba iluminado por una tenue luz rojiza procedente de las ascuas de la lumbre y por los halos amarillentos de las velas clavadas en los sólidos pinchos de hierro de los candelabros. También allí había gente durmiendo; los sirvientes y personas de rango inferior, que no merecían el ambiguo privilegio de acostarse en el dormitorio.

Dejó el salón y descendió por las escaleras de la fachada hasta la muralla exterior. Aunque todavía reinaba la noche, supo que el alba estaba próxima por el olor a pan caliente que llegaba del horno del panadero y por las velas que parpadeaban en algunas de las dependencias auxiliares. Orinó en un canal de desagüe de las cocinas y, con la intención de ver a sus caballos, caminó hacia las cuadras.

En estas se le acercó trotando uno de los perros mestizos del mozo de cuadra, movido por una afable curiosidad y la esperanza de recibir alguna carantoña, y Raoul se detuvo para complacerlo. Desde los establos le llegaron las voces de dos hombres que conversaban y el tintineo de los arneses de un caballo al ser ensillado.

–Podéis quedaros más tiempo si lo deseáis.

Reconoció la voz de Marcel de Saliers.

–Lo sé, y os lo agradezco, pero me estarán aguardando. Sin duda sabrán ya el resultado de esta farsa de conferencia, pero...

La respuesta del caballero templario, Luke de Béziers, se perdió en un gruñido al tensar la cincha.

–¿Os referís al don de clarividencia de vuestra prima?

Otro gruñido.

–¿Cómo se llama? Nunca logro acordarme...

–Bridget.

–Sí, claro, Bridget... ¿La traerá vuestro padre para que nos veamos?

–No puedo prometeros nada, pero se lo diré –respondió Luke y, tras un momento de indecisión, agregó en voz baja pero con tono enérgico–: Debe haber la máxima discreción al respecto. Si los espías del Papa llegaran a descubrir el paradero de mi padre... Bien, ya sabéis de sobras qué hicieron con la madre de Bridget y Matthias.

–Estad tranquilo. Mientras yo sea el dueño de esta casa, será un refugio para los cátaros.

–En eso confío.

Los arneses tintinearon de nuevo cuando Luke de Béziers condujo su corcel al patio. Entonces, bajo la grisácea luz del alba, descubrió a Raoul y se detuvo en seco.

Por un momento Raoul pensó que el templario iba a sacar la espada.

–No podía dormir –balbució, sintiéndose como un crío sorprendido robando manzanas.

Luke seguía con la vista clavada en él, aferrando con el puño prieto el ronzal.

De Saliers surgió de entre las sombras. Incluso a la luminosidad granular del crepúsculo su sobresalto fue evidente.

–¿Qué estás haciendo aquí, Raoul?

–No pasa nada –dijo Luke sin desviar la vista–. Me parece que no ha oído lo suficiente para entender, y lo creo lo bastante honrado para mantener la boca cerrada.

Raoul se puso rígido, herido en su orgullo por la forma en que se había referido a él el templario, apenas unos años mayor, tratándolo como si estuviera a la misma altura que el perro que jadeaba a sus pies.

–Muchas gracias –dijo con tono sarcástico.

–Si no lo pensara, os mataría aquí y ahora –replicó Luke.

Involuntariamente, la mirada de Raoul se desvió hacia el pomo y la empuñadura encintada de la espada de Luke, y comprendió que el caballero no estaba fanfarroneando.

–Entonces tendríais que justificar mi cadáver o mi desaparición –observó–. Y aunque bien puedo vivir con la boca cerrada, si tratarais de matarme armaría suficiente alboroto para despertar a los muertos con los que pensáis enviarme.

Hubo un instante de vacilación, un silencio roto por el ruidoso tascar del caballo y el primer ronco canto del gallo. Los jóvenes se midieron el uno al otro. Finalmente Luke dijo:

–Esto es de suma importancia. No podemos correr ningún riesgo. Hemos de contar con vuestro silencio.

–Lo tenéis.

El caballero lo miró con expresión ceñuda.

–¿Queréis que os lo jure? –preguntó Raoul sosteniéndole la mirada.

Un esbozo de sonrisa curvó el bigote del joven templario. Era de dominio público que los cátaros rechazaban todo tipo de juramentos.

–Me basta con vuestra palabra –dijo, y enderezó el cuerpo en la montura–. Haríais bien en olvidar lo ocurrido.

Raoul lo vio alejarse mientras un frío ramalazo de temor le recorría la espalda. El centinela abrió la puerta. Marcel de Saliers tomó aire como si fuera a decirle algo, pero dudó y, cambiando de idea, regresó al interior del palacio. Solo en el patio, con la única compañía del centinela que hacía aguas contra la muralla, Raoul vio despuntar el alba sobre la ciudad.

–¿Qué te ocurre?

–¿Eh?

Raoul se volvió hacia su mujer con expresión ensimismada. Viajaban por las riberas pantanosas del Pequeño Ródano en dirección a Arles, donde Raoul quería visitar a un famoso armero que le había recomendado uno de los huéspedes de Saint-Gilles.

–Te pregunto qué te ocurre. Apenas has pronunciado una palabra en toda la mañana.

Raoul se encogió de hombros y afirmó sin convicción:

–Debe de ser que no he dormido bien.

Claire frunció el ceño. Ignoraba la causa de su abatimiento, pero sin duda no se debía a la falta de sueño, pues Raoul había estado con los nervios de punta desde mucho antes de que se acostaran la noche anterior. La conferencia de Saint-Gilles había terminado en discordia... Solo cabía suponer que estaba inquieto por el resultado y guardaba ese sentimiento para sí.

–Raoul...

–¡Calla!

El hombre levantó el brazo en un gesto imperativo. Su caballo respingó y pegó un brinco, que obligó al jinete a tirar de las riendas.

Claire le miró atónita. En aquel instante llegaron a sus oídos gritos y ruido de golpes. Estaban aproximándose a un vado, y en tales lugares siempre existía el riesgo de caer en una emboscada por parte de salteadores o grupos de mercenarios en desgracia. Por esta razón, Raoul acostumbraba viajar con una fuerte escolta de soldados de Montvallant, armado con una cota de malla y con la espada ceñida a la cadera.

–¡Roland, Ansil..., quedaos aquí con las mujeres! –ordenó Raoul con brusquedad, e hizo una señal al resto de los hombres para que le siguieran.

–¡Ten cuidado! –gritó Claire mientras el joven espoleaba a *Fauvel* y partía al trote.

Apenas había recorrido unos cincuenta metros cuando se le acercó de frente un caballo que galopaba con las riendas sueltas, con evidente peligro de que se le enredaran en las patas y lo hicieran caer. Raoul se desvió para darle alcance e intentó agarrarlo por la brida. Falló en el primer intento, pero en el segundo consiguió atraparlo. Los afilados bordes del cuero rojo le hirieron los dedos, pero lo mantuvo sujeto con fuerza, gobernando a *Fauvel* con las rodillas, para impedir que el fugitivo corveteara. Finalmente logró detener al animal encabritado. Las cadenillas del freno eran doradas y estaban grabadas, al igual que los arneses. La montura estaba recubierta por un costoso paño de lana de color carmesí, cuya orla mostraba un motivo de cruces y báculos bordados con hilo de oro, y la silla era una pieza suntuosa, de cuero repujado y labrado. El animal, un espléndido alazán estrellado, temblaba y tenía la boca llena de espuma.

–Pertenece a un cura –observó uno de los hombres de Raoul.

–Pero no a un cura cualquiera, Giles –le corrigió Raoul mientras amansaba al caballo–. Mira estos arreos... Y su amblar no es precisamente dócil. Toma, Philippe... Llévaselo a la señora Claire.

–Pero, entonces, ¿de quién...? –Giles se interrumpió, tragó saliva y, al mirar a Raoul, vio en él un espejo de sus negros presagios. El ruido de los cascos de más caballos que se aproximaban al galope llegó a sus oídos–. ¡Bandidos! –advirtió Giles, desenvainando al punto la espada.

Raoul agarró el brazal de su escudo e, inclinándose, pasó el antebrazo izquierdo por entre otras dos correas de cuero más cortas.

Cuatro soldados a caballo irrumpieron ruidosamente en escena procedentes del río. En cuanto vieron la tropa de Raoul, frenaron sus monturas en seco, atropellándose unos a otros. Uno de ellos montaba un brioso corcel moteado de gris, enjaezado tan lujosamente como el alazán, botín sin duda de una fechoría muy reciente. Apretando los dientes para vencer su repugnancia, Raoul se encasquetó el yelmo, que hasta entonces había estado balanceándose en la correa que lo sujetaba a la silla de montar. Su campo de visión quedó reducido a una estrecha rendija, y la respiración empezó a retumbarle en los oídos, compitiendo con el tronar de su sangre y el redoble de los cascos. Espoleó a *Fauvel* y lanzó su grito de guerra.

Los cuatro bandidos no esperaron a convertirse en el objetivo de la carga de Raoul, sino que dieron media vuelta y se batieron en retirada. Raoul fue tras ellos pero, al alcanzar la parte alta de la ribera, una escena de devastación y carnicería le obligó a detenerse. Otra media docena de salteadores habían estado saqueando a sus víctimas pero, alertados por los chillidos de sus compañeros, habían puesto los pies en polvorosa.

–¡Santo Dios! –murmuró Raoul.

Incapaz de respirar, se quitó el yelmo y se echó hacia atrás la cota de malla. No le sirvió de nada. Todavía sentía náuseas.

Una mula mordisqueaba la hierba junto al cadáver de un hombre vestido con ropas sacerdotales. El lino blanco del alba estaba empapado en sangre y le habían despojado de la casulla dorada. Dos criados yacían muertos cerca de allí, junto a otro clérigo y tres soldados. El contenido de las alforjas destripadas estaba desparramado entre los muertos como entrañas colectivas.

Raoul se obligó a aproximarse para mirar. La escena le recordaba el matadero de Toulouse, solo que en esta ocasión no veía cerdos ni ovejas, sino hombres..., y a uno en particular. Muerto a manos de unos asesinos, Pierre de Castelnau, legado papal en el Languedoc, era probablemente mucho más peligroso ahora de lo que había sido en vida.

Fauvel resopló y se apartó inquieto del cadáver. También Raoul estaba deseando marcharse. Sin embargo desmontó. Sobre sus cabezas comenzaban ya a revolotear los buitres.

–¡Aquí hay uno que aún respira, señor!

Raoul caminó sobre la hierba ensangrentada hacia donde se hallaba Giles, que sostenía la cabeza y los hombros de un joven cura tonsurado. Este presentaba una herida en el vientre que sangraba, y su rostro estaba ceniciento. Giles miró a Raoul y sacudió la cabeza.

–Se muere –dijo con una mueca.

Raoul se puso en cuclillas. El herido era probablemente más joven que él, pues los puntitos rojos del acné destacaban con intensidad en la mortal palidez de su rostro.

–¿Qué ha sucedido?

–Nos tendieron una emboscada. –Parpadeó, mostrando tan solo el blanco ciego de los ojos–. Los hombres del conde Raimundo.

Raoul retrocedió.

–¡Imposible!

–Sus hombres... Los vi ayer en Saint-Gilles.

El joven se desplomó en el brazo de Giles.

Raoul no podía hablar. Volvió la cabeza y escupió. Cuando miró otra vez, el joven sacerdote había muerto, y Giles se incorporaba con la túnica bañada en sangre.

–El conde Raimundo no está tan loco como para ordenar semejante crimen –murmuró Raoul negando con la cabeza.

–¿Y quién le creerá si lo niega? –El caballero miró la sangre que le manchaba los dedos y, con una mueca, se los limpió en la túnica–. Esos hombres eran mercenarios, sin duda, y el conde tiene muchos a su servicio.

–¡Que entran y salen de sus tierras como las furcias de un burdel! –le replicó Raoul airadamente–. Mira esto... No se trata solo de un asesinato, sino también de un robo. Fíjate en el legado: sin báculo, sin su anillo... ¡Dios mío...! ¡Pero si incluso le han quitado la casulla y la capa! Esto no obedece a una orden política.

Giles siguió restregándose la mano, a pesar de tenerla ya limpia de sangre salvo debajo de las medias lunas de las uñas, rojas todavía.

–Puede que no –admitió, y Raoul tuvo la impresión de que asentía por no llevarle la contraria.

–Raoul..., ¿qué es todo esto?

Se volvió y vio a Claire montada en la yegua, contemplando la escena desde la ribera con los ojos muy abiertos.

–Es Pierre de Castelnau –contestó con brusquedad–. Lo han asesinado. No hay nada que podamos hacer aquí, aparte de ir a buscar un carro a la aldea más próxima para trasladar los cadáveres. No te acerques. Es mejor que no veas esto.

Claire obedeció, no por unos inexistentes remilgos sino por que, como había dicho Raoul, ya no podían hacer nada. Las víctimas ya no necesitaban ni ayuda ni consuelo.

A sus espaldas, en la lejanía, desde el cielo encapotado que cubría Saint-Gilles, retumbó apagadamente un trueno. Raoul se encaramó lentamente a su montura. Se sentía cansado, como si le hubieran sorbido la médula de los huesos.

Isabelle murmuraba una frase del padrenuestro, precisamente la que constituía uno de los fundamentos de la religión cátara: «Líbranos del mal, líbranos del mal, líbranos del mal.»

Raoul levantó la vista hacia el cielo, que comenzaba a cubrirse de nubes borrascosas, y al bajarla otra vez advirtió que el viento comenzaba a agitar la hierba, sacudiendo y alzando las ropas del obispo muerto, como infundiéndole una apariencia de vida. ¿Habría alguna voz en aquel desierto capaz de disipar la tormenta que estaba a punto de desencadenarse sobre ellos, cátaros y católicos por igual?

Capítulo 6

Montfort l'Amaury, norte de Francia, abril de 1209

Alais de Montfort se dio la vuelta y buscó el calor de su hija, que dormía profundamente a su lado en la enorme cama. La habitación estaba oscura como boca de lobo. Fuera, una cruda tormenta de primavera estrellaba la lluvia contra los postigos de forma tan violenta que en vez de gotas parecía que lanzara piedras. Alais, tiritando, se acurrucó bajo las mantas. Amice no reemplazaba la cálida corpulencia de Simón. Siempre lo echaba de menos en sus ausencias, aunque comprendía muy bien que el castillo y las propiedades de Montfort l'Amaury no bastaban para satisfacer sus ambiciones y retenerlo allí. Porque precisamente la ambición de su marido era una de las razones por lo que lo amaba tanto; se sentía orgullosa de él y era envidiada por las demás mujeres.

Pegada a su hija, su cuerpo entró ligeramente en calor, pero no consiguió conciliar el sueño. Algo rebullía en lo más recóndito de su mente, como si no la hubiera despertado únicamente el frío. Oía el viento que se lanzaba furioso contra las murallas del castillo. Y al distinguir entre las ráfagas menudos correteos y arañazos, supo que tenían ratones en el dormitorio, lo que significaría tapices y cortinas roídas y excrementos en las mesas y armarios. Tendrían que subir uno de los gatos del patio para que diera cuenta de ellos. Tomó mentalmente nota de que debía hablar al mayordomo de ello después de la misa. ¿Cuánto faltaba para el amanecer? No recordaba haber oído la tercera campanada llamando a maitines, pero era muy posible que la tormenta hubiera ahogado el tintineo.

Poco a poco sus pensamientos se hicieron lentos y confusos, y se dejó vencer de nuevo por el sueño. Estaba a punto de conciliarlo cuando una vela le iluminó el rostro y, antes incluso de despertar por completo, ya estaba medio incorporada en el lecho, con los ojos entornados por el resplandor deslumbrante de la luz. Élise, su doncella, estaba inclinada al borde de la cama, con el pelo recogido en una trenza negra que resaltaba sobre la blancura del camisón y el rostro abotargado aún por el sueño.

–¿Qué ocurre? –preguntó Alais mientras buscaba a tientas la bata.

–Señora, ha llegado vuestro esposo –respondió la doncella, al tiempo que resguardaba la vacilante llama con la palma de la mano.

–¡Cómo! ¿Ya?

–Sí, señora –contestó Élise casi sin aliento. Su señor le inspiraba un temor irreprimible.

Alais acabó de despabilarse, se apartó los cabellos de los ojos y se volvió hacia su hija para despertarla.

–Amice..., date prisa... Ha llegado tu padre.

La pequeña se movió, refunfuñó y trató de alejarse de la mano insistente de su madre, pero Alais la zarandeó sin demasiada suavidad.

–¡Está aquí tu padre! –repitió mientras, impaciente, hacía señas a su doncella.

Élise colocó cuidadosamente la vela en un candelabro sobre la mesilla de noche y comenzó a vestir a una protestona Amice con la bata y las zapatillas forradas de piel. El señor de Montfort no se oponía a que, durante su ausencia, su esposa e hija compartieran la gran cama matrimonial pero, en cuanto llegaba, la intimidad de su cámara se tornaba sacrosanta. Era el único lugar donde podía descargarse de sus preocupaciones y, como el hombre que se desciñe el cinturón, relajar toda la tensión que había acumulado en su espíritu.

Alais se desentendió de su hija. No significaba que no la quisiera, pero Simón era más importante, el centro de su mundo. Pronto concertarían una boda para Amice, y tendría que marcharse para vivir en otra casa. Una hija era solo un fruto menor, útil para trabar alianzas con otras familias. Lo que importaba eran los hijos, y ella había dado tres a Simón, dos ya adolescentes y otro que aún no había cumplido los tres meses.

Asistida por una segunda doncella, Alais se apresuró a ponerse la bata y se arregló el cabello. Otras sirvientas atizaron el fuego y encendieron más velas. A su luz observó que el ratón que había oído moverse desaparecía como una flecha detrás del arcón de la mantelería.

Sonaron pisadas en las escaleras, fuera de la habitación, y la luz de las antorchas del rellano quedó eclipsada por la corpulencia de Simón, imponente en su cota de malla. Como siempre, la imagen de poder que proyectaba con absoluta naturalidad la hizo contener el aliento. La contera de la vaina de la espada golpeaba rítmicamente en sus polainas a medida que entraba en el dormitorio seguido por Walter y Giffard, sus escuderos.

–Bienvenido a casa, querido –le saludó Alais orgullosa, con una inclinación de la cabeza.

Él le alzó la barbilla con el índice y el pulgar de la mano derecha, estudió su expresión un instante y le dedicó una sonrisa indiferente.

–No por mucho tiempo –repuso, y avanzó por la habitación haciendo señas a sus escuderos–. Desarmadme –ordenó–. Llevad los pertrechos a Gilbert en la armería y, después, acostaos.

Alais era consciente de que no debía preguntarle sobre aquel «no por mucho tiempo» mientras hubiera otras personas delante, así que se ocupó de calentar vino en la chimenea y aprovechó que los jóvenes le quitaban la armadura para observarlo con circunspección a través de las pestañas entrecerradas. Era alto y musculoso, y su prestancia lo hacía parecer mucho más corpu lento de lo que era en realidad. Su rostro era reflejo de su carácter: rasgos duros y firmes, que los años habían acentuado en lugar de suavizar. Sus cabellos gruesos, plateados, aún conservaban su originario color negro en las cejas y la nuca, y un corte de pelo severo los mantenía siempre bien peinados. No le gustaban las caprichosas modas cortesanas de los aceites perfumados y los rizos con tenacillas. Ya cuando se casaron comenzaba a encanecérsele el pelo, pero las canas acentuaban su atractivo: resaltaban sus pobladas cejas, negras como el azabache, y sus ojos, de un gris verdoso como el mar en invierno.

Los escuderos colgaron la pesada cota de malla en una percha de pie. Doblaron cuidadosamente el gambesón y la sobreveste, y colocaron encima las polainas y el talabarte. Finalmente se marcharon tras hacer una reverencia.

Alais tendió a su marido una copa de vino caliente. Él la tomó, bebió y la dejó a un lado. Libre de las miradas fisgonas, abrazó rudamente a su esposa y la besó con la misma falta de galantería. Alais le rodeó el cuello con los brazos y correspondió a sus caricias.

Simón era un soldado nato, siempre dispuesto a entrar en acción, e implacable cuando se proponía un objetivo, ya fuera combatir contra los infieles en Egipto, mantener sus dominios libres de bandoleros o satisfacer sus apetitos después de varias semanas de abstinencia en París. Aunque no le costaba contener sus instintos, consideraba su cuerpo una máquina a la que, de cuando en cuando, había que dar reposo y engrasar para que funcionara con la máxima eficacia.

–¿Qué has querido decir con eso de que no te quedarás mucho tiempo?

Alentada por la actitud relajada de su esposo después de haber colmado sus deseos, Alais se incorporó en el lecho y apoyada sobre el codo, le observó a través de sus cabellos de color castaño dorado.

Simón sonrió con aire de condescendencia y una leve afectación de superioridad. Le pidió que le sirviera otra copa de vino y la contempló mientras ella se levantaba de la cama e iba hacia donde se hallaba la jarra.

–Me han invitado a unirme a la cruzada contra los cátaros, como jefe secular del ejército.

–¿Quién?

Le tendió con mano trémula la copa y se recostó de nuevo en el lecho.

–Arnaud-Amalric –respondió Simón, y su sonrisa se acentuó con íntima complacencia antes de beber un trago de vino–. Aunque fue el conde de Borgoña quien me propuso.

–¿Arnaud-Amalric, el abad de Citeaux?

–Y principal legado pontificio en el Languedoc desde que a su colega De Castelnau le clavaron una lanza en las costillas. Nos llevaremos bien siempre y cuando no olvide que yo soy el soldado, y él, el cura.

Alais se cubrió los hombros con la colcha, ribeteada con piel de lince. Sabía que el papa Inocencio había convocado una cruzada para acabar con las peligrosas herejías que florecían en el Languedoc y vengar el espantoso asesinato de Pierre de Castelnau a manos de los mercenarios de Raimundo de Toulouse la primavera anterior. Estaba enterada de que Simón había viajado a París porque el rey Felipe deseaba comentar el asunto con él, pero le asombró que le hubieran ofrecido dirigir el ejército.

–¿Qué ocurre? –preguntó Simón con aspereza al advertir su sorpresa.

–Nada –se apresuró a responder ella–. Me ha sorprendido, eso es todo. ¿No hay otros caballeros deseosos de detentar el privilegio del mando?

–Otros más encumbrados que yo, quieres decir ¿verdad? Deja las zalemas y los dobles sentidos para los diplomáticos. –La miró con fijeza–. No es un privilegio, sino una tarea que exige coraje. Lo único que pretenden el de Borgoña y el de Nevers es pavonearse a la cabeza de sus tropas y lucir sus mejores armaduras de torneo. Cuando llegue la hora de montar las tiendas bajo la lluvia torrencial y sitiar ciudades asoladas por la viruela, con los mosquitos acribillando a picotazos a cuantos aún no hayan muerto de aburrimiento, entonces darán media vuelta y volverán a la comodidad del hogar.

–No me dirás que eso te atrae a ti...

–No –replicó Simón, y contempló su copa–, pero me atrae el reto y tengo la resistencia de un buey. Sencillamente, estoy hecho para esto, a diferencia de ellos. Son grandes señores, que han de pechar con las dificultades del gobierno y no pueden permitirse implicarse más allá del compromiso inicial. –Hizo girar lentamente la copa–. El ejército se reunirá a mediados de verano en Lyon. Borgoña aportará quinientos caballeros, y Nevers otros tantos; las tropas de Saint-Pol y Boulogne serán numerosas también. –Gruñó despectivamente y dejó la copa sobre la mesilla de noche–. Siempre son miles los que desfilan al comienzo de una cruzada y presumen de su valor junto a las letrinas, pero sé muy bien que apenas una décima parte de ellos seguirá visitándolas pasados los dos primeros meses.

–Entonces ¿no sirven de nada?

–Oh, no, cumplen su función –respondió Simón–, pero no has de fiarte de ellos para formar tu columna vertebral.

Bostezó y se pasó la mano por los cabellos.

–Hablas como si previeras una campaña larga –dijo su esposa.

La observó con los ojos entrecerrados. De seguir los dictados de su carácter, Alais habría sacudido la cabeza y adoptado una expresión ceñuda, pero la habían educado para no descubrir sus sentimientos, aunque la rigidez con que los reprimía traicionaba cierta irritación.

–Un banquete no se disfruta con prisas –sentenció Simón–, y el sur es un festín digno de un emperador. –Apoyó la mano en el hombro de su esposa–. O, al menos, lo es para el señor de Montfort l'Amaury.

La piel de Alais tenía un tacto sedoso porque, a pesar de haber dado a luz cuatro hijos, y otros dos que no habían sobrevivido, seguía cuidándose. Sus pechos y vientre tal vez aparecían algo fláccidos, pero el uso de aceites perfumados, la vida activa y la atención que prestaba a su dieta habían logrado que, a mitad de la treintena, se conservara flexible y atractiva.

Simón tomó un mechón de sus cabellos castaños y lo enroscó entre los dedos, observando sus reflejos dorados a la luz de la vela. Luego tiró de él, atrayéndola hacia sí.

–Eres ambicioso, Simón de Montfort –dijo con voz ronca; tenía los ojos brillantes por el deseo y por el dolor del tirón, que hacía que se le saltaran las lágrimas.

Él se rió contra su boca y la besó con rudeza antes de liberarla. Aún debía explicarle más cosas y, acostumbrado a la autodisciplina, reprimió la violencia de su deseo.

–Lo reconozco –concedió–, pero si fuera el tipo de hombre que solo busca el calor del hogar, no estarías tan dispuesta a complacerme.

Alais le clavó la barbilla en el rostro.

–¡Y así, en cambio, solo puedo verte de mes en mes! –Su tono expresaba una queja sincera.

Él gruñó y la contempló con el ceño fruncido.

–Te necesitaré junto a mí en Lyon.

Alais no cometió el error de sentirse halagada. Si él la necesitaba, era solo por razones prácticas, para que asistiera a comidas interminables –luciendo siempre una sonrisa amable en el rostro mientras se dejaba aburrir por el tonto parloteo de las esposas de otros cruzados nobles– ofrecidas por hombres de superior linaje e inferior talento que su marido, así como para quitarle de encima a esa misma gente y mantener en perfecto orden su hogar provisional. En cuanto entrara en territorio enemigo, Simón ya se las arreglaría muy bien por su cuenta; en el campo de batalla sobraban los manteles, las copas de plata y las conversaciones ociosas.

–¡Ah! –exclamó desdeñosamente Alais, hundiéndole las uñas en la maraña oscura del vello de su pecho–. ¡Me quieres como cantinera!

Simón se rió entre dientes.

–Ni hablar, querida. ¡A ellas hay que pagarles sus servicios!

–Entonces ¡yo estoy en peor situación aún!

Él se inclinó hacia su oído y transformó su ardiente respiración en un susurro:

–Te he traído de París un collar de oro y un vestido rojo de seda. ¡No te quejarás! –Su mano se deslizó para abarcar un seno–. Si eres buena, podrás lucirlos en el desayuno.

–No podré –protestó Alais, forcejeando ligeramente–. Aún es tiempo de Cuaresma. En realidad, no deberíamos habernos acostado juntos. Tendré que confesarme y hacer penitencia.

–Ya sea Cuaresma o no, señora –refunfuñó–, me daréis lo que se me debe. –La mano soltó el pecho para agarrarla por la mandíbula, obligándola a levantar la cabeza–. ¿Entendido?

Alais tragó saliva y asintió. Simón rara vez la había pegado, pero sabía que era muy capaz de hacerlo y que sus amenazas no eran cosa de broma. Ella observaba con toda fidelidad los mandamientos de la fe que profesaba, en especial cuando Simón estaba fuera, y encontraba consuelo en las prácticas religiosas. Simón, en cambio, adaptaba las normas a su conveniencia. Si llegaba tarde a misa, se encogía de hombros e intentaba ser puntual la próxima vez. Cuando cometía algún pecadillo, no se inquietaba si olvidaba confesarlo. Así que Alais no se hacía ilusiones sobre la profundidad de los sentimientos religiosos de su marido. Piadoso, sí; ferviente, en absoluto. Hacía mucho tiempo que todos sus fervores estaban concentrados en el arte y la práctica de la guerra.

Simón la soltó y apoyó la palma de la mano en su mejilla.

–No me lleves la contraria –le advirtió con aquel tono dulce que la aterraba precisamente por su suavidad. Luego se relajó y de súbito desapareció de su voz y del ambiente cualquier nota amenazadora–. He pensado que podría llevar a Amaury a esta campaña. Ya es mayor y necesita conocer la guerra. El entrenamiento en la palestra y la teoría son útiles, pero no te templan los redaños como la experiencia real.

–Seguro que le encantará acompañaros, mi señor –asintió Alais esforzándose por mostrarse dócil.

–Hablaré con él en el desayuno –dijo Simón, y la obligó a tenderse de nuevo en el lecho.

Esta vez, Alais no protestó.

Capítulo 7

Montvallant, Toulouse, primavera de 1209

Raimundo de Toulouse abrazó cordialmente a Berenguer de Montvallant, quien exclamó:

–¡Sed bienvenido, mi señor!

Aceptando con circunspección el abrazo, Berenguer condujo a su invitado al interior del castillo. Tras ellos, los caballeros y sirvientes de la guardia del conde dejaron las monturas al cuidado de los mozos de cuadra y los criados, y mientras unos seguían a su señor, otros se instalaron en el patio para esperar.

Raimundo de Toulouse, el principal señor feudal de la región, era de la misma edad que Berenguer. De hecho, se habían armado caballeros juntos y sus respectivas familias estaban unidas por una antigua amistad. Raimundo llevaba los años mejor que su vasallo. Sus huesos eran fuertes y su piel aceituna se mantenía tersa. Caminaba con paso atlético y ponía la pasión de un joven en vestirse y acicalarse. Corría el rumor de que sus rizos negros como el azabache se debían más a una sutil aplicación de hollín que a su propia naturaleza. De ser cierto, el camuflaje era excelente, pues en su fina tez no aparecían rayas ni manchas delatoras. Su estilo de vida indolente y su afición por el lujo le deberían haber convertido en un individuo gordo y perezoso como una babosa; sin embargo, enfundado en su túnica roja, parecía delgado y ágil.

Beatrice y Claire sirvieron vino a los hombres en el solanar del castillo y reclamaron la presencia de un músico para que tocara el arpa. Beatrice se disculpó diciendo que iba a apremiar a la servidumbre para que prepararan un banquete digno de sus huéspedes. Cuando Claire se ofreció para ayudarla, la detuvo con un gesto.

–No, querida... En tu estado, debes reposar. Siéntate a bordar frente a tu bastidor. Puedo arreglármelas perfectamente sola.

Claire miró a su suegra. Hasta ahora su embarazo no le había causado más que leves molestias. Ya sabía que Beatrice se preocupaba por pequeñeces, pero era una exageración sugerir que no podía ocuparse de sus huéspedes cuando estaba solo de tres meses.

–Me encuentro bien, madre.

Como si fuera a darle una pequeña regañina, Beatrice se llevó a Claire a un lado.

–Quiero que te quedes aquí y escuches la conversación –murmuró–. Ya sabes cómo son los hombres. Si le pregunto a Berenguer más tarde, o tú a Raoul..., solo nos enteraremos de la mitad de la historia, y con retoques para hacerla parecer más grata. Conozco a Raimundo desde hace mucho tiempo. Es capaz de embaucar a los pájaros de los árboles..., ¡y no precisamente con buenos propósitos!

Claire inclinó la cabeza para demostrar que accedía a los deseos de Beatrice y volvió recatadamente al bastidor en que tenía su labor. Raoul la miró con curiosidad.

–¿Debo deducir de esto que la llegada de buenas noticias es inminente? –preguntó Raimundo con afabilidad, mientras se acomodaba en una silla acolchada.

Ruborizándose, Claire se enfrascó en su bordado.

–Para otoño, señor.

Raoul sonrió a su esposa, que alzó la cabeza el tiempo justo para devolverle la mirada con la cara encendida.

–Felicidades, pues. –Raoul le dio las gracias y Raimundo se recostó en la silla con las manos entrelazadas sobre el suntuoso terciopelo de su túnica, antes de añadir–: Espero que las noticias que traigo sean tan gratas como las vuestras.

Se quedó contemplando sus pulgares mientras los hacía rodar el uno sobre el otro y luego escrutó a Berenguer y Raoul.

El primero enarcó las cejas. Habían llegado, pues, al objeto de aquella visita, gran parte de cuyos motivos era ya previsible. Al mirar de reojo a Raoul, vio que había adoptado una expresión pétrea.

–Sabemos que están armando en Lyon un ejército francés con el objetivo de destruir a los cátaros –dijo.

–Sí, es cierto –admitió Raimundo.

–¿Y queréis que os ayudemos a rechazarlo?

Raimundo jugueteaba con un impresionante cabujón de rubí que le adornaba un pulgar.

–No exactamente. Sería más sencillo ponerse frente al mar y frenar el avance de la marea ordenándolo con el brazo en alto. El ejército es enorme. Decenas de miles de hombres, según me han informado, procedentes del norte y de los Países Bajos.

–Entonces... ¿qué debemos hacer? ¿Apartarnos para dejarles causar todo el daño que quieran?

Raimundo paró de dar vueltas al anillo para beber un trago de vino. Sin decir palabra, Claire se levantó y volvió a llenarle la copa.

–No –replicó el conde tras enjugarse los labios con un pañuelo que guardaba en la bocamanga–. Yo mismo voy a sumarme a la cruzada, y estoy aconsejando a mis vasallos que se unan también.

Berenguer miró horrorizado a su señor.

–¿Queréis que apoye la causa francesa contra mis propios súbditos? ¿Me estáis pidiendo eso?

–La cosa no es tan simple –respondió Raimundo, volviendo a guardar el pañuelo en la manga–. ¡Oh, sentaos, Berenguer, y dejad de mirarme como si os hubiera pedido que asarais a fuego lento a vuestra abuela!

–Tal vez no a mi abuela, pero... ¿qué me decís de los cátaros de mis tierras? ¡Quizá desearíais que los asara a ellos!

–No se llegará a ese extremo.

–¿Que no? –exclamó Berenguer, cuyos ojos ardían de cólera.

–¿Cuál es vuestro plan? –preguntó Raoul sin tomar partido.

Raimundo se volvió agradecido hacia el joven, que al menos parecía menos soliviantado que su indignado padre.

–Bien... Como os decía, oponerse al ejército del norte será imposible. He apelado al Papa y le he prometido enmendarme, sometiéndome incluso a la humillación de una penitencia pública. –Hizo una mueca–. Aunque, la verdad..., preferiría que fuera una flagelación meramente simbólica... Mi propuesta es que nos sumemos todos a la campaña, porque, siendo cruzados como ellos, los franceses no podrán tocar nuestras tierras, so pena de incurrir en excomunión.

–¿Y pensáis que el papa Inocencio se dejará engañar por ese subterfugio? –preguntó Berenguer incrédulo.

–Ahí es donde entra la penitencia pública. Será la prueba de que esta vez soy perfectamente sincero –respondió el conde estremeciéndose–. Imagino que será inevitable perseguir a unos cuantos herejes, pero si tenemos éxito, podremos desviar las iras de la cruzada..., desviarlas de nuestras tierras, por lo menos.

–¿Hacia dónde? –preguntó Berenguer.

Raimundo se disponía a hablar, pero Raoul se le anticipó.

–A las tierras de Roger Trenceval, por supuesto... ¿Adónde, si no? Sus dominios acogen el doble de cátaros que los de Toulouse, y es un vecino demasiado poderoso.

El conde clavó en Raoul una mirada penetrante. Aunque el joven había hablado sin emoción, su tono dejaba entrever que desaprobaba su propuesta, y Raimundo no estaba dispuesto a recibir lecciones de un cachorro que todavía tenía leche en los labios.

–Le he ofrecido a Roger Trenceval la oportunidad de unirse a mí para repeler al ejército del norte, pero no ha aceptado. Lo que ocurra ahora es responsabilidad suya. Yo debo hacer lo mejor para mi gente.

«Lo mejor para vos», pensó Raoul.

Berenguer suspiró con semblante severo.

–Es mucho lo que nos pedís, mi señor.

–No os lo pediría si no fuera necesario..., lo sabéis de sobras –replicó Raimundo, que se inclinó hacia Berenguer para añadir con tono amable y persuasivo–: Por lo menos, si estamos con el ejército cruzado, tal vez podamos amortiguar el golpe.

–¿Hasta qué punto es firme la determinación de sus jefes?

Raimundo apretó los labios.

–Arnaud-Amalric de Citeaux es un fanático –afirmó–. En cuanto a los caballeros seglares, desconozco su grado de entusiasmo. Los manda un personajillo de París, un tal Simón de Montfort. Si interpreto bien la situación, el grueso del ejército se presentará aquí, hará ostentación de su fuerza hasta la época de la cosecha, y después se disolverá para que los hombres regresen a sus hogares. –Sus finos ojos oscuros iban del padre al hijo–. Creedme... Es la única forma de que esto no se nos vaya de las manos. Necesito tu apoyo, Berenguer, para convencer a mis otros vasallos –concluyó. En su pulgar, el rubí del anillo lanzaba pequeños destellos de luz roja.

Con una sensación de triste fatalidad, Berenguer comprendió que no podía denegar la petición de Raimundo. Habían compartido demasiadas locuras de juventud, vaciado demasiadas jarras de vino y pasado juntos demasiadas noches de dados, mujeres y aventuras, para negar ahora su apoyo al conde. Por otra parte, el plan de Raimundo parecía tan bueno como cualquier otro de los que había oído.

–Contáis con nuestro respaldo –dijo mirando al suelo, porque no era algo de lo que pudiera enorgullecerse.

Raoul no pronunció palabra, aceptando tácitamente con su silencio. Claire clavó la aguja en la tela y, con el rostro blanco como un pergamino, abandonó la habitación.

Raimundo se volvió en su silla, sobresaltado momentáneamente por la repentina salida de la joven, y después le dedicó una amplia sonrisa a Raoul.

–A mi mujer le pasaba lo mismo cuando estaba embarazada de nuestro hijo. Su doncella la seguía a todas partes con una jofaina y una tisana de hierbas.

–Creo que hay algo más –repuso Raoul con fría serenidad y, tras pedir disculpas, fue tras ella.

No le resultó fácil encontrar a Claire. Su dormitorio estaba vacío, aparte de dos criadas que trabajaban con las ruecas. Una rápida ojeada al excusado le reveló que no se había retirado allí por una indisposición. En las cocinas, Beatrice discutía con el cocinero, y Raoul se vio obligado a desaparecer antes de que su madre lo acosara a preguntas. Buscó en los almacenes, en la panadería, la vaquería y los establos, en todos sin éxito, y solo cuando se le ocurrió subir al paseo de ronda de la muralla la vio al fin, apoyada contra un merlón, mirando fijamente a través de los huertos y viñas las aguas oscuras del Tarn.

–¡Por el amor de Dios...!, ¿qué estás haciendo aquí arriba? –le preguntó con brusquedad nacida de la preocupación y la exasperación.

–¡Por el amor de Dios! –replicó volviéndose hacia él y echando chispas por sus ojos castaños–. ¿Qué tiene que ver Dios en todo esto? Discúlpame ante el conde. Dile que estoy enferma. Es la verdad: enferma del alma. –Apoyó en el merlón una mano trémula para que el temblor no agitara su cuerpo–. Raoul, si vas a luchar contra los cátaros, ¡jamás te lo perdonaré!

–No tengo intención de hacer tal cosa, y tampoco mi padre.

–Pero Raimundo sí.

–Estamos en un callejón sin salida..., ¿no lo comprendes?

–Lo único que comprendo es que Raimundo quiere que ese ejército del norte destruya a Roger Trenceval por su propio interés.

Raoul miró incrédulo hacia el cielo.

–¿No has entendido nada de lo que has oído allí abajo? Hagamos lo que hagamos, los cruzados se nos echarán encima. No podemos oponer resistencia; tenemos que ceder y, si Raimundo persigue a unos pocos cátaros, será para que los demás puedan sobrevivir. La idea me desagrada tanto como a ti, pero estamos entre la espada y la pared.

–Estupendo –replicó ella, mirándole con los ojos ardiendo de furia–, persigamos a unos pocos por el bien de todos. Decidme, mi señor, ¿a quiénes de nuestros cátaros deberíamos arrojar a la hoguera? ¿A Isabelle? ¿A Pierre, el mayordomo? ¿Qué tal a esa anciana que trae setas al castillo? ¿O por qué no sacrificar a Aimery y a Geralda?

–¡Ya basta, Claire!

–¿Te remuerde la conciencia? –le punzó ella.

Raoul la agarró violentamente por los hombros. Claire le golpeó con los puños en el pecho, pero él aguantó su arremetida hasta que, de pronto, la joven rompió a llorar y se apoyó sobre él.

–Sí –murmuró Raoul–, mi conciencia me atormenta, y estoy tan asustado que quisiera encerrarme en algún agujero profundo y oscuro... y no salir nunca. No deseo llevar armadura ni blandir la espada, pero eso no va a cambiar las cosas. –Su boca buscó con angustia la de ella.

Claire se aferró a él salvajemente, atenazada por su propia angustia y por el remordimiento que le producían las palabras que le había dicho. Se sentía enferma de terror al imaginar a Raoul entrando en combate... Aún recordaba aquellos cadáveres en la orilla del Ródano, la sangre, el horror de la muerte... Raoul podía ser un caballero, podía haberse entrenado en las artes de la guerra..., pero era inexperto y se enfrentaría a hombres mucho más curtidos en la batalla. Quizá su hijo no llegara a conocer jamás a su padre.

–¿Por qué? –exclamó con dolor y frustración–. ¿Por qué tienen que entrometerse?

–Poder, codicia, miedo... –Pasó la mano por la espalda de Claire, alisando y sintiendo bajo sus dedos el fino tejido de lino, y observó con desolación el merlón de piedra roja que se alzaba a su lado–. Nuestras costumbres son distintas a las suyas y, por ello, han de destruirlos.

–Raoul..., ¿qué les ocurrirá a nuestros cátaros?

Las manos de Raoul se detuvieron en la cintura de su esposa, que el embarazo todavía no había ensanchado.

–Durante algún tiempo tendrán que practicar su culto menos abiertamente –respondió–. Podrán buscar refugio en las cuevas de las colinas que dominan los viñedos. –Zarandeó a Claire de nuevo, esta vez con delicadeza–. Te prometo que no sufrirán ningún daño.

–¿Y los cátaros que viven en las tierras de Roger Trenceval?

–Haremos lo que podamos; no alzaremos nuestras armas contra ellos, cuando menos. Tienes que comprender lo difícil que es nuestra situación, Claire...

La joven se mordió los labios y miró a Raoul con los ojos arrasados en lágrimas, pestañeando para evitarlas. Deseaba estar de acuerdo con él, pero no podía resignarse.

–¿Bajas al solanar? –le preguntó Raoul con dulzura, al tiempo que le enjugaba las lágrimas con la yema del pulgar.

–No puedo. –Se estremeció–. Esa mirada en su rostro, esa sonrisa...

–No deben asustarte –la tranquilizó Raoul–; es solo su forma de ser.

–Lo sé, ¡y eso todavía es peor! –exclamó librándose de su abrazo–. Presenta mis excusas, Raoul. No pienso bajar.

La siguió con la mirada mientras se alejaba rápidamente de él. Cuando Raoul entró en la torre de homenaje, el contraste entre la claridad en lo alto de las almenas y la repentina oscuridad de las escaleras del torreón lo hizo vacilar en las tinieblas.

Capítulo 8

Servian, cerca de Béziers, verano de 1209

Simón de Montfort se tomó un breve descanso en su trabajo y se sentó a cenar. Compartían la mesa con él el legado y el secretario pontificios, así como el obispo de Béziers, William de Rocosels, un anciano que ya chocheaba. En el escritorio que Simón acababa de dejar quedó un montón de pergaminos: informes secretos, relaciones pendientes de autorización, borradores de cartas para las diversas partes interesadas... Con un poco de suerte, podría tenerlo todo listo hacia medianoche.

Arnaud-Amalric, que no solo era legado papal, sino también superior de la gran abadía cisterciense de Citeaux, tomó un pedazo del cordero guisado de su plato lleno y, antes de llevárselo a la boca, preguntó a Simón:

–¿Cuánto tiempo se os resistirá Béziers?

Simón no dejó entrever su irritación. Con sus rizos canos, rostro rubicundo, mejillas brillantes y una sonrisa que amenazaba con estallarle en plena cara, el abad de Citeaux parecía un querubín avejentado; un hombre poderoso que esperaba tanto como Simón de aquella campaña que los había convertido en aliados incómodos y rivales celosos.

–No lo sabré hasta que haya estudiado los informes –respondió Simón señalando hacia su escritorio–. Por lo que he averiguado hasta ahora, está bien defendida y probablemente abastecida para resistir un asedio largo.

–¿Y Roger Trenceval?

–¿Qué pasa con él?

Lo sabía de sobra, pero prefirió mostrarse corto de entendederas e indicar a Walter que le llenara la copa con el excelente vino de la región, obsequio de un señor feudal de Servian que se había apresurado a capitular ante la fuerza del ejército del norte. El siguiente objetivo era Béziers, situada en un promontorio sobre el río Orb, a menos de medio día a caballo.

–Es su ciudad. ¿No creéis que estará allí, preparándose para el cerco?

Simón masticó con energía, engulló el bocado y bebió un trago de vino.

–Nuestros informadores lo sitúan en Carcassonne, donde se propone resistir a nuestro ataque. Por lo que yo sé, en Béziers solo tendremos que enfrentarnos a un hatajo de ciudadanos..., que armarán mucha bulla, pero que no tienen ningún talento para la guerra.

–Cuando se cuenta con la protección de unas murallas como las suyas, no se precisa mucha habilidad con las armas –observó Milo, el secretario papal, frotándose la nariz picada de viruelas.

El Papa lo había enviado al Languedoc a petición del conde Raimundo, después de que este objetara que no podía entenderse con Arnaud de Citeaux, pero las instrucciones recibidas del papa Inocencio eran que debía seguir al pie de la letra la política del de Citeaux. Al pez se le permitía algún tira y afloja con el sedal, pero no se le concedía la más mínima posibilidad de zafarse del anzuelo.

–Béziers caerá –aseguró Simón con absoluta seguridad. Dirigió una mirada fría hacia Milo antes de volverse hacia William de Rocosels. Al lado del abad, el obispo parecía una rama raquítica y seca junto a la exuberancia de un tronco macizo–. Mañana probaremos la vía diplomática. Cabalgaréis a la cabeza del ejército e instaréis a la rendición a vuestros diocesanos. Respetaremos sus vidas a cambio de un poco de cooperación.

El de Citeaux rió chillonamente y alzó su copa en un remedo de brindis.

–¡Podéis intentarlo! –se mofó.

Simón lo miró con severidad. Se levantó de la mesa, tomó del escritorio un pergamino y se lo tendió al obispo.

–Mostrad a vuestros conciudadanos esta lista de los cátaros conocidos y de sus simpatizantes. Quiero que nos los envíen en cuanto llegue el grueso de las tropas, o tendrán que atenerse a las consecuencias.

Atrapado entre dos fuegos, las manos de Rocosels temblaron, no solo por la edad. Dejó sobre la mesa el pedazo de pan que había estado a punto de llevarse a la boca, pues ya no sentía apetito, sino náuseas.

–Sé que algunos ciudadanos se alegrarían de colaborar con vos, señor –dijo diplomáticamente–, pero hay otra circunstancia que puede dificultar las cosas. Trencaval es solo un muchacho. Durante años, antes de que alcanzara la mayoría de edad, los habitantes de Béziers se han gobernado a sí mismos. No aceptarán de buen grado exigencias como esta.

–Si no colaboran, les enseñaré que ni siquiera tienen la más ligera idea de lo que significa dificultar las cosas –rugió Simón, y plantó en la mesa sus palmas extendidas desafiando al obispo con su prominente mentón.

Rocosels tragó saliva.

–Será peligroso –dijo con un hilo de voz, nervioso.

–Lo será –asintió su interlocutor, que enarcó una ceja como si le sorprendiera que el obispo dijera algo tan obvio–. Pero confío en que vuestra elocuencia y el respeto debido a vuestra posición os mantendrán a salvo. –Tomó un trozo de pan de pasas y se sentó otra vez frente a su escritorio–. Si triunfáis en vuestra misión, nos ahorraréis las fatigas de tener que atrincherarnos para el asedio. Si no, siempre os quedará la justa gloria de haberlo intentado. Podéis llevaros esa relación. Mi escribano ha hecho una copia.

Se trataba de una despedida, y no especialmente amable, pero el obispo se sintió más que agradecido de recibir licencia para partir.

–¡Menudo gallina! –masculló Simón–. Con hombres como este para llevar la antorcha de la cristiandad, no es extraño que los herejes hayan campado con entera libertad en estas tierras.

–De Castelnau le designó un administrador como sustituto a todos los efectos –alegó el de Citeaux–. Llevamos más de diez años intentado reformar la región, pero en algunos lugares el cáncer ha penetrado tan profundamente que se ha de atajar con la espada.

Simón gruñó inexpresivamente y continuó escribiendo sin prestarle atención. Notaba que el abad bufaba de cólera, y ello le producía un extraño e infantil regocijo. Le complacía fastidiar al legado papal del Languedoc siempre que era posible, consciente de que el de Citeaux tenía una desesperada necesidad de contar con hombres como él.

Los dos eclesiásticos se levantaron para marcharse, puesto que ya no había más asuntos pendientes, habían dado cuenta de la comida y el malhumor de Simón era más evidente que nunca.

Ya en el umbral de la puerta, Milo se detuvo y se volvió hacia Simón.

–Mi señor... si os llegaran noticias de aquellos tres herejes que os mencioné el otro día, hacédnoslo saber. Debemos atraparlos.

–Os lo haré saber –aseguró Simón sin molestarse en levantar la vista.

La inquietud de Milo y Arnaud por aquellos tres herejes supuestamente perniciosos le parecía trivial. Los rumores eran vagos y poco fiables, y él, Simón de Montfort, tenía cosas más tangibles de las que preocuparse, como disponer de suficientes soldados para emprender aquella guerra, alimentarlos, atenderlos, prepararlos... La Iglesia disponía de sus propios agentes y era asunto suyo dar con aquellas tres personas, cualquiera que fuese la disparatada teología que anduvieran predicando.

Preparó su pluma, extendió en la mesa una nueva hoja de pergamino y, con un suspiro, empezó a escribir.

Las estrellas parecían tan próximas que Raoul tenía la impresión de que solo necesitaba alargar la mano para descolgarlas del cielo. Frías y plateadas, arrojaban una luz azul sobre las filas de caballos, a las que se había acercado para darle a *Fauvel* un puñado de grano. El animal daba muestras de sufrir una torcedura en la pata delantera, y Raoul le había aplicado un emplasto que, al decir del jefe de los caballerizos de Montvallant, era infalible.

El contacto del hocico aterciopelado del caballo en la palma de su mano y la claridad de la noche le provocaron un nudo en la garganta. Deseó que aquella quietud y el silencio durasen para siempre. No quería pensar en la mañana y en la marcha sobre Béziers. Simón de Montfort no era «el personajillo de París» que regresaría a su casa en cuanto hubiera madurado el trigo en los campos, como Raimundo les había asegurado hacía dos meses. En el breve tiempo desde que los ejércitos del norte y del sur se habían unido, Raoul había descubierto la auténtica talla de aquel hombre, y se había dado cuenta de lo mucho que lo había subestimado Raimundo. De Montfort sabía mandar a los guerreros, coordinarlos y mantenerlos bajo su control. Y en contraste con su voluntad de hierro y su mano dura, Raimundo había revelado lamentablemente su escasa valía. No importaba que hubiera hecho penitencia y jurado fidelidad a la Iglesia en Saint-Gilles: los jefes de la cruzada no creían ni confiaban en él. De hecho, Simón de Montfort había dejado claro que si Raimundo daba un solo paso en falso, Toulouse sería la siguiente ciudad que recibiría su visita.

Raoul acarició el pelo terso y brillante de *Fauvel* y miró a lo lejos con el corazón encogido. No tenía ningún deseo de combatir contra sus compañeros del sur por una causa que no le parecía en absoluto justa; una causa que era una excusa para que hombres como Simón de Montfort saquearan el Languedoc en provecho propio. En este aspecto los cátaros tenían razón. El mundo era malvado, y la Iglesia de Roma y su brazo secular estaban manchados de sangre. Y él formaba parte de eso.

Apoyó la frente en el cuello rojizo del corcel en busca de consuelo. Hacía tan solo dos semanas lo había encontrado en el hombro y el pecho de Claire, que respiraba a su lado en la cama. O en las pataditas de su hijo en el vientre de ella. O en la vista del castillo de Montvallant a la salida del sol..., aquellas piedras duraderas y familiares. Ahora se hallaba lejos de todo ello, quizá para siempre. Cuando cerraba los ojos podía ver a Claire de pie ante las puertas del castillo, abrazada a su madre, mientras las lágrimas resbalaban por su rostro. La tristeza de ambas no se debía solo al hecho de que sus hombres partieran hacia la guerra. También obedecía a la naturaleza de la contienda. «Como si tuvieras que cortarte uno de los miembros», había dicho Claire.

«Como si te arrancaras tu propio corazón», pensó Raoul y se volvió para contemplar al abad de Citeaux y al secretario papal que pasaban a su lado conversando.

–¡Creo que no comprende cuán importante es encontrar a esas personas! –oyó decir con furia al de Citeaux.

–Me aseguraré de que lo entienda en cuanto se presente otra oportunidad –lo tranquilizó el secretario–. No puede comprenderlo porque no conoce la verdad.

–¿Pensáis que deberíamos explicársela?

–¡De ninguna de las maneras! Cuantos menos conozcan el secreto, mejor.

La voz de Milo, chillona y alarmada, hizo que Raoul se fijara con curiosidad en los dos hombres. Obviamente se referían a alguna información que ocultaban a Montfort, y le dio la impresión de que, aunque habían hablado de «encontrar», les preocupaba muchísimo más ocultarlo, fuera lo que fuese. Recordó la conversación que había oído por casualidad entre Luke de Béziers y Lisois de Saliers, y se preguntó si se trataría de una mera coincidencia.

–¿Cómo está el caballo? –le preguntó Berenguer cuando su hijo regresó a la tienda.

–El emplasto está obrando su efecto. Mañana estará en condiciones de cabalgar hasta Béziers –explicó Raoul mientras se sentaba en la silla de viaje y se soltaba la correa de la espada.

La semana anterior la había llevado al cinto un día sí y otro no, tratando de habituar el cuerpo a su tacto y peso. Ya empezaba a acostumbrarse. Ahora era solo su mente la que la rechazaba.

No lejos de allí, unos soldados del norte se jugaban a los dados los favores de una mujerzuela del campamento. Una garrafa de vino pasaba de mano en mano, y su idioma, tan diferente del habla del sur, le chirriaba en los oídos.

Raoul y Berenguer se miraron. No podían hablar. Transformar sus pensamientos en palabras equivaldría a dar la vuelta a un cadáver y descubrir todos los gusanos que se agitan en su interior.

–Raimundo pasó por aquí mientras estabas fuera. –Berenguer rompió el silencio–. Dice que las tropas de Toulouse han de permanecer en reserva, que cualquier asalto han de lanzarlo los hombres De Montfort.

–¿Órdenes de Simón de Montfort?

–Sí.

–No se fían de nosotros –dijo Raoul dejando la correa en la mesa. La filigrana de hilos de oro, nuevos y sin pátina, destellaba aún. ¡Lo que habría dado en ese momento por tener un poco de experiencia! Admitió con frialdad–: De Montfort no anda muy desencaminado. No creo que yo mismo pueda infundir ánimos para atacar con ardor. Me sentiré más aliviado si nos dejan al cuidado del campamento y de la impedimenta.

–Supongo que sí –asintió Berenguer suspirando y mesándose el cabello.

–Para empezar, si hubiéramos obedecido a nuestra conciencia, no estaríamos aquí.

–Es un gesto simbólico para salvar nuestro pellejo –replicó Berenguer incómodo, evitando mirar a su hijo.

–¡Como si nuestros pellejos fueran más sagrados que nuestro honor! –Raoul se dejó caer sobre el jergón de paja–. No estoy tan seguro de que no hayamos sacrificado ambas cosas. La ambición del norte no se detendrá en Béziers y con la muerte de unos cuantos cátaros. Me temo que ahora solo están matando el hambre a la espera del festín que desean: ¡nuestro pueblo! ¡Por Dios, padre, es más de lo que puedo soportar! –Cerró la mano en un puño conteniendo las lágrimas, con la respiración entrecortada.

Berenguer apoyó las manos en las rodillas para ponerse en pie y se acercó despacio a la mesita de campaña en que estaba la jarra de vino para llenar dos copas.

–Lo sé –dijo, y al ofrecer la bebida a Raoul se reveló su profundo cansancio y su comprensión–. Lo sé, hijo mío..., y esta noche voy a beber hasta emborracharme porque solo así podré dormir.

Raoul tomó la copa de sus manos y clavó la mirada en el vino, tétrico y rojo como la sangre: el ponche, áspero y tosco, le hirió en el paladar como cristales rotos.

–¿Cuántas copas se necesitan para olvidar? –preguntó.

Capítulo 9

Béziers, 22 de julio de 1209

Simón de Montfort interrumpió la tarea de ajustarse la cofia almohadillada sobre la que se calaría luego el yelmo para seguir con la mirada la trayectoria parabólica de la piedra lanzada desde las murallas de la ciudad, que fue a caer a escasa distancia de sus tropas. Una invectiva proferida a voz en grito siguió al proyectil, pero no logró incrementar su alcance. Además de grandes piedras, sobre las fuerzas recién llegadas habían arrojado verduras podridas y excrementos, y todo había marrado el objetivo por muy poco, aunque se rumoreaba que la mula de Rocosels había sido alcanzada por un pellón certero cuando se retiraba para su vergüenza de la ciudad.

Con movimientos pausados, Simón acabó de atarse la pieza de la armadura y tomó el yelmo que le entregó su hijo Amaury.

–Han vuelto a fallar –dijo el joven.

–¿Qué conclusión sacas?

–O no tienen máquinas de defensa lo bastante potentes o les falta experiencia para manejarlas, señor.

Simón asintió con la cabeza.

–Mucha espuma y nada de cerveza, como dirían los ingleses. Piensan que están en superioridad. ¿Has oído el griterío tras las murallas?

–Sí, padre –respondió Amaury enrojeciendo hasta las orejas.

La mayoría de las voces se expresaban en la lengua del sur, más parecida al catalán que al francés y, por ese motivo, no comprendía su significado; pero algunos proferían también sus insultos en la lengua del norte y no daban lugar a imaginar nada que no fuera la forma de vengarlos. Los defensores no se habrían atrevido a pronunciarlos de no estar convencidos de que podrían rechazar a los sitiadores. Pero no conocían a su padre...

Simón montó su caballo de combate. Había escogido deliberadamente un corcel blanco porque era un color fácil de reconocer en la batalla y porque la sangre del enemigo, al chorrear de su espada, compondría un contraste magnífico. La perilla y el arzón de la elevada silla lo mantenían bien asegurado, y los estribos eran largos, lo que le permitía levantarse prácticamente sobre ellos y tener el apoyo necesario para descargar los golpes.

–Si la situación cambia y me necesitáis, estaré con el de Citeaux, Rocosels y la delegación que está tratando con ellos –le indicó a Amaury antes de alejarse a través del campamento, deteniéndose aquí y allá para hablar con los soldados.

Desde que partieron de Montpellier, una serie de pequeñas victorias y la capitulación de algunos señores de poca monta del sur, espantados por el contingente y la disciplina del ejército de Simón, habían hecho crecer la lealtad y el respeto que las tropas sentían por él. Ahora los ojos de todos lo buscaban en su inconfundible caballo blanco y se enardecían al ver el león de cola bífida de su escudo con las garras clavadas en sus enemigos.

El abad de Citeaux estaba sentado en el exterior de su tienda, rodeado de un grupito de inquietos ciudadanos que intentaban negociar un acuerdo que no perturbara sus confortables vidas. No había ni rastro de Rocosels, a pesar de que se hallaban presentes dos caballeros del sur que habían formado parte de la escolta que lo acompañó a la ciudad: Berenguer de Montvallant y su hijo. Simón los había conocido la noche anterior en una reunión de los jefes del ejército, y los había juzgado como dos exponentes típicos de los nobles de aquellas tierras: hostiles, no muy de fiar, simpatizantes de los herejes y con la misma habilidad para el combate que le atribuiría a uno de sus escuderos en el primer año de entrenamiento.

Detuvo su corcel frente al reducido grupo y vio palidecer los rostros rollizos de los habitantes de la ciudad. El de Citeaux, en cambio, tenía las mejillas sonrosadas y estaba sudoroso.

–¿Dónde está el obispo?

La papada de Arnaud-Amalric de Citeaux se agitó al volverse.

–Limpiándose los escupitajos y la mierda –respondió–. Ya os dije que no colaborarían..., excepto estos pocos –añadió, dirigiendo una mirada despreciativa a los congregados en torno a él y haciendo un gesto desdeñoso–, ¡que ni nos sirven ni representan nada!

Simón vio con el rabillo del ojo que el más joven de los Montvallant apretaba las mandíbulas y sus ojos azules brillaban con odio. Temerario, pensó Simón, aunque sin sorprenderse, pues conocía bien la postura del sur y su grado de desacuerdo con el objetivo de la cruzada. Se dispuso a desmontar, pero tan pronto como apoyó el pie en el estribo izquierdo oyó un grito y divisó a Amaury, que se acercaba a todo galope.

–¡Venid enseguida, padre! ¡Están atacando el puente!

Simón se enderezó en la silla y obligó a girar al caballo.

–¡Ponedlos bajo custodia! –le ordenó a Citeaux señalando a los perplejos vecinos, y picó espuelas.

–¿Que han emprendido un ataque? –murmuró Berenguer con incredulidad–. ¿Se han vuelto locos?

Raoul meneó la cabeza. El corazón le latía con fuerza mientras contemplaba a Simón de Montfort alejarse a galope. Sentía temor, y se avergonzaba por ello. También estaba encolerizado.

Arnaud-Amalric ordenó a algunos de sus soldados que vigilaran a los ciudadanos y fue a ponerse la armadura.

–Será mejor que vayamos a armarnos nosotros también –dijo Berenguer, con expresión tensa y triste.

Incapaz de hablar, Raoul se alejó.

Los elementos indisciplinados de Béziers, envalentonados por la facilidad con que habían intimidado a William de Rocosels, habían llevado su arrogancia más allá de toda prudencia al atacar un puesto avanzado; habían prendido fuego a algunas tiendas recién levantadas y dado muerte a un caballerizo de la casa real.

Aquella acción violenta no arredró en absoluto a los hombres del campamento incendiado, que echaron mano de todas las armas a su alcance e, improvisando otras con palos de las tiendas y utensilios de cocina, respondieron con un contraataque tan feroz que frustró la precipitada ofensiva de sus enemigos y los hizo huir presa de pánico. Mientras los vecinos pugnaban por cerrar las puertas de la ciudad en las narices de los sitiadores, estos lograron introducir un tronco en la entrada para emplearlo como cuña. Siguió una lucha frenética. La puerta se abrió más, y el reguero de cruzados que penetró en el interior de la muralla se convirtió en un chorro y luego en un torrente. Los asaltantes, mercenarios y soldados de a pie fluyeron al interior seguidos por tropas a caballo, caballeros con sus escuderos y grandes señores. Al poco tiempo Béziers se convirtió en un enorme matadero, del que se alzaban los gritos de sus habitantes, combatientes o gentes de paz, cátaros y católicos, que sucumbían por igual al acero y el fuego.

El abad de Citeaux, que embutido en la cota de malla, oculta la cabeza bajo el yelmo y con las fofas piernas que apenas le permitían montar a horcajadas un corcel, semejaba un pez descomunal, fue a reunirse con Simón para contemplar la destrucción de la ciudad que se había atrevido a desafiarlos. Su rostro mofletudo era inexpresivo y sus ojos redondos como los de una carpa estaban vidriosos, no de horror, sino de triunfo.

Simón, con su caballo blanco abundantemente salpicado de rojo, tenía la sangrienta espada apoyada sobre el muslo.

–Debemos tomar una decisión –dijo–. ¿Ordenamos una tregua o dejamos que nuestros hombres actúen sin freno por toda la ciudad?

Era perfectamente capaz de decidir por sí mismo; pero Citeaux, en calidad de legado pontificio, era el jefe nominal de la cruzada.

–¿Qué queréis decir? –preguntó el abad mirándole perplejo, sin acabar de comprender.

–¿Qué hacemos con los que no son herejes? –dijo Simón reprimiendo su irritación–. ¿Os parece que establezca un lugar de asilo para ellos? ¿Que los ricos (los que no hayan muerto) paguen un rescate a cambio de sus vidas?

Arnaud-Amalric miró el cuerpo destrozado de una mujer que yacía junto a los caballos. La sangre, que se deslizaba por el polvo caliente del verano, dividiéndose en intrincados regueros, le recordó la sagrada misión que le habían confiado. Las moscas danzaban ya en torno al cadáver. Una extraña sonrisa se dibujó en su rostro.

–No –sentenció en voz baja–. Matadlos a todos. Dios reconocerá a los suyos.

Con deliberada parsimonia, Simón limpió la espada en su muslo y la envainó.

–La decisión es vuestra –dijo, cargando la responsabilidad en los hombros adiposos del legado.

También él era partidario de que continuara la matanza. Convenía a sus planes que la primera batalla de la campaña contra una gran ciudad se saldara con una masacre. Probablemente otras ciudades se apresurarían a capitular al enterarse de la suerte sufrida por quienes habían cometido la insensatez de oponer resistencia. Aun así, resultaba muy útil que el de Citeaux cargara con cualquier reproche que pudiera derivarse después de la acción. Se volvió en su silla hacia Amaury y sus otros dos escuderos.

–Recorred la ciudad y transmitid la orden de no dar cuartel ni respetar la vida de nadie. Decid también a los jefes que quiero que se organicen rondas para evitar el saqueo en provecho propio. El botín se repartirá equitativamente una vez que hayamos tomado la ciudad.

–A vuestras órdenes, señor –respondió Giffard, el mayor de los tres, ya a punto de ser armado caballero. Amaury y Walter estaban pálidos como la harina, pero ninguno de los dos se planteó siquiera discutir la orden.

–¿Venís conmigo? –preguntó Simón a Citeaux cuando los jóvenes se alejaron a caballo. Había un ligero tono burlón en su voz–. ¿Vamos a ver qué hemos conquistado hoy para la cristiandad?

Raoul llevaba calado el yelmo de batalla, de modo que reprimió las náuseas que le provocaba lo que veía. Intentaba controlar a *Fauvel*, que se encabritaba, nervioso, espantado por la mezcla de hedores, el humo, la sangre y el terror humano, sumados al estrépito de la muerte y la destrucción.

Y miré y vi un caballo pálido, y el nombre de quien lo montaba era muerte.

Raoul y su padre entraron en la ciudad en la última oleada, junto con otros nobles del sur, y únicamente cuando, ante la insistencia de De Montfort, no les quedó más remedio. Simón necesitaba algunos hombres que no estuvieran completamente ofuscados por la sed de sangre y la codicia para controlar a los otros.

Raoul no daba crédito a lo que veía y escuchaba. Tenía la impresión de que estaba atravesando las puertas del infierno. Por todas partes había edificios en llamas, incluso las iglesias, por cuyo futuro se suponía debía velar la cruzada. La humareda le irritaba la garganta y oscurecía su visión ya reducida por la visera del yelmo. Entre las espesas nubes negras y brillantes lenguas de fuego, atisbó los ensangrentados cadáveres de personas asesinadas cuando trataban de escapar: jóvenes, viejos, madres, padres, niños... La puerta de una casa estaba abierta y por ella asomaba a la calle una cinta de seda de un verde intenso, sobre la que yacía muerto un saqueador.

Agarrada a la jamba de la puerta para sostenerse, una muchacha sollozaba con un cuchillo de deshuesar en la mano. Su melena negra se había salido de la toca y le caía enredada por la cara. Tenía el vestido rasgado y los ojos le brillaban con expresión fiera. Lleno de horror y compasión, Raoul avanzó hacia ella. Intentó hablarle pero el humo, además de la emoción, había bloqueado su garganta y, en lugar de palabras tranquilizadoras, lo único que emitió fue un gruñido.

Al verlo acercarse, la chica volvió la hoja del cuchillo y la dirigió hacia sí por debajo de las costillas. Raoul sacudió enérgicamente la cabeza y empezó a desmontar, pero *Fauvel* se encabritó y tuvo que tirar de las riendas y sujetarse con los muslos. La joven respiró hondo, titubeó un instante decisivo y, con un movimiento rápido, se hundió el cuchillo en el pecho. La sangre corrió por su vestido de lino claro. Jadeó y se tambaleó, con la mirada fija en Raoul mientras soltaba la jamba de la puerta y caía en el umbral.

Raoul se quitó el yelmo y cabalgó hacia la joven, con un grito de dolor en el pecho que su garganta rígida le impedía articular. Ella lo miraba con ojos acusadores, ya incapaces de ver. En el interior de la casa, vio una pareja de ancianos, muertos los dos, asesinados por el mercenario a quien la muchacha había matado antes de quitarse la vida.

–Este es un día maldito para todos nosotros –murmuró Berenguer.

Raoul comenzó a santiguarse pero se interrumpió, sacudido por una sensación de repugnancia.

Por un callejón apareció un grupito de caballeros del norte; el ruido de los cascos de sus caballos quedó ahogado por el rugido de las llamas y el derrumbe de vigas y construcciones, hasta que estuvieron frente a Raoul y su padre. Su jefe, un hombre corpulento de expresión astuta y mirada severa, tiró de las riendas al llegar hasta el mercenario muerto en la calle; apoyó los codos en el pomo de su silla.

–Ya veo que estáis al tanto de las órdenes –dijo.

–¿Qué órdenes? –preguntó Berenguer desconcertado.

Una sonrisa entre divertida y gruñona cruzó la parte inferior del rostro del caballero, visible bajo la barra nasal del yelmo.

–No perdonar a nadie. El legado dice que todos deben morir por resistirse. El botín ha de llevarse al campamento..., orden de su señoría. Cualquiera que sea sorprendido saqueando en provecho propio correrá la misma suerte que este estúpido bastardo.

A una señal suya, uno de sus hombres desmontó y tiró de la pieza de seda verde sobre la que yacía el cadáver. Una mancha de color rojo oscuro desfiguraba el brillo ondulante de la tela. El caballero descolgó un odre de su arzón y lo tendió a Raoul y Berenguer.

–Este trabajo reseca la garganta –comentó.

Raoul se envaró. Berenguer le agarró por el brazo, obligándole a mantenerlo quieto.

–Gracias, pero ya llevamos el nuestro –dijo, dominando su temor para mostrarse cortés.

–No tenéis estómago para esta tarea, ¿eh? –Retiró el tapón y bebió un abundante trago. El vino le resbaló por la barbilla como si fuera sangre–. Más vale que endurezcáis deprisa vuestras tripas, porque esto es solo el comienzo. –Su tono era despectivo. Tapó el odre y, cuando lo subió a la silla, apoyó de paso la mano en la espada que llevaba al cinto en un gesto intencionado; sus ojos eran como dos afilados pedernales–. Nos encargaremos de este y registraremos el resto de las casas.

Los dedos de Raoul temblaron, a punto de empuñar la espada. Sudoroso, Berenguer retuvo el brazo tenso de su hijo.

–¿Alguna objeción? –preguntó el caballero arrastrando las palabras. Miró a sus hombres exhibiendo una sonrisa burlona.

–No –dijo Berenguer, conteniéndose–. Ninguna objeción –añadió.

Propinó un puntapié en los ijares del corcel de Raoul, que saltó espantado hacia delante. Luego espoleó su caballo para situarse tan próximo al alazán de Raoul que este no tuvo espacio para maniobrar y se vio obligado a continuar adelante y alejarse del grupo, mientras las burlas todavía resonaban en sus oídos.

Furioso, Raoul se volvió hacia su padre.

–¿Por qué no les lamiste el trasero, ya puestos? –le espetó con ojos llameantes–. ¡Me avergüenzo de ser un Montvallant!

La tensión de Berenguer se descargó en un solo golpe, impulsó su brazo con fuerza hasta que la mano fue a dar en la cara de Raoul.

–¡No te atrevas a juzgarme, muchacho! –gruñó–. ¡Tú sí deshonras nuestro apellido con tus rabietas pueriles! ¡Con tu actitud solo habrías hecho que te mataran allí mismo por una muchacha ya muerta y unos cuantos insultos despreciables! ¡Dios...! ¡Ese hombre te hubiera partido en dos al primer tajo!

Una campana que había estado tocando a rebato se interrumpió de pronto. Con la respiración agitada, padre e hijo se miraron. La intensa marca de la mano coloreaba la palidez de la mejilla izquierda de Raoul.

–No puedo participar en esta masacre –dijo rotundamente e hizo dar la vuelta a *Fauvel*.

–¿Adónde vas? –inquirió Berenguer.

–Vuelvo a casa. Si me declaran desertor, ¡que así sea!

–¡Raoul, en el nombre de Cristo! –Berenguer estaba horrorizado con la idea de que su hijo se convirtiese en un proscrito. También él se sentía profundamente asqueado por lo que estaba sucediendo en Béziers, pero debía respetar las órdenes de De Montfort–. ¡Tienes que pensar en los Montvallant, en las consecuencias de tu actitud! –Raoul continuó alejándose a caballo como si no lo hubiera oído–. ¿Qué pasará con tu madre y con Claire y el hijo que espera? –le gritó espoleando su montura para darle alcance–. ¡Por el amor de Dios, muchacho...! ¡Piensa con la cabeza, no con las tripas!

Pasaban junto a la alta tapia de un convento, y Berenguer estaba a punto de atrapar por la brida el caballo de Raoul cuando ambos oyeron una desgarradora llamada de auxilio entre las rudas voces de hombres del norte, roncas de excitación y lujuria.

Raoul desenvainó la espada. La puerta del muro, que habitualmente estaba atrancada y que disponía de una mirilla corrediza de hierro para que las monjas pudieran ver a los que llamaban antes de franquearles la entrada, había sido arrancada de sus goznes. Nadie salió a detener o preguntar a Raoul cuando cruzó a caballo el umbral y pasó al huerto y al jardín del convento. Más allá de este, los edificios eran pasto de las llamas. En el patio se amontonaban arcones, cortinajes, ropas y enseres del altar... Habían sacado una carreta de los establos y uncido a ella los dos bueyes del convento. Unos soldados se ocupaban de cargarla con los más diversos objetos. Las religiosas habían sido obligadas a apiñarse en una esquina, y Raoul descubrió que había niños con ellas, que los protegían con sus brazos y sus cuerpos. Entre risas, los soldados jugaban con las mujeres, asustándolas con las espadas y haciendo gestos obscenos. Un hombre apartó del grupo a una monja joven que gritaba despavorida y le sujetó los brazos. Otro la agarró por las piernas mientras un tercero le levantaba los hábitos y le soltaba el ceñidor de las bragas. El clamor de ánimo de sus compañeros se hizo ensordecedor cuando tumbaron en el suelo a la joven.

A Raoul le hervía la sangre. Consciente apenas de sus actos, espoleó a *Fauvel* y atajó por el jardín en dirección al hombre que se aprestaba a cometer la violación. Blandió la espada; la sintió chocar contra algo duro, atravesar algo blando y detenerse finalmente sobre el hueso. De la herida manó mucha sangre, pero su vista ya estaba teñida de carmesí, de modo que casi no lo advirtió. Liberó el acero, hizo girar a *Fauvel* y lo descargó contra el segundo soldado, que estaba a punto de saltar sobre él, y luego contra el tercero.

El soldado encaramado en la carreta chasqueó la aguijada sobre los lomos de los bueyes, entre los varales, y las sólidas ruedas con llantas de hierro rodaron sobre la tierra apisonada del patio. Raoul dio media vuelta y condujo a *Fauvel* para cruzarse en el camino de los esforzados bueyes y bloquearles la salida.

–¿Qué está ocurriendo aquí?

Un soldado de otro grupo de cruzados aminoró el paso de su montura y observó a través de la puerta del muro el violento combate que se libraba más allá.

–¡Saqueadores! –gruñó Raoul imitando lo mejor que pudo el acento del norte–. ¡Tenemos órdenes del señor de Montfort de ocuparnos de ellos!

No fue solo el nombre de Simón lo que hizo que el soldado asintiera con la cabeza; había advertido que el caballo y las armas de Raoul eran de gran valor, prueba de nobleza, mientras que el hombre de la carreta, que abría y cerraba la boca como un pez en tierra, no llevaba nada más que una cota de cuero endurecido y trenzado.

–Lo dejo en vuestras manos, pues –dijo y, con un breve saludo, se alejó al trote.

El mercenario de la carreta soltó las riendas y saltó al suelo intentando escapar. Raoul fue tras él sin misericordia, enloquecido casi por el ardor del combate. El hombre sostenía aún la aguijada, un instrumento de piel de toro endurecida, de casi metro y medio de largo y una punta fina como un aguijón. Azotó con él a *Fauvel*, que se irguió sobre las patas traseras. Raoul lo instó a levantarse aún más, golpeándole el costado con su escudo al tiempo que lo hacía avanzar. El soldado lo fustigaba con la aguijada mientras retrocedía, pero tropezó con una piedra y cayó pesadamente al suelo.

Soltó un grito cuando las patas delanteras de *Fauvel* se le echaron encima, una vez y otra, aplastándole hasta matarlo. También los caballos eran armas de guerra.

Raoul retiró a *Fauvel* a un lado y se detuvo para tomar aliento. El corazón le retumbaba con fuerza y tenía la boca seca, pero notó que de pronto era capaz de pensar con rapidez y claridad. Fue consciente de una terrible sensación de júbilo. Desmontó, ató su montura a la parte trasera de la carreta y se puso a descargar las piezas más voluminosas del botín: dos sillas talladas de madera de nogal de la hospedería y dos hermosas bañeras ovaladas. Cuando consideró que había abierto suficiente espacio, se encaramó al pescante. Los bueyes estaban agitados por el olor a humo y los ruidos del combate, pero aún obedecían dócilmente; además, tenía la aguijada del muerto para azuzarlos.

El joven había conducido alguna vez un carro de bueyes en Montvallant, durante la cosecha de la cebada, pero solo por un placer infantil, como parte de las diversiones del verano. Ahora, en cambio, se trataba de un asunto de vida o muerte, y se encontró sudando mientras describía torpemente un círculo y dirigía el vehículo hacia el grupo de mujeres que se arracimaban como una bandada de polluelos en un corral. Algunas lloraban, pero Raoul sintió que lo turbaba mucho más mirar a las que tenían los ojos secos.

Berenguer había desmontado y, con la mano apretada contra el costado, hablaba con una monja anciana que parecía ser la que dirigía a las demás en aquellos momentos, principalmente porque se mantenía serena.

–¿Estás herido? –preguntó Raoul, tocando con preocupación el brazo de su padre.

Berenguer esbozó una mueca que pretendía ser una sonrisa.

–No es nada. Me han dado un espadazo en las costillas, pero de plano. Mi cota de malla se ha roto, pero no ha habido mayor daño.

Raoul se tranquilizó y señaló la carreta.

–No podemos dejar a las mujeres aquí –dijo–. Ya sabes qué les ocurrirá. Si se esconden dentro y pongo el toldo encima, no las verán; y si alguien nos detiene, diré que De Montfort nos ha ordenado retenerlas para entretenimiento de las tropas. –Frunció el ceño al advertir la respiración forzada de Berenguer–. Tal vez deberías viajar también tú dentro de la carreta...

–No es nada..., ya te lo he dicho –protestó Berenguer–. Estoy recobrando el aliento, eso es todo.

Se volvió hacia la monja, dando la espalda a Raoul, irritado porque con aquella operación de rescate se había metido en el embrollo que trataba desesperadamente de evitar.

–Hermana Blanche, ¿habéis comprendido lo que ha dicho mi hijo? Vamos a intentar salvaros.

–Sí, lo he comprendido –contestó la monja con voz fría y severa. Mantenía la espalda tan recta como una caña, y su rostro era suave, de nobles facciones–. Profesamos la fe cátara –añadió–. No sé si esto cambiará vuestra actitud hacia nosotras.

Berenguer negó con la cabeza y golpeó el polvo con la punta de su bota.

–Yo socorro a los cátaros en mis tierras –dijo con voz ronca–. No tengo nada en contra de vuestra religión.

–Además, no podríamos vivir si algo les sucediera a las monjas, ¿verdad? –dijo Raoul lanzando una mirada desafiante a su padre.

Berenguer alzó la cabeza.

–No, no podríamos –dijo con un profundo cansancio.

–Tenemos una casa en Narbonne –intervino sor Blanche–. Podríamos refugiarnos en ella una vez que salgamos de la ciudad. –El labio inferior le tembló de pronto, e hizo un esfuerzo decidido para apretarlo–. Aunque solo Dios sabe por cuánto tiempo estaremos seguras allí... ¿Cómo pueden actuar de esta forma personas que se llaman cristianas?

–Es el nombre que se dan, no lo que son –replicó Raoul–. ¿Hablaréis a las otras? Cuanto antes nos marchemos, mejor.

Asintió y, dirigiéndose hacia las monjas y los niños que tenía a su cuidado, comenzó a explicarles apresuradamente el plan.

–Bien, ya somos unos proscritos –murmuró Berenguer con tono siniestro–, con las mismas probabilidades de que nos den caza que esas pobres mujeres.

–Aún puedes marcharte –observó su hijo con voz glacial–. No quiero entrometerme en tu camino. –Hizo un gesto para señalar hacia la puerta.

Berenguer sacudió la cabeza.

–No puedo –dijo–. Ahora mi conciencia me tiene tan atrapado como la tuya a ti.

Fue a montar su caballo. El dolor le recorría el cuerpo, le oprimía el pecho y proyectaba ramalazos por el brazo y el cuello. Vio a Raoul distante, algo borroso..., o quizá era solo el reflejo de la luz del fuego en su cota de malla y las ondas de neblina caliente. Pero no era el momento para visiones, y tampoco para sentirse aturdido, aunque su cuerpo se movía como si caminara con el agua al cuello, a punto de perder el equilibrio. Su mente le mostraba todo con una claridad mística y nítida, pero se daba perfecta cuenta de que sus ojos lo veían todo nebuloso.

–¿Padre? –Raoul se situó enseguida junto a su estribo; su cólera combativa había dado paso a una profunda preocupación.

Hizo un esfuerzo ante su hijo. Incapaz de ocultar su color grisáceo y el sudor que le perlaba la frente, se las arregló no obstante para decir con un tono razonablemente autoritario:

–Tú ocúpate de conducir la carreta; yo mandaré la escolta. ¡Date prisa!

Y a fuerza de voluntad, se convenció de que el dolor disminuía y montó a caballo.

La ansiedad de Raoul no se había calmado, pero no había tiempo para ese sentimiento, así que se acomodó en el pescante y arreó a los bueyes con la aguijada.

La mitad de los hombres de Montvallant precedían el vehículo, guiados por Berenguer, y la otra mitad, a las órdenes de Roland, iban detrás. Más allá de los muros del convento la ciudad continuaba ardiendo y desangrándose en estertores de muerte. Los edificios se desplomaban en un torbellino de llamaradas y humo, los animales corrían de un lado a otro, presas del dolor y el terror. También la gente corría, hasta ver cortada su carrera por una espada, una lanza, una maza, un garrote o un puñal.

El pequeño grupo salió del convento y se adentró en las calles del infierno. Raoul azuzó a los bueyes. Los animales estaban nerviosos, pero al menos resultaban más fáciles de dominar que los caballos. Todo fue bien, de hecho, hasta que se aproximaron a la puerta de la ciudad, donde al principio se había librado la batalla en todo su horror. Una docena de guardias estaban apostados para asegurarse de que solo saliera de Béziers quien perteneciera al ejército del norte y tuviera un motivo razonable, y para detener a cualquier ciudadano que intentara huir.

Entrechocaron las picas para cerrarles la salida.

–¿Adónde os creéis que vais? –preguntó el jefe de los centinelas, mirando torvamente a Berenguer.

Este fingió que le costaba entender su idioma y respondió en un francés del norte cerrado y apenas inteligible.

–Nos han encargado conducir unas mujeres al campamento para entretener a los soldados. –Señaló la carreta y, cuando bajó la mano, la apoyó en la empuñadura de su espada–. Órdenes del señor de Montfort.

–¿Mujeres para las tropas? –Una sonrisa desagradable torció

la comisura de los labios del soldado–. Es la primera noticia que tengo de eso. Los chicos encontrarán allí todas las faldas que quieran cuando vuelvan, y no tengo instrucciones de permitir el paso a un cargamento de este tipo.

–Es un envío especial para los jefes de la cruzada –dijo Berenguer, que vio por encima del hombro que Raoul había soltado las riendas y buscaba algo en su costado.

–Les echaremos un vistazo, entonces –dijo el centinela, y subió a la carreta.

El dolor atenazó el brazo de Berenguer y recorrió su pecho como un reguero ardiente de plomo fundido. Jadeó... Tenía la vista nublada, moteada de luces de colores.

El sargento retiró el toldo y descubrió a las mujeres y a los niños amontonados dentro.

–Esto no es... –comenzó a decir.

El cuchillo de caza de Raoul se coló por la parte inferior de la cota de malla del hombre hasta llegar a la altura de la visera y se clavó en su garganta, de donde brotó sangre cálida y brillante. De un puntapié, Raoul arrojó de la carreta el cuerpo que aún se convulsionaba y después lanzó el cuchillo a las mujeres con la orden de usarlo si era necesario. Embrazó su escudo, desenvainó la espada y se aprestó al combate.

Arriba, abajo, parar el golpe, asestar un tajo, volverse y tensar la muñeca, presentar el escudo avanzando el pie izquierdo y afirmando el derecho detrás... Sabía todo eso de las lecciones aprendidas en la palestra y de los torneos a que había asistido ocasionalmente, pero de nada servían todos esos conocimientos sin la experiencia definitiva de entrar en batalla. La respiración empezó a rasparle en la garganta. Su contrincante intentó un golpe bajo, con el propósito de herirle en la pierna a la altura de la rodilla. Raoul saltó. La hoja le alcanzó y le hizo tambalearse, pero no traspasó la cota de malla. Raoul se lanzó al contraataque, apuntando también a las piernas. El escudo del soldado paró el mandoble, pero Raoul empleó el suyo para golpearle en el rostro, extendió el brazo con la espada y esta vez se la clavó por entre los resquicios de la ventrera.

Se oyó un grito de agonía tan pronto como se desplomó el soldado, pero no había salido de los labios de este. Raoul se volvió a tiempo de ver cómo su padre caía derribado del caballo por un centinela de la puerta.

–¡No! –exclamó Raoul.

Echó a correr para detener el brazo que se alzaba con el propósito de asestar el golpe mortal. La espada del guarda chocó de canto contra la suya, salió volando y rebotó en el muro. Raoul giró la muñeca y propinó a su enemigo un tremendo tajo. La sangre oscura chorreó sobre el acero y el soldado se dobló. Antes incluso de que su adversario hubiera caído al suelo, el joven se arrodillaba al lado de Berenguer.

–¿Padre?

Raoul alargó las manos para quitarle el yelmo y observó que tenía el rostro ceniciento y azulados los labios y los lóbulos de las orejas. Presentaba unas manchas cárdenas debajo de los ojos y su rostro se estremecía de dolor mientras se esforzaba por respirar.

–¿Dónde te ha herido?

Berenguer sacudió la cabeza, jadeando.

–No..., es un dolor interno..., en el pecho.

La lucha había cesado y la calle aparecía ahora envuelta en un misterioso silencio, solo roto por los ecos lejanos del incendio y las escaramuzas. La hermana Blanche bajó de la carreta y tocó suavemente el hombro de Raoul.

–Conozco unas hierbas que pueden calmarle el dolor. Crecen en esta tierra y le facilitarán la respiración.

–Se está muriendo, ¿verdad? –preguntó Raoul paralizado.

Ella vaciló, evaluando la fortaleza moral del muchacho antes de responder.

–Creo que sí, pero no soy médico, y siempre quedan la esperanza y el consuelo de la oración.

–¡La oración! –Raoul escupió la palabra como si fuera tan amarga como la hiel.

–Es el hombre quien ha violado la palabra de Dios –le reprendió dulcemente la monja–. La oración llega incluso más allá de las tinieblas.

Raoul apenas la oía, con su atención centrada en Berenguer, que había perdido el conocimiento.

–Cógelo por las piernas, Roland... Ayúdame a subirlo a la carreta.

Con cuidado alzaron a Berenguer y lo tendieron entre las mujeres. La hermana Blanche se colocó junto al herido y se aprestó a aflojarle la armadura para que estuviera lo más cómodo posible.

Raoul advirtió que tenía el rostro húmedo. Se enjugó las lágrimas y el sudor con el puño de cuero de su guantelete y volvió al pescante. Ahora debía burlar a los piquetes de hombres de De Montfort apostados en las cercanías y conducir el vehículo hasta la seguridad de las tierras comprendidas entre Narbonne y lo que había sido una orgullosa ciudad llamada Béziers.

Capítulo 10

Preceptorio templario de Bézu, julio de 1209

La hospedería del preceptorio de los templarios en Bézu era espaciosa y confortable. Fue un refugio acogedor para los tres viajeros que en las últimas semanas habían dormido en cabañas de pastores, cuevas, fortificaciones abandonadas en las montañas y al raso en los claros del bosque.

Un hogar encendido en el centro, el olor del pan recién cocido, jergones de paja fresca con sábanas de lino y mantas de buena lana constituían un lujo sin comparación. Un templario de edad madura les dio la bienvenida y los dejó después de transmitirles la invitación a cenar con el prior. No habían tenido tiempo de desembalar sus escasas pertenencias, cuando se abrió la puerta y entró en la estancia un joven caballero templario caminando a grandes zancadas.

–¡Luke! –El rostro sombrío de Chrétien se iluminó mientras tendía los brazos hacia su hijo–. Pensaba que tal vez estarías aquí, pero no me atrevía a hacerme demasiadas ilusiones. ¡Ha pasado tanto tiempo! –Su sonrisa se torció al recordar que la última vez que habían compartido el pan fue después del asesinato de Pierre de Castelnau a orillas del Ródano–. ¡Vivimos tiempos tan tumultuosos...! –añadió suavemente.

Luke exhaló un suspiro que sonó grave y viejo, mucho más de lo que correspondía a un joven de veinticinco años.

–Hay refugiados en todas partes –explicó–; personas que han visto destruidas sus casas o que no se han atrevido a permanecer en sus pueblos por temor a lo que pueda ocurrirles si el ejército de De Montfort cae sobre ellos. Hace solo un par de días nos visitaron dos frailes y un representante papal del ejército del norte.

–Buscándonos..., ¿no? –preguntó Chrétien dirigiendo la vista hacia su sobrina y Matthias.

–Os mencionaron. La verdad, padre, es que os persiguen por todas partes. Si os atrapan, ya sabéis qué harán. El prior afirmó no conoceros ni saber nada de vuestro paradero. Por el momento, estáis a salvo, pero... ¿qué pasará cuando os marchéis? El ejército del norte está cerca. Además de esquivar a los espías papales, tendréis que eludir también a las patrullas de reconocimiento.

–De momento estamos a salvo –intervino Bridget con dulzura–. Sentiría el peligro enseguida. Por otra parte, tenemos medios para protegernos..., arriesgados, pero factibles en situaciones extremas. –Sonriendo con gran tristeza, fue a abrazar a Luke, que sintió que el aire se ondulaba alrededor y se serenaba al instante–. ¿Sabías que a veces puedo ver el futuro? –Luke asintió con expresión turbada, y Bridget prosiguió–: Veo muchas cosas aunque no necesariamente nuestro destino definitivo, pero siento que de momento nuestras vidas no corren peligro, que todavía no nos ha llegado la hora de morir.

Luke se estremeció.

–¿Y lo sabrás cuando nos llegue la hora?

Bridget continuó sonriendo y, con un suave movimiento de la cabeza, se volvió sin responder.

La cena fue sencilla pero sustanciosa: mújol al horno acompañado de una salsa agria, pequeñas hogazas planas de pan, doradas y con cortes en su superficie, y un vino tinto de la región. Se sirvió en la hospedería, y Luke y el prior acudieron a compartirla con sus visitantes.

Al sentarse a la mesa, Bridget partió el pan y lo bendijo. El prior, máxima autoridad de un preceptorio de monjes célibes y guerreros, no se lo impidió ni mostró ninguna sorpresa por algo que otras órdenes religiosas hubieran considerado una flagrante blasfemia. La idea de una divinidad femenina era mucho más antigua que la de un dios varón, hecho que los templarios habían asumido desde siempre en sus ceremonias más secretas. Ishtar, Isis, Astarté, la Virgen María, la Magdalena... ¿No fue la misma María Magdalena quien difundió la palabra de Cristo allí, en el Languedoc, hacía más de mil años? Si los templarios eran célibes, era por respeto a esa divinidad, más que por el temor a la corrupción.

Trajeron un aguamanil de oro repujado, con un dibujo exquisito que alternaba rayos y lanzas. Todos se lavaron las manos en el agua perfumada que contenía, mientras Chrétien recitaba en voz alta el padrenuestro.

Tras retirar la vajilla de la mesa, el prior colocó sobre ella un pesado cofre de madera de cedro y, con la llave que llevaba prendida de un cordón de seda blanco alrededor del cuello, lo abrió.

–Pensé que vuestra estancia aquí os permitiría copiar este manuscrito –le dijo Matthias, y levantó despacio la tapa del cofre.

Con una reverencia y un cuidado infinito, sacó del interior un libro encuadernado en piel.

Matthias, con igual reverencia, lo tomó con la mano sana y lo sostuvo cerca, pero no demasiado, de la lámpara más próxima. La cubierta era de piel engrosada con papiro y tenía estampadas diminutas cruces doradas. Desató la cinta que cerraba el códice y lo abrió. Las páginas estaban formadas por dos capas de papiro pegadas, que ofrecían una superficie lisa y rígida para escribir. El texto estaba escrito en caracteres griegos sumamente precisos, aunque el idioma no era griego, sino copto.

Chrétien lo miró con curiosidad, pero sin el fervor que había encendido y transfigurado el rostro de Matthias. El don que él había recibido era la oratoria, la capacidad de transmitir un mensaje sencillo a la gente sencilla, destilando la esencia de obras como aquella en palabras que pudieran comprender.

–¿Dónde lo habéis conseguido? –preguntó Matthias alzando la vista hacia el prior.

–Nos lo donó hace algún tiempo una familia cátara, cuando su hijo se hizo templario. Murió en Tierra Santa... ¡Dios lo tenga en su reino!

–¿Qué dice el texto? –preguntó Chrétien.

El dedo anular de la mano mutilada de Matthias tembló mientras recorría una línea de la antigua escritura.

–Es un evangelio..., la palabra de María Magdalena.

Hubo un silencio, que se prolongó cuando se hubieron apagado las reverberaciones del nombre pronunciado en la estancia.

El prior se aclaró la garganta.

–Mi familia es cátara. Comprendo cuán importante será este trabajo para vosotros.

–No solo para nosotros –observó Matthias con voz dulce y ardiente a la vez–, sino también para todo este mundo prisionero de la oscuridad. –Dirigió al prior una mirada ansiosa–. ¿Podría disponer de materiales de escritura? Me gustaría empezar inmediatamente.

El prior enarcó las cejas, sorprendido por el entusiasmo de su huésped.

–No faltaba más –aprobó, haciendo una seña con la mano.

–Iré por ellos –dijo Luke, y salió de la habitación.

Chrétien se acercó para examinar el códice. Las páginas estaban rotas en algunas zonas, y aquí y allá se había perdido el final de algunas palabras, pero en general aparecía intacto. Sentía por dentro tal rebullir de excitación que tuvo que dominarse. Tal vez fuera la prueba definitiva, pero tenían que mostrarse precavidos para no llevarse una desilusión. También Bridget echó una ojeada pero, aunque el libro la concernía más directamente, se apartó inquieta, frotándose los brazos.

Era una noche de julio, tibia como la leche recién ordeñada, pero tenía las manos húmedas y el cuerpo helado. La estancia parecía cerrarse alrededor de ella como una tumba. Como amortiguada por la distancia, oía la voz de Matthias, que acompañaba el cuidadoso movimiento de su dedo por la página del códice. Cuando lo miró, el dedo y la página temblaban en una luz clara y violácea, como el disco de oro repujado. Lentamente, la habitación quedó inundada de esa luz. Bridget aspiró profundamente y su pulso se hizo más lento mientras su mente se abría a un mar inmenso y violáceo de serena aceptación. Sabedora ya de lo que iba a suceder, volvió el rostro hacia la puerta.

Luke regresó a la sala caminando lentamente, en silencio y sin los utensilios de escritura. El picaporte produjo un leve chasquido cuando lo accionó. Se apoyó en el duro saliente metálico, clavando su espalda en él como si el dolor físico le brindara consuelo.

–Béziers ha caído ante De Montfort –anunció, sin ninguna expresión en sus ojos oscuros–. Ha habido una matanza... Todos han muerto, y la ciudad es pasto de las llamas.

Capítulo 11

Narbonne, julio de 1209

Berenguer abrió los ojos. Al principio no vio más que oscuridad, pero poco a poco fue percibiendo las sombras oscilantes proyectadas por una lámpara de aceite. Los rayos de la luna se desparramaban a través de un postigo mal ajustado y ribeteaban la manta a los pies del lecho. El aire olía a cerrado y estaba impregnado por la cálida inmovilidad del verano, y en la habitación resonaba un ruido extraño y turbador. Lentamente se percató de que era el estertor de sus propios pulmones, que trabajaban como fuelles defectuosos.

¿Dónde estaba? No reconocía el lugar, pero no era ni el castillo ni el campamento. Sintió una punzada de dolor. Notaba en el pecho un peso enorme, que lo aplastaba. Forzó su memoria, pero sus recuerdos tenían tantos remiendos y agujeros como una manta vieja apolillada.

Una figura se movió en las sombras que envolvían el camastro donde estaba tendido. Por un breve instante experimentó una sensación de puro terror, esperando que se volviera hacia él la mirada perversa de una calavera, empuñando una guadaña en sus dedos descarnados, como la había visto tantas veces en las danzas de la muerte pintadas en las paredes de la iglesia. Entonces la luz de la lámpara le iluminó el rostro, al inclinarse sobre él la figura, y reconoció a la hermana Blanche.

–¿Dónde estoy? –Su voz surgió como un débil suspiro–. ¿Dónde está mi hijo?

La mujer entró en su campo visual. En su hábito azul oscuro destellaba una cadena de plata, de la que pendía un medallón en forma de paloma.

–Os encontráis en el convento de la Magdalena, en las afueras de Narbonne –respondió ella–. Vuestro hijo y vuestros caballeros también están hospedados aquí. Él no quería apartarse de vuestro lado, pero le insistí mucho en que lo hiciera porque necesitaba descanso. Yo os estoy velando en su lugar.

Berenguer se esforzaba por mantener la vista fija en la religiosa, pero le resultaba imposible. Notaba los párpados tan pesados como unas botas de montar, y la opresión en el pecho le aplastaba como el peso de un caballo.

–Bebed –dijo sor Blanche, inclinándose sobre él y acercándole un tazón a los labios–. Esto os aliviará.

Consiguió tomar dos o tres sorbos. La infusión era tan amarga que le habría provocado náuseas si su cuerpo hubiera tenido fuerzas para responder con arcadas.

–¿Cuánto tiempo llevo aquí?

Se recostó sobre las almohadas, agotado. La lámpara osciló, iluminando y oscureciendo alternativamente la habitación como los latidos de un corazón moribundo.

–Llegamos aquí a mediodía, después de dos días de viaje.

Frunció el ceño intentando hacer memoria, pero su mente no le respondía. Todo lo que recordaba era la impresión de una luz cegadora seguida por un dolor intenso y, después, sus esfuerzos por respirar y la oscuridad que lo envolvió.

–Solo nos dieron el alto una vez –añadió sor Blanche– y, por suerte para nosotros, eran soldados de Toulouse que nos dejaron pasar. Las únicas personas que encontramos después eran refugiados.

Berenguer escuchaba en silencio sus explicaciones. ¿Qué lugar en la tierra estaba a salvo De Montfort y Citeaux? ¿Las montañas cribadas de cuevas del Ariège o de las Cévennes? ¿Cataluña? ¿Lombardía? Ciertamente no Montvallant y Toulouse. Quizá, como la suya propia, la vida del sur se apagaba, ateridos su cultura, su esplendor y su inteligencia por el viento glacial proveniente del norte. Movió la cabeza inquieto. La infusión que le había dado la religiosa le mitigó el dolor, pero no estaba tan loco como para creer que mejoraba. Respirar le suponía un gran esfuerzo, y la vista se le nublaba por momentos.

–Mi hijo... –susurró–. ¿Podéis ir a buscarlo, por favor?

Sor Blanche dejó el tazón sobre una tosca caja de madera, con una súbita expresión de inquietud al comprender que había subestimado la gravedad del enfermo. Asintió con un gesto y salió a toda prisa de la estancia. Berenguer, entretanto, cerró los ojos y se aferró a la vida con sus dedos fatigados.

–¿Padre?

La voz de su hijo sonaba tan joven y atemorizada que consiguió arrancarlo del vacío del precipicio y agarrarse a un borde que se desmoronaba ya. Abrió los párpados y, a través de las estrechas rendijas, entrevió a Raoul. El muchacho estaba ojeroso y manchado de sangre... Pero no..., ya no era un muchacho, sino un hombre. El paso por el fuego... Tragó saliva y se esforzó por tomar aire para formar las palabras que debía decirle.

–Tienes que regresar a Montvallant de inmediato... Dispón nuestras defensas. Saca a tu madre y a Claire de allí si la situación empeora.

Viendo a su padre luchar por cada palabra, Raoul sintió terror, pena y el escalofrío de una rabia terrible. Hasta hacía poco desconocía estas emociones, salvo como intuiciones vagas de una bestia que le pisaba ahora los talones, lo perseguía en sus sueños y en cada momento de lucidez. Nadie más podía cargar con la tremenda tarea que Berenguer le estaba confiando.

–Partiremos al amanecer –dijo, y titubeó.

Bajó un momento la vista hacia sus puños apretados y luego volvió a mirar a su padre, con lágrimas en los ojos.

–No te retrasaré –murmuró Berenguer curvando los labios en un amago de sonrisa–. Si soy tan desconsiderado como para aguantar hasta después de la salida del sol, tendrás que dejarme...

–Padre...

–Nos despediremos ahora. –Intentó levantar la cabeza de la almohada para reforzar su mandato, consciente de que consumía en ello el último resto de sus fuerzas–. Dile... di a tu madre que recuerde siempre los años felices que hemos vivido..., no la amargura de estos posos.

Raoul rompió a llorar, no solo por su padre, sino por todo en cuanto había creído hasta entonces y que se perdía ahora en el fuego, la destrucción y la muerte. Abrazando al moribundo en la cama, sintió como respuesta el frágil temblor confundido con su propio estremecimiento. Finalmente se apartó hacia un lado y se secó los ojos en el puño del gambesón.

–Toda mi vida... –susurró Berenguer– he procurado ser un buen cristiano... Ahora..., al final de ella..., deseo recibir el *consolament*.

Raoul abrió los ojos de par en par. El *consolament* era, entre otras cosas, la versión cátara de la extremaunción. Purificaba y preparaba al creyente para acceder a una vida más sublime y ascética. Por eso solo lo recibían el devoto sincero y el moribundo para quien la austeridad, el celibato y una dieta estricta no entrañaban grandes dificultades.

–¿Estás seguro?

Berenguer sonrió otra vez.

–He visto... la luz... –Si el susurro no hubiera sido tan débil, habría contenido una sombra de ironía. La luz había sido tan deslumbradora que lo había cegado con la misma eficacia que la oscuridad más plena–. La monja..., ve a llamarla ahora.

Absolutamente desconcertado, Raoul se apartó de la cama. Berenguer nunca había mostrado más que una curiosidad pasajera por el mensaje cátaro. Quizá buscaba ese consuelo porque no podía recibir de un sacerdote romano los últimos sacramentos. O tal vez se trataba de un último acto de rebeldía. Jamás llegaría a saberlo.

Sor Blanche esperaba fuera, sentada junto a la puerta, con un manuscrito del Nuevo Testamento abierto en el Evangelio de San Juan, que leía moviendo quedamente los labios. Cuando Raoul salió, levantó la cabeza y lo miró.

–¿Ha muerto?

Raoul negó con la cabeza en silencio.

–Quiere recibir el *consolament* –dijo después con voz ahogada, señalando hacia la puerta abierta. Luego observó la expresión de la monja–. ¿No os sorprende?

La mujer cerró el libro con cuidado y se puso en pie.

–Lo he visto muchas veces. La proximidad de la muerte nos abre los ojos espirituales.

Raoul vio la fe y serenidad resplandecientes en su rostro y la envidió. Sor Blanche entró de nuevo en la habitación del enfermo. Frotándose los ojos cansados y la barba de pocos días, Raoul se dejó caer pesadamente en la silla que antes ocupaba la monja y fijó la vista en la puerta que tenía delante y que daba al exterior. Estaba protegida por una rústica cortina para evitar las corrientes de aire. En la pared contigua había una percha de la que colgaba una capa y, debajo, un montón de cestos de mimbre y un par de viejos zuecos: los enseres habituales de una vida campesina corriente, que más le parecían ahora sacados de un libro de cuentos que de la realidad. Porque esta la componían los dolores y sufrimientos de su cuerpo sucio y fatigado, la sangre seca que manchaba su cota y sus ropas, el grito terrible de una pesadilla infantil mientras avanzaban hacia Narbonne, dando tumbos en la carreta tirada por los bueyes sobre el camino pedregoso solo iluminado por las estrellas..., su padre moribundo.

Oía murmurar a la hermana Blanche, pero apenas si percibía la voz de su padre, tan débil ya. La cortina de la puerta exterior atrajo la atención de Raoul porque, aunque no notaba ni una pizca de aire en su cuerpo sudado y pegajoso, el tejido se agitaba como por efecto de una corriente. De pronto, la puerta se abrió. Al joven se le cortó la respiración, y se agarró aterrorizado a los bordes del asiento, porque la puerta que se había abierto y la cortina que se levantaba estaban superpuestas a otra que seguía cerrada y a una cortina que colgaba inmóvil hasta el suelo.

–¡Caramba! –gruñó mientras una luz empezaba a temblar alrededor.

Quería levantarse de la silla y correr, pero aquel resplandor lo paralizaba. Ahora sí sentía una poderosa corriente de aire, que azotaba su cara y le alborotaba el cabello.

Entonces la vio allí, envuelta en una aureola de luz; la mujer que aparecía en sus sueños, con la melena negra ondulándose al viento, lo miraba fijamente a los ojos con los suyos de diamante. Raoul se reclinó contra el respaldo rígido de la silla, buscando el apoyo de la madera. Ella vestía una túnica blanca y alrededor del cuello llevaba un cordón rojo del que pendía un medallón. Sus cabellos flotaban en el aire. Podía distinguir cada uno de ellos, y hubiera podido tocarlos de no ser porque el temor lo inmovilizaba. La mujer le clavó la mirada, que penetró en su interior como un fuego helado. Raoul gritó al sentirlo en sus entrañas, pero el chillido resonó en su cabeza, sin llegar a emitirlo.

–Te asustas sin motivo, Raoul de Montvallant –la oyó decir; su voz, en contraste con su apariencia, era amable y corriente.

–¿Quién eres? –susurró Raoul–. ¿Cómo sabes mi nombre?

–Nos hemos visto antes..., en tu boda. Entonces me dijiste cómo te llamabas. ¿Es posible que no lo recuerdes?

Raoul gimió y cerró los ojos, empezando a creer que se estaba volviendo loco. Luego, como continuaba viendo el resplandor de luz a través de los párpados, se los cubrió con las manos.

–No es tu imaginación –siguió ella con tono casi divertido, mientras que él, puesto que se protegía los ojos con las manos, no podía emplearlas para taparse los oídos–. Algún día lo comprenderás.

Raoul se llevó las manos a la boca.

–¿Por qué me atormentas? –preguntó a través de sus dedos.

Era hermosa y sobrenatural, como una diosa. ¿Tenían lunares las diosas? Porque había uno en su mejilla, que resaltaba la pureza de sus rasgos.

–Porque te he elegido –respondió–. Al enterarnos de lo ocurrido en Béziers, tenía que buscarte para cerciorarme de que estabas a salvo.

Sus palabras tenían tan poco sentido para él como su repentina aparición.

–Elegido... ¿para qué? –balbució–. No lo comprendo.

–Lo sabrás a su debido tiempo... –Miró más allá de él, hacia la habitación del enfermo donde la hermana Blanche estaba inclinada sobre la cama–. Tu padre se ha unido a la luz. –Su voz sonaba compasiva ahora. Tendió la mano. Raoul no sintió ningún roce en el rostro, pero fue consciente del flujo de su fuerza, que como un hormigueo le devolvió el equilibrio y la energía–. La próxima vez que nos encontremos, será en persona –la oyó decir al tiempo que retiraba la mano.

La puerta imaginaria se cerró y se fundió con la real mientras la muchacha desaparecía. En el aire quedó un lechoso residuo de luz. Raoul tragó saliva. Tenía la garganta reseca. Necesitaba con urgencia beber algo..., preferiblemente un vino añejo de Gascuña... ¿Tendrían las monjas cátaras semejante bebida en su convento, o lo considerarían pecaminoso? Se puso en pie. Aunque sus miembros estaban aún fríos y temblorosos, la fatiga había cesado de abrumar sus ojos y ya no sentía los párpados como plomos que hubieran de ser movidos por un cuerpo también plúmbeo.

Cuando entró en el dormitorio sabía lo que iba a encontrar, incluso antes de que la hermana Blanche se volviera hacia él, y no le extrañó ver que Berenguer, en la muerte, estaba sonriendo.

Bridget avanzó en silencio entre las hileras de jergones extendidos en la hospedería del preceptorio, iluminada por la luna. Siempre la sorprendía verse a sí misma tumbada mientras su cuerpo se recuperaba con el sueño y su doble etéreo vagaba por donde quería. Era un arte que le había enseñado su madre, la sacerdotisa, pero al que prefería no recurrir con demasiada frecuencia. Era como despojarse de la piel e intentar luego ponérsela de nuevo..., para descubrir que era rugosa e incómoda, y que no se sentía a gusto en ella hasta que transcurrían varias horas y se familiarizaba con su sensación.

Bridget retornó a su cuerpo. Sintió una sacudida cuando el espíritu y la carne se reunieron y, de pronto, se vio aprisionada por el armazón de los huesos, envuelta en el capullo de unos músculos y una piel tibios, palpitantes. Al apoyar las manos en la áspera sábana de lino, notó las pajas del colchón que tenía debajo. Se agitó y dio media vuelta en el lecho, con la mente llena de la imagen de Raoul de Montvallant y como un cáliz vacío su cuerpo a la espera de ser colmado.

De cara a los postigos, aguardó la llegada del alba.

Capítulo 12

Montvallant, julio de 1209

–Aquí, mi señora, tengo una piedra del águila llegada directamente de Catay, un talismán para mitigar los dolores del parto –exclamó el buhonero.

Con un destello astuto en los ojos, el vendedor dejó que las mujeres examinaran la piedra marrón en forma de huevo. La punta del óvalo estaba engastada en cuatro garras doradas de águila, a las cuales se había soldado una anilla, que llevaba ensartada una cinta de terciopelo para que la pieza se atara a la muñeca en caso de necesidad.

Beatrice la tomó y la observó con curiosidad.

–Le pedí a Berenguer una de estas piedras cuando estaba embarazada de Raoul –le explicó a Claire– pero ya sabes cómo son los hombres; lo olvidó. Cuando por fin lo recordó, ya era demasiado tarde. Raoul nació antes de tiempo y el parto fue tan rápido que no dio lugar a recurrir a piedras del águila ni a ninguna otra cosa.

Con la vista empañada, Beatrice pasó la baratija a Claire. Las lágrimas que asomaban a sus ojos no eran tanto por el recuerdo del nacimiento de Raoul como por los de haberle visto crecer y cambiar. Del bebé desvalido al chiquillo rubio y curioso que comenzaba a andar; del niño risueño al adolescente larguirucho e indeciso; del joven despreocupado al marido y guerrero... Beatrice no se había limitado a observar, sino que había influido en esos cambios... ¿Y si todo había sido en vano? ¿Y si su hijo encontraba la muerte en esa terrible contienda, junto con Berenguer?

–¿Cuánto pedís por esto? –preguntó Claire.

El buhonero dijo una cantidad exorbitante porque, repitió, la piedra había recorrido la ruta de la seda directamente desde Catay, la tierra donde los dragones campaban todavía a sus anchas. Se explayó en el tema. El relato era entretenido, y Beatrice y Claire tenían gran necesidad de distraerse de sus preocupaciones. Claire ofreció menos de un tercio de lo que el hombre había pedido, mientras daba vueltas a la piedra en la palma de la mano. Era fría y suave, agradable al tacto, y su centro centelleaba con pequeñas partículas de oro.

Estaba en el sexto mes de embarazo y desde hacía unas semanas notaba los movimientos del niño en su seno; pequeñas sacudidas al principio, que se intensificaban de día en día. Había tenido que confeccionar nuevas ropas para acomodar su gravidez y, como el pájaro que anida, reunía poco a poco todo lo necesario para el alumbramiento y la maternidad, preparándose para el parto. Debería haber sido un período de esperanza y placer, después de que los mareos y la fatiga de los primeros meses hubieran dado paso a la profunda serenidad de la espera.

A veces, mientras cosía pañales en el dormitorio que compartían ella y Raoul, se sentía inundada de esa serenidad. Imaginaba al niño, diminuto y desamparado en sus brazos..., unas veces con los ojos azules y brillantes de Raoul, otras de color castaño, como los suyos; un niño, una niña..., rubio, moreno... Pero enseguida el temor reventaba la frágil burbuja en que se protegía y las incertidumbres imponían un giro nuevo y preocupante. ¿Estaría Raoul en casa para el parto? ¿Regresaría alguna vez al hogar? ¿Qué les depararía el futuro de ambos? Sabía que una mujer embarazada debía fomentar los pensamientos buenos y apacibles, y evitar los disgustos, si quería dar a luz a un niño sano y bien formado... Pero... ¿qué podía hacer, si vivía permanentemente en el filo de la navaja?

Habían recibido algunas cartas esporádicas de Raoul y de Berenguer, que hablaban de las banalidades cotidianas sin referirse a otros hechos más crudos. Ella y Beatrice habían deducido de ello que, o bien no había nada que contar o, lo que era más inquietante, que los hombres prescindían de los detalles para ahorrarles preocupaciones..., sin otro resultado que inquietarlas más aún. Habían oído rumores de combates entre el ejército del norte y las fuerzas del conde de Trenceval, aunque la información carecía de toda fiabilidad por proceder de hombres como aquel vendedor ambulante. La última noticia que les había llegado era que los cruzados marchaban contra Béziers, y no sabían nada más desde entonces. Ahora Claire se sobresaltó al advertir que el buhonero la miraba expectante.

–Perdón..., ¿qué decíais?

–Que de verdad no puedo venderos esta piedra del águila por menos de ocho raimundos de plata, señora.

¿Era un buen precio? No tenía ni idea, así que miró a Beatrice.

–¡Seis, ni uno más! –dijo su suegra brusca y tajantemente–. ¡Yo no creo en dragones!

Al vendedor se le ocurrió que, después de tratar con ella, él sí iba a creer en la existencia de tales fieras, pero se cuidó mucho de decirlo y, con un suspiro exagerado, abrió los brazos.

–¿Qué puedo hacer, pobre de mí? Hay un largo camino hasta Toulouse y, mientras tanto, tendré que alimentarme... Os lleváis una ganga, mi señora.

–¡Una baratija, lo sabéis muy bien! –replicó Beatrice–. Pero, en atención a vuestra fértil inventiva, podéis pasar aquí la noche. Mi mayordomo se encargará de que recibáis el dinero y os mostrará un lugar para dormir.

–Gracias, mi señora.

Aunque esperaba la invitación, no por ello le resultaba menos grata. Solía obtener las noticias y los chismes de los sirvientes y los criados de grandes casas como aquella, y necesitaría una buena provisión de ambos para asegurarse de ser bien recibido cuando llegara a la siguiente fortaleza. Además, ciertas personas estaban muy interesadas en determinadas informaciones que él pudiera suministrarles y se las pagarían no en raimundos de plata, sino en bezantes de buen oro de ley.

Claire se volvió hacia las escaleras de la torre con la intención de ir a guardar la piedra del águila en su cofre, pero no había dado más de dos pasos cuando se detuvo y miró de soslayo hacia la entrada del salón. El corazón le dio un vuelco y empezó a latir con violencia.

–¡Raoul!

Alzándose el borde de la falda, y haciendo caso omiso de cuantos consejos le había dado Beatrice acerca de la delicadeza de su estado, cruzó a toda velocidad la estancia y se arrojó en los brazos de su esposo, acercando su cabeza a la suya, besándole, llorando... Los brazos de Raoul la estrecharon, pero escondió el rostro entre su mejilla y su toca. Claire lo notó estremecerse, le oyó pronunciar su nombre entre sollozos y, cuando la soltó y pudo verle la cara, su expresión la aterrorizó. Pensó de pronto que estaba contemplando la apariencia que tendría su semblante en la ancianidad, una visión espantosa del futuro..., en alguien que todavía no había cumplido los veintitrés años. Con las yemas de los dedos tocó unos hilos rotos en el tejido de su capa y vio que la cruz de cruzado que ella le había cosido de tan mala gana había sido arrancada dejando una marca en el terciopelo dorado.

Raoul tragó saliva y la apartó con suavidad de sí, con la atención puesta en su madre, que observaba a los caballeros que iban entrando en el salón en una búsqueda cada vez más desesperada. Claire se llevó la mano a la boca al comprender lo que anunciaba aquella expresión en los ojos de Raoul.

–¡No! –murmuró–. ¡Oh, Dios mío, no!

–¿Dónde está tu padre? –preguntó Beatrice volviéndose hacia él con una compostura tan rígida que parecía quebradiza y en la que Claire casi podía ver los diminutos añicos en que se rompía.

–Mamá... –Raoul se acercó a ella, con la mano extendida.

Pero Beatrice ignoró el gesto porque acababan de entrar en el salón unos caballeros que transportaban una litera cubierta por un paño mortuorio. La mujer los miraba paralizada, con los ojos cada vez más abiertos.

–¡No..., no puede ser!

Sus labios apenas se movían. Mientras los caballeros avanzaban por el salón, empezó a retroceder y a sacudir violentamente la cabeza.

–¡No, no, no!

El sonido se transformó en un continuo lamento, una barrera contra la aceptación. Antes de que Raoul pudiera alcanzarla y acabar con su incredulidad, se recogió la falda y huyó hacia las escaleras del torreón.

Claire se mordió el labio y miró a su suegra y su esposo, preguntándose quién de los dos necesitaría más su inmediato consuelo. Tras un instante de vacilación, corrió en pos de Beatrice.

Raoul se enjugó la cara y se volvió hacia los caballeros que rehuían su mirada.

–Llevad al señor Berenguer a la capilla –dijo con cansancio e, irguiéndose, fue detrás de las mujeres–. Cuanto más huyes de la muerte, más rápido te alcanza.

Capítulo 13

Montvallant, otoño de 1209

Hacía mucho calor, y la tormenta estaba demasiado lejos para refrescar el ambiente. Hasta la piedra de los gruesos muros de Montvallant rezumaba el último resto de humedad. Las hojas de las ortigas, hayas y plátanos se marchitaban bajo un cielo tan azul y duro como una piedra preciosa, y el aire estaba tan inmóvil que incluso una respiración jadeante lo agitaba.

Raoul estaba tendido en la cama de su dormitorio. No era la misma habitación que en un tiempo había compartido con Claire. Aquella la tenía prohibida, y así había sido durante el último mes, mientras se aproximaba el día del parto. Ahora Claire se había encerrado con sus doncellas, la madre de Raoul y las parteras, y con toda la parafernalia ritual: montones de pañales, las piedras del águila, miel, sal... De lo único que había prescindido para su encierro era de él, y sospechaba que la exclusión era deliberada.

Contempló el trozo de cielo enmarcado por el arco de la estrecha ventana, azul, sólido, opaco. ¿Qué había ocurrido con las promesas pronunciadas por ambos ante el altar? Recordaba el día de su boda, lo encantadora que estaba Claire y lo mucho que la había deseado. Pero incluso aquel recuerdo aparecía empañado por lo ocurrido con el padre Otho. El paraíso se venía abajo. Los cátaros creían que el infierno estaba aquí mismo, que la tierra era una jaula que retenía atrapado al espíritu. Raoul empezaba a saber lo que era sentirse prisionero y casi envidiaba a los cátaros la tranquila firmeza de sus convicciones y la alegría que obviamente brotaba de ellas.

Se movió en la cama impaciente, nervioso por el rumbo que tomaban sus pensamientos y por el calor bochornoso. Quizá todo sería más fácil después de que naciese el niño. Tal vez una nueva vida cerraría la brecha abierta por la muerte del padre... O tal vez era un iluso que ambicionaba la luna.

Los tres meses transcurridos desde la matanza de Béziers habían sido muy difíciles de soportar. Su madre no había podido sobrellevar la muerte de Berenguer y se había encerrado en sí misma: el dolor la devoraba por dentro y la había convertido en una mujer frágil, un cascarón incapaz de resistir los golpes de la vida diaria. Últimamente se vestía con el sencillo atavío azul del creyente cátaro y se entregaba cada vez más a la lectura de libros en lengua vernácula, que su amiga Geralda de Lavaur le proporcionaba. Isabelle y Claire, aliviadas al ver que se interesaba por algo más que la efigie colocada en la tumba de Berenguer, la habían alentado en su devoción, lo que a su vez había enfervorizado más aún a las dos. En otras palabras: su mujer y su familia se habían refugiado en su propio santuario secreto, dándole con la puerta en las narices. ¿Acaso no veían que él también estaba afligido?

Su pecho subía y bajaba bajo su camisa húmeda de sudor. Cerró los ojos y deseó que apareciera la otra mujer. Se presentaba a veces como una sombra fugaz en sus sueños, y entonces podía sentir su mirada, el roce de sus cabellos, la leve caricia de sus manos y de su espíritu al pasar sobre él como las suaves puntas de unas alas. Una indefinible sensación acompañaba su presencia y lo dejaba siempre insatisfecho por su brevedad. Sus visitas eran impredecibles, se producían muy de cuando en cuando, y aunque lo confortaban, le resultaban también turbadoras.

Últimamente, apartado del lecho matrimonial, había empezado a fantasear con algo más que sus ojos y sus cabellos. En ocasiones se sorprendía imaginando que sus manos acariciaban otras partes más íntimas del cuerpo femenino, que su boca se apretaba contra la de ella... En una ocasión, desesperado, casi fuera de sí, había vuelto a visitar uno de los viejos tugurios de Toulouse. La coima se había mostrado experimentada y astutamente divertida. Los hombres jóvenes con esposas en las últimas semanas de embarazo eran clientes habituales de las *maisons lupanardes* de las que nueve meses antes habían abjurado. Desahogado, pero no satisfecho, Raoul no había vuelto a aparecer por allí.

Tras la toma de Béziers, la guerra había continuado contra las tierras de Trenceval. Carcassonne había caído después de un breve asedio y de que sus pozos se hubieran secado con el calor del verano. Esta vez habían perdonado la vida a los habitantes, tanto a cátaros como a católicos, aunque los vencedores los desposeyeron de sus bienes y haciendas. Roger Trenceval había sido hecho prisionero y ahora languidecía en una celda malsana y húmeda a merced de Simón de Montfort, dejando heredero a un niño de dos años.

Narbonne no sufrió el ataque gracias a las severas persecuciones que se habían organizado contra sus propios herejes y de las que no se libraron las religiosas que Raoul y Berenguer habían rescatado de Béziers. Todas habían muerto en la hoguera, condenadas por sus creencias. La noche en que Raoul visitó el burdel se había enterado horas antes de lo sucedido en Narbonne y, después de que la mujer terminara con él, se emborrachó hasta perder la conciencia, pero por la mañana, al despertar, el recuerdo de todo seguía grabado en su mente. Pensaba que su infancia había muerto en Béziers, pero se equivocaba: murió un amanecer gris, en el colchón hundido de un lupanar de Toulouse, con la jarra de vino vacía y volcada en el suelo.

Raoul miró al otro lado de la habitación, hacia los destellos de su cota de malla colgada en el perchero, el brillo de los remaches restregados a conciencia en un barril de arena y vinagre. Su espada estaba apoyada contra la pared, con el tahalí enrollado alrededor de la vaina. Tristes compañeros... Ahora practicaba a diario en la palestra, ejercitando músculos que antes no sabía ni que existieran. Diariamente iba a hacer la ronda a caballo e inspeccionaba las fortificaciones del castillo por si había indicios de algún punto débil. A veces le embargaba un sentimiento de inutilidad. En otras ocasiones, la ira era más fuerte y le hervía de forma tan violenta que ya no se reconocía a sí mismo; cuando después se mitigaba, dejaba en él un poso cada vez mayor de autoconocimiento, al que se aferraba como lo haría a una tabla el náufrago arrojado a una costa extranjera.

Incorporándose, se quitó la camisa húmeda, la enrolló y la usó para secarse el cuerpo sudoroso. Posó otra vez la vista en la espada, con su irregular pomo de bronce y la empuñadura encintada con cordones de seda roja y amarilla. La forma y los colores vibraban y, de repente, la pared de detrás desapareció en un vacío blanco. A un lado, la cota de malla se agitaba también, lamida por lenguas de fuego plateado. Se le hizo un nudo en el estómago, contuvo la respiración y se quedó inmóvil, incapaz de apartar la vista con el regusto del miedo en la boca.

Una voz sonó clara y familiar en sus oídos:

–Se acercan los exterminadores. Estate alerta.

Por un instante, como una imagen en un espejo distorsionado, vio en el pomo de la espada un viñedo y hombres a caballo, enzarzados en combate. Luego, tan de repente como había surgido, la visión desapareció y el aire recuperó la calma. Se dio cuenta de que tenía los ojos empañados por el esfuerzo de concentrar la vista, y un fuerte dolor en el pecho le recordó que debía respirar... Desde fuera le llegaban los gritos de un mozo de cuadra irritado y la réplica descarada de su aprendiz, pero no era posible confundirlos con la voz que le había susurrado al oído. Alguien le había señalado su cota de malla y la espada, y le había advertido.

Tras ponerse apresuradamente la arrugada camisa, fue al umbral y reclamó la presencia de su escudero.

Llamó a la puerta de la habitación de Claire, e Isabelle, su doncella, le abrió cautamente. La joven quedó asombrada al verlo armado de pies a cabeza y notar el sudor que oscurecía sus cabellos rojizos junto al reborde de la cota de malla. Dos comadronas y varias mujeres, de las que solo sabía que eran cátaras protegidas por Geralda y recién llegadas a Montvallant, le observaron con una mezcla de curiosidad y temor, ya que el hecho de que el señor del castillo entrara en aquella habitación pertrechado con sus armas denotaba la existencia de problemas demasiado cercanos a su nuevo refugio.

Raoul entró en el dormitorio. Claire estaba sentada junto a una estrecha ventana arqueada buscando el aire que se filtraba a través de los postigos abiertos. No llevaba puesto velo ni griñón y se había recogido las trenzas en un moño para refrescarse la nuca. Al ver a Raoul, se levantó con un ligero grito de asombro y cerró el libro que estaba leyendo.

–¿Por qué te has puesto la armadura? ¿Qué ocurre?

–Sospecho que hay problemas en nuestras tierras... Una incursión de las tropas del norte.

–¿Lo sospechas? –Su madre, ocupada en guardar ropa en un arcón, dejó lo que estaba haciendo y le miró–. ¿Has tenido alguna noticia de las patrullas de vigilancia?

–No, madre, es... –Se encogió de hombros–. Es un presentimiento, nada más. Pero lo sé.

Él mismo se dio cuenta de lo poco convincentes que eran sus palabras.

–Ya lo veo –dijo su madre con un tono que indicaba que no lo entendía en absoluto.

Toda su ira por la pérdida del padre, todo su dolor e inseguridad los descargaba sobre él porque aún estaba vivo y podía culparlo.

Claire le miró con inquietud y apoyó una mano indecisa en su brazo.

–Ten cuidado, Raoul.

Advirtió la mueca de dolor de Claire al tocar los fríos remaches de acero e, incapaz de sostener su mirada, la atrajo rápidamente hacia sí y escondió el rostro en su cuello. La joven se había perfumado la piel con lavándula y la tenía increíblemente suave. Raoul sintió en sus labios los violentos latidos de su pulso y oyó su respiración agitada cuando ella, a su vez, le abrazó. Con un suspiro entrecortado, se soltó del abrazo.

–Ten cuidado tú también –dijo, y apoyó levemente una mano en el abultado vientre.

Las lágrimas brillaron entre las pestañas de Claire, pero se mantuvo firme. Como espoleados por el roce, los músculos que soportaban el útero se contrajeron dolorosamente. Raoul la besó en la mejilla, sin atreverse a mirarla a los ojos, y se apartó. Claire le vio marcharse con el cuello tenso y la espalda dolorida porque intentaba mantenerse erguida. Quiso gritar su nombre, rogarle que volviera la cabeza, pero el grito permaneció encerrado en su garganta.

La sombra compacta del hayedo dio paso pronto a las dispersas de los retorcidos olivos, los cipreses oscuros y las encinas, a medida que la tropa de Raoul se alejaba del castillo, de sus viñedos ya vendimiados y de los campos de cebada, en dirección al este, tras los pasos de la patrulla matutina mandada por Roland. A su paso, los cascos de los corceles desmenuzaban y hundían entre la hierba mordisqueada los excrementos secos de las ovejas. La fragancia del tomillo y la mejorana aplastados perfumaba el aire. Margaritas y rosadas jaboneras salpicaban de color las grietas. El ambiente era bochornoso.

–¿Estáis seguro de que hemos tomado el camino correcto, señor? –preguntó Giles poniendo su caballo a la altura del de Raoul–. ¿No sería mejor avanzar hacia el norte?

Raoul lo miró con los ojos entrecerrados, y al principio no respondió, concentrado en llevar a *Fauvel* por un terreno cada vez más agreste. Más arriba, por encima del sendero que seguían, unas cuevas quedaban ocultas a la vista; sabía que estaban habitadas ahora por un grupo de cátaros itinerantes.

–¿Crees en las premoniciones? –preguntó con brusquedad.

El caballero le observó sobresaltado.

–Nunca he pensado en ello –refunfuñó y se secó el rostro sudoroso con el puño de su gambesón. Después de una breve vacilación añadió–: ¿Por qué lo preguntáis?

–He escuchado una voz en mis oídos y he visto que atacaban a Roland –explicó Raoul con tono inexpresivo porque no se atrevía a delatar su emoción.

–¿Cuándo?

–Justo antes de que os llamara a ti y a los hombres.

Giles masculló una imprecación. De haber sido un perro, el pelo se le habría erizado.

–A veces los escuderos se asustan tontamente unos a otros explicándose historias como esta después del toque de queda –comentó contrayendo la boca en un rictus de intranquila desaprobación.

Raoul se mordió el labio inferior. Ahora que había empezado no podía parar, aunque Giles no quisiera escucharle.

–Al principio, cuando comenzó a revelarme cosas, pensé que me estaba volviendo loco, pero después se hicieron realidad. En mi noche de bodas se me apareció en sueños y me mostró Béziers devorada por las llamas. La vi otra vez cuando mi padre estaba muriéndose, solo que entonces me hallaba bien despierto..., y ella me tocó.

–¿Ella?

–Nunca antes había visto unos ojos tan irresistibles ni que cambiasen de color tan rápidamente, y despide un resplandor como si estuviera llena de luz.

A pesar del calor abrasador de la tarde, Giles se estremeció. Quiso burlarse de las palabras de Raoul, restarles importancia, como las fantasías de un muchacho que ha oído muchos cuentos de trovadores, pero había algo en la expresión de Raoul que se lo impidió. Por otra parte, la Iglesia prevenía contra mujeres en las que se encarnaba el demonio y que chupaban el alma de los hombres mientras dormían.

–Deberíais hablar con un cura –sugirió mirándole de reojo.

Raoul torció la boca con desprecio.

–¡Prefiero continuar poseído a permitir que uno de esos cuervos hunda sus garras en mi alma!

–O con algún cátaro, si no.

Raoul hizo una mueca y un gesto de irritación.

–Déjalo –dijo–. No lo comprendes.

Durante los siguientes diez minutos cabalgaron en un incómodo silencio, hasta que finalmente se detuvieron en una bifurcación del camino. El de la izquierda subía hasta las cuevas, convirtiéndose en poco más que un camino de cabras para desaparecer antes de llegar a la cima. El de la derecha descendía hasta el valle, que era habitualmente un tranquilo paraje de viñedos y campos de cultivo, regado por un riachuelo que serpenteaba entre las colinas para desembocar en el Tarn. Hoy rompían la quietud los destellos de las armaduras y el entrechocar de espadas, mientras que la patrulla de Roland, inferior en número, luchaba para rechazar un nutrido destacamento de caballeros y soldados.

Giles miró de reojo a Raoul y se estremeció visiblemente.

–¡Dios mío! –murmuró e hizo la señal contra el diablo.

Raoul se cubrió la cabeza con la cofia de la cota, la anudó y enseguida se caló el yelmo. Se le revolvía el estómago, pero la sensación no era tan intensa como en otras ocasiones. La experiencia era como otro filo cortante en la hoja de su espada, y la ira como el bruñido del acero. Pero la espada no sería su primera arma; cargarían con los caballos, arremetiendo contra el adversario con el ímpetu de sus lanzas de fresno de tres metros y medio.

Raoul agarró la lanza y la apoyó sobre su pierna y las crines color castaño de *Fauvel*. Clavó las rodillas en los costados del animal y lo espoleó.

–¡Por Béziers! –rugió, y embistió al enemigo.

La fuerza del ataque cayó sobre el grueso de los combatientes y los dispersó. El hombre que Raoul había elegido como objetivo de su acometida había caído de la silla de montar y se desangraba a través de la cota de malla como un ave en el espetón. Raoul tiró para liberar la punta de su lanza y la blandió contra un jinete que se acercaba a él por la derecha. El adversario rechazó con el escudo la punta ensangrentada y, con un golpe de su espada, se la partió. Raoul aguijó a su corcel, que estaba bañado en sudor. Los dos caballos piafaron y se encabritaron, entrechocando las herraduras de sus cascos delanteros. Raoul arrojó la lanza rota y desenvainó la espada. Hizo corvetear a *Fauvel*, asestó un golpe, maniobró para descargar otro y, tras un nuevo giro, encontró finalmente un hueco y logró hundir el acero en el brazo con que su contrincante sostenía el escudo, hasta el mismo hueso. El caballero intentó escapar, pero Raoul fue tras él y, alzándose sobre los estribos, le dio muerte con un tremendo mandoble en la espalda. El hombre se desplomó sobre el pomo del arma y cayó de lado, mientras le brotaba sangre de la boca. Su caballo, aterrorizado, se desbocó.

Obligando a dar la vuelta a *Fauvel*, Raoul examinó el campo de batalla. En la orilla opuesta del arroyo, entre los rastrojos de cebada, tres jinetes enemigos tenían rodeado a Roland. Chasqueó las riendas contra el cuello de *Fauvel* y le golpeó en la grupa. Al punto cruzaron de un salto el arroyo y al momento se hallaron en medio de otro combate. Raoul blandió el acero. Su adversario, un hombre maduro que parecía experto en combates, detenía y devolvía los golpes con una fuerza enorme. El joven sintió que su propio brazo flaqueaba ante semejante guerrero, que le atacaba sin cesar. Las pezuñas de los corceles levantaban nubes de tierra y paja que convertían el aire en una polvareda asfixiante. Desesperadamente, Raoul guió a *Fauvel* con los muslos. El caballo se liberó de súbito, y el golpe que debería haber cortado el brazo derecho de su jinete a la altura del hombro fue asestado en el aire.

Aprovechando que el caballero se tambaleaba al haber errado el golpe, Raoul se lanzó de nuevo al ataque y descargó dos estocadas rápidas, pero ninguna hirió al otro de gravedad. A su espalda, oyó gritar a Roland justo en el instante en que el acero de su enemigo logró burlar su guardia. La vista le latía con luces rojas y negras mientras redoblaba sus esfuerzos. Pero la suerte estaba de su parte. El otro era lo suficientemente fuerte para resistir más que él, pero no así su montura. *Fauvel* era un semental joven, que aún tenía que alcanzar la flor de la edad; el otro era más viejo y la marcha de varios días había minado sus fuerzas. El animal tropezó ante la violenta arremetida, y el caballero cayó de la silla, incapaz de protegerse de los golpes que le propinaba el brazo cansado de Raoul.

Espoleando a *Fauvel*, Raoul se volvió hacia el segundo caballero. Sentía dolorido y ardiente el brazo con que empuñaba el arma y el escudo le pesaba como si fuera de plomo, pero sabía que estaba más fresco que sus adversarios. Aunque el filo de la hoja empezaba a embotarse, aprovechó el ángulo del ataque para golpear al caballero que tenía más cerca en la base de la columna vertebral. El mandoble no le atravesó la cota de malla, pero el hombre recibió un golpe tan fuerte en los riñones que prorrumpió en un grito y arqueó la espalda con un dolor atroz, momento que Raoul aprovechó para acercarse a él y rematarlo.

El sudor le cegaba los ojos. El pulso le zumbaba en los oídos y le martilleaba en la garganta seca. Jadeaba ansioso de aire, pero sin poder respirar con suficiente rapidez para satisfacer sus pulmones; aun así no se atrevió a tomarse un descanso. Quedaba otro caballero que combatir y Roland se tambaleaba en su silla de montar.

Después –jamás recordaría cómo–, logró sacar fuerzas de flaqueza para salvar la vida de Roland. Cuando recobró la conciencia, se hallaba de pie entre las mieses aplastadas del campo de cebada, sosteniendo en la mano la espada desnuda y manchada de sangre, con su capa salpicada de cuajarones rojos y el yelmo caído a sus pies. *Fauvel*, cuyo pelaje castaño rojizo estaba empapado en sudor, abrevaba en el arroyo con los demás caballos. Los muertos aparecían desparramados por todo el campo, entre ellos varios de los hombres de Montvallant. Sintió que la tristeza y la fatiga ahondaban en él, devolviéndole el dolor de los cortes y las heridas. Un soldado yacía junto a él, y la cruz de seda roja en su pecho reflejaba la luz del sol.

Más allá, en el campo, dos de sus hombres habían capturado un prisionero. Raoul tragó saliva, pero tenía la boca tan seca que se atragantó. Se acercó dando tumbos al riachuelo. Para poder beber tenía que dejar la espada. El estado de su arma le revolvió el estómago, pero se obligó a limpiarla en los matorrales antes de envainarla. En Béziers había visto a los hombres reírse y competir por ver quién conseguía exhibir unas armas y unas ropas más ensangrentadas. En Béziers el acero chorreando sangre había sido símbolo de honor, de valentía y de fraternidad.

Tras echarse hacia atrás la parte superior de la cota y hundir las manos en el agua límpida, se lavó el rostro ardiente y los cabellos empapados por el sudor. Luego bebió despacio varios sorbos, imponiéndose moderación. El agua llegó a su estómago y la sintió en él como un peso fresco. Se secó la boca, cogió las riendas de *Fauvel* y cruzó el campo hacia donde se hallaba el prisionero.

Quienes lo habían apresado parecían muy satisfechos, y con razón. Era obviamente un noble, por el que se podría pedir un rescate cuantioso..., lo suficiente para asegurar el porvenir de dos simples soldados.

Irguiendo su cuerpo, Raoul se olvidó de sus pequeñas heridas para desempeñar el papel de capitán vencedor en la batalla y tratar como tal al derrotado.

–Ya conocéis las normas y compromisos del rescate, así que no perdamos el tiempo –dijo secamente–. Quiero saber quién sois, de dónde venís y por qué habéis invadido mis tierras.

El caballero lucía barba y un gran bigote gris para compensar la escasez de pelo sobre su cabeza.

–Soy el señor Giroi de Saint Nicolas, al mando de una patrulla de reconocimiento perteneciente al ejército de Borgoña –respondió alzando la cabeza orgulloso.

Era evidente que le disgustaba admitir la derrota y rendirse a un hombre mucho más joven que él, así como que temía por su suerte; de ahí que aludiera a su vinculación con el ejército borgoñón.

–¿Y con qué derecho tratáis de saquear mis tierras y atacáis a mis hombres? –preguntó Raoul sin inmutarse–. Soy vasallo del conde Raimundo de Toulouse, no de Trenceval.

–Estáis en la relación de los nobles rebeldes del sur elaborada por el señor Simón de Montfort. Se dice que en Béziers os convertisteis en un traidor, que ayudasteis a escapar a algunos herejes y que, para ello, disteis muerte a miembros del ejército cristiano.

Raoul apretó los labios.

–¿A cuántos cátaros permitió De Montfort salir libremente de Carcassonne a cambio de dinero y propiedades? –inquirió con frialdad–. Más de la veintena que yo rescaté, ciertamente.

Giroi de Saint Nicolas se encogió de hombros.

–Solo repito lo que se dice de vos.

–¿Y solo por eso habéis recorrido tanto camino para saquear mis tierras? –Raoul arqueó una ceja incrédulo. Giroi no llevaba suficientes hombres con él para constituir la avanzadilla de un destacamento de asedio y a duras penas podía concebir que el conde de Borgoña atacara una pequeña población como Montvallant cuando quedaban por conquistar grandes ciudades–. ¿Pensáis que Montvallant merece tanta atención?

–Nos dirigimos hacia el norte y tan solo queríamos recoger provisiones.

–¿Hacia el norte?

–Siempre hemos dado por descontado que nuestro conde volvería a casa en cuanto los cátaros hubieran aprendido la lección –dijo Giroi algo a la defensiva.

–Y la han aprendido, ciertamente –murmuró Raoul.

Sin embargo tenía la mente en otra cosa: en la interesantísima noticia de que el de Borgoña se disponía a abandonar el campo de batalla. Ya había empezado la retirada. El gran ejército del norte regresaba a casa para la estación fría, dejando al De Montfort que se las arreglara allí solo.

–De Montfort está preparado para el invierno. No conseguiréis nada alzando la espada contra él –observó el caballero del norte como si le hubiera leído el pensamiento.

–¡Oh, conozco muy bien al señor de Montfort...! –replicó Raoul fríamente mientras volvía a montar a *Fauvel*.

Por lo que había visto de él hasta entonces, podía estar seguro de que De Montfort habría trazado sus planes para salvar cualquier dificultad y se las apañaría para salir bien del paso fuera cual fuese el contingente de su ejército; pero sin duda iba a tener ciertas limitaciones. Por lo menos, el invierno daría un respiro al sur asediado..., quizá una oportunidad para reagruparse.

–Ya no es solo el señor de Montfort –dijo Giroi de Saint Nicolas aceptando el caballo que le ofrecían cortésmente, aunque todavía llevaba las manos atadas a la espalda–. Ahora es vizconde nominal de Béziers y Carcassonne, y os engañáis si pensáis que Roger Trenceval volverá a ver la luz del día. Os aconsejo que firméis la paz con él antes de que sea demasiado tarde.

Raoul sintió un sabor amargo. Se inclinó sobre la silla de montar y escupió.

–¡La paz de la tumba! –exclamó con voz que expresaba una intensa repugnancia–. Esta jamás ha sido una guerra santa..., a menos que los dioses en cuyo nombre se ha hecho sean los del Poder y las Riquezas.

Dejó al caballero borgoñón y marchó a medio galope hasta la cabeza de la columna. El cuerpo le dolía por la dureza de la batalla y su mente se había vuelto una cuchilla embotada, que aserraba las cosas que era incapaz de diseccionar.

Cuando llegaron a Montvallant, las sombras se alargaban. En el horizonte, sobre Toulouse, parpadeaban relámpagos como si allí se hubiera desatado una tormenta. También el cielo se había oscurecido sobre Montvallant. Los cascos de los caballos resonaron estrepitosos en el puente, ante el rastrillo, mientras el destacamento cruzaba la muralla exterior. Los caballerizos y los soldados fuera de servicio corrieron para dar la bienvenida a los hombres. Isabelle estaba también entre ellos, sonriendo con una mezcla de alegría y tristeza, pues sus creencias cátaras luchaban contra sus instintos maternales.

–Mi señor... –dijo acercándose a su estribo y levantando la vista hacia él–, tenéis un hijo.

Capítulo 14

Carcassonne, invierno de 1209

Simón mordisqueaba la punta de su pluma de ganso y unas profundas arrugas se marcaban en su ceño. Se sentía cansado y, a pesar del manto de piel de lince que le cubría las rodillas y el forro de piel de castor de su capa, tenía frío.

Quien alabó la suavidad de los inviernos del sur era un embustero. Varias veces le había sorprendido la nieve; de hecho, arreciaba la ventisca cuando Albi se rindió. El Alto Languedoc era una serie de montículos en forma de panes de azúcar que se perdían en el horizonte y, de noche, los aullidos de los lobos sonaban como lamentos de almas en pena.

No era que Simón permitiera que los lobos o el tiempo lo refrenaran. La nieve, la lluvia y el granizo eran mantos encubridores bajo los que un ejército pequeño podía moverse y sorprender a un enemigo confiado y satisfecho, y él había necesitado toda la astucia de que era capaz.

Un anillo brillaba en el pulgar de la mano que extendía sobre el pergamino para mantenerlo liso. Roger Trenceval había muerto en prisión de disentería, y Simón era ahora el nuevo vizconde de Béziers y Carcassonne, título impresionante, pero tan precario en realidad que tenía la impresión de tentar la suerte cada vez que firmaba de este modo y, como desafío, estampaba una rúbrica vigorosa.

A pesar de su ejército drásticamente mermado, había estrenado la estación invernal con algunos éxitos. Limoux y Albi habían caido en sus manos, así como una constelación de poblaciones pequeñas. Sin embargo, los astutos nobles locales pronto habían empezado a darse cuenta de que, en realidad, no contaba más que con un puñado de hombres, y habían proseguido su rebelión con renovada energía. Simón se vio obligado a ceder terreno y, a pesar de no haber perdido ninguna posición estratégica, no le quedó más remedio que entregar a los sublevados varias fortalezas menores.

Contagiado por la insurrección, el conde de Foix, que al principio había apoyado la cruzada aunque de mala gana, se mostraba ahora hostil y no consentía que las tropas invernaran en su territorio. A mayor abundamiento, el rey Pedro de Aragón, teórico señor feudal de Simón, no estaba dispuesto a aceptar su homenaje ni a reconocer sus títulos. Para el rey de Aragón, el legítimo vizconde de Béziers y Carcassonne era el hijo menor de edad de Roger de Trenceval, y Simón carecía de todo derecho a él. Tal vez Simón no estuviera entre la espada y la pared, pero sí lo bastante acorralado para sentir que la pared no le dejaba mover libremente su brazo armado.

Contempló los leños que ardían en el hogar, encendidos por debajo como rojas ascuas y grises por encima. Era madera de peral, de una combustión aromática y limpia. Un par de perros alanos dormitaban delante del fuego, y Giffard, que debería de haber estado puliendo las espuelas de Simón, se había quedado dormido con la boca abierta. Era muy tarde. El triple candelero que tenía a mano estaba abultado por sólidos regueros de cera y las velas casi se habían consumido por completo. Al inclinarse sobre el pergamino para escribir, advirtió que la tinta se había secado en la punta de la pluma.

Con un gruñido de irritación, volvió a recortar la punta con su cortaplumas y la hundió en el tintero, decidido a terminar la carta dirigida al papa Inocencio.

> Los señores que tomaron parte en la cruzada me han dejado casi rodeado de los enemigos de Jesucristo, que ocupan las montañas y co-

linas. No podré gobernar las tierras por más tiempo sin vuestra ayuda y la de los fieles. El país está empobrecido por los estragos de la guerra. Los herejes han destruido o abandonado algunos de sus castillos pero han conservado otros que intentan defender. He de gastar en las tropas que permanecen a mi lado mucho más de lo que invertiría en cualquier otra guerra. Para conservar unos pocos hombres me he visto obligado a doblar sus soldadas.

Simón hizo una nueva pausa tratando de dominar la frustración que se escapaba por su pluma; tomó la jarra de vino y rellenó su copa. Luego bebió lentamente, espaciando cada trago. Cuando se tranquilizó concluyó la carta, secó la tinta con arenilla, la lacró y la colocó en el montón de documentos que aguardaban ser despachados. Hecho esto, tomó otra hoja de pergamino y se puso a escribir a su mujer. Era una carta de un jefe a su subordinado: enérgica, eficaz y sin sentimiento de ninguna clase; tampoco Alais, cuando la recibiera, lo echaría en falta.

Entretanto, en Narbonne, en una estancia parecida, envuelto en pieles y templando sus pies con un ladrillo caliente, Arnaud-Amalric de Citeaux se hallaba también enfrascado en comunicaciones, pero de tipo verbal, y sus palabras eran considerablemente menos diplomáticas que las de Simón. La cólera brillaba en su rostro sofocado mientras conversaba con el joven fraile que tenía delante, uno de los protegidos de Guzmán.

–No basta, hermano Bernard, con decir que se ha enfriado el rastro. –Sus gordos dedos apretaban los brazos de su silla, rematados en garras de león, como si fueran dos gargantas cátaras–. Me han informado de que en sus reuniones citan ahora un nuevo evangelio..., ¡uno tan blasfemo que preferiría cortarme la lengua a hablar de su contenido! Huelga decir que están implicados Chrétien de Béziers, Matthias de Antioquía... ¡y esa mujer! –Se inclinó, con los labios apretados como pálidos gusanos sobre sus dientes fuertes y cuadrados–. ¿Qué se supone que debo escribir a su santidad? Disponemos de más hombres, de más espías y de mayor control sobre los territorios herejes de cuanto hemos tenido nunca..., ¡y todavía no hemos logrado atrapar a los responsables!

–Es muy difícil, ilustrísima –dijo el joven fraile, deseando de corazón que su superior no lo hubiera enviado para ser el chivo expiatorio de las iras de Arnaud-Amalric. Bernard odiaba a los cátaros, deseaba fervientemente capturar a los cabecillas del grupo y le mortificaba la falta de resultados tangibles en el desempeño de su misión–. Por lo visto hay un círculo de cátaros devotos que velan para que no sean descubiertos. Los escritos que encontramos son invariablemente copias, y pasan de mano en mano tan furtivamente que su origen no tarda en ser indiscernible. –Dio unos pasos, seguido por la siniestra mirada de Citeaux–. Dicen que la mujer tiene poderes de bruja –añadió santiguándose–, que es capaz de atravesar paredes y adivinar los pensamientos más secretos de la mente de los hombres.

–¡Poderes! –Las mejillas surcadas de venas de Citeaux se encendieron de forma alarmante–. Trucos e ilusiones para engañar a los crédulos y corromper sus almas. ¡Ella puede atravesar las paredes tanto como yo! Mucho mayor es el poder de Dios. Quiero que los atrapen. ¡Hay que apresarlos! Decidle a Guzmán que se apresure, que se me está acabando la paciencia.

Bernard bajó la vista al suelo, pisó una baldosa decorada y con la punta del pie fue resiguiendo sus curvas de color ocre.

–Hemos oído un rumor que destaca entre todos los demás, ilustrísima... Se dice que en una ocasión los tres estuvieron refugiados con los templarios. No tenemos ninguna jurisdicción sobre sus preceptorías y ellos no nos darán permiso para efectuar averiguaciones, así que todos nuestros esfuerzos se estrellarán contra un muro de piedra cuando intentemos investigar en esa línea.

El rubor de cólera desapareció del rostro de Citeaux, que se reclinó contra las pieles de marmota que cubrían el respaldo de su silla, mientras se llevaba el dedo índice a los labios. Los templarios eran ricos y poderosos, con una red de comunicaciones organizada por toda Europa, y mostraban una actitud sospechosa frente a la cristiandad a la que decían servir. Aquella información constituía un atisbo de esperanza, y se la comunicaría al papa Inocencio mientras se hacían todos los esfuerzos para estrechar el cerco alrededor de la presa.

–Puede que estéis en lo cierto –murmuró–. Sé muy bien que las dificultades son muchas. Como decís, los templarios son demasiado poderosos para desafiarlos abiertamente, pero podemos vigilarlos. Colocad a vuestros espías en las preceptorías más sospechosas y veamos qué conseguimos sacar a la luz. Debemos abrir una brecha en ese círculo interno. Esperaré otro informe de vuestro superior dentro de un mes. Ahora podéis iros. –Hizo un movimiento brusco con la rechoncha mano, adornada con un grueso anillo.

El joven fraile se retiró, agradecido por una despedida tan rápida y furioso por la humillación que acababa de soportar. No podía descargar su ira con el abad de Citeaux, un sacerdote importante y poderoso, así que la tomó con los cátaros: vertió la culpa sobre ellos, los vilipendió bajo el vaho de su respiración mientras recorría el húmedo pasillo de piedra, calentándose el cuerpo helado con imágenes de fuego.

Capítulo 15

Toulouse, primavera de 1210

Las campanas de las iglesias de Toulouse dieron las seis sobre una ciudad que despertaba al amanecer: Saint Pierre-de-Cuisines en el barrio de los curtidores, en las afueras de la ciudad; la Dorada, con sus famosos mosaicos en las orillas del Garona; la magnífica basílica de Saint Sernin en el barrio rico del burgo; Saint Cyprien en la ribera oeste, y otros muchos templos menores, que se afanaban por unirse al coro o perdían el paso y señalaban la hora sobre el eco de sus hermanas. Toulouse, ciudad de peregrinación en el camino de Santiago de Compostela, bulliciosa y cosmopolita... Toulouse, una ciudad que ahora se hallaba amenazada.

En los mercados, entre conversaciones sobre cosechas y ganado, entre el chismorreo casero, riñas triviales y regateos por los precios, el tema de la guerra asomaba con frecuencia a los labios de todos. Simón de Montfort había pasado de nuevo a la ofensiva. Su mujer había llegado al Languedoc en marzo, trayendo consigo a sus hijos y los refuerzos oportunos. Había vuelto a tomar el castillo de Bram, con terribles consecuencias para las tropas que lo defendían; cegaron a algunos y cortaron la nariz y los labios a otros. Quienes sobrevivieran a aquellas horribles mutilaciones tendrían el aspecto de las mondas calaveras de sus camaradas muertos. Al igual que el asalto a Béziers, fue una acción destinada a aterrorizar, una advertencia. Resiste y serás destruido; ríndete y sobrevivirás. Ahora parecía que Minerve, cruzado el Aude viniendo de Narbonne, se convertía en el próximo objetivo de Simón. Arnaud-Amalric cabalgaba a su lado, al igual que el nuevo legado del papa, Thedisius, que había sustituido a Milo, muerto el pasado mes de diciembre.

Los vecinos estaban inquietos y se preguntaban por la seguridad de su ciudad. En los meses de invierno el conde Raimundo había visitado al rey de Francia y al Papa, pero no había recibido de ellos más que palabras hueras en respuesta a sus súplicas de apoyo y comprensión. Algunos jóvenes exaltados del burgo habían pintarrajeado la pared de la casa de un sacerdote con frases que difamaban a la Iglesia romana y la cruzada. Se tomaron represalias. Varias casas del barrio judío fueron incendiadas. Se produjeron agresiones a clérigos. Mientras tanto, en la clandestinidad, en casas particulares, almacenes o incluso en edificios públicos, los cátaros seguían celebrando sus reuniones, y hasta sus libros más secretos eran copiados y circulaban de mano en mano.

Ya en el palacio de Raimundo, cercano a las tiendas de sal del sur de la ciudad, Raoul se desabrochó el talabarte con la espada, los entregó a los centinelas que montaban guardia en el exterior de las puertas del gran salón condal y entró en él con paso decidido, casi pisando los talones del mayordomo que anunciaba su llegada.

El conde no se levantó de su sitial en el estrado para ir al encuentro de Raoul y saludarle como hubiera hecho tan solo seis meses atrás. Su habitual optimismo había sido vencido por la profunda conmoción de la guerra y por el frío rechazo de Roma a todos sus recientes intentos de conciliación.

La firmeza con que Raoul caminaba era, por el contrario, fruto de una actitud deliberada. Había aprendido a asumirla sin vacilación porque, de no actuar así, su juventud daba pie a que los otros lo ignoraran o se mostraran condescendientes con él, como había hecho el propio Raimundo en su visita a Montvallant el año anterior. La campaña de Béziers y los meses transcurridos desde entonces le habían hecho tomar conciencia de su propia dignidad y, sobre todo, de su propia valía para desempeñarla.

Dobló la rodilla frente al sitial del conde, se incorporó en cuanto recibió licencia para hacerlo y miró a Raimundo directamente a los ojos. El conde había estado ausente de sus tierras durante todo el invierno, tratando de obtener apoyo en París e indulgencia en Roma, pero ninguna de sus gestiones había tenido éxito y ahora en su rostro se pintaba la decepción. Las leves arrugas que lo animaban antes se habían transformado en surcos profundamente tallados en su piel, que ahora mostraba un color cetrino, más que atezado, sin rastro de su anterior luminosidad.

–Sed bienvenido, señor. Os agradecemos vuestra visita.

No era el conde quien había hablado. Raoul, al volverse, vio que las palabras de recibimiento procedían de su hijo, que había gobernado Toulouse durante aquel invierno, asesorado por sus consejeros, en ausencia del conde. De acuerdo con la tradición familiar, le habían puesto también el nombre de Raimundo pero, para evitar confusiones, desde pequeño sus íntimos lo llamaban Rai. Era un muchachito agradable, con aspecto de ser menos indolente que su padre y de haber heredado de su madre, una Plantagenet, una vena del dinamismo característico de los angevinos. De todas formas, acababa de cumplir los catorce años y aún estaba bastante verde en política.

Raoul le saludó con una cansina inclinación de la cabeza y tomó el asiento y la copa que le ofrecieron.

–Sentí mucho la muerte de tu padre –dijo por fin el conde, alzando su copa–. Ya sabes que éramos amigos desde la infancia. Fui el padrino de su boda y juntos celebramos tu nacimiento... –Sacudió la cabeza–. Pensaba que todavía nos quedaban muchos años y una larga vejez que compartir...

–Aceptó la muerte con una gran paz –dijo Raoul al tiempo que dirigía a Raimundo una mirada viva y desafiante–. Había recibido el *consolament*.

Los labios de Raimundo quedaron inmóviles en el borde de la copa. En sus ojos se pintó la estupefacción.

–Solicitó los sacramentos cátaros –siguió Raoul– y se los dio una religiosa que habíamos rescatado de Béziers. Después supe que ella..., que fue quemada durante las persecuciones en Narbonne... En mi opinión, mi padre quiso recibir el *consolament* como un último gesto de desafío por lo que habíamos presenciado en Béziers, pero también estoy seguro de que encontró la paz.

–¿Compartes esa fe? –Raimundo continuaba observándole con asombro.

Raoul sonrió amargamente.

–¿Acaso importa eso, mi señor? No nos acosan por lo que creemos, sino por nuestras tierras, nuestros títulos y nuestra independencia. –Con un destello de humor triste en los ojos, dejó la copa sobre la mesa–. ¿Vais a cargarme de cadenas y confiscar mis posesiones? ¿Por ese motivo habéis reclamado mi presencia?

–¡Por supuesto que no! –exclamó el conde con tono escandalizado.

–¡De cadenas no, pero sí de hierros! –intervino su hijo, con una expresión recelosa en sus ojos oscuros y vivarachos, que, al igual que la apostura y la negra cabellera, había heredado de su abuela materna, Eleanor de Aquitania–. Habéis venido aquí ataviado con ropas de verano, pero las trocaréis por las de acero en vuestra vuelta a casa.

Raoul estudió al padre y al hijo sin molestarse en ocultar su profundo recelo.

–¿Qué queréis decir?

Raimundo se inclinó sobre la mesa, con una súbita expresión de sinceridad y los brazos abiertos en un gesto apaciguador y amistoso.

–Sabemos que te las arreglaste muy bien en Béziers, y que diste buena cuenta de una partida de borgoñones que invadieron tus tierras. –Hizo una pausa para dejar que el halago hiciera efecto, pero se desconcertó un poco al ver que Raoul mantenía su mirada cautelosa–. Necesitamos organizar y entrenar un ejército para combatir a Montfort. Ahora que ha recibido refuerzos del norte, reanudará la ofensiva y, en cuanto recupere todo el territorio que ha perdido durante el invierno, mirará en nuestra dirección. Toulouse está a menos de ochenta kilómetros de sus fronteras.

–¿Debo entender que queréis que os ayude a organizar la resistencia contra De Montfort?

Raimundo tragó otro sorbo de vino y asintió con la cabeza.

–Hemos empezado a reclutar hombres de las ciudades y de las familias a las que Montfort ha desposeído. También contamos con mercenarios de Gascuña y España, y el de Foix se ha comprometido a ayudarnos.

Raoul bajó la vista en silencio y la posó en sus manos. Antes, no hacía mucho, las tenía suaves y cuidadas, y se dejaba crecer la uña derecha del pulgar para tañer el laúd. Ahora tenía las palmas tan ásperas como el cuero endurecido y las uñas estropeadas y muy cortas, casi hasta la carne viva. Un vistazo a las manos del conde, que las ahuecaba ante la boca y la barbilla, le mostró que todavía las conservaba flexibles y mimadas. El anillo con el cabujón de rubí aún brillaba en su pulgar como un coágulo de sangre reciente. Todo se resolvía en sangre, incluso sus sueños con la mujer de ojos grises...

Por fin, con el ceño fruncido, Raoul alzó la vista.

–Fui declarado rebelde en Béziers –dijo– y sobre mis tierras pesa un decreto de confiscación. Si acojo y preparo tropas, agravaré mi crimen, pero supongo que también reforzaré mi posición y seré un bocado más difícil de ser engullido de golpe.

–¡Así es! –A Rai le brillaban los ojos–. ¡Nadie osará atacaros, a excepción de De Montfort y Citeaux!

–¿Y se supone que eso debe tranquilizarme...? –La boca de Raoul se torció en un rictus forzado, que acabó por relajarse y convertirse en una sonrisa–. Mis señores, acepto vuestra oferta, dando por sentado, naturalmente, que correrán a vuestro cargo las soldadas de las tropas que aloje y cuantos gastos deba hacer aparte de los que entrañan mis obligaciones feudales. –Con regocijo disimulado, observó cómo padre e hijo intercambiaban miradas. Añadió suavemente–: Sí, la guerra lo cambia todo... Pienso que es mejor dejar bien claras las cosas para el futuro.

El conde le tendió una mano suplicante, la que lucía el anillo. Vestía una ajustada camisa de seda verde y, sobre ella, una túnica de seda carmesí recamada con bordados en oro.

–Puedo tomaros el juramento feudal por cumplir con la ceremonia, pero debo saber si tu lealtad va más allá de las simples palabras.

Raoul se abstuvo de replicar que su padre había muerto en prueba de su lealtad y que por ella él mismo había sido tachado de proscrito. ¿Qué más quería Raimundo? Sintió un vacío en la boca del estómago y miró la mano que sobresalía de la adornada bocamanga. Sabía qué esperaba el conde, pero no podía ofrecérselo. Él no era su padre, y las alegres correrías veraniegas de los jóvenes de las casas de Montvallant y Toulouse quedaban a treinta años de distancia... Lealtad, sí...; amistad, no.

–Me doy cuenta, mi señor, de que es tan difícil encontrar honor hoy en día como a una virgen en un burdel, pero espero que el mío esté lo bastante intacto para que no debáis ponerlo en duda.

Raimundo retiró lentamente la mano.

–Dudo de todo. –Las arrugas que enmarcaban su boca se acentuaron. Habló con cansancio–. Tu padre y yo pasamos juntos momentos muy gratos.

Hubo un silencio breve y tenso.

Rai se puso en pie, estirándose como un gato joven.

–¿Queréis venir a la armería para echar una ojeada a lo que tenemos y encargar lo que deseéis a nuestro maestro armero?

Raoul asintió y se levantó con un sentimiento de alivio. Necesitaba salir de la sala. Incluso con las velas y las antorchas que ardían en todas las grietas posibles, el lugar seguía siendo tremendamente húmedo y deprimente, y la expresión ofendida de los ojos del conde le hacía sentirse culpable.

–A propósito, ¿cómo está tu esposa? –exclamó Raimundo cuando Raoul, después de haberse despedido de él con una inclinación de la cabeza, se alejaba del estrado siguiendo a su hijo.

Los hombros de Raoul se tensaron, y si su expresión de antes revelaba un estado de alerta, el rostro que volvió ahora hacia su señor era tan impenetrable como un yelmo de justas.

–Fue un parto complicado, mi señor, pero ahora está recuperada y tenemos un hermoso niño, Guillaume. –Su voz se suavizó ligeramente al pronunciar el nombre de su hijo. Al menos Guillaume era suyo, aunque temía haber perdido a Claire.

–Es una excelente noticia. Me alegro por los dos. –La voz de Raimundo era exageradamente cordial–. Si quieres una casa adoptiva para cuando esté en edad de formarse como escudero, no hace falta que busques más allá de la mía.

Raoul forzó una sonrisa.

–Gracias, mi señor –le respondió y, dando media vuelta, se apresuró a seguir a Rai.

Las esteras que alfombraban el suelo de la sala de reuniones en Toulouse brillaban con la luz del sol, el calor y la emoción de los fieles que, desde sus asientos, desprendían aroma a lavanda y romero molidos. Motas de polvo danzaban en el aire. Un jarrón de cerámica con saxífragas blancas y gencianas violetas invitaba a la calma en la luminosidad que penetraba por los postigos abiertos. La casa pertenecía a un comerciante de telas, y aquella sala era uno de sus almacenes, con las paredes repletas de piezas de tejidos: fino paño inglés y tartán escocés, damascos de rayas y sedas de Marsella, terciopelos italianos con colores de piedras preciosas y con el tacto más suave que el pelaje de un gatito... Hoy todas ellas servían de un opulento telón de fondo para la voz de Chrétien de Béziers.

Estaba de pie delante de su absorto auditorio: era un hombre robusto de mediana estatura y mediana edad, con una cabeza enérgica cubierta de cabello plateado y una voz que subía y bajaba con la fuerza y amplitud del gran desfiladero del Tarn. Habló a los reunidos acerca de la luz y las sombras, del bien y del mal, de la Iglesia de Roma, que era una creación de Satanás... Habló del triunfo del espíritu sobre la carne, que suponía la salvación y que estaba al alcance de todos, y de ahí pasó a afirmar que, a pesar de que la carne era corrupta, a veces el espíritu aceptaba su esclavitud para revelar la evidencia de la iluminación a quienes dudaban. Y señaló a la joven que estaba sentada recatadamente en un escabel a su lado.

Entre los feligreses, Claire estiró el cuello para verla.

–Es ella –susurró Isabelle a su señora–. Es la que vi en la reunión de ayer.

Claire pasó el cálido peso de su hijo dormido al pliegue de su otro brazo y observó a la mujer cátara. Era pequeña y delgada, llevaba la negra y lisa cabellera recogida en una delicada trenza y su piel dorada captaba y reflejaba la luz. Sus ojos eran de color gris claro, la nariz y labios finamente dibujados..., pero lo que llamaba la atención en ella era algo que estaba más allá de su apariencia física.

Cuando habló, su voz sonó baja y clara, con tanta autoridad que no necesitaba elevarla para hacerse oír mientras explicaba a los reunidos la vida sencilla que conducía a la armonía.

–Incluso el papa Inocencio y el abad de Citeaux podrían hallar la luz dentro de sus corazones si tan solo se molestaran en buscarla. –Su mirada mantenía fascinada a la multitud, y era como si le estuviera hablando a cada persona en tanto que individuo–. Incluso Simón de Montfort podría hallarla...

Entre la multitud alguien dejó escapar un susurro de irritación.

–Incluso Simón de Montfort podría hallarla –repitió la mujer recalcando las palabras.

Claire podía percibir un resplandor alrededor de la joven, una luz parecida a la potente y firme claridad de una vela de cera.

–¿Veis su luz? –murmuró Isabelle con tono de excitación.

Un escalofrío casi imperceptible recorrió la columna vertebral de Claire. Mandó callar a su doncella con un gesto de la mano y siguió contemplando el resplandor que se expandía a partir de su fuente y que acabó llenando toda la estancia con un manantial de luminosidad dorada antes de desvanecerse lentamente, como los anillos de una ondulación que desaparece en un estanque.

Bridget dirigió una sonrisa tranquilizadora a los ojos desorbitados, las mandíbulas aflojadas y las penetrantes miradas de asombro y miedo.

–No temáis –dijo con dulzura–. Lo único que ocurre es que el resplandor de mi espíritu se percibe con más facilidad. Todo el mundo lleva esto en su interior, y es perfectamente capaz de liberarlo.

Después inclinó la cabeza y se sentó, y Chrétien reanudó su sermón.

Como era habitual, la reunión terminó con el recitado del padrenuestro y la imposición de manos. Los miembros más osados del auditorio se apelotonaron alrededor de Bridget para hablar con ella y, aunque oficialmente la reunión ya había concluido, fueron muchos los que se quedaron en la sala para conversar entre sí o con Chrétien de Béziers y su anciano acompañante.

Claire sabía que hubiese debido marcharse. Raoul ya habría vuelto a sus aposentos después de haber visitado al conde, pero le costaba decidirse a abandonar aquella atmósfera de cálida camaradería para sustituirla por las tensiones de su hogar marital. Raoul no era estúpido, y le resultaba muy difícil fingir ante él.

Mientras Claire se ceñía la capa y se ajustaba la toca, Guillaume despertó y empezó a removerse entre sus brazos, dejando muy claro que tenía hambre. Era la excusa que Claire necesitaba para seguir un rato más en aquel refugio y, quizá, para hablar con la extraña joven cátara, de modo que se apresuró a aprovecharla. Retirándose a un rincón de la sala, colocó discretamente a Guillaume sobre su pecho y protegió su pudor con la capa.

El bebé empezó a chupar ruidosamente. Había sido cuidadosamente envuelto para evitar que sus extremidades se torcieran al crecer, y sus finos cabellos rubios estaban cubiertos por una gorrita de lino blanco. Claire bajó la mirada hacia sus temblorosas mandíbulas y contempló aquella piel tan delicada que casi era translúcida. Los ojos del bebé, de un cálido marrón acaramelado, reflejaron los de Claire mientras le devolvía la mirada.

–¿He de renunciar a esto? –preguntó, sintiendo que se le formaba un nudo en la garganta mientras su índice se deslizaba con cautelosa ternura sobre la frágil curva de una ceja que parecía hecha de plumón.

–Qué niño tan hermoso.

La voz, dulce y límpida, hizo que Claire levantara la cabeza para encontrarse con la mirada cristalina de la cátara, y una vez más vio su propio reflejo, pero esta vez desde un ángulo distinto.

–¿Cuántos años tiene?

Claire no le preguntó cómo sabía que Guillaume era un varón.

–Nació en otoño –murmuró. «Y mi esposo lloró junto a la cabecera de mi lecho, con la sobreveste empapada por la sangre de los hombres a los que había matado...» Las palabras aparecieron de un modo involuntario en su mente, para llenarla de una manera tan irrevocable como si las hubiese pronunciado en voz alta, y un instante después vio que las cejas de la cátara se arqueaban en respuesta a ellas–. Yo... –balbució Claire, y se tapó al ver que Guillaume ya había acabado de alimentarse.

–¿Puedo cogerlo?

Después de un breve titubeo durante el que tuvo que luchar con un temor totalmente irracional, Claire le entregó a su hijo.

Bridget lo sostuvo en sus brazos y le habló en voz baja y suave. El niño no tardaría en dejar de necesitar las tiras de tela que lo envolvían, porque su cuerpecito ya intentaba resistirse a su presión. «De la misma manera en que yo lucho con lo que me limita...», pensó, dirigiendo una mirada entre afectuosa y melancólica a Chrétien y al silencioso y solemne Matthias.

–No debes temer por tu hijo –dijo a Claire–. Esta guerra rozará su vida, pero su destino se encuentra más allá de ella.

–¿Puedes ver el futuro? –preguntó Claire, y su voz reflejaba tanto interés como miedo.

–Confusamente. Cada persona escoge el camino que toma, pero veo el camino de tu hijo, que llegará a la plenitud de la virilidad, y puedo asegurarte que tendrá descendencia. Además, también has de saber que no tienes por qué renunciar a él. Solo a los elegidos se les exige un sacrificio tan grande, e incluso en eso hay lugar para las distintas costumbres. Chrétien de Béziers es mi tío, un cátaro muy estricto, pero me quiere y cuida de mí de la misma manera en que yo le quiero y cuido de él. No debes sentirte culpable por el amor que sientes hacia tu hijo..., o hacia tu esposo.

Sintiéndose como si Bridget acabara de arrojarle una copa de agua fría a la cara, Claire dejó escapar un jadeo ahogado.

–¿Acaso lo ves todo? –Su labio inferior temblaba–. ¿Puedes... puedes ver nuestras almas en toda su desnudez?

Bridget devolvió delicadamente a Guillaume a los brazos de su madre.

–No puedo verlo todo. Si lo deseo, puedo tender un velo sobre mis percepciones. De hecho, a veces es necesario hacerlo, pues de lo contrario enloquecería. –Reflexionó durante unos minutos antes de seguir hablando–. Estuve en vuestra boda con mi tío y Matthias, mi otro guardián. Llegamos tarde para reclamar una noche de hospitalidad, por lo que no me sorprende que no te fijaras en nosotros. Por aquel entonces percibí el amor que os profesabais tú y tu esposo, pero me parece que últimamente os habéis distanciado un poco.

–Desde la muerte de su padre, Raoul ha buscado el consuelo en su espada. Le amo, pero pensar en cómo se regocija derramando la sangre de los inocentes me produce náuseas. Es como si... –Se interrumpió y agitó una mano–. De todas maneras tú puedes ver todo eso, así que no entiendo por qué me avergüenzo contándotelo.

–No debes avergonzarte de compartir tus problemas. –Bridget le rozó el hombro con la punta de los dedos–. A veces yo también anhelo hacerlo. La soledad puede llegar a ser tan grande, incluso cuando estás rodeada de gente... Alargar el brazo y no encontrar nada resulta demasiado fácil. –Dejó escapar un suave suspiro–. La sangre vertida ha de pesar sobre la conciencia de tu esposo, no sobre la tuya. Puede que el hecho de que te mantengas alejada de él explique en parte por qué se consuela con la guerra. He sentido... –y entonces dejó de hablar y se ruborizó.

–¿Qué has sentido? –preguntó Claire, alzando el rostro con perplejidad hacia ella.

Bridget meneó la cabeza. Durante aquel brevísimo roce de sus mentes, tan intenso como poco sutil, había percibido la necesidad y el anhelo de Raoul. Si se lo contaba a su tío, este le diría que aquella clase de experiencias no eran más que tentaciones del diablo, trampas tan tenaces como espinos que se hundían en los cuerpos jóvenes. El catarismo de Bridget contenía aspectos heredados de su madre, que había sido una sacerdotisa celta de una religión mucho más antigua, y poseía cierta independencia de interpretación.

–He percibido esa necesidad –dijo con tono conciliador–, y ahora te digo que dispones de tiempo para crecer y examinar todos los senderos antes de que sigas tu propio camino. Por el momento, las dudas te impiden tomar una decisión.

–¿Cuánto tiempo debo esperar?

–Vive cada día tal como venga, y cuando llegue el momento lo sabrás.

–¿Cómo? –Claire se incorporó, lanzándole una mirada implorante–. ¿De qué manera lo sabré?

–Lo sabrás porque entonces no necesitarás preguntarlo. –Bridget le dirigió una sonrisa enigmática y llena de tristeza antes de girar sobre sus talones–. Y ahora vuelve a casa con tu esposo, pues empieza a preocuparse.

Contempló cómo Claire entregaba a Guillaume a la doncella y se encaminaba hacia la puerta en silencio, y con expresión abatida, casi como si acabara de recibir una reprimenda. Después, también silenciosa y con la cabeza inclinada, Bridget buscó un rincón de la sala para recuperar la calma. Nada resultaba más difícil que ofrecer consejos imparciales cuando te hallabas involucrada de forma personal y el futuro era una gigantesca cortina de fuego.

La risa de Guillaume se convirtió en una risilla de deleite cuando Raoul espoleó a *Fauvel* con sus muslos y el corcel aceleró el paso para iniciar un rápido trote.

–¡Ten cuidado! –gritó Claire, sintiendo que una punzada de temor le atravesaba el corazón.

–Deja de preocuparte. ¡Lo tengo bien cogido!

Raoul soltó una risita y apretó suavemente el cálido cuerpecito que su brazo sostenía sobre la silla de montar, delante de él.

Claire se mordió el labio, preocupada al ver a su bebé tan lejos del suelo, montado a horcajadas sobre la grupa del enorme caballo de dorado pelaje, un corcel de guerra como en el que tal vez un día cabalgaría Guillaume. Seis meses antes la joven cátara le había dicho que el futuro dependía de qué ramales escogiera la persona dentro del camino designado, pero ¿qué decidía cuáles serían los senderos elegidos? ¿Y si aquella experiencia estaba influyendo sobre Guillaume para que acabara optando por el camino de la guerra? A pesar de que Claire lo intentaba con todas sus fuerzas, vivir cada día tal como venía estaba resultando un consejo muy difícil de seguir.

No había hablado de la joven cátara a Raoul. El instinto le había advertido que, si lo hacía, los dos dejarían de fingir que nada había cambiado y la mentira quedaría finalmente desenmascarada.

Raoul controlaba el caballo sin ningún esfuerzo. Llevaba toda la mañana entrenando a unos cuantos reclutas nuevos junto a la orilla del río. La sesión de entrenamiento había ido bastante bien, el aire relucía con la claridad del apogeo del verano y su vida, si bien nunca podría volver a ser la misma de antes, había alcanzado otra clase de equilibrio. La amargura y la pena ya no eran tan intensas como antes, y a medida que se desarrollaban sus habilidades, agudizadas por el acto de adiestrar a otros hombres, también se reforzaba su confianza, y las tensiones de su relación con Claire perdían importancia.

Guillaume dejó caer sus regordetas manecitas sobre la perilla de la silla de montar y se retorció junto al duro cuerpo de su padre.

–¡Más! –chilló.

Era una de las cuatro palabras que componían su vocabulario; las otras tres eran «no», «perro» y un sonido vagamente parecido a «mamá» que usaba para dirigirse a cualquier persona que lo cogiera en brazos.

–¡Raoul, por favor!

Una nota de pánico vibró en la voz de Claire mientras Raoul hacía que *Fauvel* volviera grupas de nuevo para lanzarlo al galope después. Guillaume pregonó su deleite con nuevos gritos, que se convirtieron rápidamente en gemidos de entrecortada indignación cuando su padre detuvo al corcel delante de Claire y entregó al niño a sus brazos.

–Te preocupas demasiado –dijo sonriendo.

–¿Y si *Fauvel* hubiese tropezado y os hubiera arrojado a los dos al suelo? –exclamó Claire, señalando al caballo con un gesto de furia.

–Existen otros peligros mucho más terribles..., y mucho más probables.

La sonrisa desapareció de la boca de Raoul mientras desmontaba y lanzaba las riendas a un escudero.

–¿Por qué dices eso? No es justo... –protestó Claire en un susurro lleno de vehemencia.

–La verdad rara vez lo es –replicó Raoul.

Echó a andar para alejarse de ella, pero solo tuvo tiempo de dar cinco pasos antes de descubrir que su indiferencia era una mentira. Se detuvo y fingió que lo había hecho para quitarse las espuelas. Los rayos del sol del atardecer teñían de rojo de fuego los muros y torreones del castillo que se alzaba ante sus ojos. Raoul oyó el repiqueteo de los cascos de *Fauvel* detrás de él mientras el caballo era conducido al establo, así como el tenso silencio de Claire, y se preguntó cansadamente si debía girar sobre sus talones o seguir caminando. Antes de que pudiera tomar una decisión, un repentino tumulto en el almenaje principal atrajo su atención. Una mujer estaba golpeando el muro con los puños mientras lanzaba gemidos llenos de angustia. Pierre, el mayordomo, corrió hacia ella y consiguió apartarla de las piedras antes de que pudiera causarse alguna herida grave, aunque la mujer siguió gritando mientras se debatía entre sus brazos.

Raoul entró en el patio.

–¿Qué ocurre, Pierre? –preguntó.

La mujer alzó la vista hacia el cielo y su cuerpo se aflojó en un repentino desmayo. Pierre deslizó las manos por debajo de sus rodillas y sus hombros y la levantó en vilo.

–Minerve ha caído ante Simón de Montfort, mi señor. –Estiró el cuello para señalar con el mentón a un buhonero que estaba colocando sus mercancías en una esquina del patio; el hombre había traído consigo la noticia junto con sus artículos–. Petronelle tenía allí a una hermana que estaba esperando el momento de los votos definitivos para unirse a los Perfectos.

–¿Tenía... una hermana?

Pierre miró a Raoul.

–Arnaud-Amalric dio la oportunidad de retractarse a todos los cátaros de la ciudad. Solo unos cuantos lo hicieron. Los demás perecieron en la hoguera. –La voz le temblaba, a punto de quebrarse–. Quemaron a ciento cuarenta cátaros, la hermana de Petronelle entre ellos... Ah, bien cierto es que el diablo vaga por el mundo y que este es su dominio –masculló y, meneando la cabeza, se fue con la doncella inconsciente para acostarla bajo la sombra de un cobertizo.

Raoul se dio cuenta de que Claire estaba inmóvil junto a él y enseguida comprendió que también había oído las palabras de Pierre, pues su tez se había vuelto de un blanco cerúleo.

–Que vivan en la luz –murmuró con voz enronquecida, mientras sus brazos apretaban a Guillaume con tanta fuerza que el niño empezó a retorcerse y a lanzar gritos de protesta.

–Y ahora dime que no puedo sentar a mi hijo sobre la silla de montar delante de mí –repuso Raoul, hablando con una extraña mezcla de ternura y pasión–. Dime que no estoy siendo justo.

Las lágrimas llenaron los ojos de Claire y se deslizaron por sus mejillas. Avanzó los tres pasos que la separaban de Raoul y se arrojó a sus brazos, algo que no había hecho por voluntad propia desde hacía mucho, mucho tiempo. Raoul estrechó contra su pecho a su mujer y a su hijo, sintiendo cómo un nudo de dolor le oprimía la garganta, e intentó creer que el círculo había vuelto a completarse.

Capítulo 16

Carcassonne, otoño de 1210

Simón de Montfort estaba inmóvil en la entrada de la cámara de su esposa, que a sus ojos, llenos de impaciencia, más bien parecía un hormiguero pisoteado que los aposentos de la mujer de un vizconde. La cama estaba repleta de trajes y tocados, ligas, medias, camisolas de lino para los bebés, refajos plegados, cinturones, hebillas y zapatos. Había varios arcones esparcidos por la habitación, con las tapas levantadas, como bocas abiertas que aguardaran ser alimentadas. El grueso del ejército estaba a punto de partir hacia el norte para pasar el invierno allí, y el séquito doméstico de Simón iría con él. Sus recursos habían disminuido hasta tal punto que mantener a su familia en el Languedoc hubiese sido una auténtica locura.

El pequeño Simón, que ya tenía dos años, estaba jugando con sus caballos y soldados de madera dentro de una gran bañera vacía mientras parloteaba alegremente en un incesante balbuceo carente de sentido. Amice, su hermana mayor, estaba guardando sus juguetes y su ropa en uno de los arcones más pequeños. Su terrier, una criatura peluda tan hirsuta como desagradable, atravesó la estancia en una veloz carrera para ladrar ante Simón, mostrando sus negras encías mientras esquivaba los objetos esparcidos por el suelo. Simón echó el pie hacia atrás y, sin sentir ningún remordimiento, envió al perro al otro extremo de la habitación de un potente puntapié.

–¡Condenada rata gigante! –gruñó.

La frenética actividad quedó suspendida al instante, y el animal miró a su amo con temerosa deferencia. Simón lo rechazó con un irritado movimiento de la mano y entró en la habitación. El terrier gimoteó y se escondió debajo de una mesa. Simón pasó junto a la percha para halcones vacía. Su gerifalte favorito había sido trasladado a los corrales para que todo aquel tumulto no lo pusiera nervioso.

Dos sargentos sudorosos reclutados entre la guarnición se tambaleaban bajo el peso de un arcón de viaje ya cerrado que estaban llevando hacia la puerta. Simón no les prestó ninguna atención, sabiendo que si lo hacía depositarían el arcón en el suelo para apresurarse a saludarlo o bien lo dejarían caer por puro atolondramiento. Los hombres de su rango rara vez tenían ocasión de estar tan cerca de las damas de alta cuna y de los lujos de la parte superior del castillo.

Simón caminó con paso rápido y decidido hacia la mampara portátil de madera de cedro que ocultaba el otro extremo de la habitación. Alais se encontraba detrás, vomitando en un cuenco sostenido por Élise. Los primeros meses del embarazo siempre habían sido bastante duros para ella, aunque constituían una molestia llevadera, mitigada por el hecho de que luego daba a luz sin padecer ninguna clase de contratiempos y se recuperaba del parto con asombrosa rapidez.

–¿Estás en condiciones de viajar? –preguntó Simón, cerrando los puños alrededor de su cinturón y apretándolo con tal fuerza que sus robustos nudillos palidecieron.

Alais se limpió la boca con un pañuelo y alzó la cabeza. Sus ojos estaban rodeados por oscuros anillos de sombras, y sus cabellos habían adquirido el aspecto fláccido y opaco de un amasijo de cordeles viejos.

–Tanto como lo estoy para hacer cualquier otra cosa –dijo con voz abatida, e indicó a Élise que ya podía llevarse el cuenco–. Pareces enfadado. ¿Estás preocupado por algo?

–Esto es un auténtico caos –dijo Simón, señalando la mampara y los sonidos que llegaban hasta ellos desde el otro lado de la madera–. No ha habido novedades, pero... Bien, el caso es que no podré tomar Termes tan deprisa como conquisté Minerve.

–Pero creía que Termes se había rendido.

Alais cogió un paño humedecido con esencia de lavándula y se lo llevó a la frente. Le acometió una nueva oleada de náusea y Alais se enfrentó a ella, sabiendo que no tardaría en tener que consagrar las escasas energías que le quedaban a la dura labor de introducir algo de orden en la confusión que se había adueñado de la estancia, ya que de lo contrario no podrían partir a la hora prevista y entonces el habitual mal genio de Simón se agravaría hasta dar lugar a otro estallido de violencia.

–Oh, sí –dijo su esposo, torciendo el gesto–. Accedieron a rendirse, pero eso fue antes de que un tercio de mi ejército desertara y huyera hacia el norte para pasar el invierno allí, y de que la lluvia llenara sus depósitos de agua, hasta entonces vacíos. ¡Por la muerte de Dios, Alais! Te juro que si consiguiese mantener a los hombres en campaña, pondría de rodillas a todo el Languedoc en dos años. Tal como están las cosas, tendré mucha suerte si consigo tomar Termes antes de la Navidad, y Cabaret y Lavaur tendrán que esperar como mínimo hasta la primavera.

–Lo lamento, mi señor –dijo Alais, y su voz reflejaba algo más que mera compasión. La herejía cátara le parecía particularmente peligrosa y repugnante porque negaba el sufrimiento humano de Cristo y, con él, casi todos los sacramentos de la fe romana–. ¿Ha sabido algo más Arnaud-Amalric de esos herejes a los que intenta capturar?

Para Simón los cátaros no eran más que una secta de estúpidos que se habían engañado a sí mismos con un montón de mentiras. No sentía ninguna simpatía por ellos, pero tampoco le inspiraban el odio fanático que impulsaba a Arnaud-Amalric. Cuando los descubría, Simón los atacaba tan impasiblemente como el campesino aplasta las orugas en las hojas de sus repollos.

–Ah, ese hombre está obsesionado –gruñó–. No hace más que insistir en que trate de capturarlos. ¡Por las llagas de Cristo! ¿De cuántos hombres cree que puedo permitirme prescindir para emplearlos en esa ridícula búsqueda? –Dejó escapar una carcajada llena de amargura–. ¡Y aun suponiendo que lograra encontrar a ese trío de herejes, bastaría con que uno solo de ellos mencionara la retractación para que Arnaud-Amalric se convirtiera en el más desgraciado de los hombres!

–¡No debes decir cosas tan horribles, Simón! –Alais apartó el paño de su frente y se irguió para mirarle fijamente–. Arnaud solo desea salvar almas de los abismos del infierno. ¡Conseguir que los líderes de la herejía vuelvan al rebaño es el máximo triunfo a que puede aspirar!

–¡Y yo soy el tío del Papa! –replicó burlonamente Simón–. Esos herejes le han salido demasiado caros para permitir que se le escapen. Arnaud adora las hogueras y los espectáculos públicos. Me parece que en realidad anhela otro Béziers, y lo cierto es que en Minerve disfrutó de lo lindo. Además, los Perfectos nunca se retractan –añadió, encogiendo sus robustos hombros–. Afirman que ya se hallan en el infierno, y que la muerte es la libertad. Dejemos que Arnaud continúe perdiendo el tiempo jugando a los espías entre los arbustos. Yo tengo un auténtico trabajo que hacer.

–¿Y acaso perseguir a unos peligrosos herejes no es un auténtico trabajo? –se atrevió a preguntar Alais.

–¡No cuando el cazador se convierte en la presa! –rugió Simón–. No dispongo de los hombres suficientes para conservar lo que ya he conquistado este año, y mucho menos para registrar cada maldita aldea y preceptorio en busca de tres imbéciles.

–¡Preceptorio!

–Arnaud está convencido de que los templarios se hallan involucrados en todo esto, pero es asunto suyo, no mío.

–Pero ¿qué...?

–Pregúntaselo tú misma, mujer. ¡Tal como están las cosas, cuanto menos vea a Arnaud tanto mejor!

Alais volvió a llevarse el paño a la frente y cerró los ojos. Deseaba que Simón se marchase, y sin embargo sabía que no vería cumplido su deseo. Simón nunca se acercaba a los aposentos de las mujeres el día antes de un traslado a menos que no le quedara otro remedio, y todavía tenía que decidirse a abordar el asunto que lo había traído hasta allí. Alais entreabrió los párpados para mirarle.

Simón dejó escapar un gruñido de irritación, arrancó un escabel plegable de las manos de una doncella que pasaba junto a él y, extendiéndolo, tomó asiento junto a Alais.

–Esta mañana me ha llegado una oferta de matrimonio dirigida a Amice –anunció secamente.

Las propuestas de matrimonio dirigidas a Amice eran algo tan regular en su casa como poner el pan encima de la mesa y, al igual que el pan, solo servían para el consumo mundano. Amice era rubia, dócil y bonita, aunque habría dado igual que fuese bizca, jorobada y padeciera escrofulismo, pues era la única hija de Simón, de modo que su dote y el vínculo de sangre resultaban muy tentadores. En consecuencia, y dado que su esposo había ido a verla para hablarle del asunto, Alais pensó que la oferta debía de ser interesante.

–¿Quién quiere casarse con Amice?

–Pedro de Aragón.

La noticia la dejó asombrada. El rey de Aragón era el soberano nominal de Simón, y aunque había ratificado las pretensiones sobre Béziers y Carcassonne presentadas por Simón, la idea de que un noble del norte se adueñara de tan vastas extensiones de tierra en el sur no le resultaba nada agradable. También era amigo y aliado de la casa de Toulouse.

–¿Qué respuesta le darás? –preguntó con un hilo de voz.

Simón se humedeció los labios.

–Creo que primero le haré sufrir durante todo el invierno, y luego esperaré a ver qué trae al mundo la primavera.

–Quizá otra niña –dijo Alais y se dio unas palmaditas en la barriga, que esta vez le había crecido más pronto de lo habitual.

Simón se levantó.

–Que nos sería de gran utilidad; sea como sea prefiero no hacerme muchas ilusiones al respecto. El linaje de los Montfort casi siempre se inclina del lado de los varones. –Volvió la mirada hacia su hija–. Princesa Amice... –murmuró, como queriendo averiguar qué tal sonaban las palabras en sus oídos, y se preguntó qué trampa escondía aquella oferta.

La trampa no quedó al descubierto hasta el comienzo de la primavera del año siguiente, cuando las montañas todavía estaban cubiertas de nieve y los lobos merodeaban alrededor de las aldeas. Una serie de reuniones para negociar el fin de la guerra habían sido acordadas entre Simón, Citeaux y el legado papal por un lado, y Raimundo de Toulouse y su hijo por el otro, con Pedro de Aragón como mediador. Este último, habiendo ofrecido a su hijo en matrimonio a la hija de Simón, de repente propuso una alianza matrimonial entre su hermana y Rai para que las casas de Aragón, Montfort y Toulouse quedaran unidas por la sangre y fuera posible firmar un tratado de paz.

Simón, interesado pero siempre cínico, tuvo que enfrentarse a la enérgica presión de Arnaud-Amalric, quien quería que rechazara la propuesta. Echando sal sobre una herida abierta, Citeaux se había inclinado sobre la mesa que compartía con el conde de Toulouse, el rostro de querubín distorsionado por la intensidad de su desprecio.

–Os doy un ultimátum, Raimundo; ¡o elimináis hasta la última huella de herejía de vuestras tierras, o el vizconde de Béziers lo hará por vos empleando el fuego y la espada!

Tal como había deseado y esperado Citeaux, apenas tuvieron que enfrentarse a semejante provocación. Raimundo y Rai abandonaron la reunión hechos una furia y gritando que todo había sido una farsa. Raimundo fue excomulgado y sus tierras quedaron bajo los efectos del interdicto. A medida que el invierno se iba alejando y el anhelo de partir de cruzada se agitaba en los corazones de los guerreros del norte, la provincia de Toulouse se convirtió en una presa indefensa que aguardaba el momento de ser conquistada.

Capítulo 17

Montvallant, marzo de 1210

La fragua de la armería de Montvallant era una guarida de dragón de tonos rojos y sombras negras, más caliente y sofocante que el dormitorio de un burdel en opinión de Jean, el armero, un robusto sesentón cuyos brazos todavía poseían la fuerza de un hombre joven.

El menor de los aprendices manejaba el fuelle para mantener alimentado el fuego, y el hijo adolescente de Jean se alzaba sobre un yunque, en el que estaba dando forma a una punta de lanza con un martillo de cabeza redondeada. El sudor relucía sobre sus nervudos antebrazos y en su fuerte y joven garganta. Jean estaba sentado en la armería, algo más fresca, con una jarra de vino a mano mientras iba confeccionando con tiras de alambre forjado hileras de eslabones para un camisote.

Raoul flexionó los hombros para poner a prueba la cota de malla que le habían arreglado y así averiguar si le permitía moverse con facilidad. El riguroso adiestramiento del año anterior y la entrada en la plenitud de la madurez física habían incrementado la anchura de su torso de tal manera que el camisote que habían confeccionado para él cuando tenía veinte años ya no le quedaba tan a la medida como durante sus tiempos de Béziers. Que Jean le añadiera unos cuantos eslabones adicionales resultaba mucho más barato que encargar una prenda totalmente nueva.

–Parece que me queda como un guante –dijo por encima del

hombro al armero y, cogiendo el cinturón de su espada de una mesa cercana, se lo puso y desenvainó la hoja.

Jean dejó de trabajar para estudiar el giro del brazo de Raoul y el efecto que el movimiento producía sobre los eslabones que había incorporado al camisote. Al cabo de unos minutos, el armero asintió con cautelosa satisfacción.

–Sí, mi señor, me parece que os queda bien –confirmó.

Un grupo de jinetes entró en el patio con un repiqueteo de cascos. Raoul se llevó una mano a los ojos para protegerlos de la claridad solar de principios de marzo y contempló cómo desmontaban. Aimery de Montreal y su hermana Geralda estaban entre ellos. Raoul se acordó de que había prometido visitar a Beatrice, quien tenía que guardar cama debido a una tos enfermiza. Envainó su espada, entre complacido y preocupado, y fue a saludarlos.

Aimery le recibió con un enérgico apretón de manos mientras su mirada le recorría de arriba abajo.

–Veo que la noticia ya ha llegado hasta aquí –dijo.

–¿Qué noticia?

Raoul se disponía a besar a Geralda, pero se detuvo y se volvió hacia él.

Un fruncimiento del ceño ensombreció las apuestas y joviales facciones de Aimery.

–Ah, entonces no lo sabes. Cuando vi tu armadura, pensé que...

–Me estaba probando mi nueva cota de malla para ver si me quedaba bien –le interrumpió Raoul–. Pero dime... ¿de qué noticias hablas?

–Cabaret ha caído. Pierre-Roger se rindió hace dos días para salvar la piel. Simón de Montfort se dirige hacia aquí para atacarnos con todas sus fuerzas de verano. Parece que esta vez va en serio, desde luego... Se acabó el derribar muñecos de paja colocados encima del estafermo. –Meneó la cabeza, como si se sintiera personalmente responsable de lo que estaba ocurriendo y pidiera disculpas por ello–. Creía que lo sabías...

Raoul se encogió de hombros.

–No es ninguna gran sorpresa –replicó–. Hace meses dije al conde Raimundo que no debía permitir que De Montfort prolongara las negociaciones hasta el final del invierno, que solo se trataba de una jugarreta y que, una vez llegada la primavera, todos podríamos ver cuán falsa era su aparente buena voluntad. –Sus párpados se tensaron–. Deberíamos haber pasado a la ofensiva. Tendríamos que haberle golpeado sin descanso una y otra vez cuando aún carecía de tropas.

Aimery suspiró.

–Eso resulta fácil de decir, pero llevarlo a la práctica no lo es tanto. Raimundo no ha nacido para guerrear, y está realmente deseoso de reconciliarse con Roma. Le tienen cogido por las pelotas.

–Sí, ya lo sé –admitió Raoul en voz baja y suave–. Y también sé que Simón De Montfort acabará capándonos a todos a menos que nos organicemos.

–Geralda va a recibir el *consolament* –dijo Aimery una vez se hubo librado de su camisote y estuvo sentado delante de un brasero en la sala, con una jarra de vino medio vacía junto a su codo–. La religión se ha convertido en algo muy importante para ella.

Raoul estiró las piernas hacia el calor del brasero y examinó el ribete de piel de conejo que adornaba sus botas.

–¿Y qué me dices de ti?

Aimery sonrió y meneó la cabeza.

–Ya hace demasiados años que llevo un tipo de vida que nunca me permitirá superar las pruebas a las que ha de someterse un verdadero Perfecto. Como carne, sigo disfrutando de los placeres sensuales y soy un soldado. Demasiados pecados, y no dispongo de los remordimientos suficientes para poder renunciar a ellos... Antes Geralda siempre intentaba convencerme de que debía cambiar, pero por fin parece haber aceptado que somos distintos.

Raoul se restregó la cara con las palmas de las manos.

–Claire también se siente muy atraída por los cátaros. En Montvallant hay una comunidad bastante numerosa que celebra muchas reuniones.

–¿Y eso te molesta? –preguntó Aimery, escrutando a Raoul con una mirada llena de astucia.

–Oh, Dios..., ¡no lo sé! –exclamó el joven con exasperación–. No hay pecado alguno en sus enseñanzas y, de hecho, probablemente estén en lo cierto. Este mundo es el dominio de Satanás y llevar una vida pura es la única forma de romper sus cadenas, pero... –Apretó los labios–. Supongo que lo que me irrita es que nos veamos obligados a luchar por culpa de los cátaros, porque fueron ellos quienes proporcionaron a los franceses la excusa que necesitaban. –Bajó la mirada–. Y además, lo cierto es que los cátaros se han interpuesto entre nosotros. Me refiero a mí y a Claire, ¿entiendes? Para ti no resulta tan difícil. Geralda es tu hermana.

–Ah.

Las frondosas cejas plateadas de Aimery subieron y bajaron en un movimiento lleno de piedad y comprensión.

–Al principio era todavía peor. –Raoul clavó la mirada en su copa–. Ya me he acostumbrado a ello. He encontrado otras cosas en que ocupar mi tiempo, y Claire también ha conseguido llegar a una especie de compromiso. Si nos movemos con la cautela suficiente por los bajíos y no nos adentramos en aguas profundas, todo va bastante bien... Además tengo a Guillaume, claro. Él me compensa por muchas cosas.

Un sombrío silencio cayó sobre ellos, y los dos hombres se sintieron oprimidos por los mismos límites de aquellas profundidades y bajíos de los que acababa de hablar Raoul. Mientras observaba a su joven amigo, Aimery vio, tal como había visto recientemente en demasiados rostros, la huella que la afilada hoja de la experiencia acababa de dejar sobre la juventud de Raoul y la herida, tan profunda como imposible de curar, que había abierto en ella.

Arriba, en los aposentos de las mujeres, Geralda de Lavaur contemplaba a Beatrice con una mezcla de compasión e inquietud.

–Deberías tomar jarabe de marrubio para que te aliviara esa tos –dijo–. Te mandaré una redoma.

Beatrice trató de sonreír.

–La enfermedad ya ha progresado demasiado para que esa medicina pueda servirme de algo. –Escondió el pañuelo manchado de sangre dentro de su manga–. Y a decir verdad, tampoco deseo oponerle resistencia. Me parece que no tardaré en recibir el *consolament*.

Geralda la estudió con silenciosa concentración y alargó el brazo para apretar la mano de su amiga, pero Claire, que acababa de instalar a Guillaume en su cuna, volvió antes de que pudiera hablar.

–¿Duerme? –preguntó Geralda.

–Sí... ¡Por fin se ha quedado dormido! –Claire se rió–. Es tan curioso y se interesa tanto por todo que no soporta pensar que se está perdiendo algo.

–Raoul era igual que él a esa edad –dijo Beatrice con la mirada velada por los recuerdos. Últimamente la memoria del pasado le proporcionaba las mayores satisfacciones, y Beatrice estaba más que dispuesta a sumergirse en ellas–. ¡Puedo aseguraros que nos dio muchos quebraderos de cabeza!

–Y sigue haciéndolo –dijo Geralda–, a juzgar por la expresión que había en vuestras caras hace un rato.

–No me gusta verle llevar armadura. –Beatrice frunció los labios–. Él lo sabe, pero le da igual.

–Ahora Raoul ya es un hombre hecho y derecho, y tiene un hijo. No puedes gobernarle como cuando era un niño. –Geralda mantuvo una mano compasiva sobre la de Beatrice–. Sé cuán duro te resulta ver cómo tus seres queridos echan a andar por el sendero de la guerra, créeme, pero también sé que si te esfuerzas demasiado por apartarle de ese camino solo conseguirás alejarlo de ti.

Beatrice meneó la cabeza y clavó la mirada en uno de los tapices de la pared, contemplándolo con ojos tan agotados por la enfermedad que apenas si podían distinguir el magnífico trabajo de los artesanos flamencos. Unos comerciantes de Toulouse amigos suyos les habían regalado aquella escena de caza cuando contrajo matrimonio con Berenguer. La mirada de Beatrice se posó en el ciervo blanco, en las flechas que le atravesaban el cuello y en el cazador, que todavía tenía el brazo doblado sobre la cuerda del arco.

–Muy pronto todo eso ya no tendrá ninguna importancia –murmuró.

Claire y Geralda intercambiaron una rápida mirada llena de preocupación.

–He de pedirte un favor, Beatrice –dijo Geralda después de unos instantes de vacilación–. No es algo que se pueda tomar a la ligera, y si decides negármelo lo entenderé.

La atención de Beatrice se apartó del ciervo condenado para centrarse en su amiga. Por un momento no pudo distinguir entre el uno y la otra, y tuvo que parpadear varias veces para aclararse la vista.

–Sabes que basta con que me lo pidas para que te lo conceda.

Geralda sonrió.

–Y eso hace que me resulte todavía más difícil pedírtelo. –Respiró hondo–. He proporcionado alojamiento a algunos cátaros en Lavaur. Arnaud-Amalric daría cualquier cosa por poder destruirlos, pues los odia más que a ningún otro miembro de los Perfectos. ¿Puedo decirles que vengan a Montvallant, y asegurarles que aquí serán socorridos en el caso de que tengan necesidad de ello?

–¡Por supuesto! –exclamó Beatrice, con una sombra de su antigua energía.

Enseguida la voz se le quebró y Beatrice empezó a toser y metió la mano en la manga para coger su pañuelo.

–¿Quiénes son? –preguntó Claire mientras se apresuraba a servir una copa de vino caliente a Beatrice.

–¿Has oído hablar de Chrétien de Béziers?

Claire giró sobre sus talones, la jarra de vino en la mano y los ojos muy abiertos.

–El año pasado le oí predicar en Toulouse –dijo–. Tiene la voz más maravillosa que podáis imaginar, y cuando le oyes hablar sientes que te envuelve en su suave calor igual que una capa.

Su descripción hizo reír a Geralda.

–Se lo diré. ¡Se sentirá muy halagado!

–Iba acompañado por una joven y por un hombre bastante más viejo que él.

–Matthias traduce los textos sagrados y los evangelios al catalán y al provenzal. Ahora mismo está trabajando en una traducción. Si los espías papales lograran hacerse con ella, o atraparlo, sería el fin de todo. Ya fue capturado y torturado en una ocasión, aunque logró escapar. Fue entonces cuando sus perseguidores mataron a la madre de Bridget. –Geralda se mordió el labio y su expresión se volvió circunspecta, algo que era muy raro en ella–. Bridget es la más importante de los tres y a quien persiguen con más ahínco, y no se detendrán ante nada con tal de aniquilarla. –Meneó la cabeza–. Me temo que no debería habértelo pedido... El riesgo que supone es demasiado grande.

–No me importan los riesgos siempre que así pueda frustrar los planes de los asesinos de Berenguer.

Beatrice tomó la copa que le ofrecía Claire y bebió el vino con sorbos rápidos, como un soldado.

Geralda no intentó sermonearla para advertirle que la venganza no formaba parte de la doctrina cátara. La salvación llegaba por etapas. Al igual que les ocurre a los niños que aprenden a caminar, los primeros pasos siempre se ven obstaculizados por la imperfección y el fracaso. De hecho, por el momento ni siquiera ella estaba en condiciones de prescindir de sus muletas.

Claire murmuró un tímido asentimiento a la propuesta y se volvió para dejar la jarra de vino junto al hogar. Ardía en deseos de poder hablar de nuevo con Bridget, pero desde hacía algún tiempo sospechaba que la mujer a la que Raoul veía con tanta frecuencia en sus sueños y la joven mística estaban unidas por algún vínculo extraño e inexplicable. Era como si hubiese algún patrón oculto, algún propósito que se estaba aproximando inexorablemente y que transformaba cuanto encontraba en su camino, ella misma incluida, y resistirse a él era tan inútil como tratar de volar con las alas rotas.

–La decisión final se halla en manos de Raoul –les recordó mientras se sentaba, sabiendo que él era tan impotente en su destino como ella–. Pero sé que no se negará.

Capítulo 18

Montvallant, mayo de 1210

Raoul rozó el hombro de Claire con los labios y jugueteó con un mechón de su despeinada cabellera castaña. Las cortinas de la cama envolvían sus cuerpos en una cálida oscuridad, y a Raoul casi le resultaba posible creer que no había nada fuera de aquel refugio de primera hora de la mañana, y que su vida seguía estando entera e intacta. Pero no podía llegar a creerlo del todo, porque el mundo preparaba su intrusión más allá de la protección de las telas. Raoul ya podía oír los sigilosos movimientos y murmullos de las doncellas de Claire, y el estridente parloteo de Guillaume.

Haciendo un esfuerzo por ignorar los sonidos, besó la boca y la garganta de Claire y el hoyuelo de su mentón, y acarició las suaves curvas de su cuerpo. Las caricias no eran apremiantes, sino más bien la lánguida prolongación del placer que acababa de alcanzar tan recientemente. Al principio Claire nunca se mostraba muy dispuesta, pero Raoul había aprendido a ser astuto, a elegir el momento para convencerla mediante los halagos y el cortejo, o acariciarle el cuerpo drogado por el sueño con la delicadeza de un músico, de tal manera que cuando Claire por fin llegaba a estar plenamente despierta y era consciente de lo que le estaba haciendo, sus terminaciones nerviosas ya estimuladas anhelaban el placer con tal intensidad que ninguna otra cosa importaba.

–Creo que debería irme –murmuró, sin hacer ademán de levantarse.

Claire, inmóvil y pasiva bajo las caricias de su esposo, no dijo nada. Al cabo de un rato, Raoul se apoyó sobre un codo para contemplarla. Claire tenía la vista alzada hacia las estrellas pintadas sobre el dosel, su boca rosada aún hinchada por los besos, el manto del amor todavía envolviendo su cuerpo y su expresión tan profundamente absorta y melancólica que Raoul tuvo que hacer un gran esfuerzo de voluntad para resistir el impulso de rodearla con los brazos. Se sentía como Orfeo al regresar del mundo subterráneo con Eurídice. El estallido de la luz orgásmica, el mirar hacia atrás, la repentina y dolorosa revelación de que en realidad estaba solo... Raoul masculló un juramento ahogado y apartó las sábanas.

–Quizá debería tomar una concubina –murmuró.

Claire no pudo evitar estremecerse de miedo ante el dolor y la ira que destilaba su voz. Hablarle de un amor más grande no serviría de nada. Raoul deseaba una prueba de índole personal, no de naturaleza más amplia. Claire pensó en su boca sobre la suya, el duro calor de su cuerpo musculoso empujando y retirándose, el brillo de sus ojos y la urgencia apremiante de su placer. El deseo se agitó en las profundidades de su estómago, desenroscándose igual que una serpiente, y Claire hundió las uñas en la sábana, mientras los ojos le ardían con un brillo febril. «Cuán fácil le resulta al demonio hacer que cedas ante su voluntad... –pensó–. ¿Realmente me importaría que Raoul recurriese a otras mujeres o, agradeciendo que lo hiciese, preferiría quizá cerrar los ojos ante la realidad?» Y así, precisamente por sentirse tan insegura de cuál hubiese sido su reacción, Claire permaneció inmóvil y no respondió al desafío de Raoul.

Una de las doncellas habló de repente al otro lado de las cortinas, dirigiéndose con un tono un tanto sobresaltado a alguien que se encontraba en la puerta. La voz masculina que le contestó era dulce y suave, pero contenía un atisbo inequívoco de preocupación.

–Ya hablaremos más tarde –dijo Raoul, acogiendo con alivio aquella interrupción que le permitía huir de las temibles profundidades en las que se ahogaba cada vez que chocaba contra la muralla del rostro inexpresivo de su esposa. Se puso los pantalones, apartó las cortinas y volvió la cabeza hacia el escudero que permanecía inmóvil en el umbral–. ¿Qué ocurre, Mir?

El joven apartó a la doncella que le había estado impidiendo el paso.

–Un mensajero de Lavaur quiere veros, mi señor –explicó–. Dice que se encuentran en una situación bastante apurada –añadió después, alzando el brazo por encima del hombro para señalar la oscuridad de la escalera.

Raoul siguió el movimiento de su mano y vio el destello de una cota de malla, y enseguida comprendió que Mir nunca habría llevado al mensajero hasta allí a menos que las noticias fuesen más que apremiantes. Solo los varones de la familia y su séquito podían acceder a aquellos aposentos superiores.

–Será mejor que lo hagas pasar.

Raoul se anudó el cordoncillo de los pantalones y señaló una alcoba orientada hacia el sur, donde Claire solía sentarse para bordar.

El mensajero que Mir hizo entrar en la habitación se hallaba cubierto por la suciedad y el polvo de un largo viaje, llevaba un vendaje grisáceo y medio desgarrado alrededor de la cabeza y tenía la sobreveste manchada por el óxido que se había ido acumulando sobre su camisote.

–Estuve a punto de no poder atravesar sus líneas, mi señor –dijo con voz enronquecida mientras se tambaleaba.

Raoul le señaló un asiento, tomó la jarra de fuerte vino gascón de la alacena y le sirvió una generosa ración en una copa. El mensajero bebió, se atragantó, tosió y volvió a beber.

–Y ahora habla –le ordenó Raoul.

Guillaume entró en la alcoba con sus torpes pasitos de niño, un juguete de madera firmemente sujeto en una manita regordeta, y Raoul lo cogió en brazos.

El mensajero se pasó la mano por la boca.

–Simón de Montfort está a punto de entrar en Lavaur –dijo

después–. Sus tropas están rellenando el foso con tierra y ramas con rapidez, y no podemos impedir que los zapadores vayan minando la muralla. Mi señor Aimery y la dama Geralda os suplican que acudáis en su ayuda antes de que sea demasiado tarde.

Raoul meneó la cabeza.

–Dispongo de tropas que están bien adiestradas, pero no cuento con los hombres suficientes para enfrentarme al poderoso ejército de Simón de Montfort.

–Pero esos hombres bastarían para evitar que Lavaur sucumba al asedio si unís vuestras fuerzas a las de milord Aimery. –El mensajero volvió a beber. El sudor relucía sobre el polvo que cubría los pliegues de su garganta–. Están saqueando toda la comarca, destruyen cuanto encuentran a su paso... Os lo ruego, mi señor, ¡ayudadnos!

Raoul se frotó el mentón, dudando entre el deber y la obligación. Los hombres no eran suyos. Le habían sido confiados para que los mantuviera a disposición de Raimundo de Toulouse, pero apelar a este supondría desperdiciar un tiempo muy valioso y, conociendo hasta qué punto le costaba decidirse a su señor, era muy posible que la petición acabara siendo rechazada.

–Iré –dijo Raoul con repentino vigor–. Dame un poco de tiempo para comer algo y armarme, y tendré a los hombres en el camino antes de la prima.

–¡Gracias, mi señor, gracias!

Raoul acogió la gratitud del mensajero con una mueca.

–No esperes milagros –dijo secamente–. Las mujeres te curarán las heridas y te proporcionarán comida y ropas limpias.

Hizo una seña a las doncellas. Las cortinas de la cama aletearon y se hincharon, indicando así que Isabelle estaba ayudando a vestirse a Claire detrás de su protección. Raoul rozó los rubios cabellos de su hijo con los labios y dejó al pequeño en el suelo. Los colores se oscurecieron de repente. Cuando volvió la mirada hacia el ventanal, Raoul vio que el sol había quedado tapado por una nube.

El cielo se nubló y fue volviéndose cada vez más oscuro a medida que el día avanzaba y Raoul llevaba a sus hombres hacia Lavaur. Los rayos parpadeaban sobre los bosques de las colinas que se alzaban al norte, brillando en un cielo que tenía el color del acero de una espada. Ningún trueno seguía a los destellos de luz, y tampoco llovía. El ataque lanzado contra los sentidos era silencioso y, en consecuencia, todavía más inquietante.

Al anochecer se detuvieron para pasar la noche en una pequeña aldea situada al borde del camino. La experiencia resultó tan extraña como fantasmagórica. Temiendo la aproximación del gran ejército, los habitantes del pueblecillo habían huido al bosque, llevándose consigo sus animales y cuanto podían transportar y dejando sus moradas convertidas en cascarones vacíos, pero el lugar llevaba tan poco tiempo abandonado que la esencia de sus moradores todavía vivía y alentaba en ella. Era como acostarse en un lecho lleno de fantasmas, y tener que pernoctar allí puso bastante nerviosos tanto a los hombres como a los caballos.

Los rayos estuvieron destellando silenciosamente durante toda la noche, tan pronto cercanos como distantes, y un vendaval reseco surgió de la nada para hacer crujir las puertas y cerrar los postigos entre estampidos. Raoul llevaba varios meses sin que se le apareciera la mujer del sueño, pero de repente aquella noche se encontró esperando su llegada. La tensión que impregnaba la atmósfera se deslizaba por su columna vertebral con un extraño cosquilleo y palpitaba en sus sienes, haciendo que le resultara imposible conciliar el sueño o entretenerse conversando con sus hombres. Finalmente, tan tenso como un lince de las montañas, salió de la tienda y relevó a uno de los soldados que estaban montando guardia, pero aunque miró y miró hasta que le dolieron los ojos, aunque sumergió hasta la última partícula de su mente en aquella oscuridad iluminada por la tormenta, siguió estando solo.

El viento amainó con la llegada del amanecer, pero los rayos continuaron destellando en las alturas. El cielo continuaba bastante oscuro y había adquirido una apariencia metálica cargada de poder, y su peso era como un goterón de plomo caliente que palpitara detrás de los ojos de Raoul. Los hombres hicieron sus abluciones y desayunaron en silencio. Antes de que hubiera amanecido del todo ya volvían a avanzar por el camino que llevaba a Lavaur, dejando abandonada la aldea a sus fantasmas.

El color del cielo cambió cuando se estaban aproximando a la ciudad, y Raoul comprendió que estaban viendo las murallas a través de una temblorosa cortina de humo y polvo. Aunque el viento se había calmado, empezaron a percibir el familiar hedor de la madera quemada, los campos en llamas y la carne chamuscada. Quien hubiera estado en Béziers jamás olvidaría aquel olor y lo que significaba.

–¡Ah, Dios! –sollozó el mensajero, que había decidido acompañarlos de vuelta a su ciudad–. ¡Hemos llegado demasiado tarde!

–Quizá solo hayan quemado los alrededores –sugirió uno de los caballeros de Raoul, ofreciendo palabras de esperanza sin ninguna convicción.

Raoul sacó a sus tropas del camino sin pronunciar palabra y siguió avanzando hacia Lavaur todavía más cautelosamente que antes. Después de haber serpenteado por entre los árboles durante unas tres leguas, detuvo a sus hombres en un bosquecillo de pinos y se llevó consigo a Giles para explorar el terreno. Aprovechando cualquier refugio que pudieran ofrecerles los troncos, los dos caballeros se desplazaron en dirección paralela al camino en vez de ir al descubierto por él, y de esta manera se encontraron con una hilera de porteadores, cocineros, artesanos y seguidores del campamento que se dirigía hacia la ciudad. El ejército de Simón acababa de levantar el campamento y se había puesto en marcha. Permanecer fuera de las murallas de la ciudad carecía de sentido cuando podían estar a buen recaudo detrás de ellas mientras la saqueaban y se apoderaban de cuanto Lavaur podía ofrecerles.

–¿Y ahora qué? –murmuró Giles.

Raoul juntó las manos sobre la perilla de la silla de montar y contempló el sendero que conducía a Lavaur con los ojos entrecerrados. El olor a humo era asfixiante e insoportable, pero no tanto como la horrible certeza que latía en sus sienes y goteaba por su espalda bajo la forma de hilillos de sudor helado.

–¿Ahora? –Volvió a coger las riendas y presionó los flancos de *Fauvel* con los muslos para hacerle volver grupas–. Ahora nos uniremos a la procesión.

–¿Os habéis vuelto loco? –exclamó Giles, la voz repentinamente agudizada por la incredulidad–. ¡Nos degollarán!

–¿Quién va a impedírnoslo? –replicó Raoul–. Míralos. No son más que una multitud de seguidores del campamento a los que se ha enseñado que deben humillarse ante cualquiera que monte un corcel de guerra y luzca espuelas doradas. Pensarán que formamos parte de la retaguardia y que hemos sido enviados para protegerles si son atacados, y te aseguro que no seremos nosotros quienes les saquemos de su error.

–Espero que tengáis razón –gruñó Giles mientras seguía a Raoul en dirección al camino, deseando no haber salido nunca de Montvallant.

Raoul no se había equivocado, aunque pasaron por un momento bastante apurado cuando un alcahuete intentó conseguir que se interesaran por sus muchachas y tuvieron que persuadirlo, enérgicamente y a punta de lanza, de que sería mejor que probara suerte en otro lugar. Después de aquello nadie más se interpuso en su camino, y llegaron hasta las murallas de la ciudad sin tener que enfrentarse a nuevas dificultades.

Un instante después de que hubieran entrado por la puerta principal de Lavaur, se fijaron en los restos de un cadalso medio derrumbado y los cuerpos amontonados alrededor: estaban contemplando a la guarnición de Lavaur, los soldados que habían sido despojados de su armadura y asesinados a mandobles y cuchilladas. Resultaba obvio que la intención original de ahorcarlos como si fueran vulgares criminales se había visto frustrada al romperse el cadalso, por lo que fue preciso recurrir al hacha y la espada. Caído sobre el cadalso, con la soga todavía alrededor del cuello y la camisa empapada por la sangre que había dado vida a su cuerpo, yacía Aimery con las pupilas clavadas en los buitres que trazaban círculos en las alturas. El humo arañó los ojos de Raoul, obligándole a parpadear, pero la imagen ya había quedado grabada para siempre en su mente. Muy cerca de allí, una multitud invisible rugía como una manifestación humana de las llamas que estaban devorando la ciudad.

–¡Vayámonos! –exclamó Giles, con la repugnancia claramente visible en cada uno de sus rasgos–. ¡No podemos hacer nada, y no deseo unirme a esas pobres almas!

–¡No! –replicó secamente Raoul, tragando saliva–. Todavía no... –murmuró, haciendo avanzar a *Fauvel* hacia la multitud.

Giles, mascullando maldiciones y juramentos, se apresuró a seguirle por el laberinto serpenteante de las calles y callejones del burgo.

Llegaron a una plaza repleta de ciudadanos que estaban siendo vigilados por infantes armados con picas y espadas y por sargentos a caballo que llevaban casacones acolchados. A través de aquel gentío avanzaba lentamente una procesión encabezada por sacerdotes, con un gigantesco crucifijo de bronce en lo alto y banderolas de seda que mostraban el sufrimiento de Jesucristo a cada lado. Detrás de aquellos estandartes, sosteniendo en su mano un báculo eclesial como si fuese un garrote, avanzaba Arnaud-Amalric exhibiendo toda la panoplia de su cargo, el rostro enrojecido por la alegría del justo triunfo y el peso dorado de sus magníficas vestimentas. En contraste, la hilera de hombres y mujeres unidos por una larga cuerda que caminaba arrastrando los pies detrás de él, aguijoneada y salpicada por los escupitajos de los cruzados, llevaba túnicas de tosca confección doméstica y apagados colores azules, grises y marrones. Eran cátaros y estaban condenados a perecer, pero sus rostros también mostraban la luz del triunfo, pues, aunque sus cuerpos no tardarían en consumirse entre las llamas, sus espíritus ya casi acariciaban la libertad. Cerraban el cortejo más sacerdotes que blandían antorchas para prender fuego a los haces de ramas.

–Santo Dios... –murmuró Giles, y tragó saliva.

–¿Cuál? –replicó Raoul con expresión sombría–. ¿El Dios de Citeaux o el de los cátaros?

Recorrió la hilera de Perfectos con la mirada, pero no encontró a Geralda entre las siluetas; sin embargo sabía que ella nunca sería capaz de retractarse.

Al otro lado de la plaza, un monje cisterciense que llevaba el capuchón levantado cabalgaba por entre la muchedumbre, llevando detrás de sí una mula cargada cuya rienda sujetaba. Dos cistercienses más, también a caballo, le seguían con los capuchones alzados alrededor del rostro. La mirada que Raoul había deslizado sobre la multitud se detuvo de repente y retrocedió hacia la montura del monje que abría la marcha, un esbelto caballo de pelaje entre marrón y rojizo, crines albas y patas de un blanco impoluto que ascendía casi hasta los ijares.

–¡Es el corcel de Aimery! –mascullÓ Raoul–. ¡Ese sacerdote está montando el caballo de Aimery!

–¡Esos buitres no pierden el tiempo! –exclamó Giles con expresión sombría, y escupió por encima de la cruz de su montura.

–¡Detenedlos!

Una voz imperiosa resonó en el otro extremo de la plaza, y un instante después se produjo una repentina agitación entre la multitud cuando un contingente de caballeros y sargentos a caballo trataba de abrirse paso por entre el gentío. Los látigos cayeron sobre los más remolones y las pezuñas herradas lanzaron coces a diestro y siniestro. El corcel que abría la marcha era blanco como la leche, y el blasón de su jinete exhibía el familiar león de cola bifurcada de la casa de Montfort.

–¡Dios mío! ¡Nos han visto! –exclamó Giles con voz enronquecida mientras se disponía a hacer volver grupas a su corcel–. Esto es una locura, mi señor. ¡Debemos irnos ahora que aún tenemos una posibilidad de escapar!

–No es a nosotros a quienes persiguen –dijo Raoul, señalando a los monjes con una inclinación de la cabeza.

Giles no parecía muy convencido.

–Durante su última visita, Aimery y Geralda nos pidieron que diéramos cobijo a tres cátaros muy importantes.

–¿Y pensáis que puede tratarse de ellos? –preguntó Giles, controlando a su nervioso caballo con bastante dificultad.

–Me atrevería a decir que lo son, pero en una cosa sí tienes razón; no podemos perder ni un instante. No... Por aquí.

–Pero... –empezó a decir Giles.

Raoul, sin prestarle ninguna atención, ya se abría paso por entre la periferia de la multitud, avanzando en una lenta curva para ir al encuentro de los tres fugitivos. Una rápida mirada de soslayo le mostró que el contingente de caballeros y sargentos a caballo lograba avanzar, no tan deprisa como podrían haber esperado en un principio, pues la acumulación de cuerpos entorpecía su avance, en algunos momentos deliberadamente. Eso fue remediado por Simón de Montfort, que desenvainó su espada y usó no el plano, sino el afilado borde, para abrirse camino.

–¡Cada vez están más cerca! –exclamó Giles–. Nunca conseguiremos salir de aquí.

–¡Seguidme, deprisa! –gritó secamente Raoul al monje que tiraba de la mula cargada mientras detenía a *Fauvel* delante de él.

–Sabía que vendríais –dijo la mujer, mientras sus ojos del color del humo relucían en las profundidades del capuchón–. Pero no sabía si llegaríais a tiempo.

–¡Detenedlos, idiotas! –El grito lleno de furia volvió a resonar en la plaza–. ¡Si permitís que escapen usaré vuestras pelotas como proyectiles para mis catapultas!

Un soldado parpadeó y volvió la cabeza cerca de Raoul, preguntándose quién estaba gritando y a quién dirigía sus gritos. Antes de que pudiera decidirse a actuar, una mujerona inició deliberadamente una violenta pelea con un vecino entre la muchedumbre y distrajo con ello la atención del soldado.

Raoul guió a sus protegidos por un callejón adoquinado y a través de una pequeña plaza, después cruzó una entrada llena de oscuridad para avanzar hacia la luz del huerto que había al otro lado. Inclinada bajo los bultos de su carga, la mula, que había pasado a ocupar el último lugar del pequeño cortejo, logró introducir medio cuerpo por la entrada antes de quedar atascada. No había espacio suficiente para dar la vuelta. Raoul siguió adelante hasta llegar al huerto, desmontó y volvió por donde había venido. El corazón le latía con tal violencia que parecía a punto de romperle las costillas, y no porque los persiguieran. El capuchón lo ocultaba prácticamente todo salvo los más fugaces atisbos de la piel y los ojos, pero aun así sabía quién se hallaba debajo de él. Raoul había reconocido la voz. Había reconocido a sus sueños convertidos en carne y hueso.

–Habría que quitarle todo esto de encima para liberarla –dijo con voz apremiante–. Y podríamos ir mucho más deprisa sin la mula. ¿No podemos prescindir de todo este equipaje?

–¡Imposible! –El cátaro más anciano empezó a gesticular frenéticamente, y Raoul vio que tenía la mano derecha mutilada–. Si Citeaux o Simón de Montfort se apoderasen de lo que contienen estos fardos, lo destruirían, y es insustituible. Y además eso tampoco impediría que siguieran persiguiéndonos hasta acabar con nosotros. Somos los guardianes, y sabemos demasiado.

Raoul sintió que se le erizaba el vello. La entrada era como un túnel de luz, en cuyo final, sosteniendo las riendas de los caballos, estaban Giles y el otro cátaro.

–La mula solo servirá para estorbarnos –insistió–. Si tenéis que llevar todos estos bultos, más vale que los repartamos entre nuestros caballos cuanto antes.

El cátaro abrió la boca para protestar.

–Haced lo que dice, Matthias. –La mujer rozó suavemente la manga de su compañero–. El peligro se encuentra muy cerca, y no disponemos del tiempo que necesitaríamos para mantener una discusión o para buscar otro camino.

Dirigió una inclinación de la cabeza a Raoul, dándole permiso para continuar, y se dispuso a ayudarle.

–Tened mucho cuidado –gimoteó el pequeño cátaro de la barba plateada mientras Raoul, que no podía llegar a las hebillas, cortaba las tiras que sujetaban los fardos–. ¡Algunos de esos escritos tienen más de un millar de años!

–¿Queréis que sean consumidos por las llamas? –replicó Raoul con seca brutalidad–. ¡Vamos, llevádselos a Giles y a vuestro amigo, y conformaos con el menor de entre dos males!

Matthias se apresuró a coger el fardo que le tendía Raoul y lo sostuvo delante de su pecho tan delicadamente como habría hecho una madre con su niño.

–No lo entendéis... –dijo, pero de repente su tono reflejaba más tristeza que vehemencia; después dejó de protestar.

No tardaron en llevar la mula hasta el final de la entrada para acabar de trasladar la carga bajo la luz del huerto. La mujer aseguró su parte de los fardos a la grupa de su montura. El corcel de Aimery, un animal de temperamento tan vivo como inquieto y nervioso, se mantenía inmóvil bajo las manos femeninas con la satisfecha impasibilidad del jamelgo de un vendedor de quesos. Raoul se encontró contemplándolas casi sin quererlo. Eran esbeltas y morenas, con las uñas cortas, y no se permitían el adorno de los anillos. Aquellas manos eran de lo más corriente, del tipo que se podía ver en cualquier joven campesina de las tierras del Languedoc. ¿Qué razón podía haber para que le hicieran sentir tales punzadas de emoción? Bajando la vista, Raoul acabó de asegurar su parte de la carga de la mula detrás de su silla de montar.

–Dadas vuestras monturas y vuestros disfraces, supongo que seréis los cátaros a los que había brindado alojamiento la dama Geralda –dijo mientras volvía a instalarse sobre la silla–. Ese caballo era el favorito de Aimery.

–Lo somos –dijo el más alto de los dos hombres, que hasta aquel momento apenas si había pronunciado palabra–. Ayer le administré el *consolament* cuando temíamos que la ciudad no tardaría en caer. Por lo menos ella pudo alcanzar el buen final, por muy terrible que fuese la manera en que llegó a él.

–¿Ha muerto?

–Vive en la luz –respondió Chrétien con una firmeza que despojó a las palabras de cualquier sombra de trivialidad, pues había hablado con la segura convicción de sus creencias.

–¿Qué le ocurrió?

–Los espías de Citeaux se las ingeniaron para descubrir que estábamos en Lavaur, y de ahí la espantosa ferocidad del ataque final. Cuando vieron que no nos hallábamos entre los cátaros que habían capturado, cogieron a Geralda, la arrojaron al pozo de la ciudad y la lapidaron hasta que murió. Así de inmensos son el odio y el temor que les inspiramos, y así de abrasadora es la llama de su frustración...

Raoul recordó a Geralda, la Geralda parlanchina que nunca se andaba con rodeos y siempre decía lo que pensaba, la mujer que lo había mimado sobre su espacioso regazo cuando era un niño. Su hijo también se había sentado allí, acunado hasta conciliar el sueño por las canciones que ella entonaba con una voz tan dulce como áspera era la que empleaba para hablar. Después pensó en Aimery, y en la guarnición degollada que yacía junto a la puerta de la ciudad.

–¿Por qué sois tan importantes? –preguntó con un repentino apasionamiento, queriendo entender pero sintiéndose como si se encontrara ante una puerta cerrada que tanto podía ocultarlo todo como no esconder nada, sin poseer la llave que le hubiese permitido averiguar qué había detrás de ella–. ¿Por qué el odio y el temor que os profesan son todavía más grandes que el que les inspiran los otros cátaros?

–Porque... –La mujer se interrumpió de repente para volver la vista hacia la boca de la entrada–. Ya vienen –jadeó.

Raoul siguió la dirección de su mirada bajo la capucha. La entrada estaba vacía. Raoul distinguía los pequeños manojos de hierba que brotaban de las piedras y la calle, estrecha y angosta, que se extendía al otro lado. Algo atrajo su atención hacia el suelo: se trataba de un tenue destello cilíndrico, y un instante después comprendió que estaba contemplando un tubo para documentos olvidado en la oscuridad de la pared, y pensó que se habría caído de algún fardo mientras estaban liberando a la mula de su carga.

Desmontó con una maldición y, mientras corría para cogerlo, la calle cobró vida de repente al otro lado de la entrada con una repentina erupción de jinetes y soldados que avanzaban a toda prisa. Los dedos de Raoul se cerraron alrededor del tubo. Un dardo de ballesta pasó silbando junto a su cabeza, chocó con la pared y rebotó en ella. Varios más le siguieron, fallando por muy poco. Raoul se colocó el tubo debajo del cinturón y, mientras la entrada quedaba oscurecida por una masa de soldados, volvió corriendo junto a *Fauvel*, subió de un salto a la silla de montar y desenvainó su espada para cubrir la retirada de los demás, a los que Giles estaba sacando ya por el acceso posterior del huerto.

Unos instantes después salieron de él para entrar en un estrecho callejón que ya se estaba llenando de soldados enviados para interceptarlos.

–¡Por aquí! –gritó Raoul y, con un mandoble de su espada, arrancó el pestillo de una puerta en la pared de enfrente.

Un instante después ya estaban en otro huerto más grande que atravesaron, pasando junto a un establo vacío y una casa saqueada, para llegar a la calle siguiente. Unos mercenarios que habían estado buscando algún botín en el edificio se encararon con el pequeño grupo de fugitivos. Raoul atacó. Los soldados, que iban a pie, retrocedieron prudentemente. Tres caballeros del contingente que los perseguía se lanzaron al galope hacia Raoul, gritando con toda la potencia de sus pulmones para alertar a sus compañeros mientras cargaban.

Raoul y Giles se enfrentaron a ellos. A esas alturas, los dos hombres ya eran unos guerreros lo suficientemente veteranos para plantar cara al adversario sin estar obligados a depender de la bendición de la fortuna para que los mantuviese con vida. Habían aprendido que el honor en la batalla no se parecía en nada al honor fuera de ella. Mata a un caballo si no te queda más remedio, patéale las pelotas a un hombre, arroja arena en sus ojos y acaba con él después de que la hoja de su espada se haya partido. Tras la victoria, y si tal es tu capricho, siempre podrás permitirte el lujo de la caballerosidad.

Un caballero pereció al instante, otro fue herido, y el caballo del tercero sufrió lesiones tan graves que a su jinete le resultó imposible seguir luchando. Raoul y Giles se reunieron con sus tres protegidos. Uno de los saqueadores había agarrado a la mujer por el brazo y estaba intentando arrancarla de la silla de montar. De repente, y sin razón aparente, el saqueador aulló y retrocedió tambaleándose mientras se aferraba el brazo derecho con la mano izquierda. Raoul volvió grupas para acabar con el soldado.

–Olvídate de él. –La voz de la mujer, tranquila y suave, encerraba todo el poder de un vasto océano–. No he sufrido ningún daño, y solo perderíamos tiempo.

Raoul miró a la joven y al saqueador. El hombre había caído de rodillas, con una expresión de puro terror en el rostro. Un ondular de relámpagos recorrió el cielo por encima de sus cabezas.

–Por aquí –dijo Raoul sin ninguna inflexión, consciente de que la expresión de su rostro debía de delatar sus emociones de manera tan cierta como lo hacía la del soldado.

Un brusco giro hacia la derecha, un zigzag, y un instante después las puertas de la ciudad aparecieron ante ellos con su acompañamiento del cadalso derrumbado, cadáveres y buitres. Las aves ya no trazaban círculos en el cielo, sino que se habían posado en el suelo para comer. Bridget contempló por un momento los cuerpos mutilados, en los que la sangre empezaba a coagularse, el plumaje marrón y blanco de los buitres y los picos curvados como ganchos para colgar carne. Después respiró hondo.

–No son más que cascarones vacíos –murmuró–. Sin el espíritu ya no queda nada. Salgamos de aquí.

Los últimos componentes del sistema de apoyo del ejército de Simón todavía estaban entrando en la ciudad cuando Raoul precedió al pequeño grupo de fugitivos para salir de ella. Algunos les lanzaron miradas llenas de curiosidad, pero el sargento que mandaba la guardia estaba muy ocupado discutiendo los últimos detalles de cierta transacción comercial con el mismo alcahuete que había tenido aquel pequeño encontronazo con Raoul hacía un rato, y eso impidió que prestara demasiada atención a dos caballeros que escoltaban a unos cuantos monjes cistercienses durante su viaje. Los espías y los enviados de Citeaux siempre iban y venían de un lado a otro.

El pequeño cortejo ya había dejado atrás los restos saqueados de las precarias moradas construidas fuera de la protección de las murallas cuando oyeron gritos a sus espaldas, y un instante después sus perseguidores surgieron al galope por la gran puerta como cazadores lanzados tras la pista de un ciervo. Dardos de ballesta pasaron silbando por entre los fugitivos, y no hirieron a ninguno de ellos por puro milagro. Los cinco aplicaron las fustas y las espuelas a sus monturas. No tardaron en hallarse fuera del radio de acción de los dardos que les disparaban desde las murallas de la ciudad y entonces ya solo tuvieron que enfrentarse a los hombres a caballo, a los que llevaban una ventaja razonable, si bien no insuperable. El peligro radicaba en que veinte guerreros perseguían a dos y, si lograban reducir la distancia, la captura y la muerte serían inevitables.

Raoul intentó recordar dónde había dejado a sus hombres y la seguridad del número. La distancia parecía enorme, y el corcel blanco que encabezaba el grupo de sus perseguidores se aproximaba un poco más con cada vaivén de sus patas. «Y miré y vi un caballo pálido...» Raoul se sentía como si el hueco de su espalda delimitado por los omóplatos fuese una gigantesca diana sobre la que permanecían clavadas las miradas de sus enemigos. Mientras cabalgaba, lanzó el grito de reunión que haría acudir a sus hombres, esperando contra toda esperanza que se encontraran cerca.

–*À Montvallant! À Montvallant!*

El camino seguía estando vacío delante de ellos. El estruendo de cascos ya se había tornado atronador a sus espaldas. El problema no había que buscarlo en los tres caballos que montaban los cátaros –los cuales estaban frescos y recién salidos de sus establos–, sino en los dos corceles de guerra, que habían sido sometidos a un duro esfuerzo durante dos días en la premura por llegar a Lavaur, y cuya osamenta pesaba bastante más que la de las delgadas monturas de cacería.

–¡Seguid! –gritó Raoul a Matthias, que cabalgaba delante de él–. ¡Los entretendremos mientras escapáis!

Le hizo una seña a Giles y obligó a *Fauvel* a volver grupas en un círculo polvoriento para enfrentarse a los jinetes que se aproximaban.

Resignado, Giles lo imitó. Durante la última hora el caballero había estado plenamente convencido en varias ocasiones de que iba a morir, y en aquel momento la muerte ya era un compañero pegado a su hombro, tan familiar que apenas sintió temor o inquietud.

El corcel blanco llenó el mundo; sus ollares eran como cavernas rojas que relucían entre las salpicaduras de espuma desprendidas del bocado, los cascos arrancaban chispas al camino y un escudo dorado triangulado sobre la cruz de la montura ocultaban la unión del caballo con el hombre de tal manera que ambos parecían ser una sola bestia. Simón de Montfort, soldado del *Rex Mundi*, músculo y acero, y los ojos de la parca segadora. «Y miré y vi un caballo pálido...» Raoul se lanzó a la carga para recibirlo, arrojando su desafío al rostro de la muerte. Los caballos se encontraron en un entrechocar de blanco y oro. *Fauvel* se apartó hacia un lado y Raoul intentó alzar su escudo a tiempo. La espada de Simón de Montfort se llevó un pedazo de la madera de tilo reforzada. Raoul devolvió el mandoble. Su hoja rebotó en la reluciente superficie del escudo de Simón, quien hizo girar la espada en su mano con un ágil movimiento y se preparó para acabar con su enemigo.

Mientras echaba el brazo hacia atrás, un relámpago hendió el cielo y se hundió en la tierra, dejando deslumbrados a todos los combatientes que se agitaban en el camino y fulminando a dos de los hombres de Simón de Montfort, que perecieron al instante sobre sus sillas de montar. Los caballos se encabritaron y huyeron al galope. La punta de las hojas de los árboles que se alzaban a ambos lados del camino ardieron como candelas votivas, y destellos amarillos y anaranjados bailotearon sobre la superficie de la hierba. Un nuevo y acre olor a quemado se superpuso a la pestilencia que brotaba de la ciudad.

–¡Montvallant! –gritaron a coro más de veinte gargantas–. ¡Montvallant!

Entre la confusión, Raoul observó que Roland, Mir y sus hombres invadían el camino como si un conjuro los hubiera hecho surgir de la tormenta, pero apenas se intercambiaron unos cuantos golpes inofensivos. Simón de Montfort ordenó la retirada, pues resultaba evidente que seguir luchando contra un enemigo repentinamente incrementado, y entre una tormenta seca de tales proporciones, constituía una auténtica invitación al desastre. Tanto las tropas del norte como las del sur renunciaron al enfrentamiento, y ni siquiera se molestaron en lanzar los discursos y amenazas habituales mientras se apresuraban a huir en busca de refugio.

Dos horas después, los hombres de Raoul entraban en una aldea, pequeña pero todavía habitada, donde harían un alto para comer y abrevar a los caballos. Los aldeanos les ofrecieron áspero vino tinto, pan moreno, tocino que goteaba grasa y queso de cabra. A los cátaros, que no comían carne ni nada que hubiera sido contaminado por el contacto con lo animal, les sirvieron gruesos dientes de ajo y un potaje de judías con el que acompañar el pan.

Mientras Mir daba de beber a *Fauvel* en el abrevadero del pueblo, Raoul se sentó sobre el reborde de piedra y enterró el rostro en las manos. Le temblaban los miembros y se sentía como si le hubieran chupado toda la sustancia de los huesos, dejándoselos secos. Le dolía el brazo en el lugar donde había recibido un fuerte mandoble y, aunque los remaches de su camisote habían aguantado, la carne ya estaba empezando a amoratarse.

–Tomad –gruñó Giles–. Será mejor que comáis algo. Tenéis el mismo color que este queso.

Raoul echó un vistazo al trozo de pan y a los gránulos de queso que más bien parecían nata rancia amontonados sobre él, y sintió que se le revolvía el estómago.

–No tengo hambre.

Giles le observó en silencio durante unos minutos.

–La reacción empieza a hacerse notar –dijo después, hablando con la cómoda seguridad de la experiencia–. Es lo que ocurre siempre que un hombre rebasa sus límites tal como os he visto hacer hoy. Lo guardaré en la alforja por si queréis comer más tarde –añadió, y empezó a darse la vuelta para marcharse mientras asestaba un primer mordisco a su ración de pan con queso.

–Tú viste e hiciste las mismas cosas. –Raoul alzó la cabeza para mirarle–. ¿No sientes deseos de vomitar?

Giles se detuvo, contempló su comida con el ceño fruncido y después se volvió hacia Raoul encogiéndose de hombros.

–Finjo que solo ha sido una jornada más de patrulla en la que no ha sucedido nada de particular –dijo con expresión sombría–. Finjo que no me acuerdo de nada. Esa defensa acabará cediendo tarde o temprano, mas para entonces probablemente ya estaremos lo suficientemente lejos del peligro para que haya podido llenarme el cuerpo de vino y echar las entrañas por los ojos de tanto llorar..., por lo menos las que no haya vomitado antes –añadió, girando una vez más sobre sus talones y echando a andar.

Raoul se frotó cansinamente el rostro con las manos y se levantó. Unos cuantos aldeanos se habían congregado junto a la fuente y alrededor de Chrétien de Béziers para oírle leer en voz alta su ejemplar del Evangelio de San Juan en lengua vernácula.

> Y este es el día del juicio, pues la luz ha venido al mundo y los hombres prefirieron la oscuridad a la luz, porque malvadas eran sus acciones. Pues todo aquel que hace el mal odia la luz, y no se aproxima a la luz por temor a que sus actos queden revelados en ella. Pero quien hace lo que es bueno y verdadero, entra en la luz para que así pueda verse con toda claridad que sus obras han sido hechas según la voluntad de Dios.

Raoul todavía se encontraba demasiado aturdido después de las escenas vividas para sentir asombro ante la pétrea tenacidad de la fe de aquel hombre. Las palabras se deslizaron sobre él carentes de significado, pero el cátaro poseía una voz tan bella que le fascinó y le mantuvo tan inmovilizado como un rayo de sol. El hechizo solo se disipó cuando uno de sus hombres interrumpió la atenta escucha con una pregunta. Al ir a ocuparse del asunto Raoul pasó junto a Matthias, que murmuraba nerviosamente mientras examinaba los preciados fardos de sus manuscritos. Cuando Raoul volvió a estar libre, miró alrededor y vio a la mujer inmóvil a cierta distancia de la fuente, tomando sorbos del áspero vino de la aldea. Había echado hacia atrás el capuchón de su hábito, y Raoul pudo ver sus facciones sin obstáculos por primera vez.

Una cabellera totalmente libre de ataduras y tan negra como la medianoche colgaba a lo largo de su espalda, de la forma que solo les estaba permitida a las mujeres que no se habían casado y a las vírgenes. Lustrosas cejas y pestañas oscuras enmarcaban unos ojos de un gris suavemente neblinoso, que sin embargo carecían de la claridad diamantina que Raoul recordaba de sus visiones. Su rostro estaba pálido y exangüe y sus hombros se encorvaban bajo el peso del cansancio, aspectos estos que también resultaban difíciles de conciliar con sus recuerdos.

Raoul fue hacia ella con paso titubeante y cuando la mujer, absorta en sus pensamientos, no dio señales de percibir su presencia, carraspeó.

–Ni siquiera sé cómo te llamas, aunque creo que conoces mi nombre –dijo en voz baja y suave.

La mujer apartó la mirada de las nubes de tormenta que se retiraban hacia el sur y la posó sobre él mientras una media sonrisa curvaba sus labios.

–Me llamo Bridget –se presentó antes de alzar su vaso y apurarlo. A continuación, más hablando para sí que dirigiéndose a Raoul, añadió–: Estoy tan cansada... A veces me pregunto si no sería más sencillo darse por vencida y dejarse capturar. Así me quemarían de una vez, y ya no tendría que seguir huyendo. Pero entonces el conocimiento moriría conmigo.

–Tu compañero..., Matthias..., dijo que erais los guardianes –murmuró Raoul con creciente curiosidad–. ¿Qué guardáis?

La sonrisa se hizo un poco más amplia, ahondando las arrugitas del cansancio alrededor de los ojos de Bridget.

–Los hombres cuidan de mí y yo cuido de la luz. Tengo el deber de preservarla y alimentarla. El poder arde con mucha fuerza dentro de mí, y su llama nunca había sido tan poderosa desde hacía generaciones.

Raoul, que no acertaba a comprender el sentido de aquellas palabras, asintió como si la entendiera y después torció el gesto al caer en la cuenta de que para Bridget su rostro era como un libro abierto.

–Las colinas de los alrededores de mi castillo están llenas de cuevas –dijo–. Si queréis quedaros allí, estaríais a salvo aunque solo fuese por un tiempo.

–No. Tenemos que ir a Foix, a las montañas. –Bridget titubeó, y su voz cambió de repente–. Quizá podrías escoltarnos hasta allí.

Raoul percibió un cosquilleo en el cuero cabelludo que luego descendió por su espalda para esparcirse sobre sus riñones.

–¿Por qué Foix?

–Porque ahí correremos menos peligro. Las montañas son nuestra fortaleza.

–Y ahí estaréis más cerca de Dios y más lejos de Citeaux y Simón de Montfort, ¿eh?

Bridget le lanzó una mirada bastante extraña, y la dulce suavidad de sus ojos se tornó más luminosa.

–Tanto de ellos como de otros... Quizá acabaré mostrándotelo, Raoul de Montvallant.

Raoul contempló la boca de Bridget mientras articulaba las palabras con sus labios humedecidos por el vino, y vio el delicado palpitar del pulso en su garganta. En la suya el palpitar se había vuelto más rápido y violento, y estaba empezando a deslizarse hacia su ingle. Aunque la tormenta ya se iba alejando, Raoul todavía se sentía impregnado por su tensión.

–Creo que ya va siendo hora de que nos pongamos en marcha –dijo secamente–. Simón de Montfort empezará a seguir nuestro rastro tan pronto como la tormenta se haya disipado –añadió, y se separó de ella mientras todavía mantenía el suficiente control sobre sí para poder hacerlo.

Bridget, sonriendo, le vio reunirse con sus caballeros y empezar a dar órdenes concernientes a su nuevo destino. Una nerviosa expectación se adueñó de ella, y su cuerpo se agitó como si su carne y sus huesos se hubieran convertido en agua. Cuando llegaran a Foix, el poder habría alcanzado su apogeo y ya no habría forma humana de resistirse a sus exigencias.

Cuando Simón volvió a Lavaur, los soldados de Citeaux estaban hurgando en un montón de cenizas calientes acumuladas delante de las puertas donde habían sido inmolados los cátaros de la ciudad. Los soldados buscaban cualquier hueso grande que hubiera sobrevivido a las llamas para triturarlo y convertirlo en polvo. Citeaux estaba decidido a asegurarse de que no quedaba nada de ellos, y quería limpiar la tierra hasta del último vestigio de su existencia. El cuerpo destrozado de la dama Geralda aún seguía en el fondo del pozo, ya que nadie había logrado hacer acopio del valor suficiente para presentarse y suplicar que lo sacaran de allí. Sin duda lo extraerían antes de que empezara a envenenar el agua.

Simón entró en la fortaleza después de haber arrojado sus riendas a un mozo de establo. Una docena de suplicantes le estaban esperando allí; entre ellos, nobles de la comarca que habían llegado para ofrecerle su sumisión, y lugartenientes que necesitaban órdenes. Amaury, su hijo, se estaba ocupando de algunos de los asuntos menos importantes, y cuando vio a su padre lanzó una mirada bastante significativa al estrado encima del que Citeaux estaba encorvado sobre una bandeja de pichones al vino tinto, sin que hubiera mucha diferencia entre el color de su rostro y el de la salsa.

Simón permaneció inmóvil unos minutos, preparándose para la batalla mientras su mente pisoteaba la tierra. Después, lanzando sus guanteletes y su casco a un escudero, entró en la sala y fue hacia el estrado.

–¡Los habéis dejado escapar! –le acusó Citeaux, limpiándose los dedos grasientos con una servilleta–. ¡Los teníais en vuestras manos y permitisteis que se os escaparan!

Simón apoyó los brazos en la mesa y descargó toda la arrogancia de su mirada entre verde y gris sobre Arnaud-Amalric.

–¡Si intentáis obligarme a soportar el hedor de vuestra bilis, os juro que será lo último que hagáis sobre la faz de la tierra! –masculló entre dientes. Todavía conservaba la mayor parte de su dentadura, algo muy raro en un guerrero de sus años, aunque varias piezas estaban melladas y ennegrecidas–. Para empezar, agradeced a los ojos de lince de mis hombres que esos tres cátaros tuvieran que salir de su escondite. ¡Vuestros soldados estaban tan ocupados lanzando piedras al fondo de un pozo y aplaudiendo delante de la hoguera que nunca habrían dado con ellos!

El cuello de Citeaux, su carne tan fláccida y rojiza como la de un pollo viejo, emergió de entre sus hombros.

–¿Cómo osáis amenazarme e insultarme? –balbució–. Os lo advierto. Haré que...

–¿Qué haréis? –Los labios de Simón se fruncieron en una mueca llena de desprecio–. ¿Excomulgarme quizá, como a Raimundo de Toulouse? No lo creo. ¡Por mucho que eso os disguste y os estropee la digestión, me necesitáis y lo sabéis! –Se apartó de la mesa con un gruñido de irritación–. Y además, sé dónde encontrar a vuestros herejes y a su mentor, y yo también tengo cuentas pendientes que saldar –añadió mientras tiraba de la cofia almohadillada que protegía su cabeza en un intento de aliviar el molesto roce con el forro de cuero humedecido.

–¿Dónde? –preguntó Citeaux, lamiéndose los labios e inclinándose hacia delante.

–Escudo de oro, galones negros, corcel amarillo. –Simón enarcó una gruesa ceja negra. Citeaux, perplejo, le imitó. Conocía los escudos de los hombres más importantes de ambos bandos, pero no los de todos los pequeños hidalgos que iban y venían como moscas sobre un cadáver. Simón, en cambio, poseía un conocimiento obsesivo y meticuloso de todas y cada una de las insignias heráldicas exhibidas en el campo de batalla–. Raoul de Montvallant –añadió con un destello de satisfacción en la mirada–. Luchó junto a nosotros en Béziers, pero se ha convertido en el peor de los rebeldes. Supongo que acudía en auxilio de Lavaur cuando comprendió que ya era demasiado tarde, y entonces lo que hizo fue robarnos a esos cátaros delante de nuestras narices. –Simón aceptó la copa de vino que le ofrecía su primer escudero. Sus ojos se entrecerraron, y un brillo calculador iluminó sus pupilas–. Me parece que ya va siendo hora de que haga una visita personal a Montvallant... –murmuró, antes de tomar un largo sorbo de vino.

Capítulo 19

Foix, mayo de 1210

A medida que el banquete se aproximaba a su fin, el conde de Foix dejó de prestar atención a los malabaristas que estaban entreteniendo a la mesa principal para observar a sus huéspedes. Tener al sabio estudioso Matthias de Marsella, a Chrétien de Béziers y a su sobrina en Foix y bajo su protección era un gran honor, aunque extremadamente peligroso, tan celosamente estaban siendo perseguidos por los agentes papales. Chrétien de Béziers había accedido a predicar al día siguiente y todos los habitantes del castillo, desde el mozo de cocina más humilde hasta el mismo conde y sus caballeros, asistirían a la reunión.

Allí, entre las montañas, Simón de Montfort era justamente temido, pero el desprecio todavía era la emoción predominante, junto con la creencia de que al final acabaría siendo derrotado. De hecho, hacía tan solo un mes que los caballeros de Foix habían tendido una emboscada a algunos centenares de los mercenarios alemanes de Simón de Montfort en el bosque de Montgey y matado hasta al último de ellos.

Foix desvió la mirada hacia un lado para contemplar al joven noble que había traído a los cátaros a su ciudad. Raoul de Montvallant estaba observando los bastones de madera pintada de los malabaristas con una concentración tan intensa que el conde enseguida comprendió que sus pensamientos debían de estar muy alejados de allí..., y a juzgar por la expresión de su rostro, probablemente estarían centrados en la sobrina de Chrétien de Béziers. Hasta que la muchacha había pedido permiso para abandonar la sala unos momentos antes, las chispas que saltaban entre ella y el joven caballero habían sido casi visibles. El conde de Foix pensó que Montvallant esperaría discretamente un rato y que luego la seguiría, pero el joven había permanecido sentado, con las mandíbulas apretadas y la mirada clavada en los malabaristas, que no eran tan buenos después de todo.

–Bien, supongo que pronto volveréis con vuestro señor –dijo Foix, rozando antes el brazo de Raoul con los dedos para asegurarse de que contaba con su atención.

Un destello de luz brilló sobre los bordados que recubrían el cuello de la túnica de Raoul mientras suspiraba y, con un esfuerzo de voluntad, volvía los ojos hacia el conde de Foix.

–Sí, mi señor. Simón de Montfort ha tomado Lavaur, y eso significa que todas las tierras que rodean Toulouse se hallan a merced de sus ataques..., la mías incluidas.

–Y vuestro conde... ¿tendrá las agallas necesarias para enfrentarse a él?

Raoul no se sorprendió al percibir un chispazo de desprecio en los ojos especulativos de Foix. Muy pocos nobles del sur, y eso suponiendo que hubiera alguno, creían que Raimundo de Toulouse fuera capaz de defender sus posesiones.

–¿Qué otra elección le queda? –replicó Raoul encogiéndose de hombros–. La Iglesia de Roma se niega a creer que se haya arrepentido, y Simón no querrá negociar mientras la victoria le siga sonriendo porque quiere adueñarse de Toulouse. Se trata de resistir o morir.

Foix guardó silencio durante unos momentos, y después lanzó una mirada llena de astucia a Raoul.

–¿Le llevaréis una carta a vuestro señor cuando os vayáis? –La perplejidad que vio aparecer en el rostro de Raoul hizo que soltase una carcajada llena de amargura–. Quizá haya llegado el momento de olvidar viejas rivalidades. Si vamos a sobrevivir, tendremos que unirnos y deberemos luchar. De Montfort solo entiende un lenguaje..., ¡y es el de la espada!

Su puño cayó sobre el tablero con tanta fuerza que el vino se derramó de las copas.

Raoul, con cierta ironía, pensó que el lenguaje de la espada también era el único que Foix podía entender, y que Raimundo y él nunca conseguirían ponerse de acuerdo precisamente por esa razón.

–Le llevaré una carta de buena gana, mi señor, pero...

–¡Excelente! –El conde le asestó una potente palmada en el hombro y ordenó a un escudero que volviera a llenar la copa de Raoul–. Esta vez Simón ha mordido más de lo que puede tragar, y nosotros nos aseguraremos de que acabe asfixiándose con este bocado, ¿eh? ¡También enviaré mensajeros a Comminges y Béarn! –Su rostro ardía de entusiasmo–. ¿Qué podéis decirme sobre la situación actual del ejército de Simón de Montfort a juzgar por lo que visteis en Lavaur?

–¿Aparte del hecho de que ahora ya no puede contar con esos centenares de mercenarios alemanes que esperaba recibir de Carcassonne?

La ronca carcajada de Foix resonó en la estancia, y un instante después el conde volvió a dejar caer su mano entre los omóplatos de Raoul.

–¡Me gustáis! –gritó.

Raoul, jadeando y tosiendo, deseó que Foix no expresara su aprecio con tanto entusiasmo.

Cuando por fin logró escapar del banquete, Raoul fue a las almenas para respirar un poco de aire fresco antes de retirarse al jergón de paja que Mir le estaba preparando en la gran sala. La ciudad dormía debajo de la gran fortaleza, y solo el destello ocasional de una antorcha parpadeando en una casa de mala nota o una taberna se reflejaba en la oscura superficie del río Ariège. Solo, pero reconfortado por los discretos y familiares sonidos de los centinelas que montaban guardia, Raoul fue recuperando la perspectiva y el dominio de sí mismo. Resopló y pensó que el conde de Foix poseía la sutileza de un toro salvaje suelto en una plaza de mercado.

No vio a la mujer que estaba inmóvil entre las sombras muy cerca de él, mientras su oscura capa ondulaba alrededor de su cuerpo y su cabellera era como un tenue resplandor que fluía como el río entre la oscuridad, hasta que giró sobre sus talones para volver a la gran sala. Raoul contuvo la respiración y sintió una repentina opresión en el estómago.

–Mañana habrá tormentas –le dijo Bridget a modo de saludo, sin apartar los ojos del cielo–. ¿No las sentís?

Su coronilla quedaba justo por encima del hombro de Raoul, y sus rasgos eran delicados. Parecía demasiado frágil para poder servir de recipiente a la luz y el poder que Raoul le había visto contener.

–Pensaba que os habíais retirado –graznó, la garganta repentinamente seca.

–Solo para atender a mis devociones. –Una sonrisa, apenas un suave parpadeo de la luz de las estrellas, cruzó velozmente por su rostro–. He de pediros una nueva merced antes de que os marchéis de Foix.

–Bastará con que habléis para que se os complazca, mi señora –dijo afablemente Raoul, aunque no pudo evitar lanzarle una mirada un tanto recelosa.

–Mañana he de ir a cierto sitio sin que mi tío y Matthias me acompañen. ¿Querréis servirme de escolta?

Raoul sintió que le daba un vuelco el corazón. Volviendo el rostro hacia un lado para disimular su turbación, fingió concentrar su atención en un trocito de argamasa que estaba a punto de desprenderse del merlón.

–¿Adónde iréis? –preguntó, esperando que el tiempo que Bridget tardara en contestar le permitiera recuperar la calma.

–A un fuerte de las colinas que se encuentra a un día de aquí yendo a caballo, y del que ahora prácticamente solo quedan ruinas. Perteneció a algunos miembros de mi familia hace muchas, muchas generaciones.

–¿Y ese lugar es importante para vos? ¡Creía que los cátaros despreciaban los vínculos materiales!

–No me importa por razones materiales. –Bridget le observó con silenciosa solemnidad durante unos momentos–. No sé si podréis entender esto, pero a veces, después de que las personas se hayan ido, la esencia de sus esperanzas y de sus plegarias todavía perdura. Las emanaciones de la auténtica creencia pueden ser percibidas incluso en las iglesias del Anticristo, y además mi catarismo y el de Chrétien no son exactamente iguales. No fui educada en el seno de su fe, y tampoco he profesado sus votos.

–¿Y por qué viajáis en compañía de dos Perfectos cátaros del primer grado mientras todos los sacerdotes de la cristiandad os acusan de herejía?

Raoul se había vuelto hacia ella sin soltar el merlón, que le brindaba apoyo. Sus manos estrujaron la fría realidad de la piedra, buscando su tranquilizadora presencia.

La mirada de Bridget pasó junto a él para perderse en la noche y las oscuras masas de las nubes.

–Mi padre era hermano de Chrétien, y además era trovador. Sirvió a Ricardo Corazón de León en Acre y le siguió desde Aquitania hasta Inglaterra primero, a ultramar después y de vuelta a Inglaterra finalmente. Mi madre era una ermitaña galesa que cuidó de mi padre cuando se estaba recuperando de una herida que le habían infligido en Tierra Santa. Los dos se enamoraron.

–¿Y ella poseía los mismos poderes que vos?

–Los suyos no eran tan intensos, pero... sí, los poseía. –La expresión de Bridget se volvió distante y melancólica–. A veces, cuando veo cosas que sería preferible permanecieran ocultas, esos poderes representan una gran carga.

–¿Qué ocurrió después de que se convirtieran en amantes? –inquirió Raoul pasados unos momentos.

Bridget hizo una lenta inspiración de aire, como si intentara calmarse, y después lo dejó escapar bajo la forma de un suspiro.

–Mi padre murió cuando yo era pequeña. En realidad nunca le conocí. Mi madre me crió en su celda entre las colinas de los

Mynydd Du, me enseñó cuanto sabía y me inició en ciertas artes y tradiciones secretas. Viajamos juntas. Cuando yo tenía catorce años, cruzamos el mar que nos separaba del continente y visitamos los lugares más importantes para nuestras creencias: Carnac, Les Saintes Maries de la Mare y Compostela, que antes era conocida como Brigantium por aquel que le dio el nombre. Después mi madre me llevó a Béziers y buscó a la familia de mi padre hasta encontrarla. Conocimos a Chrétien, que era un Perfecto cátaro practicante, y a su hijo Luke. Por aquel entonces Matthias también vivía con él. –Bridget se mordió el labio, y su frente se llenó de pequeñas arrugas–. Hace tres años los esbirros del dominico Guzmán capturaron a mi madre y la mataron. Matthias también fue capturado y torturado, pero escapó. –Cuando alzó la vista hacia Raoul, las lágrimas brillaban en sus ojos–. La Iglesia de Roma teme que le cuente al mundo lo que sé. Lo único que desean es matarme, y también matarán a cualquiera que pueda haber llegado a conocer mis secretos.

Un escalofrío de miedo recorrió la columna vertebral de Raoul y presentó batalla a la atracción que le inspiraba Bridget. No podía empezar a interrogarla sobre aquellos secretos, y en el caso de que lo hiciera y ella se los revelase, Raoul tampoco sabría qué hacer con una caja de Pandora abierta. Marcharse y olvidarla quizá fuera la mejor solución, aunque Raoul era consciente de que la trampa ya se había cerrado sobre él.

–¿Qué os hace pensar que reúno las condiciones necesarias para serviros de escolta mañana? –preguntó con voz ronca.

–Sé qué clase de compañía deseo tener durante este viaje –murmuró Bridget.

Su voz era tan suave como el terciopelo, y Raoul vio su sonrisa y las lágrimas que todavía humedecían sus pestañas. La noche se fue desplegando alrededor de ellos como otra capa. Estaban solos en el baluarte. Raoul se acordó de aquel soldado de Lavaur, el que había empezado a lanzar alaridos de terror apenas hubo puesto las manos encima a Bridget. Pero no había malinterpretado la invitación que sugería su voz, y tampoco quería darle la espalda. Muy despacio, casi como si se estuviera desafiando a sí mismo, Raoul apartó la mano del merlón y la extendió para rozar la cara de Bridget primero y sus cabellos después, y acabó deslizando los dedos por un mechón suelto sin tratar de capturarlo. Sus nudillos le rozaron un pecho mientras sus dedos seguían descendiendo para rodearle la cintura. Bridget permaneció inmóvil, los ojos muy abiertos y la respiración acelerada. Raoul la atrajo hacia sí y la joven no ofreció ninguna resistencia, respondiendo a su acción con una delicada dulzura. En la oscuridad de la noche el deseo se adueñó de ellos y sus cuerpos se entrelazaron, boca sobre boca, dejando que la búsqueda del contacto quedara confiada a los dedos.

Raoul acarició el cuerpo de Bridget, tocándola, explorándola. Apoyándose en el muro, separó las piernas para compensar la diferencia de estaturas y, con las manos firmemente posadas encima de las caderas femeninas, aplicó la boca sobre su garganta para besarla. La frustración provocada por las varias capas de ropa que separaban una piel de otra mordisqueó su pasión para crear un dolor cada vez más intenso. ¿Adónde podían ir en busca de calor e intimidad? Oh, Dios, su cuerpo estallaría antes de que consiguiera llegar allí... Raoul pensó confusamente en los cobertizos del patio donde se guardaban las provisiones, o en los establos, aunque ninguno de esos dos lugares les protegería de ser descubiertos.

Bridget emitía suaves murmullos y se aferraba a él, invadida por sensaciones que hasta entonces solo había podido imaginar y que amenazaban con engullir su razón. El deseo era una espada de doble filo, y Bridget era incapaz de pensar en el control mientras Raoul la acariciaba.

Se apartó de él con un supremo esfuerzo de voluntad, empujándole al ver que Raoul no la soltaba de inmediato y mordiéndole, aunque comprendió que eso último era un error, pues con ello solo consiguió incrementar el deseo del hombre y el suyo mientras saboreaba la sal de su sudor. Bridget pensó que por fin comprendía el frenético y enloquecido apareamiento de los animales.

–Aquí no... Ahora no... –jadeó, y se debatió, negándose a herirle con su poder.

Raoul percibió que el sometimiento de la joven se debilitaba. Al principio eso le excitó, pero la marea de la lujuria empezó a retroceder apenas fue consciente del pánico que se había adueñado de Bridget. La soltó y ella se apresuró a retroceder para alejarse de él con la agilidad de una cierva. Después los dos se miraron, contemplándose en silencio bajo la tenue claridad del cielo encapotado.

Raoul tragó saliva y deslizó las manos por entre sus rubios cabellos.

–Ya sé que ni yo ni ningún otro hombre podemos ser tu dueño, pero te deseo –dijo, y en su voz había un temblor casi imperceptible–. El cuándo y el dónde no me importan; la elección es tuya, pero solo quiero que sea pronto..., o enloqueceré.

Bridget se relajó ligeramente mientras volvía a recuperar el control de su cuerpo.

–Oh, sí –jadeó–. Tiene que ser pronto, o la fase de la luna pasará y ya no habrá otra oportunidad entre tú y yo, y no quiero elegir a otro para mi propósito a menos que me vea obligada a ello.

Raoul oyó muy poco de cuanto dijo, aparte de lo que quería oír, el «sí» y el «pronto». Se apresuró a buscar su mano, pero Bridget esquivó sus dedos y echó a andar con paso rápido y decidido a lo largo del baluarte. Un instante antes de que desapareciese en la oscura boca de la entrada de la torreta, volvió la cabeza para mirarle por encima del hombro y le obsequió con una deslumbradora sonrisa.

Cuando se hubo ido, Raoul se apoyó en el merlón y cerró los ojos. Habría podido perseguirla, cogerla del brazo y suplicarle que accediera a ser suya, pero su deseo tenía que enfrentarse al orgullo y al temor. Por un momento pensó en darse un revolcón sobre la paja con alguna sirvienta para aliviar su necesidad. Foix le había ofrecido una como algo totalmente natural a su llegada, pero dispondría de muy poca intimidad para lo que solo sería un acto sórdido y apresurado, y a medida que el ardor de su cuerpo se iba enfriando lo suficiente para permitirle pensar de manera racional, Raoul desechó la idea. Volvió a su jergón de la gran sala y se acostó sobre él después de dirigirle una breve despedida a Mir. Pasó mucho rato antes de que pudiera dormir.

El camino que conducía al fuerte de las colinas de Bridget discurría en una empinada ascensión a través de bosques de hayas y oscuros pinos resinosos, hogares del jabalí, el oso pardo, el lobo y el bandido, aunque Bridget y Raoul no fueron molestados por ninguna de esas criaturas. De vez en cuando, un fugaz atisbo a través de los árboles les mostraba la nieve que aún cubría los picos de las Plantaurel a pesar de que pronto comenzaría el verano. Detrás de las cimas revestidas de nieve, se extendía un cielo oscuro como la pizarra y surcado por el zigzag de los relámpagos.

Bridget le había dicho a Raoul que no llegarían a su destino hasta la puesta del sol, y él expresó sus dudas acerca de que fuera prudente pasar la noche a campo abierto cuando el cielo amenazaba con descargar una violencia terrible sobre ellos. Bridget le miró de soslayo.

–No hay nada que temer, porque formamos parte de él –dijo.

Cuando le habló sus ojos eran los ojos grises iluminados por el resplandor de los diamantes que Raoul había contemplado en sus visiones, y su rostro reflejó la claridad de la luz de las montañas. La muchacha que se había derretido como la cera entre sus brazos la noche anterior se había convertido en una diosa, y Raoul se sintió inexplicablemente impresionado.

Al mediodía hicieron un alto para que los caballos descansaran. Bridget rechazó el pan y los higos que Raoul sacó del petate de su silla de montar, e incluso una jarra del excelente vino del conde, y se contentó con un trago de agua del arroyo en el que las monturas estaban hundiendo sus hocicos. Después se sentó lejos de Raoul, sin pronunciar palabra y con los ojos fijos en las tormentas que se agitaban sobre las montañas.

Raoul comió sus vituallas sin percibir su sabor, bebió el vino sin llegar a apreciarlo y, al igual que su silenciosa compañera, estudió la hirviente masa de nubes que se estaban acumulando en la dirección hacia la que se encaminaban. Si el comportamiento de Bridget no hubiera sido tan extraño, Raoul habría sugerido que volvieran a Foix. En cambio prefirió guardar silencio, sabiendo que no había ninguna necesidad de que hablara porque Bridget podía ver hasta la última partícula de su ser con tanta claridad como si toda su sustancia estuviera hecha del más puro cristal.

Durante toda la tarde siguieron avanzando a través de valles surcados por grandes cascadas en los que los árboles se aferraban a las laderas de las colinas con raíces como garras. Los pinos empezaron a escasear y se volvieron más pequeños, y no tardaron en ser sustituidos por matorrales y arbustos. Riscos de piedra caliza salpicados por las oscuras cuencas de las entradas a viejas cavernas sobresalían del bosque como huesos gigantes. En cierta ocasión distinguieron la esbelta silueta amarronada de un lince inmóvil en la lejanía. El animal volvió la cabeza hacia ellos, aspiró su olor y desapareció entre la espesura.

Un rebaño de cabras montesas pastaba en la escarpada ladera de la colina sobre la que se había construido la fortaleza, ahora en ruinas. Encaramado a lo alto de un montículo rocoso, el macho dominante contemplaba su territorio con inquietantes ojos amarillos, los cuernos como dos grandes curvas magníficamente ribeteadas y gruesas como arbolillos jóvenes... Detrás de él un rayo iluminó las torres de piedras medio desmoronadas.

La fortaleza había permanecido abandonada desde el final de la dinastía merovingia. Búhos y ratones, depredador y presa, habían establecido sus hogares en los muros de piedra caliza, y la hierba brotaba de cualquier rendija que le ofreciese la oportunidad de crecer. Un viento frío empujó a Raoul a través de los restos de la entrada como una mano gigantesca. Mientras pasaba por entre los pilares adornados con tallas y símbolos casi borrados, Raoul creyó poder distinguir un oso en una de las columnas, y debajo de él lo que parecía ser un caldero. Una marmota salió disparada por entre los cascos de *Fauvel* y atravesó el patio invadido por la hierba en un veloz correteo. La desolación se había adueñado de los baluartes y los edificios en ruinas, y reinaba sobre ellos tan orgullosamente como un senescal. El cielo gruñó sobre sus cabezas en una ominosa advertencia de la tempestad que no tardaría en descargar.

Raoul desmontó y miró alrededor en busca de algún cobijo donde pudieran atar a los caballos y acampar durante la noche. Los restos de un almacén de piedra atrajeron su atención, pero una inspección más atenta reveló que por lo menos un muro corría inminente peligro de derrumbarse. Dejando escapar un siseo de irritación, Raoul llevó a los caballos hasta la muralla principal y los sujetó a un roble que se aferraba tenazmente a la vida entre las viejas piedras caídas. Supuso que los animales conseguirían sobrevivir a la noche en aquel lugar sin demasiadas dificultades, pero no cabía duda de que tanto Bridget como él apenas hallarían refugio en él. ¿Qué tendría de especial aquel sitio para que Bridget estuviera dispuesta a enfrentarse a una de las terribles tormentas de las montañas con tal de poner los pies en él?

Volvió la cabeza y por encima del hombro vio que Bridget estaba inmóvil en el extremo este de los baluartes medio derruidos. El viento, que soplaba cada vez con más fuerza, llevó hasta él los sonidos de su cántico, aunque no consiguió entender las palabras y ni siquiera pudo distinguir la lengua que empleaba. Sintiendo un extraño cosquilleo en la columna vertebral, Raoul se ocupó de los caballos, desensillándolos, arrojando mantas sobre sus grupas y dando una medida de grano a cada uno. Mientras trabajaba, no hubo ni un solo instante en el que no fuera consciente de la presencia de Bridget, que no intentaba buscar ningún refugio mientras cantaba y el viento agitaba los pliegues de su ropa alrededor de su cuerpo. La inquietud de Raoul fue aumentando, y con ella llegó también una creciente excitación.

Volvió a mirar alrededor, buscando algún sitio en el que pudieran cobijarse y, al no encontrar ninguno, dejó a los caballos atados al roble y fue hacia Bridget, que se mecía de un lado a otro en un estado casi de trance. Raoul extendió el brazo para tocarla, pero enseguida cambió de parecer y prefirió limitarse a gritar a través del viento.

–¡No podemos quedarnos aquí! No hay ningún lugar que pueda protegernos de la lluvia si la tormenta descarga. ¡Moriremos de frío!

El cántico cesó de repente. Bridget permaneció totalmente inmóvil, respirando profundamente mientras recorría un largo camino mental para volver a su punto de partida. Con un gran esfuerzo de voluntad, prestó atención a Raoul. Su escolta no tenía que seguir el mismo sendero que ella y tampoco debía conocer su destino, pero aun así formaba parte de uno y de otro, y para él los problemas mundanos del calor y el cobijo se encontraban por encima de cualquier otra consideración y dominaban a las necesidades del espíritu.

–Hay una caverna –murmuró–. Es demasiado pequeña para los caballos, pero habrá sitio suficiente para nosotros. En el techo hay un agujero para dejar salir el humo. Coge nuestras cosas y te enseñaré dónde está.

Y sin esperarle, echó a andar hacia una segunda entrada, esta más pequeña, situada al otro extremo de la fortaleza. Remetiéndose el vestido por debajo del cinturón y moviéndose con la agilidad de una cabra montesa, Bridget escaló el montón de cascotes que obstruían la entrada. Raoul, que la seguía, admiró la esbeltez de sus tobillos y pantorrillas, el tentador vislumbre ocasional de su muslo, la esbelta flexibilidad de su cuerpo y el balanceo de su gruesa trenza negra.

La entrada de la caverna quedaba oculta al vagabundo ocasional por un espeso matorral de enebros que Raoul decidió habían crecido por una decisión deliberada, no por accidente. Bridget los apartó y se agachó ante la entrada. Un instante después se oyó un sonido como el de un chaparrón al caer sobre un tejado y Raoul retrocedió de un salto, sorprendido por los murciélagos a los que Bridget acababa de espantar. Deslizándose por los aires como un retorcimiento de humo vivo, los pájaros se alejaron hacia el fuerte. Bridget se rió y Raoul consiguió dirigirle una tenue sonrisa, aunque esta no tardó en desvanecerse cuando casi tuvo que pegar la cabeza a los pies para entrar en la caverna. Cuando por fin volvió a erguirse y pudo aspirar una bocanada de aire, descubrió que el olor a excrementos de murciélago y piedra mohosa era tan potente que estuvo a punto de hacerlo vomitar. Una tenue claridad se filtraba a través de un respiradero que Raoul supuso había sido creado por manos humanas, y debajo había un pequeño hogar, lleno de suciedad y en desuso desde hacía mucho tiempo. Tosiendo con la mano sobre la nariz y la boca, Raoul lanzó una elocuente mirada a Bridget.

La expresión de Bridget se había vuelto distante y preocupada, pues se hallaba demasiado absorta en sus pensamientos y emociones para que pudiera darse cuenta de algo tan mundano como un olor desagradable. Recorrió con la mirada la pequeña caverna y después avanzó con delicada cautela a través de ella hasta llegar a una especie de pequeña cornisa envuelta en sombras que se alzaba junto al muro rocoso del fondo.

–Mi madre y yo nos refugiamos aquí la última vez que visitamos el fuerte –dijo–. Mi madre me aseguró que yo volvería a este lugar, y si no hubiera sido porque poseía el don de la profecía, la habría creído loca al ver que dejaba aquí yesca, pedernal y nuestra única lamparilla de aceite. Ahora comprendo que esa era su manera de bendecirme –añadió y, poniéndose de puntillas, cogió un paquetito envuelto en un trozo de lino encerado.

Raoul encontró una zona con el suelo relativamente limpio y se quitó el cinturón de la espada. Después de lanzarle una breve mirada, Bridget hizo arder la yesca y la unió al pábilo de la lámpara de aceite. Las lisas paredes de la caverna se volvieron al mismo tiempo más accesibles y misteriosas. Raoul se sentía como si estuviera atrapado dentro de un útero palpitante, con el lejano retumbar del trueno como el latir de la sangre alrededor de un niño aún no nacido.

–Traeré madera para el fuego antes de que descargue la tormenta –dijo, y salió de la cueva.

Bridget empezó a desenrollar sus petates. Dispuso sus mantas en el suelo al lado del hogar y dejó los cuencos de madera que usaban para comer junto a ellas. No tenía intención de comer, desde luego, ya que el ayuno formaba parte del ritual y abría los caminos espirituales. Bridget ya podía sentir el cosquilleo del poder del misterio deslizándose por sus venas. La yema de sus dedos estaba cargada de él. Bastaría con que los extendiera para que...

Cuando Raoul volvió con un grueso manojo de ramas secas, Bridget ya había limpiado el hogar de las cenizas viejas y la suciedad y había encontrado unas cuantas ramitas cerca de la entrada. Un pequeño fuego del que brotaba un olor extrañamente aromático ardía a la espera del otro, mucho más grande, que aún tenía que ser encendido. La mirada de Raoul se posó sobre las dos mantas, extendidas la una junto a la otra, y después, mientras dejaba la leña al lado del fuego, acabó deteniéndose en Bridget.

–¿Es esta la razón de nuestro peregrinaje? –preguntó, y en su voz solo había una suave nota de burla–. Habríamos estado más cómodos si nos hubiéramos quedado en Foix, y dudo mucho de que tu tío se deje engañar por todo este secreto.

Bridget colocó sobre la hoguera una pequeña marmita, que, por lo que vio Raoul, solo contenía agua, pero Bridget esparció un puñado de hojas encima de ella. La mirada que mantenía fija en el rostro del joven brillaba con un tranquilo resplandor que ni siquiera el humo podía velar.

–Mi tío sabe por qué estoy aquí y conoce mi propósito, lo cual es mucho más de lo que veo en tus ojos.

Raoul se sentó delante de ella, cruzó las piernas y le devolvió la mirada con firme decisión.

–¿Y qué ves en mis ojos? –preguntó en voz baja y suave.

–Un niño y un hombre, una muchacha y una mujer –respondió Bridget. La mirada que cada uno dirigía al otro los mantenía tan firmemente unidos como un par de espadas cruzadas–. Luz, oscuridad, fuego... –Después se inclinó sobre las llamas y sacó la pequeña marmita del calor sin pestañear. Raoul lanzó un grito de advertencia y empezó a extender los brazos hacia ella, pero Bridget le dedicó una extraña sonrisa, dejó el recipiente en el suelo y le mostró el rosa intacto de las palmas y los dedos–. Y muchas más cosas –susurró. Volviendo a coger la marmita, se la ofreció–. Pon tus manos sobre las mías; no sentirás el calor, y tampoco te quemarás.

Raoul titubeó y se preguntó qué estaba haciendo en las montañas de Foix, en una caverna iluminada por una hoguera, junto a una mujer que mantenía suspendido todo su ser en un exquisito y torturador equilibrio entre el deseo y el terror.

–No es más que una tisana que mi madre me enseñó a preparar –murmuró Bridget para darle ánimos–. No te hará ningún daño.

Raoul le dirigió una sonrisa tenebrosa.

–No creo que me hayas hecho venir hasta aquí solo para envenenarme.

Y poniendo las manos sobre las suyas, bebió. Bridget no había mentido. Aunque Raoul fue consciente del calor, este no le quemó. El sabor del brebaje era ligeramente amargo, pero no hasta el extremo de que resultase insoportable, y de repente el calor que no había quemado sus labios invadió su estómago y se fue difundiendo a lo largo de sus venas. Bridget también bebió, pero apenas un sorbo, y le apremió a que consumiera la mayor parte de la tisana. Después se sentó a su lado y arrojó más madera sobre el fuego, así como otra porción de las hierbas con las que había espolvoreado el humeante líquido.

El humo se fue acumulando entre ellos, formando una pequeña nube que olía a brotes y flores silvestres, y Bridget empezó a cantar suavemente en la misma lengua que Raoul le había oído emplear antes. Abrió la boca para preguntarle cuál era, pero descubrió que no podía moverse ni hablar.

El cántico no solo creaba ecos en las paredes de la caverna, sino también dentro del cráneo de Raoul, atrayendo su voluntad fuera de él con una delgada hebra plateada de sonidos para sustituirla por la de Bridget. El humo apenas le dejaba ver, pero incluso a través de esa oscuridad advirtió que Bridget se levantaba, pasaba junto a la lumbre y se detenía para observarle con gran atención. Pero no le tocó, y un momento después salió de la caverna a la noche tempestuosa y echó a andar por el sendero de cabras que llevaba al fuerte en ruinas.

Cuando recuperó el dominio de sus sentidos, Raoul no tenía ni idea de cuánto tiempo había transcurrido, salvo por el hecho de que el fuego ya casi se había extinguido por completo. No había ni rastro de Bridget, y fuera sonaban el golpeteo ahogado de la lluvia y el estruendo de una tempestad henchida de truenos que desgarraban el cielo. Mascullando imprecaciones, Raoul volvió a alimentar las llamas, se puso la capa y, agachándose, salió de la cueva a la tormentosa oscuridad.

La lluvia que le azotó el rostro le arrancó un jadeo y acabó de despabilarle. El vendaval le abofeteó, y Raoul se tambaleó. Gritó el nombre de Bridget, pero el sonido desapareció como humo en el viento. Giró lentamente sobre sus talones y, a través de ojos que casi estaban cerrados del todo como protección contra los embates de la lluvia, vio bailar un rayo sobre los restos de las almenas del fuerte. Llamar a gritos a Bridget no serviría de nada. Raoul sabía dónde se encontraba la joven, y lo había sabido incluso mientras deseaba contra toda esperanza que solo hubiera salido de la caverna para vaciar la vejiga. ¿Qué debía hacer pues? ¿Dejarla abandonada al propósito que la había llevado hasta allí, fuera el que fuese? Resultaba obvio que Bridget había hecho todo lo posible para asegurarse de que podría estar a solas, y Raoul sabía que no temía a la tormenta. ¿O debía ir en su busca y devolverla al cobijo de la cueva? Mordiéndose el labio, siguió reflexionando. Saber que los muros medio derruidos eran muy peligrosos, y que precisamente aquel tipo de aguacero podía hacer que una pared se derrumbara sobre Bridget, acabó inclinando la balanza de la decisión, y Raoul inició el ascenso hacia la fortaleza.

Varias veces resbaló sobre un suelo que la noche negra y lluviosa había vuelto traicionero. En una ocasión cayó de rodillas.

Segundos después se salvó de resbalar ladera abajo agarrándose desesperadamente a una mata de enebro mientras pasaba deslizándose junto a ella. Afortunadamente, las raíces del enorme matorral eran lo suficientemente firmes para soportar su peso.

Finalmente, empapado, jadeando y lleno de cortes y arañazos, Raoul llegó a la curva rota de la entrada, se encaramó a una de las piedras que la obstruían y se tendió sobre ella, tragando aire a grandes bocanadas sin que le importara el diluvio. Cuando se hubo recuperado lo suficiente para poder percibir otros sonidos aparte de su respiración, oyó la aguda y salvaje dulzura de las notas del cántico de Bridget mezcladas con el estruendo de la tormenta. Un rayo destelló a través del cielo e iluminó la tierra, y Raoul la vio al fin, inmóvil bajo la lluvia, expuesta a todas las inclemencias de la tempestad, sin ningún temor, con la cabeza echada hacia atrás y su oscura cabellera pegada a su cuerpo desnudo de tal manera que parecía una proyección viva de la diosa del mar cuyo nombre había recibido.

–¡Dios mío! –murmuró.

Sintiéndose desgarrado por el choque entre emociones tan opuestas como el miedo, la curiosidad y un palpitante deseo, y sabiéndose incapaz de ir hacia ella para obligarla a que volviese a la caverna como había sido su intención original, e igualmente incapaz de dejarla sola allí, Raoul permaneció donde estaba y contempló cómo la joven se bañaba en la turbulencia de la tormenta, deslizando las manos sobre aquellos lugares en los que él había anhelado poner las suyas. Bridget curvó los brazos hacia el cielo, como si quisiera formar un cáliz con ellos, y lanzó un potente grito de triunfo. El cielo se ennegreció, y bajo el brillo de un rayo Raoul vio que Bridget había caído al suelo.

La preocupación y la inquietud se impusieron al miedo y Raoul saltó de la roca y corrió hacia la joven. Arrodillándose junto a ella, le levantó la cabeza y la sostuvo por los hombros. El rostro de Bridget era una borrosa mancha blanquecina; tenía los ojos cerrados y su piel estaba fría al tacto. Otro rayo reveló que su traje y su camisa, empapados, habían quedado tirados en el suelo. Murmurando maldiciones, Raoul recogió las prendas y se las metió debajo del cinturón. Después se quitó la capa, cuyo forro de lana aún estaba seco y, envolviendo el cuerpo de Bridget con ella, la tomó en sus brazos.

El regreso a la caverna supuso una dura prueba para la resistencia y la capacidad de recursos de Raoul. La mayor parte del tiempo llevó a Bridget encima del hombro, a la manera de un pastor que transporta a una oveja herida. De vez en cuando la sostenía con los dos brazos mientras la joven reposaba sobre su pecho igual que un bebé. En un par de ocasiones tuvo que dejarla en el suelo mientras buscaba un asidero en algún tramo particularmente difícil de la ladera. Cuando por fin entró en la cueva con ella, encorvado y tambaleándose, la depositó junto al fuego y después se sentó a su lado.

Bridget se removió y emitió un suave murmullo, como un durmiente que despierta del sueño. Sus manos se alzaron para tirar de la capa empapada que envolvía su cuerpo.

Todavía resollando a causa del esfuerzo, Raoul se quitó la camisa, que también estaba empapada, y los calzones, y utilizó el extremo de una manta para secarse. Después fue hacia Bridget. La joven había abierto los ojos y su mirada, aparentemente perpleja, recorría la caverna. Sus pupilas acabaron centrándose en él y entonces su mirada cambió de repente. Raoul le quitó la capa y extendiéndola sobre el suelo junto a sus ropas para que se secara, le entregó una manta.

Bridget le observó mientras trabajaba, y se dio cuenta de que sus movimientos estaban llenos de furia a pesar de que no hacía ningún ruido. Percibió la rapidez de su respiración, en parte por el resultado del esfuerzo reciente y, quizá, un tanto más atribuible al hecho de que su cuerpo desnudo y vulnerable yaciera ante él como un sacrificio en el altar. Medio hipnotizada, la muchacha contempló cómo la luz de las llamas se deslizaba por encima de la piel de Raoul con cada nuevo movimiento de sus músculos mientras trajinaba, y después los imaginó en un movimiento más rítmico sobre su cuerpo.

Raoul se volvió hacia ella, con el odre de vino en la mano y los ojos brillando con el mismo color azul de las llamas aromáticas que ardían en el fuego.

–¿Qué estabas haciendo allí arriba, en el nombre de Dios? –preguntó secamente–. ¡Si te hubieras pasado la noche acostada en el suelo sin ningún cobijo, de seguro que habrías muerto!

Bridget, que no quería contrariarle, se irguió y tomó un insignificante sorbito de vino, lo justo para humedecerse los labios. En realidad no lo necesitaba.

–Estaba allanando el camino –susurró–. Abría un sendero sagrado.

–¿Hacia dónde?

–Hacia esto.

Dejando el odre de vino a un lado, se inclinó y puso su boca sobre la de Raoul, permitiendo que sus senos entraran en contacto con el torso masculino y colocando un brazo sobre su cuello mientras el otro descendía hacia su ingle. La reacción de Raoul fue inmediata. Bridget la percibió en su mano, dura y anhelante, y sintió su contacto y oyó cómo la entrecortada aspereza de su respiración se mezclaba con la de ella en un suave gimoteo de placer. Ella era el cielo, y Raoul la fuerza de la lluvia. Ella era la tierra, Raoul la cuchillada del relámpago. Bridget cerró los ojos y permitió que el poder de la tormenta se adueñara de ella para convertirla en una partícula flotante de su vasto elemento, y las cortinas resplandecientes de lo que era pura sensación poseyeron su cuerpo y lo apartaron de su control. Después llegó la lenta espiral del descenso y luego, antes de que Bridget hubiera podido recobrar un solo átomo de su ser, la espiral se invirtió y la devolvió nuevamente al vórtice de la tormenta y al poder de la fuerza vital que crecía y se hinchaba.

El alba trajo consigo el estridente parloteo de los murciélagos que volvían a su morada, esta vez ignorando la presencia de desconocidos en ella. El humo del fuego era un angosto hilillo no aromatizado por hierba alguna, y la luz del día relucía a través del agujero abierto en el techo y atravesaba, siguiendo una trayectoria oblicua, la protección que ocultaba la entrada de la caverna. Bridget volvió la cabeza y estudió al hombre dormido a su lado. El brazo de Raoul yacía sobre el cuerpo de la joven, la mano relajada sobre el cordón rojo que rodeaba su cuello y del que pendía el colgante de la paloma y el cáliz. Bien, quizá fuera lo más adecuado. La noche anterior él le había proporcionado los medios que necesitaba para crear otro cordón como aquel. Bridget contempló sus cortas y gruesas pestañas, la curva sensual de su boca, su vulnerabilidad en el sueño, y una aguda punzada de dolor le desgarró el corazón. ¿Qué podía entregarle ella a cambio? Solo la amarga revelación de algo que había sabido incluso antes de que la hubiera traído consigo desde Lavaur, y que Raoul descubriría en cuanto volviera a casa.

Los ojos de Bridget recorrieron su cuerpo, admirando los esbeltos contornos. Cuán fácil le resultaría pasar todo el día dentro de la caverna, entregándose al placer con Raoul y aprendiendo todas las sutilezas del nuevo misterio que había descubierto, ese misterio que le había desentrañado Raoul. ¿Y qué recordaría él de la noche anterior? Los labios de Bridget se curvaron en una mueca llena de melancolía. Un hombre y una mujer, luz, oscuridad y fuego. Apartó el brazo de Raoul de su cuerpo con una inmensa delicadeza y se irguió. Su cabellera era una masa enmarañada esparcida sobre sus pechos y sus hombros. Moviéndose rápidamente con sumo sigilo, Bridget se la recogió en una trenza lo mejor que pudo, se puso la camisa y el traje ya casi secos, metió sus pertenencias en su petate de montar y, con una última mirada a Raoul, salió silenciosamente de la caverna. Todo sería mucho más fácil de esa manera. Si se quedaba allí hasta que él despertara, entonces Raoul querría hablar y hacer más sólido el vínculo que habían forjado la noche anterior, y eso nunca sería posible.

Había dejado de llover, y el amanecer centelleaba sobre la hierba mojada y cubría las ruinas de la fortaleza con una pincelada dorada. El aire olía a enebro, tomillo y brotes jóvenes. Bridget puso la mano sobre su vientre, sintiéndose en comunión con todas las cosas que crecían. La fecunda tierra madre, la diosa del Grano... Canturreando suavemente para sí en la vieja lengua del pueblo de su madre, inició el ascenso hacia el fuerte.

Raoul abrió los ojos y su mirada cruzó el espacio vacío que había junto a él para contemplar un fuego apagado. Fue recobrando la consciencia poco a poco y la memoria volvió a su mente fragmentada en diversos recuerdos. Con los ojos desorbitados, su mirada recorrió rápidamente la caverna, descubriendo que estaba solo y que ya no quedaba ni rastro de Bridget en ella. Por un instante de confusión pensó que había vuelto a soñar, pero cuando se levantó para ponerse los calzones vio la sangre seca que manchaba su virilidad y sus muslos. Ninguna ilusión podía haber dejado una evidencia tan tangible. Pero, si tal intimidad no era una ilusión, ¿por qué se había ido Bridget?

Moviéndose con lenta torpeza, se puso las ropas todavía desagradablemente húmedas y salió de la caverna. Una mañana que vibraba con la canción de los pájaros le acogió entre un centelleo de luminosidad, el cielo y la tierra limpios de polvo. El sol le acarició la cara. Protegiéndose los ojos con la mano, Raoul miró alrededor, pero no vio nada salvo una familia de ardillas que se limpiaban y se atusaban bajo aquel nuevo calor, y un quebrantahuesos solitario que volaba en la lejanía azul.

Sintiéndose abatido y abandonado, volvió a entrar en la cueva y empezó a recoger sus cosas. Devolvió la yesca, el pedernal y la lamparilla a la repisa para que fueran usados por otros viajeros a los que el azar llevara hasta allí y, mientras lo hacía, sus dedos encontraron otra cosa: un disco esmaltado, un poco más pequeño que la palma de su mano, sobre el que una estrella de David enmarcaba el símbolo cátaro de la paloma que surgía de un cáliz. En el reverso había un caldero que contenía una lanza sumergida en el líquido. El disco le pareció muy similar al colgante suspendido de un cordoncillo escarlata que Bridget llevaba en el cuello, y que no había querido quitarse ni siquiera durante la frenética pasión de su noche de amor. Raoul reflexionó mientras sopesaba el objeto en la mano y, después de ciertos titubeos, se lo guardó en la faltriquera. Era un recordatorio tangible de Bridget y de la noche que habían pasado juntos. Sonriendo melancólicamente y sintiéndose de pronto menos solo, salió de la caverna y empezó a subir sin apresurarse hacia el fuerte construido en la cima.

Cuando llegó a Foix aquella tarde, Raoul no se sorprendió al descubrir que Bridget, Chrétien y Matthias habían partido tan pronto como regresó la joven. Le dijeron que esta ni siquiera se había molestado en desmontar de su caballo, y que nadie sabía qué camino había seguido el trío. No había ni mensajes ni pistas.

Miradas llenas de curiosidad se clavaron en Raoul, pero las ignoró. Sus hombres percibieron la tensión de su mandíbula y el frío destello de sus ojos, y todos le conocían lo suficientemente bien para saber que no debían formular preguntas. Incluso Giles y Roland, que se atrevían a llamarle amigo además de señor, guardaron silencio e, intercambiando miradas sarcásticas, se apresuraron a prepararse para abandonar Foix.

Al amanecer del día siguiente, el conde entregó a Raoul las cartas destinadas al conde Raimundo. Sus oscuros ojos chispeaban con un brillo malicioso, pues él no necesitaba refrenar su impetuosa lengua.

–Me parece que el viaje no fue precisamente un éxito, ¿verdad? –preguntó con tono burlón mientras Raoul guardaba los paquetes debajo de su cota de malla y empezaba a ponerse los guanteletes.

Raoul apretó los labios.

–Con todo el respeto debido, mi señor, debo deciros que eso es un asunto privado entre mi dama y yo.

–Oh, pues a mí no me parece que tenga mucho de privado –le provocó Foix, apoyando la espalda en las tallas de su sillón–. Chrétien de Béziers se mostró un tanto molesto cuando descubrió que os habíais ido. He oído decir que pasó la noche anterior a su partida rezando por su sobrina, ¡pero estoy seguro de que vos y ella os hallabais prosternados ante un altar muy distinto del suyo!

Con el segundo guantelete ya puesto, Raoul flexionó el puño para acomodar el cuero y pensó si debía incrustarlo en la boca de Foix. Podía sentir el ardor de la sangre calentándole la cara y palpitando en su garganta. Pero pese a toda su grosería, Foix solo había dicho la verdad, y Raoul sabía que era su propia conciencia la que se hallaba en carne viva. Abrió el puño con gran lentitud y giró sobre sus talones.

–No me cabe duda de que la dama sabrá ofrecer todas las garantías que pueda exigir la tranquilidad de su tío –dijo con un tono de voz más calmado y carente de emoción–. Fueran cuales fuesen los temores de maese Chrétien, ya conocía nuestro destino. Os agradezco vuestra hospitalidad. Me aseguraré de que el conde Raimundo reciba vuestra carta lo más deprisa posible –añadió inclinándose ante Foix para poner fin a la conversación.

–Y yo os deseo buen viaje, y que el Señor vaya con vos. –Una sombra de buen humor curvó los labios de Foix mientras daba su ceremoniosa respuesta a la igualmente ceremoniosa despedida de Raoul–. En el caso de que desearais quedaros, hay un sitio para vos entre mis caballeros. Sé reconocer a un buen caballo y a un buen hombre en cuanto los veo.

El pánico recorrió el cuerpo de Raoul ante la sola idea de semejante destino.

–Gracias, mi señor –replicó cuando se hubo asegurado de que su voz no le delataría–. Sois enormemente generoso –añadió, y después se apresuró a retirarse con una rápida reverencia para salir a la luminosa mañana de verano y llevar a sus hombres de vuelta al hogar.

A escasa distancia, hacia el norte, mientras el sol subía por el cielo, Simón se lanzó sobre la garganta de su enemigo y atacó Toulouse.

Capítulo 20

Montvallant, mayo de 1210

Guillaume gimoteó y agitó sus puñitos en el aire, intentando quitarse de encima a su madre y a la doncella que lo mantenían inmovilizado mientras esparcían una repugnante sustancia marrón sobre sus cabellos.

–¡Calla, oh, calla! –le suplicó su madre.

Pero el ruego no tuvo éxito, porque Guillaume percibía el miedo y el temblor del llanto en su voz. Todos los patrones y comodidades familiares se habían desvanecido de repente para ser sustituidos por la inseguridad y el pánico. Nadie disponía de tiempo para cogerle en brazos y jugar con él o, si lo hacían, era con una apasionada concentración que resultaba tan aterradora como la indiferencia. Echaba de menos la cálida sonoridad de la voz de su padre y el vertiginoso deleite de ser arrojado al aire y recogido por sus fuertes brazos. Los gritos con que pedía atención solo habían sido respondidos por las lágrimas de su madre y el clamor de las campanas de la iglesia, heraldos de la destrucción de su mundo.

El miedo que había percibido en ella y en las otras mujeres se había vuelto intenso, pero no lo era mayor que el que sentía Guillaume al verse tratado con tal falta de miramientos. Una manta áspera que olía a moho sustituyó a la blandura de aquella a la que estaba acostumbrado, y el pequeño empezó a chillar. Una cucharada de un líquido amargo fue inmediatamente introducida en su boca abierta y Guillaume se atragantó y tosió, y después tragó convulsivamente.

–¿Qué opinas? –preguntó Claire mientras Isabelle volvía a tapar el frasco de jarabe de amapolas–. ¿Parece un niño campesino?

Contempló con expresión dubitativa el aceite de nuez que ocultaba el rubio de los cabellos y que había quedado esparcido sobre su cara como si fuese tierra, la vieja manta encontrada en el fondo de la prensa y la deshilachada túnica toscamente hilada. Guillaume se retorció y aulló y Claire lo cogió en brazos, estrechándolo contra su pecho mientras lo besaba y lloraba.

–Aún no es demasiado tarde para que vengáis con nosotros, mi señora –dijo Isabelle; las lágrimas hacían parecer aún más grandes sus oscuros ojos.

Claire se mordió el labio y se concentró en el dolor físico para controlar el mental.

–No –replicó–. No puedo dejar a Beatrice aquí sola. Se encuentra demasiado débil para viajar, y en ausencia de Raoul yo soy responsable de Montvallant. Toma, cuida de él... Mantenlo a salvo por mí... –Devolvió a Guillaume a la doncella. Pierre, el mayordomo, estaba esperando en la entrada del dormitorio–. Y ahora marchaos, deprisa. Me reuniré con vosotros más tarde si puedo.

Incapaz de contemplar cómo Isabelle se alejaba con su hijo, Claire se dio la vuelta, los ojos firmemente cerrados y los dientes clavados en el canto de la mano para reprimir la pena que sentía al ver cómo le arrancaban un pedazo de su corazón. Su alma se estaba muriendo, desangrada de una manera tan inexorable como se habían desangrado los soldados en los muros de la ciudad cuando Simón de Montfort había lanzado a su ejército contra ellos después de saquear Lavaur. Claire no podía culpar a sus gentes por haber cedido ante la amenaza. No contaban con un líder que coordinara la resistencia, y sabían qué había ocurrido en Béziers y Bram. Al parecer Raoul había llegado demasiado tarde para salvar Lavaur pero había rescatado a algunos herejes importantes ante las mismas narices de Simón de Montfort. El vizconde quería que le fueran entregados, o de lo contrario...

A Claire se le revolvió el estómago. ¿Cómo podían entregarle lo que no tenían?

–¿Dónde estás, Raoul? –murmuró, y contempló la sangre que se deslizaba por su muñeca allí donde los dientes se habían abierto paso a través de la piel.

Los hombres de Simón de Montfort habían tomado la ciudad, y al día siguiente también el castillo sería suyo. De Montfort había prometido que arrasaría toda la ciudad si Claire se negaba a abrirle sus puertas, y ella sabía que lo haría.

Fue al dormitorio principal. El fuego había sido alimentado hasta crear una enorme hoguera para mantener caliente la habitación. Beatrice, casi incorporada sobre media docena de almohadas, yacía en la gran cama de matrimonio. Tenía buen color, pero el brillo de su tez procedía del resplandor de la fiebre, no de la buena salud. Sus pulmones destrozados estaban empezando a fallarle de manera cada vez más clara, los puntitos de sangre esparcidos sobre su pañuelo se habían convertido en manchones, y su agotamiento se acentuaba cada día. Había empezado a delirar. A veces hablaba con Berenguer como si estuviera en la habitación con ella. Claire no había pensado ni por un momento en afligirla todavía más contándole lo que estaba a punto de ocurrir, ni explicándole que Guillaume se había ido y que probablemente nunca volvería a verlo.

Se quedó inmóvil junto a la cabecera del lecho. El calor de la habitación perló su frente con gotitas de sudor, pero la piel de Beatrice estaba fría. Los ojos de la enferma, velados por la fatiga de estar viviendo al borde de la muerte, se abrieron de repente.

–Enciende las velas –le susurró a Claire–. Noto que se acerca la noche.

No fue hasta la noche del día siguiente cuando Simón de Montfort se quitó por fin la cota de malla y se puso la túnica limpia que Giffard había dejado junto al hogar en la estancia de Montvallant que Simón había reclamado como aposento. Debajo de él, en la gran sala y el patio de armas, sus tropas comían y bebían de las abundantes provisiones de los sótanos y despensas de Montvallant, disfrutando de un descanso antes de seguir camino hacia Toulouse.

Simón examinó lo que le rodeaba, su boca una línea llena de tensión entre la plateada espesura de la barba y el bigote. ¿Qué había allí de valor? Nada. Los míseros tapices y colgaduras de costumbre, alguna que otra joya de cierto valor y un poco de plata; unos cuantos cátaros arrepentidos y unos pocos que arderían por sus creencias. En cuanto a Raoul de Montvallant, ni rastro de él, y tampoco de los herejes a los que había salvado. Citeaux se enfurecería por el fracaso de la empresa. Simón odiaba el fracaso, y no soportaba que su intuición le fallara. Golpeó la pared con el puño, lo suficientemente fuerte para sentir dolor pero no lo bastante para que la piel llegara a rasgarse. La fortaleza era sólida, y había sido reforzada recientemente. Constituiría una excelente base de aprovisionamiento para el camino hacia Toulouse. Desde un punto de vista estratégico, no todo estaba perdido. Raoul de Montvallant ya no tenía un hogar desde el que desafiar a la cruzada, y su esposa y su madre se habían convertido en rehenes de Simón. La anciana estaba lista para la tumba, pero la esposa... Simón examinó sus tensos nudillos con expresión pensativa, abrió el puño, fue hacia la puerta y llamó a Giffard.

–¿Berenguer? Berenguer, ¿dónde estás?

La mirada de Beatrice, iluminada por el brillo de la fiebre, recorría la estancia.

–Todo va bien, madre. Cálmate..., estoy aquí.

Claire se sentó sobre la colcha y estrechó entre sus dedos la mano que la enferma tendía hacia ella.

–¿Berenguer?

–No, madre. Soy Claire... ¿Tienes sed?

Un fruncimiento de ceño se deslizó como una sombra por la frente enrojecida de Beatrice.

–¡Puedo sentir tu presencia! –murmuró–. Amado mío, sé que estás aquí...

Su mano apretó frenéticamente la de Claire por un momento y después se fue aflojando con lentitud. Sus párpados descendieron, y las palabras se confundieron unas con otras hasta convertirse en un farfullar entrecortado.

Beatrice se sumió en un sueño inquieto, y Claire liberó delicadamente su mano de entre los dedos febriles y translúcidos y se enjugó los ojos. El esfuerzo que estaba realizando para no sucumbir al llanto era tan grande que le dolía el pecho. Quería aullar su miedo y su angustia a las vigas, pero sabía que eso trastornaría a Beatrice; además, fuera de la estancia había un centinela armado que mantenía pegada la oreja a la puerta, y Claire se negaba a darle la satisfacción de oírla.

Resoplando y todavía limpiándose los ojos y la nariz como una chiquilla, se dirigió hacia la jarra de piedra para el vino y la vació en el vaso de madera. La copa que solía usar había sido robada por los hombres de Simón de Montfort, y se le había entregado un tosco utensilio de cocina como sustituto. El vino estaba caliente y tenía un sabor entre rancio y amargo, pues había permanecido dentro de la jarra desde antes del amanecer y las campanadas que anunciaban el inicio de la hora de completas habían sonado hacía ya un buen rato. «De una oscuridad a otra...», pensó Claire, y sin un solo destello de luz entre ellas, aunque el día que acababa de soportar había sido el más largo de toda su vida.

Claire se había arrodillado sobre el polvo del suelo de su propio patio, allí donde picoteaban las gallinas y vagabundeaban los cerdos, y había presentado su sumisión a Simón de Montfort, sus llaves de castellana depositadas sobre las palmas del invasor. Un edecán había desmontado para aceptar el símbolo de su sumisión. La mirada de De Montfort la había recorrido impasiblemente de arriba abajo con unos ojos tan duros y fríos como el acero de su camisote y después, con la espalda muy erguida, había atravesado el patio de armas sobre su corcel blanco, con una expresión tan impasible como segura.

Claire enseguida comprendió que a aquel hombre le bastaba con alzar un dedo para que sus soldados se apresuraran a cumplir sus órdenes, y no únicamente por miedo. Los soldados eran las herramientas de su oficio, y Simón cuidaba de ellos. Aquel era el hombre que había dirigido la matanza de Béziers y las atrocidades de Bram y Minerve, que había tomado Lavaur y había visto arder a sus cátaros, y por fin se disponía a hacer lo mismo con los cátaros de Montvallant, y quizá la incluyera a ella en aquel destino.

Sintiéndose cada vez más nerviosa, Claire fue hasta la ventana cerrada y contempló la desnudez del muro junto a ella en el lugar donde hasta aquella mañana había estado colgado el tapiz del ciervo blanco. Si volvía la cabeza, vería los troncos ardiendo en el hogar. Antes de que la hubieran encerrado allí con Beatrice y hubieran despojado la habitación de todos sus lujos, había visto a los sacerdotes entre las tropas de Simón de Montfort. Allí, inmóvil entre dos frailes y los capellanes personales de Simón y con los labios curvados en una mueca maliciosa, estaba el padre Otho, más delgado y malévolo que en el pasado; el clérigo le había sonreído de una manera que distaba mucho de ser amistosa.

Un alarido se alzó en la garganta de Claire y fue detenido por sus dientes apretados. Engulló el resto del vino, sin importarle que supiera a vinagre, pero el líquido no logró deshacer el nudo helado que le oprimía el estómago. Todos los pensamientos encerraban algún peligro. «No pienses...», se dijo. No había ninguna plegaria que pudiera perdurar ante la amenaza de las llamas.

El pestillo de la puerta chasqueó. Claire se sobresaltó y se volvió hacia ella con los ojos desorbitados, mientras el vaso vacío caía sobre las esteras esparcidas alrededor de sus pies.

–El vizconde desea veros –dijo el primer escudero de Simón de Montfort, un joven de ojos tan duros como los de su señor y no mayor que Claire, que estaba a punto de convertirse en caballero–. Ahora.

–¿Por qué?

Claire se llevó una mano a la garganta de manera inconsciente, su vista se desvió hacia las llamas del hogar.

–Si tenéis la bondad, mi señora... Le irrita que le hagan esperar.

«¿Si tenéis la bondad?» ¿Y qué ocurriría si se negaba? El centinela estaba escuchando al otro lado del umbral. Tanto él como el escudero eran musculosos y estaban bien alimentados, y llevarla a rastras hasta donde desearan no supondría ninguna dificultad para ellos.

–Mi suegra está enferma –dijo–. No me atrevo a dejarla sola durante mucho rato.

El escudero se limitó a señalar la puerta, y Claire vio cómo la impaciencia dilataba sus fosas nasales. Alisándose el vestido y alzando el mentón, bajó con él por la escalera iluminada por la temblorosa claridad de las antorchas que llevaba a la sala. El escudero llamó a la puerta, esperó a que su señor respondiera y después la hizo entrar en la estancia. Simón estaba sentado en el sillón que había sido el favorito de Berenguer, un asiento de almohadones gastados pero cómodos cuyas partes de madera mostraban la pátina de una ancianidad cuidada con gran cariño. El robusto cuerpo de Simón de Montfort ocupaba hasta el último centímetro del sillón. Una rodilla estaba levantada, la bota apoyada sobre el almohadón mientras la otra pierna permanecía extendida en una postura relajada, y sin embargo la forma en que entornó los párpados indicó a Claire que el reposo solo era fingido.

–Entrad, mi señora –dijo Simón, y despidió a su escudero con una inclinación de la cabeza y un breve gesto de la mano con que sostenía una copa de vino.

Temblando como una cierva acorralada por los cazadores, Claire avanzó dos cortos pasos. Sus manos apretaban los pliegues de su vestido, y su columna estaba tan rígida a causa del esfuerzo por mantenerse orgullosamente erguida que, como un abeto joven sacudido por el viento, solo consiguió temblar todavía más visiblemente delante de él.

Moviéndose con lentitud, dándole así tiempo para que pudiera percibir el poderío latente en su cuerpo alto y robusto, Simón dejó la copa, se levantó del asiento y cruzó la estancia hasta detenerse delante de Claire.

–¿Dónde está vuestro esposo? –preguntó, y su voz era un suave gruñido leonino que contenía toda la amenaza de un rugido lanzado a pleno pulmón.

Claire se sintió atrapada por la gélida ferocidad de sus ojos y por la mole abrumadora que invadía su espacio y se imponía a su voluntad. Las rodillas le temblaban tan violentamente que apenas si podía mantenerse en pie, y tenía muchísimo frío.

–Os engañáis si creéis que el silencio os ayudará –dijo Simón.

Claire le devolvió la mirada con el rostro inexpresivo, paralizada por un terror tan grande que anulaba cualquier posible reacción.

–Si cooperáis conmigo, vuestra ciudad no será destruida. De lo contrario... –Se encogió de hombros–. A estas alturas ya deberíais saber qué les ocurre a quienes colaboran con los herejes.

Claire se mordió el labio. El silencio se había vuelto horrible.

–¡Respondedme, por la cruz! –rugió Simón y, aferrándola por los hombros, la sacudió tan salvajemente que la cabeza de Claire se bamboleó y su toca estuvo a punto de caer al suelo.

La violencia le devolvió una chispa de emociones y sensibilidad.

–¡No lo sé! –jadeó–. ¡Y si lo supiera no os lo diría!

Los labios de Claire se separaron para dejar al descubierto los dientes en un blanca mueca.

Simón sintió bajo la presión de sus dedos el temblor provocado por el miedo repentinamente mezclado con el desafío. Y, oh Dios, verse desafiado era algo que le ocurría tan raramente... Los cabellos de Claire se desparramaron sobre su espalda, envolviendo las manos de Simón con una red impalpable de olor a lavándula. La melena de Claire, de un suave color castaño, era delicada y lacia, y sus trenzas no eran mucho más gruesas que los pulgares de Simón. Tenerla atrapada de aquella manera entre sus dedos era como tocar un lustroso río de fuego. De repente Simón fue intensamente consciente de la rosada opulencia de los labios de la mujer, la blanca columna de su garganta y el veloz subir y bajar de sus pechos, así como del súbito engrosamiento de su virilidad.

Simón se enorgullecía de su autocontrol y de ser capaz de rechazar a las rameras y cortesanas que sus oficiales usaban para satisfacer sus apetitos. Tenía a Alais y normalmente se encontraba lo suficientemente cerca de ella para poder galopar hasta su lecho, pero ya había transcurrido largo tiempo desde la última vez, y Alais se encontraba muy cerca de dar a luz al niño concebido el otoño anterior. Simón descubrió que por una vez quería dar rienda suelta a su lujuria y cabalgar sobre su salvaje energía hasta quedar agotado. Tenía derecho a tomar, a vengarse de Raoul de Montvallant por lo que había sucedido en Lavaur.

Sus manos se tensaron sobre los cabellos de Claire, y su boca se posó sobre los labios femeninos. Claire se debatió e intentó gritar, pero Simón la acalló con la presión de su beso, la obligó a retroceder hasta dejarla inmovilizada contra la pared y después pegó su cuerpo al de ella. Claire seguía debatiéndose desesperadamente y Simón se sintió invadido por la apremiante necesidad de subyugarla. Convertiría su desprecio en odio y su miedo en puro terror, y la marcaría para siempre con su blasón como si fuese una sierva huida.

La poseyó sobre las esteras del suelo de su propia sala, las faldas levantadas alrededor de su cintura como si fuese una prostituta cualquiera, sus brazos inmovilizados y el cuerpo invadido por su fuerza masculina, aplastado por su peso mientras Simón irrumpía triunfalmente en su interior. Sus embestidas se volvieron rabiosas, profundas, salvajemente decididas a dejar su sello. Simón saboreó la sal de la sangre de Claire sobre sus labios mientras devoraba su boca, aplastándola una y otra vez al mismo tiempo que sus manos le amorataban la carne y se hundían hasta el hueso. Mientras se sumergía en ella por última vez y su semilla palpitaba dentro del cuerpo de la mujer, Claire representó para él todas las tierras de Raimundo de Toulouse, violadas, sometidas, sembradas con su voluntad para que nunca volvieran a pertenecer al sur...

–¿Qué me importa tu esposo? –jadeó, todavía suspendido en el límite de la satisfacción del deseo mientras se entregaba al placer dentro de ella–. Que corra, que se esconda... Solo será cuestión de tiempo.

Capítulo 21

Montvallant, junio de 1210

Inmóvil como un estanque, el Tarn reflejaba una luna en la que solo había plata. Raoul aflojó las riendas para dejar beber a *Fauvel* y dirigió la mirada más allá del río para contemplar las tierras recubiertas de escarcha que se extendían al otro lado del resplandor de las aguas. Montvallant, su hogar, aplastado bajo el puño del norte mientras él cabalgaba en dirección opuesta, hacia Foix... Simón de Montfort había puesto sitio a Tolouse y devastado todos los alrededores.

La ciudad no había sido destruida, pero sí sometida a una severa purga. Los cadáveres de los soldados de su guarnición se pudrían sobre las murallas, y la campana de la iglesia, que apenas había sido utilizada durante los últimos cinco años, llamaba a las gentes a la misa obligatoria y anunciaba el toque de queda. La presencia de las huestes que lucían la odiada cruz roja en sus sobrevestes había sido impuesta a los habitantes. De Montfort había establecido un campamento de mercenarios en la ciudad para demostrar a las gentes de Montvallant qué ocurría cuando se prestaba apoyo a un señor rebelde.

La culpa roía las entrañas de Raoul y no le daba respiro. Había rememorado una y otra vez las locuras que había cometido después de Lavaur. En vez de volver junto a Claire, había corrido en pos de un sueño y no había obtenido nada salvo la gratificación temporal de su cuerpo a expensas del tejido de su vida cotidiana. No había recibido ninguna advertencia de que aquello sucedería, a menos que hubiese estado oculta en la voz de la tormenta, y Raoul había preferido escuchar un mensaje distinto.

Por fin, acompañado por unos cuantos hombres selectos después de haber dejado a los demás con la guarnición de Toulouse, Raoul estaba llevando a cabo un reconocimiento nocturno en unas tierras que, hacía tan solo un mes, había atravesado al galope en un acto de altanera posesión. *Je voi bien tuit perdu ai...* «Ahora veo que todo aquello se ha perdido...» Eso decía la quejumbrosa canción que entonaba el juglar de Foix. Sin embargo, no había sido perdido, sino robado. Con ese pensamiento, Raoul habló en voz baja y suave al corcel y lo llevó hacia la reluciente oscuridad del agua. Flechas formadas por líquidas ondulaciones aparecieron alrededor de las patas y el pecho de *Fauvel* mientras avanzaba contra la corriente. Detrás de él, su amo oía el suave chapoteo de sus hombres al adentrarse en el río. Con las cadenillas de los bocados bien sujetas y los cascos envueltos en trapos, cruzaron los campos y los viñedos para tomar el camino que conducía a las cavernas en las que Montvallant había dado cobijo a los cátaros itinerantes del Agenais.

Los grillos chirriaban en el silencio. Retazos de nubes que flotaban a la deriva atravesaban el círculo reluciente de la luna. Los hombres, con las capas sobre las armaduras y los rostros manchados de barro, trataban de huir de su luz. Al abrigo de la oscuridad ascendieron por la colina y subieron por el angosto sendero de cabras que llevaba a las cavernas de los alrededores de la cima. Cuando llegaron a ellas Raoul se sintió invadido por una nueva oleada de abatimiento, pues las cuevas estaban desiertas y sus fuegos llevaban varios días apagados. Una marmita volcada, escudillas que aún contenían comida y un zapato solitario bastaban para contar una historia demasiado fácil de adivinar. Los cátaros de Montvallant habían sido descubiertos, y allí murió su esperanza de que Claire, su madre y Guillaume hubieran logrado esconderse con ellos, evitando que sus enemigos los encontraran.

Raoul desmontó, se acuclilló junto a una hoguera apagada y

deslizó las cenizas entre sus dedos, mientras recordaba otra caverna y otro fuego.

–Escuchad... –murmuró Mir con voz apremiante–, alguien se acerca.

Raoul se incorporó y volvió la mirada hacia la dirección en que señalaba el escudero. Después, y moviéndose muy despacio, empezó a sacar la espada de la vaina, extrayendo la hoja centímetro a centímetro para que ningún tintineo del metal o las monturas de la funda delatara su presencia y la de sus tropas. Con la respiración entrecortada, los hombres escucharon el sonido de otra respiración, enronquecida por el esfuerzo, mientras quienquiera que se estuviese acercando luchaba por escalar por las rocas hacia ellos procedente de la ciudad. El chasquido de unas pezuñas herradas sobre las piedras resonó con toda claridad en el silencio de la noche.

Una voz femenina habló en la oscuridad y un hombre jadeó una réplica. Empleaban la lengua del sur, y Raoul se relajó ligeramente. Difícilmente podía tratarse de una patrulla que estuviera buscando cátaros huidos; aun así retrocedió hacia las sombras. La luz de las estrellas brilló sobre el pelaje oscuro de un flanco y relució sobre las bridas y, cuando un tirón de las riendas detuvo a la montura delante de la caverna, Raoul reconoció a la yegua baya de Claire. El corazón le golpeó dolorosamente las costillas, pero la mujer que desmontó iba vestida con las toscas prendas de una campesina y era mucho más baja que su esposa. Un instante después la mujer volvió a susurrar al niño que llevaba en brazos.

–¿Isabelle?

Raoul salió de su escondite. La doncella gritó, y el cuchillo de su acompañante destelló y se detuvo a mitad del movimiento.

–¿Maese Raoul? –Pierre, el mayordomo, adelantó la cabeza y escrutó las tinieblas. El cuchillo volvió a destellar cuando Pierre lo envainó en su cinturón y, cubriéndose la cara con las manos, empezó a sollozar–. Llegáis demasiado tarde, mi señor. Vinieron... oleada tras oleada... Parecía que era todo el ejército, y el mismo Simón lo mandaba. No pudimos hacer nada...

Isabelle, a diferencia del mayordomo, tenía los ojos secos. La doncella apartó el borde de la manta que cubría al niño, y la temblorosa claridad de la luna reveló a Raoul el rostro de su hijo dormido.

–Mi señora me ordenó que lo disfrazara para que pareciese el hijo de un campesino –le dijo Isabelle–. Lo envolvimos en telas bastas, y después esparcimos aceite de nuez sobre sus cabellos para evitar que su color llamara demasiado la atención.

Raoul cogió al pequeño en brazos. Un nudo de dolor le oprimía la garganta, y tuvo que hacer un gran esfuerzo para conseguir que su voz se abriera camino a través de él.

–¿Qué ha sido de vuestra señora?

–La hicieron prisionera, mi señor, así como a vuestra señora madre. Los soldados quemaron a los cátaros y nos obligaron a presenciar la escena. Luego se llevaron a Claire y a Beatrice.

Isabelle habló con voz inexpresiva, de la que habían desaparecido todas las emociones. A diferencia de Pierre, ella no podía llorar por lo que había visto, y la religión cátara no aprobaba el odio, por lo que había apartado de sí todos los sentimientos.

Pierre se enjugó las lágrimas con la manga.

–Lo primero que hicieron fue venir aquí arriba –graznó–. Sabían dónde se escondían los cátaros, y los sacaron a rastras de las cavernas para llevarles a la ciudad. Ah, juro por la luz verdadera de Dios que no quiero volver a ver nada semejante en lo que me quede de vida... –Después puso la mano sobre la empuñadura de su cuchillo, y sus ojos ardieron con un súbito destello de satisfacción–. Maté al hombre que traicionó a los soldados.

–Fue el padre Otho –añadió Isabelle–. Volvió con los soldados de Simón de Montfort con el propósito de vengarse de todos.

–Sabía que el padre Otho vendría en busca de Isabelle tan pronto como se viera libre de sus obligaciones –dijo Pierre sombríamente–. Había visto cómo hacía sufrir a los cátaros, cómo ordenaba que los sacaran a rastras de sus casas y los golpearan en las calles antes de que los condujeran a la hoguera... Le quité la vida y a pesar de que creo en la verdadera religión, no me arrepiento de ello.

–Yo hubiese hecho lo mismo y más. –La voz de Raoul se había vuelto tan inexpresiva como la de Isabelle, pero era más ronca y dura–. ¿Y no habéis sabido nada más de la dama Claire y la dama Beatrice?

–No, mi señor. Después de que las obligaran a presenciar la quema, las subieron a una litera rodeada de guardias y se las llevaron. Uno de los caballeros de Simón de Montfort está sentado ahora mismo en vuestra sala con un monje cisterciense a su izquierda y un fraile dominico a su derecha, y la ciudad se halla repleta de soldados y mercenarios. De Montfort la está utilizando como centro de aprovisionamiento... No hay nada que podáis hacer.

Raoul cerró los ojos, sintiéndose tan abrumadoramente oprimido por la angustia y la culpabilidad que por un momento no existió nada más, y tuvo que pedir a Pierre que repitiera dos veces lo que había dicho a continuación antes de comprender el significado de aquellas palabras.

–Nos dirigimos a Agen, a la casa de los padres de la dama Claire –dijo Pierre, hablando muy despacio y lo más claramente posible, con exagerados gestos de las manos y una expresión de preocupación en el rostro–, pero antes decidimos venir aquí para averiguar si aún quedaba alguien...

–Agen –dijo Raoul con voz ronca, aferrándose al nombre mientras la capacidad de entender volvía a entrar a trompicones en su mente–. Os escoltaré hasta allí. Las tropas de Simón de Montfort están por todas partes –añadió, volviéndose hacia *Fauvel*.

Isabelle tendió las manos para coger al niño.

–¿Queréis que lo lleve, mi señor?

–No –murmuró Raoul–. Yo lo llevaré.

Y así, acunando a su hijo con delicada ternura, Raoul montó sobre su corcel y sintió su pérdida de manera aún más aguda debido a la gracia salvadora del cálido pedacito de vida que sostenían sus brazos.

Capítulo 22

Castres, invierno de 1211

Estaba nevando, según había dicho la doncella cuando llevó velas nuevas a la estancia en la que Alais de Montfort y sus damas, sentadas junto al fuego, asaban castañas mientras una doncella leía un ejemplar iluminado del libro de Geoffrey de Monmouth. Alais consideraba frívolas sus historias, pero cuando se intercalaban con pasajes de las obras estrictas y piadosas de hombres como san Agustín y fray Guzmán, su lectura no podía causar ningún daño duradero, y no cabía duda de que conseguían hacer más llevadero un oscuro día de invierno.

> Y entonces oyeron abrirse la puerta de la cámara y vieron ángeles en ella; dos llevaban candelas de cera, el tercero una toalla y el cuarto una lanza de la que goteaba sangre. Pusieron las candelas sobre la mesa y la toalla encima del recipiente, y el cuarto ángel colocó la lanza sagrada dentro del recipiente y allí la dejó erguida.

Alais escuchaba la lectura, pero su atención no paraba de desviarse hacia la joven sentada a cierta distancia de las otras mujeres, aquella cuya aguja entraba y salía con un veloz revoloteo de las tiras de tela para los bebés a las que iba dando puntadas. Su rostro estaba pálido y enflaquecido, y de vez en cuando se removía como si no consiguiera hallar una posición cómoda para aquel cuerpo repentinamente engordado que tanto le costaba desplazar. Alais, que había sido madre varias veces y cuyo último bebé aún no había cumplido siete meses, conocía lo bastante bien las señales para saber que ya iba siendo hora de que avisaran a las parteras.

Simón había llevado a Claire de Montvallant a la mansión junto con una anciana que tosía sangre y que murió cuando aún no había transcurrido una semana desde su llegada. Despojos de guerra, había dicho Simón, tratándolas con jovial desprecio mientras le presentaba a las dos mujeres.

–Se han dejado mancillar por la herejía –le había dicho–, pero todavía no han conseguido la redención. Confío en tu astucia y tu tesón para que las lleves de vuelta al redil y demuestres a Citeaux que es posible hacerlo. No me falles. ¡He apostado un corcel de guerra a que lo conseguirás!

Alais encontró atractiva la idea, aunque no la apuesta. Era una mujer devota, y estaba decidida a triunfar. Por desgracia, Beatrice de Montvallant había fallecido antes de que Alais pudiera empezar a ejercer su influjo sobre ella, pero se había asegurado de que la anciana se confesara antes de morir, con lo que por lo menos su alma podría repasar sus errores en el purgatorio en vez de verse condenada a la perdición eterna.

Alais observó a la pupila superviviente y, no por primera vez, sintió una intensa irritación. La joven era en apariencia apacible y obediente. Escuchaba lo que le decían Alais y el capellán, asistía a misa, rezaba con las otras mujeres... ¡Oh, Jesús, cómo rezaba! A veces su rostro quedaba iluminado por una expresión de exaltación, pero Alais siempre tenía la clara impresión de que la responsable de su pasión no era la contemplación del crucifijo. Entonces Alais sentía deseos de agarrarla por los hombros y sacudirla, como si de ese modo pudiera conseguir que la verdadera identidad de su pupila se desprendiera de ella para caer al suelo y, así, quedara desnuda ante su escrutinio.

A la vizcondesa también le irritaba que su penúltimo hijo se hubiera encariñado tanto con Claire. Simón, que ya casi tenía cuatro años, la seguía a todas partes, exigiendo su atención con un agudo balbuceo infantil mientras ignoraba a su madre y a su aya. Alais empezaba a tener la impresión de que el pequeño estaba desarrollando un acento del sur, y había decidido que lo llevaría de vuelta al norte antes de que la contaminación se extendiera. En aquel momento Simón estaba sentado junto a los pies de Alais y permanecía atento a la historia, pero de vez en cuando alzaba la cabeza y volvía la mirada hacia Claire para averiguar si también estaba escuchando la lectura. La sonrisa de respuesta que Claire se obligaba a esbozar pese a su incomodidad tampoco había pasado inadvertida a Alais.

La vizcondesa siempre había opinado que sentirse demasiado unida a los hijos era una pura y simple insensatez. Las muchachas se casarían en cuanto sus padres lo decidieran, y lo harían a muy temprana edad. En cuanto a los chicos, los perdías cuando eran todavía más jóvenes. A los ocho o nueve años ya estaban sirviendo como pajes en alguna otra mansión de una noble familia conocida, luego pasaban a ser escuderos, después guerreaban en el campo de batalla y contraían matrimonio con la hija de catorce años de otra familia noble. No, no... Resultaba obvio que estaba haciendo lo correcto; aun así se sentía celosa cuando veía cómo su hijo se aferraba a su hermosa cautiva del sur. Y la joven, que rehuía al resto del mundo, se había confiado al niño. A juzgar por la escasa información que había recabado sobre ella, Claire de Montvallant tenía un hijo de edad similar a la de Simón, el cual había logrado escapar a la limpieza de Montvallant y por el que la joven cautiva había llorado amargamente durante los primeros días, antes de que un escudo de impasible indiferencia se alzara ante ella.

Una castaña crujió en el hogar, sobresaltándola y sacándola de su ensimismamiento. Las mujeres dejaron escapar unos cuantos chillidos y empezaron a burlarse de la doncella que la había colocado entre las llamas, afirmando que se casaría antes de que hubiera acabado el año. Ante las tonterías que decían, los labios de Alais se curvaron en una tenue sonrisa, pero sus ojos entrecerrados seguían clavados en Claire, que se estaba mordiendo el labio. El niño sentado a sus pies alzó la mirada hacia ella, y un instante después ya se había levantado de un salto para acariciarle la rodilla con los deditos.

–¿Por qué lloras? –preguntó–. La historia no es triste.

Alais se levantó de su sillón, puso la mano sobre el vientre hinchado de Claire y descubrió que estaba tan tenso y duro como el parche de un tambor.

–Tal como pensaba –dijo con satisfacción–. Ve a buscar a las parteras, Élise.

Los dedos de Claire se tensaron ante la intimidad de aquel contacto, pero logró resistir el impulso de apartar a la vizcondesa de un empellón. Mientras conservara su indiferencia seguiría triunfando sobre sus captores, pero el dolor estaba minando sus defensas y un jadeo ahogado logró escapar de entre sus dientes apretados.

Los ojos del niño se llenaron de temor mientras contemplaba cómo ayudaban a su diosa a levantarse y la conducían a toda prisa a otra estancia. Simón tiró del cinto bordado que ceñía la falda de Élise.

–¿Qué le pasa a la dama Claire?

Élise lo empujó hacia su aya.

–Va a dar a luz a su bebé –respondió con un tono un tanto seco.

–¿El que lleva dentro de la barriga?

–Sí, el que lleva dentro de la barriga. Y ahora procura no estorbar, ¿de acuerdo?

Simón se mordisqueó el labio inferior, un hábito que le acompañaría durante el resto de su vida.

–¿Tú también tienes un bebé dentro de la barriga? –preguntó con solemne seriedad.

Después de haber pasado la mayor parte de sus cuatro años de existencia confinado en los aposentos de las damas, Simón daba por sentado que traer bebés al mundo era la ocupación permanente de todas las mujeres que lo rodeaban. La cuestión de cómo llegaba a introducirse el bebé dentro de la barriga constituía un misterio para él. Su madre siempre evitaba responder a esa pregunta. Quizá su padre lo supiera. El pequeño pensó que sería mejor que no interrogara a Élise al respecto, pues esta ya se hallaba peligrosamente cerca de la cólera. Genciana, su aya, ni siquiera intentó contener la risa mientras le cogía de la mano.

–¡Lo pasaremos en grande intentando adivinar quién es el padre! –exclamó entre risitas.

Élise dejó escapar un hosco resoplido y, con la cabeza bien erguida, salió de la estancia para ir en busca de las dos parteras.

El dolor era implacable y continuo. Claire mordió el taco de madera que una de las dos parteras le había introducido entre los dientes, y los tendones del cuello se le hincharon mientras luchaba por ahogar el alarido que estaba naciendo en su garganta. Un paño húmedo fue colocado sobre su frente y una voz le murmuró palabras de consuelo al oído. Unas manos hurgaron entre sus muslos, y la columna vertebral de Claire se arqueó ante la agonía de la intrusión.

–Bien, así que ya ha empezado –oyó que decía secamente Alais–. ¿Qué tal va todo?

–Despacio, mi señora. El bebé es grande, y la abertura no se dilata con la rapidez que debería.

–¿Y la madre? ¿Tendrá fuerzas suficientes?

Las manos de la partera más anciana se movieron en un lento vaivén que Claire logró ver porque la contracción cesó por un instante y le permitió ser consciente de otras cosas que no fueran su dolor.

–Dependerá de cuál sea la posición de la cabeza del bebé, y eso no puedo saberlo hasta que la madre se haya abierto un poco más.

–¡Bah! –exclamó Alais con impaciencia–. ¡Mantenedme informada!

Claire oyó alejarse el susurro de sus faldas y dejó escapar un sollozo de alivio. No quería dar a luz a aquel bebé concebido mediante la violación, pero cuanto menos cooperaba con las comadronas más grande se volvía el dolor, más hurgaban ellas entre sus piernas y con más ahínco la obligaban a engullir las pociones que le acercaban a los labios. La cabeza del bebé estaba presionando el canal del nacimiento y su presencia hacía que Claire sintiera un irresistible impulso de empujar. El deseo no surgía de su voluntad, sino que le estaba siendo impuesto exactamente igual que una violación. ¿Qué ocurriría si les decía que el padre del bebé era Simón? Las palabras habían estado muchas veces en la punta de su lengua, listas para ser disparadas como una flecha que fulminaría el altivo orgullo de Alais, pero Claire, consciente de su propia vulnerabilidad, las había detenido en cada ocasión.

Cuando puso los pies por primera vez en los aposentos de Alais, le aterrorizaba la idea de que Simón tuviera intención de seguir usándola para calmar su lujuria, pero el hombre la había ignorado por completo, aunque de vez en cuando le lanzaba alguna mirada. De hecho, cuando resultó obvio que Claire estaba embarazada, Simón empezó a evitarla con una expresión de repugnancia en el rostro. Sin embargo, por muy profunda que fuese aquella, no podría igualar jamás a la que sentía Claire por él.

Una contracción surgió de la nada y cayó sobre ella con tal fuerza que Claire pensó que iba a reventar, y aulló el nombre de Raoul. ¿Dónde estaba? ¿Muerto? ¿Vivo? ¿Y Guillaume? ¿Qué había sido de Guillaume? No saberlo era la parte de su cautiverio que más le costaba soportar. «Oh, mi niño, mi niño, el que nació y el que aún no ha nacido...» El dolor engulló todos sus pensamientos y toda su razón mientras las comadronas le daban palmaditas, murmuraban y hurgaban dentro de ella.

El vizconde de Béziers estiró las piernas doloridas después de tantas horas sentado en la silla de montar y, dejando escapar un profundo suspiro de alivio, tomó la copa de ponche caliente de las manos de su esposa. Su mirada, nublada por la fatiga, se fue deslizando por la habitación: los tapices de Béziers, los candeleros de Carcassonne, las copas y los platos para confituras de Lavaur... La prueba de sus victorias se acumulaba alrededor como en un arca del tesoro. Incluso el traje que su esposa se ponía para hacer sus labores, aquella prenda de terciopelo carmesí con toca de seda blanca adornada por bordados de hilo de oro, formaba parte de las adquisiciones del verano. Durante los meses de invierno, Simón rara vez le traía nada, aparte de su agotamiento. Esta vez Alais se había negado a ir al norte junto con el ejército de verano y, a pesar de los duros combates y de algunas pérdidas, Simón se había sentido lo suficientemente seguro para respetar su voluntad.

Citeaux tenía la culpa de que se viera obligado a pasar tanto tiempo en el campo de batalla. Después de Lavaur, el ambicioso prelado, ayudado por un grupo de clérigos de menor importancia, había insistido una y otra vez en que Simón debía atacar Toulouse. Ese acabó haciendo lo que le pedía para poner fin a sus continuas protestas y quejas. El recuerdo hizo que torciera el gesto. Citeaux era el responsable, desde luego, pero el error era única y exclusivamente de Simón por haberse rendido ante la tozudez de aquel idiota. Toulouse no era Lavaur o Carcassonne. Debido a la vasta extensión de la ciudad, le resultaba imposible rodearla con el contingente de que disponía actualmente, y el río Garona proporcionaba a la urbe toda el agua que necesitaba para resistir el asedio.

Como le habían persuadido de que lanzara un ataque antes de estar realmente preparado, Simón tenía que enfrentarse a las terribles consecuencias de tal decisión. Los nobles del sur habían replicado con desusado vigor a la ofensiva contra su ciudad principal. Simón, pillado por sorpresa, se había visto obligado a retirarse, y eso había proporcionado a Raimundo de Toulouse y a su hijo la confianza que necesitaban para entregarse activamente a la guerra. Como un gato que pisara ladrillos ardientes, Simón había tenido que pasar todo el verano y el otoño saltando de un lado a otro. De momento aún no había sufrido ninguna quemadura realmente grave, y cada vez que perdía un castillo aceptaba el hecho como una lección de la que podía aprender algo en vez de considerarlo una derrota, y eso le permitía conservar intacta la confianza en sí mismo. De hecho, mantener a raya a un ejército muy superior en número le producía una especie de perversa satisfacción.

Lanzó una rápida mirada a sus dos hijos mayores, que seguían atracándose delante de la mesa que Alais había ordenado instalar en su estancia. Amice había logrado hacerse un hueco entre sus hermanos y estaba descargando sobre ellos todo el peso de su adoración, probablemente porque Amaury le había traído unas cuantas cintas de seda para el pelo y Guy había reservado un espejo morisco para ella del botín obtenido en sus escasas victorias.

Amaury todavía estaba bastante delgado debido a la fiebre que le había obligado a guardar cama en Fanjeaux durante el verano, pero a juzgar por la magnitud de su apetito hacía cuanto podía para reponer la carne perdida. Se había convertido en un magnífico soldado capaz de seguir adelante hasta caer derrumbado de puro cansancio, pero Simón todavía tenía que descubrir la chispa del liderazgo en su heredero. Guy, que ya era lo bastante mayor para luchar junto a los guerreros, aún mostraba una actitud un tanto inmadura hacia el arte de la guerra. No era capaz de ver más allá de la fortaleza del brazo con que empuñaba la espada, y alardeaba de sus habilidades ante un público que distaba mucho de parecer impresionado. Simón intentó recordar su adolescencia. ¿Había tenido él también esas inclinaciones? Creía que no. La verdadera capacidad no necesitaba ser pregonada a los cuatro vientos, ya que no tardaba en ser percibida. Santo cielo, su juventud parecía tan lejana y perdida como el último verano... Quizá si pensaba en sus tres hijos pequeños –Amice, Simón y Richard– no se sentiría tan viejo. Simón acabó diciéndose que lo que realmente necesitaba era dormir y unos cuantos días de tranquilidad.

Era consciente de que Alais le observaba en silencio, inmóvil junto a él con una jarra de cristal de roca en la mano. Estaba claro que quería hablar, y resultaba igualmente obvio que estaba intentando discernir de qué humor se hallaba su esposo.

–¿Y bien? –preguntó Simón, arqueando una ceja.

–Claire de Montvallant dio a luz un niño justo antes de vísperas –anunció Alais–. El bebé es fuerte y está sano, pero el estado de la madre nos tiene bastante preocupadas. Perdió mucha sangre y el niño le causó graves heridas cuando lo expulsó. Puede que muera.

Simón retiró un trocito de carne que se le había quedado atrapado entre los dientes.

–¿Por qué me molestas con asuntos de mujeres? –preguntó, empleando un tono lleno de irritación para ocultar el repentino escalofrío que le había desgarrado las entrañas–. ¿Acaso piensas que dispongo de tiempo para interesarme por semejantes fruslerías?

Alais bajó los párpados y apretó los labios; Simón pensó que se trataba de una reacción a su ira, y que no se debía a que estuviera al corriente de la paternidad del niño.

Cuando volvió a hablar, su esposa lo hizo en voz baja.

–Deseo que el niño forme parte de nuestra casa y que se eduque junto a Richard y Simón, mi señor.

Después se inclinó para llenarle la copa. En los dedos que se curvaban sobre el asa de la jarra, blancos e impecablemente cuidados, resaltaban elegantemente los anillos de oro que Simón le había entregado cuando se convirtió en vizconde.

Simón alzó la copa y tomó un largo sorbo de vino. La solución era muy sencilla, pues lo único que tenía que hacer era ladrar una negativa y marcharse. Alais ya sabía que no conseguiría nada discutiendo con él. Pero la educación recibida por Simón le había enseñado que debía aceptar las responsabilidades y enfrentarse a ellas; despreciaba a los hombres incapaces de afrontar las consecuencias de sus acciones, y todo el asunto de Claire de Montvallant ya había hecho que sintiera auténtico asco de sí mismo. Había cedido ante el impulso de la lujuria y todavía sentía aquella hambre palpitante latiendo dentro de él cuando la miraba y, junto con ella, la ira y el disgusto ante su propia reacción.

–Quiero ver al niño –dijo secamente, y se levantó.

Alais le lanzó una mirada llena de sorpresa, pero se apresuró a obedecer y le llevó a la cámara en la que dormían sus hijos. Richard, que solo tenía siete meses, dormía en su cunita después de haber sido meticulosamente vendado para la noche. Simón, que había recibido el nombre de su padre, dormía sobre un catre junto a él, la carita sonrosada, el pulgar cerca de la boca y los cabellos castaños ligeramente húmedos. El vizconde lo contempló unos momentos.

–Es el que más se te parece de todos –murmuró Alais, y le puso la mano sobre la manga.

Simón se la apartó, sintiéndose vagamente incómodo, y recorrió la habitación con la mirada hasta que localizó a Mabel, el ama de cría de Richard, sentada en un rincón amamantando al recién nacido. La mujer se dispuso a levantarse, pero Simón le indicó con un gesto de la mano que siguiera sentada y entró en las sombras para bajar la mirada hacia el resultado de su salacidad. Mabel le mostró al bebé, que lanzó un sollozo, protestando así porque se le hubiese apartado de la reconfortante blandura del pecho lleno de leche. La tenue claridad de la lámpara de aceite revelaba que la criatura tenía el cabello y los ojos oscuros, y dotaba a su piel de un delicado color bronce lleno de arruguitas.

–¿Ha recibido un nombre?

Alais sonrió detrás de él.

–Apenas hubieron cortado el cordón –ronroneó–. Pensé que Domingo sería apropiado.

Simón le lanzó una mirada penetrante. Su esposa le estaba contemplando con una expresión de felina satisfacción. Fuera cual fuese la clase de persona en que lo convirtiera la edad adulta, el niño ya había quedado marcado de por vida con el nombre de uno de los más fervorosos opositores al catarismo.

–Si no puedo salvar el alma de la madre, al menos salvaré la del niño –murmuró Alais mientras Domingo era devuelto a los pechos del ama de cría.

La exhibición de piedad de su esposa no engañó ni por un momento a Simón. Aunque las intenciones de Alais eran tan sinceras como irreprochables, la elección de aquel nombre también servía a su propósito de cicatrizar la herida que el alma extraviada de Claire de Montvallant había infligido a su orgullo.

–¿Dónde está la madre?

Alais condujo a Simón a otra estancia, separada de la habitación de los niños por un grueso cortinaje. Vapores de incienso se adherían a los pliegues y todavía impregnaban la sala, indicando la reciente visita de un sacerdote. En la pared había un crucifijo iluminado por un candelabro. Sobre un catre con la sábana subida hasta el mentón, dormía Claire de Montvallant, su cuerpo tan inmóvil como una efigie, de tal manera que cuando Simón la observó pensó que estaba muerta. Su cabellera, encendida por todos los matices rojizos del otoño, se hallaba esparcida sobre la almohada y enmarcaba un rostro de una fragilidad tan blanca como el hielo. Simón recordó el contacto de sus labios, la suavidad de su piel, la tensa dureza de los músculos femeninos mientras Claire se debatía en un desesperado intento por quitárselo de encima, los arañazos que sus uñas le habían dejado en la cara.

Alais se volvió hacia la partera.

–¿Sigue sangrando?

–Solo lo que es natural, mi señora –respondió la mujer, lanzando una nerviosa mirada a los rasgos impasibles de Simón–. Si Dios quiere, vivirá.

–Si Dios quiere... –repitió Simón en voz baja, y empezó a girar sobre sus talones.

Si Alais no hubiera estado presente, habría echado a correr.

–Quiero al niño tanto si la madre vive como si muere –se atrevió a decir su esposa, irguiendo el mentón y con los ojos llenos de desafío.

–Haz lo que te plazca –respondió Simón con voz enronquecida–. ¡Es asunto tuyo, no mío!

Alais le siguió con la mirada, frunciendo el entrecejo en un gesto de perplejidad.

Encaramada en la cima de una montaña de seiscientos metros de altura, sus laderas recubiertas de pinares, la fortaleza de Montségur era el baluarte cátaro más imponente del Ariège. Fue allí, en una choza entre los árboles, donde Bridget se puso en cuclillas, controlando el dolor con su voluntad mientras se preparaba para empujar a su bebé al mundo. Pasaría aquella dura prueba sola porque así lo había deseado. Disponía de comida y de agua, y había otras mujeres en la fortaleza, dispuestas a acudir si necesitaba ayuda.

El dolor llegaba en una oleada palpitante detrás de otra, pero Bridget no dejó que la venciera. En vez de rendirse ante su acometida, imaginó un capullo que se abría, hinchándose y partiéndose para revelar un glorioso estallido de color, cabalgó sobre la contracción y la obligó a servir a sus necesidades. Sus dedos buscaron la coronilla empapada de la cabeza de su bebé y sostuvieron la elasticidad del músculo perineal, que ya se estaba dilatando para dejarlo salir. Bridget se obligó a jadear y resistió el impulso de empujar. La cabeza asomó con el siguiente espasmo, seguida de los pequeños hombros resbaladizos y finalmente, entre un chorro de fluido y sangre, apareció el cuerpo diminuto y perfectamente formado.

–Magda... –murmuró con dulzura, acariciando los húmedos cabellos de la niña–. Te llamarás Magda, igual que tu abuela y su abuela antes que ella.

Cuando Bridget hubo cortado el cordón, alzó a su hija hacia su pecho para que el acto de amamantarla acelerase la expulsión de la placenta.

Capítulo 23

El Agenais, septiembre de 1213

Guillaume, lleno de excitación, hundió sus pequeños talones en los flancos del poni.

–¡Mira, papá! Mírame.

El animal, que tenía el tamaño de un cerdo y su misma gordura, respondió lanzándose a un trote jadeante antes de levantar la cabeza y detenerse, mostrando un ribete blanco alrededor de los ojos.

–¿Lo has visto, papá? ¡Soy un caballero!

El niño agitó su lanza de juguete delante del hombre, que, inmóvil junto a él, lo contemplaba con una tenue sonrisa en los labios. Su padre no solía sonreír. Guillaume sabía que estaba triste porque sus enemigos le habían quitado sus tierras y a su mamá. A veces el pequeño creía recordarla: una voz dulce y suave, una cascada de cabellos castaños, el olor del bálsamo y la lavándula... El recuerdo era muy borroso y se iba volviendo cada vez más confuso, para ser sustituido por la cómoda opulencia de su abuela y la devoción de Isabelle.

–Un *preux chevalier*, sin duda –dijo Raoul, sujetando las riendas del viejo poni entre los dedos.

Guillaume apoyó la lanza en el muslo tal como le había visto hacer a su progenitor y se irguió sobre la grupa, al tiempo que le preguntaba:

–¿Cuándo podré tener un caballo de verdad?

Raoul frunció los labios.

–Cuando las piernas te hayan crecido lo suficiente para que puedas sentarte encima de uno.

Guillaume reflexionó sobre aquellas palabras, después bajó la mirada hacia sus pies, que apenas si llegaban al final de los gordos flancos del poni, y acabó alzando los ojos hacia su padre. El apuesto rostro de Raoul se había vuelto repentinamente impasible e inexpresivo, aunque el niño se dio cuenta de que la sonrisa seguía estando presente en sus labios.

–¿Cuando tenga cuatro años? –preguntó con voz esperanzada.

Guillaume cumpliría cuatro años el mes siguiente.

–Quizá.

–¿Puedo dar una vuelta sobre *Fauvel*? La abuela dijo que me dejarías –añadió antes de que Raoul pudiera negarse. El niño bajó del poni, medio deslizándose y medio saltando, y alzó sus implorantes ojos castaños hacia el hombre mientras la cálida brisa agitaba sus rubios cabellos–. Por favor...

Guillaume se parecía tanto a Claire que Raoul pensó que se le iba a partir el corazón. Inclinándose, cogió en brazos al pequeño e intentó no pensar que aquella podía ser la última vez que le tocaba o que jugaba con él. Vivir en la batalla significaba inevitablemente morir en ella también. Raoul odiaba el día anterior a una separación.

–¿Puedo ir contigo y ver a los soldados, papá?

–No, esta vez no –dijo Raoul con dulzura, colocando a Guillaume delante de él sobre la silla de montar, tal como había hecho tantas veces anteriormente, y al tiempo que tomaba la rienda entre sus dedos.

–Simón de Montfort será derrotado. ¡La abuela me lo dijo! –Guillaume volvió la cabeza para alzar la mirada hacia el rostro de su padre–. Entonces recuperaremos nuestra tierra y a mamá, ¿verdad?

Raoul tragó saliva y le revolvió los cabellos.

–Sí –murmuró–. Las recuperaremos.

Una vez tranquilizado, Guillaume se olvidó del futuro para pensar únicamente en el placer del momento y empezó a dar saltitos sobre la silla de montar.

–¡Haz que galope! –chilló.

Raoul obedeció, pensando ya en el amanecer del día siguiente, cuando tendría que partir para reunirse con otras tropas del sur cerca de la ciudad de Muret, que se hallaba en poder de los cruzados.

Un rato después, con un Guillaume adormilado y hecho un ovillo encima de su rodilla, Raoul contempló en silencio a su suegro y se encogió de hombros en respuesta a la pregunta que acababa de formularle.

–¿Está realmente acabado Simón de Montfort? –inquirió a su vez–. No lo sé. Contamos con el doble de tropas que él, pero menos disciplinadas que las suyas. Volved a preguntármelo cuando le hayamos arrebatado Muret.

Huon d'Agen acarició el pelaje del sabueso que jadeaba junto a él y frunció el ceño.

–Simón de Montfort tiene que enfrentarse a los ejércitos combinados de Toulouse, Foix, Comminges, Béarn y Aragón... Estamos hablando de la mayor hueste jamás reunida contra él.

–Cierto, pero luchar es lo que sabe hacer mejor.

–Después de Lavaur, De Montfort ha pasado la mayor parte del tiempo a la defensiva –gruñó Huon–. Nada puede evitar que pronto sufra una gran derrota.

Su boca estaba enmarcada por nuevas y profundas arrugas. La pérdida de su hija le había causado un terrible sufrimiento, aunque poco a poco estaba aprendiendo a vivir con ella, ya que no a aceptarla. No tenían ninguna pista sobre el paradero de Claire, y ni siquiera sabían si seguía con vida. En lo más profundo de su mente acechaba el horrible pensamiento de que quizá hubiera sido quemada, como tantos cátaros y muchos de quienes simpatizaban con ellos. Claire siempre había tenido pavor al fuego. Raoul muy rara vez hablaba de ella, pero Huon sabía que su silencio no se debía a que no le importara su ausencia sino precisamente a todo lo contrario, pues la echaba tanto de menos que no podía revelar sus sentimientos.

Raoul frunció los labios.

–Pero De Montfort no se ha puesto a la defensiva porque nosotros hayamos hecho grandes progresos en el dominio del arte de la guerra –dijo–. Si está teniendo problemas, es porque no ha recibido sus suministros veraniegos de hombres ni el apoyo de Roma debido a la intervención de Pedro de Aragón.

Huon volvió a acariciar al perro y clavó la mirada en las llamas que lamían los troncos de roble que ardían en el hogar. El rey Pedro de Aragón, supremo señor de Comminges, Foix y Béarn, había obtenido una gran victoria sobre los moros y gozaba del favor del Papa hasta tal extremo que había conseguido imponer una limitación temporal al número de cruzados congregados en el verano, de los que dependía Simón para lanzar sus ofensivas.

–¿Qué importancia tiene eso mientras se vea obligado a continuar corriendo de un lado a otro?

–Pues importa, y mucho, puesto que Inocencio ha cambiado de parecer y ha llegado a la conclusión de que el rey Pedro lanza miradas excesivamente ambiciosas al Languedoc y de que no está dispuesto a justificar debidamente sus acciones ante Roma. Ha recuperado todo el apoyo con que contaba, y De Montfort nunca ha desperdiciado una oportunidad.

–Tanto Pedro de Aragón como Foix son generales muy experimentados –replicó Huon, aunque su intento de tranquilizar a Raoul le sonó a hueco incluso a él mismo.

–Pero ninguno de los dos posee la experiencia de Simón de Montfort. Y la reputación del conde Raimundo dista mucho de ser gloriosa –repuso Raoul con expresión sombría mientras desplazaba el peso del niño adormilado sobre su rodilla.

Un sonido procedente de la puerta hizo que Huon volviera la cabeza en esa dirección y viera entrar a su esposa. Su mandíbula estaba rígida y Huon la conocía lo suficientemente bien para saber que había estado llorando. Su rostro ya había recuperado el color, y cuando fue hacia su yerno y extendió los brazos para pedirle que le entregara a Guillaume, incluso consiguió sonreír.

–Dejad que acueste al pobre corderito –dijo–. Está profundamente dormido.

Raoul deslizó los labios sobre los sedosos cabellos rubios y confió al pequeño a su maternal custodia.

–¿Qué es una separación más después de todas las que he tenido que soportar? –dijo, y de repente Huon también sintió deseos de echarse a llorar.

Capítulo 24

Muret, septiembre de 1213

En la tienda del rey Pedro de Aragón, las velas se consumían a medida que aumentaba la luz de un joven amanecer. Una enorme mariposa anaranjada revoloteaba torpemente alrededor de una llama. El rey lanzó el puño hacia delante y, capturando al insecto, lo aplastó sobre su musculoso muslo hasta dejarlo convertido en polvo iridiscente.

–¡Esto es lo que haremos a Simón de Montfort en cuanto salga de Muret!

Recorrió con la mirada al coro de comandantes reunidos en su tienda, desafiándoles a que osaran contradecirle. Después de haber abusado del vino y de los placeres de la cama la noche anterior, su humor era tan tenebroso como el dolor de cabeza, como revelaban las dos profundas arrugas verticales que había entre sus cejas.

El conde de Foix asintió vigorosamente, espoleado por el fuego de su propio fervor y por la gran admiración que sentía hacia Pedro de Aragón, quien representaba su ideal de hombre.

La voz de Raimundo de Toulouse, aguda y desagradable, se introdujo en la conversación como una jarra llena de nieve que se hubiera fundido repentinamente al ser derramada sobre ascuas ardientes.

–Sigo diciendo que es más prudente esperar a que Simón de Montfort nos ataque en vez de salir a campo abierto para enfrentarnos a él –dijo en un tono lleno de preocupación–. Aquí nos hallamos en una posición excelente. Si la abandonamos, solo conseguiremos debilitarnos. Es preferible atacarle con las ballestas situadas detrás de las defensas –añadió, volviéndose hacia sus consejeros en busca de una confirmación a sus palabras.

Con los brazos cruzados, Raoul admitió la solidez del razonamiento de su señor al tiempo que se daba cuenta de que el miedo motivaba en parte la cautela de Raimundo.

Foix también se había percatado de ello.

–¡Ah, Dios! –exclamó burlonamente–. ¡Lo único que el enemigo ha visto de vos es vuestro trasero cuando os retiráis ante él!

Los caballeros del Ariège y el de Aragón expresaron ruidosamente su aprobación ante aquella ocurrencia, tan grosera como acertada.

–¡Paz, paz! –Un chispazo de ira destelló en los ojos del rey–. ¡Estas disputas infantiles no nos beneficiarán en nada!

–Con Simón de Montfort nunca hay segundas oportunidades –dijo Raoul en el silencio que había engendrado la feroz mirada de Pedro–. Milord Raimundo tiene razón. Sería preferible que nos mantuviéramos en nuestras posiciones defensivas y esperásemos.

–¡Por los clavos de Cristo, pero si nuestro ejército dobla en número al suyo! –rugió Foix, alzando el puño–. ¡Yo digo que debemos atacar a Simón de Montfort ahora mismo! ¡No he venido hasta aquí para acurrucarme detrás de las barricadas igual que una mujer!

–Normalmente nuestros ejércitos tienen el doble de hombres que los suyos –le informó secamente Raoul.

–¡Cierto, y siempre están corriendo en la dirección opuesta! –replicó burlonamente Foix–. Creía que al menos vos estabais hecho de un metal más resistente. ¿Acaso no queréis cobraros venganza por vuestra esposa?

Raoul apretó los labios. Sus ojos azules ardían con una intensa luz.

–No se trata de que no quiera combatir, mi señor. Me limito a decir que la cautela es aconsejable.

Foix soltó un bufido despectivo al tiempo que apartaba la vista de Raoul y se encogía de hombros como si se sintiera incómodo.

–Hemos escuchado vuestra opinión y la respetamos, pero estoy de acuerdo con Foix –dijo Pedro de Aragón alzando la mano–. Perder el tiempo detrás de las barricadas no nos servirá de nada. Simón de Montfort creerá que le tememos y que no nos atrevemos a entablar batalla, y eso solo servirá para reforzar su moral. –Sus ojos recorrieron la tienda, posándose en sus comandantes y sus más nobles caballeros–. ¡Cuando Simón avance, iremos a su encuentro!

El eco de su grito fue seguido por vítores y los puños golpearon la mesa de campaña hasta que esta tembló y las palmatorias se volcaron.

Raimundo estaba furioso.

–¡Pues entonces iréis sin mí! –rugió, y salió de la tienda propinando empujones y codazos, seguido de su hijo y sus edecanes, entre un acompañamiento de aullidos burlones y gritos de «¡cobarde!».

Lágrimas de humillación y furia brillaban en los ojos de Raimundo mientras subía al caballo cuyas riendas sostenía un escudero.

–¡Tengo razón! –exclamó con vehemencia–. ¡Sé que tengo razón!

«¿Y quién puede creerlo teniendo en cuenta cómo os habéis comportado en el pasado?», se preguntó Raoul mientras montaba sobre *Fauvel*. Raimundo había pregonado a gritos la llegada del lobo con demasiada frecuencia, y alejarse al galope para quedarse sentado en el campamento hasta que se le pasara la rabieta no ayudaría a mejorar su reputación.

–¿Queréis que mantenga a mis hombres en estado de alerta o puedo dejar que descansen? –preguntó Raoul, empleando un tono de voz cuidadosamente neutral.

–¡Haced lo que os dé la gana con ellos! –gruñó Raimundo con salvaje ferocidad.

–Sí, mi señor.

Raimundo respondió a la impasibilidad de Raoul con un verdadero rugido y un gesto despectivo de la mano.

–¡Oh, llevaos a vuestros hombres y volved con esos estúpidos de ahí dentro! –gritó–. ¡Estoy harto de todos vosotros! –añadió después, hundiendo las espuelas en los ijares del corcel y alejándose al galope hacia su campamento.

Rai torció el gesto ante el polvo levantado por el séquito de su padre, que ya desaparecía en la lejanía.

–Va a necesitar todo el día para calmarse –dijo con voz abatida.

–Tiene razón, y ellos no quieren escucharle –afirmó Raoul, compadeciéndose de su señor al tiempo que se sentía furioso ante su comportamiento. Además, no sabía si debía cabalgar en pos de él o permanecer donde estaba.

–Y lo peor es que tanto si tiene razón como si no, ellos obtendrán una gran victoria y conseguirán que mi padre parezca todavía más cobarde de lo que es en realidad –murmuró Rai–. Entonces ya no le quedará nada. –Lanzó una rápida mirada de soslayo a Raoul, con los negros ojos entrecerrados–. Volved con ellos, Raoul. Romped una lanza por Toulouse. Hoy llevaréis nuestro honor en vuestras manos..., o por lo menos lo que queda de él.

Extendiendo el pergamino, Simón hizo un gesto a Amaury para que lo sujetara con las piedras amontonadas a un extremo de la mesa de campaña. Giffard cogió un plato lleno de pollo frío y una jarra de vino y fue a buscar el cinto de la espada de Simón. Había tantos caballeros con armadura en la estancia que esta relucía como la red de un pescador llena de capturas. Aquellos soldados –Guillermo de Contres, Bouchard de Marly, Balduino de Toulouse, hermano de Raimundo y ferozmente enemistado con él desde hacía mucho tiempo, y Amaury, el heredero de Simón, que había sido armado caballero hacía poco– eran los comandantes y edecanes del ejército de Simón, los hombres en los que confiaba para que Muret dejara de ser una derrota potencial y se convirtiera en una aplastante victoria.

Mientras desayunaba, se ponía la cota de malla y daba instrucciones a sus subordinados, Simón mantuvo la calma. Se encontraban en una situación difícil pero no desesperada, y la confianza de sus caballeros iba a ser un factor esencial si quería arrancar el triunfo de las fauces de la derrota.

Arrancó un muslo del pollo, le dio un mordisco y después la usó para señalar el pergamino.

–Pedro de Aragón está reuniendo a sus tropas en este promontorio del norte. Este arroyo protege su flanco derecho, y el pantano crea una barrera en el izquierdo, por lo que no solo cuenta con la ventaja de la superioridad numérica sino que también dispone de la ventaja que le da el terreno. –Volvió lentamente la cabeza, escrutando los rostros de sus hombres con los ojos entrecerrados–. Lo que hace que todas esas cosas carezcan de importancia es la suma de factores que obran a nuestro favor, principalmente Dios, como os asegurará el obispo Foulquet cuando nos reunamos con las tropas en la plaza principal. Por no mencionar la incompetencia de los del sur, por supuesto... Nuestros enemigos carecen de cohesión. Cada hombre opera como una unidad independiente, lucha por su cuenta, únicamente para sí. Nosotros poseemos la disciplina que les falta y en consecuencia los superamos en el combate. Si no perdemos la calma, la batalla será nuestra.

Simón hizo una pausa para dar otro mordisco al muslo de pollo, masticar enérgicamente el trozo de carne y tragarlo, como si la comida representara sus intenciones para el campo de batalla.

–Propongo que formemos tres escuadrones. Guillermo mandará el primero, Bouchard el segundo, en tanto que yo encabezaré la reserva. Atacaremos en tres oleadas, y no les daremos tiempo a recuperarse entre una ofensiva y la siguiente. Aparte de coordinar el ataque, vuestra labor y la de vuestros segundos al mando consistirá en mantener alineados a los caballeros. No quiero que el ímpetu de la carga se disgregue y que la batalla quede reducida a una serie de combates singulares donde cada uno intenta ganar la gloria. Caeréis sobre ellos y los aplastaréis. Después de eso, y si necesitáis hacerlo, podréis permitiros llevar a cabo cualquier clase de hazaña que os apetezca. –Simón arrojó el hueso de pollo a un alano que estaba esperando recibirlo y se limpió los dedos en una servilleta antes de ponerse la sobreveste que Walter le estaba ofreciendo–. No pienso mentiros: la batalla va a ser dura y sangrienta, pero sabemos que podemos alzarnos con la victoria. ¡Que el día sea para la arrogancia, no para Aragón! –añadió, sonriendo burlonamente ante la poca gracia de su juego de palabras.

Las ruidosas carcajadas que consiguió arrancar a los hombres congregados en la estancia no guardaban ninguna proporción con el ingenio de la chanza, pero sirvieron para aliviar la tensión y, dado que Simón era un hombre que rara vez bromeaba, todos pensaron que la ocasión era digna de ser recordada y acogieron sus palabras como un buen presagio. Cuando salieron del castillo para dirigirse a la plaza del mercado, el estado de ánimo general no podía ser más alegre.

Las gotas de sudor ardían en los ojos de Raoul, que ya estaban medio cegados por las constricciones de su yelmo. La empuñadura de su espada se había vuelto resbaladiza a causa de la sangre, tanto suya como de otros hombres, y cuando alzaba el arma para descargarla sobre su oponente, parecía estar fabricada de plomo, no de acero de Lombardía. Dos oleadas de la caballería de Simón que habían embestido prácticamente una detrás de la otra habían derribado a los hombres de Foix con tanta facilidad como si los soldados fuesen frágiles hileras de bolos antes de abrirse paso entre los aragoneses con un ímpetu incontenible. Alguien gritó que el rey Pedro había muerto, y eso bastó para que toda la línea de combatientes españoles se desmoronase.

Raoul se encontraba cerca de Pedro de Aragón cuando el monarca cayó. Pedro, en su falsa humildad, llevaba la armadura de un caballero corriente, sin ningún rasgo distintivo que pudiera salvarlo de las hojas que le atravesaron el corazón. El ataque de los guerreros del norte fue tan terrible que resultó imposible acudir en su ayuda. Antes de que Raoul pudiera comprender lo que estaba ocurriendo, sus líneas ya habían sido atravesadas y rodeadas, quedando divididas en pequeñas bolsas de hombres. En aquel momento, perdidas ya todas las esperanzas, Raoul y aquellos de sus guerreros que aún seguían en pie luchaban desesperadamente para tratar de escapar a la catástrofe antes de sufrir el mismo destino que Pedro de Aragón. Giles aún mantenía sus posiciones a la izquierda de Raoul, pero Roland había caído en el flanco derecho con la mayor parte de los caballeros de Montvallant.

Raoul detuvo un mandoble. Un caballero del norte le atacó con su temible bola erizada de pinchos. La cadena se movió en una veloz espiral alrededor de su cota de malla, y Raoul se vio arrancado de la silla de montar y acabó estrellándose pesadamente contra el suelo. La batalla seguía desarrollándose alrededor, separándole de Giles. *Fauvel* se encabritó y se lanzó hacia delante, repentinamente enloquecido por la ausencia de su jinete. Raoul vio cómo los cascos herrados y las patas amarillas bailoteaban muy cerca de él. Estuvo a punto de recibir una coz, y comprendió que si seguía en el suelo acabaría siendo pisoteado. Maltrecho y sin aliento, pero con la espada todavía en la mano, logró ponerse en pie para encontrarse con que en derredor de él solo había enemigos. Un caballero se inclinó sobre él desde lo alto de su silla de montar con la intención de decapitarle. Su espada se abrió paso a través del escudo de Raoul, y el impacto volvió a derribarle. Raoul sintió el rechinar de las partículas de polvo en su lengua y sus dientes. Con los ojos desorbitados y llenos de lágrimas, contempló el rostro de la muerte. Las patas del caballo se agitaron, esta vez no ambarinas sino del brillante rojo de un corcel bayo. Mientras el joven caballero se doblaba sobre la silla para descargar un segundo mandoble, Raoul recurrió a sus últimas reservas de energía, saltó sobre él y lo arrojó al suelo. El caballero aulló al desplomarse. Aferrándose al anca y a la perilla de la silla de montar, Raoul logró izarse a la grupa del corcel de pelaje rojizo.

Un instante después advirtió que alguien intentaba atacarlo; ya era demasiado tarde para esquivarlo y, habiendo perdido su escudo, intentó desviar el salvaje mandoble con su hoja. La vibración del impacto ascendió por todo su brazo. Raoul perdió el control de los dedos, el arma cayó de su mano y su enemigo volvió a embestirlo, atravesando la cota de malla, el acolchado protector del gambesón y la carne. Raoul vio un yelmo de acero adornado por un penacho de plumas teñidas de carmesí, el león de cola bifurcada sobre el escudo y la ondulación de los músculos debajo de la sinuosa piel metálica de la cota de malla. «Y miré y vi un caballo pálido, y el nombre de quien lo montaba era muerte...»

El dolor brotó de la herida para oscurecer todas las funciones conscientes de la mente de Raoul; y a pesar de lo desesperado de la situación, el instinto de supervivencia le obligó a agarrarse a la perilla de la silla de montar y tensar los muslos. El corcel rojo se encabritó y agitó las patas delanteras, mientras el joven caballero que había caído al suelo aullaba al ser coceado. Raoul sintió que alguien agarraba las riendas del corcel y supo que pronto moriría. Eso le daba igual, siempre que la muerte pudiera apagar el fuego que ardía dentro de su pecho.

Sin embargo el golpe mortífero no descendió sobre él y en su lugar oyó una voz que blasfemaba enérgicamente en la lengua del sur entre el estrépito y el entrechocar de las armas. El caballo aceleró el paso. Cada movimiento de las patas producía una nueva punzada de agonía que se extendía a través del pecho de Raoul. Empezó a deslizarse hacia la inconsciencia, pero antes de que llegara a caer de la silla se sintió revivir al notar las gélidas aguas sobre sus muslos cuando el corcel se metió en el río Louge.

–¡No os rindáis ahora, mi señor, por el amor de Dios! –oyó murmurar a Giles como desde una inmensa distancia.

–Ya lo tengo –dijo Mir cerca de la oreja de Raoul.

Un momento después Raoul fue vagamente consciente del punto de apoyo que le proporcionaba otro caballo cuyo jinete se había introducido en el agua junto a él. Los párpados le pesaban tanto como si se los hubieran cubierto de piedras, pero se obligó a abrirlos. El mundo, apenas visible a través de las rendijas de su yelmo, giraba locamente y se bamboleaba de un lado a otro. Raoul vio sus manos engarfiadas sobre la perilla de la silla de montar, enrojecidas por la sangre. Más sangre goteaba sobre las negras crines del corcel. El caballo empezó a subir por la otra orilla del río y Raoul se tambaleó sobre la silla. Mir perdió su asidero, pero la mano de un caballero templario que acudió al lugar salvó a Raoul de desplomarse encima del anca. Un instante antes de que la consciencia vacilara por última vez y se oscureciese como una vela apagada, Raoul reconoció a Luke de Béziers.

Capítulo 25

Toulouse, septiembre de 1213

–¿Vivirá? –preguntó Giles.

Luke de Béziers se cruzó de brazos y, al cabo de unos minutos que parecieron interminables, apartó de mala gana la mirada del paciente para volverla hacia el preocupado caballero.

–Está muy grave –dijo en voz baja y suave–. La herida se ha infectado, y apenas puedo hacer nada para combatir ese envenenamiento con mis pobres artes.

Giles se mordió el labio y bajó la mirada hacia su joven señor para contemplar sus rasgos cerúleos, los labios agrietados por la fiebre y aquel musculoso cuerpo de guerrero cuya carne se estaba consumiendo con alarmante rapidez salvo en la herida, que parecía una hinchada masa de gachas supurantes. Hebras tan rojas como arañazos surgían de ella e invadían el tejido sano que la circundaba. Giles intentó avivar sus cada vez más tenues esperanzas de que Raoul sobreviviría, sabiendo que, si no se producía ninguna mejoría, hacia el anochecer ya no quedaría esperanza alguna.

Habían transcurrido dos días desde que la caballería del conde Raimundo buscó refugio detrás de las murallas de Toulouse junto con los maltrechos restos de los ejércitos que habían sucumbido ante la terrible carga de Simón de Montfort. Luke de Béziers había llevado al caballero de Montvallant a una casa «segura» de la ciudad cercana al Pont-Vieux y al suburbio de Saint Cyprien. El edificio pertenecía a los templarios y era allí, mientras la ciudad intentaba negociar su vida con el lobo acampado alrededor de sus murallas, donde Raoul luchaba por la suya y, de momento, parecía estar perdiendo la batalla.

–¿Qué estabais haciendo en pleno corazón de la batalla? –Luke se volvió nuevamente hacia Giles para lanzarle una mirada de perplejidad–. Por lo que tengo entendido, el contingente de Toulouse siempre se mantuvo como mínimo a un par de leguas del combate.

Giles dejó escapar una carcajada llena de amargura antes de responderle.

–Nos hallábamos allí en representación suya. Mi señor estaba tratando de explicarle los puntos de vista del conde Raimundo a Foix y, básicamente, estaba intentando conseguir que ese viejo chocho fuera consciente de lo que había más allá de la punta de su espada cuando los hombres de Simón de Montfort se lanzaron inopinadamente a la carga. Aun suponiendo que hubiéramos deseado retirarnos, lo cierto es que no dispusimos de tiempo para hacerlo.

–Y supongo que cuando llegó el momento de la confrontación final, Raoul se negó a huir –dijo Luke, señalando al enfermo con una inclinación de la cabeza.

–Así es.

Giles apretó los labios. Sus ojos no conseguían apartarse de la ubicua silueta de un crucifijo colocado sobre la cama. Jesucristo suspendido en su sufrimiento... Pensamientos blasfemos llenaron su cabeza. Hasta el comienzo de aquella guerra, Giles siempre se había tenido por un buen católico, si bien no se consideraba demasiado devoto.

–Si la muerte decide reclamar a vuestro señor, ¿queréis que uno de los Perfectos asista a Raoul en sus últimos momentos? –preguntó Luke con afable dulzura–. Puedo encargarme de ello.

Giles se encogió de hombros en un gesto de cansancio.

–Haced lo que os parezca mejor.

–En ese caso, ¿permitiréis que haga venir a uno de la ciudad?

Giles respondió con un gesto a medio camino entre el asentimiento y el desdén y se sentó en un taburete junto a Mir. El joven escudero, con el rostro pálido y humedecido por las lágrimas, se estaba restregando los ojos con los nudillos. Cuando se disponía a salir de la habitación, Luke se detuvo delante del cofre que había junto a la cama para encender la lámpara de aceite, y le llamó la atención un disco esmaltado que alguien había depositado junto a la daga para cortar la carne y el anillo de sello de Raoul. El joven templario lo contempló unos momentos antes de cogerlo y deslizó el pulgar sobre el símbolo de la paloma y el cáliz grabado dentro de una estrella formada por dos triángulos entrelazados.

–¿De dónde habéis sacado esto? –preguntó con repentina sequedad.

Giles extendió la mano para que le entregara el objeto y lo hizo girar entre sus dedos.

–No lo sé. Mi señor lo llevaba colgado del cuello cuando le quitamos la ropa, pero nunca lo había visto antes. –Se lo pasó al escudero–. ¿Qué sabes sobre él, Mir? Tú eres quien le ayuda a armarse y a desvestirse.

Mir examinó el disco y frunció el ceño.

–Se lo vi llevar por primera vez después de que fuéramos a Foix con los cátaros... Sí, después de que volviera de ese viaje con la dama Bridget.

–¿Cómo? –Luke clavó los ojos en el escudero–. ¡Cuéntame qué ocurrió!

–Rescatamos a... a tres cátaros de Lavaur. Y... luego... –balbució Mir, asustado ante la reacción del templario y repentinamente reducido a la incoherencia por el cansancio y la preocupación.

–Uno de ellos era Chrétien de Béziers, vuestro padre –intervino Giles, intentando calmar al muchacho con una palmadita en el brazo–. Iba acompañado por un hombre bastante mayor que él, una especie de amanuense o escribano, y por la dama Bridget. Los llevamos a Foix, y luego mi señor y la dama Bridget se fueron y no volvieron hasta al cabo de un día y una noche.

–¿Y fue entonces cuando obtuvo esto?

Luke tomó el disco de entre los dedos del escudero.

–Creo que sí –dijo Mir.

Giles inclinó la cabeza hacia un lado.

–¿Por qué lo preguntáis?

Luke sostuvo el disco delante de la lámpara para estudiar el motivo céltico que cubría el reborde.

–Este objeto perteneció a mi tía Magda. Solo la Diosa o su consorte, si es que lo tiene, llevan esta joya.

–¿La Diosa? –repitió Giles.

Luke volvió a dejar el disco encima del cofre sin decir nada y, cuando giró sobre sus talones para encararse con Giles, su rostro había adoptado una expresión de cauteloso recelo.

–Olvidad que he hablado –dijo con un tono que heló la columna vertebral de Giles–. Iré en busca de un Hombre Bueno de los cátaros –añadió, y se marchó con paso presuroso.

Giles dejó escapar un suave silbido y se sentó junto a la cabecera del lecho. Después deslizó las manos entre sus ralos cabellos y miró a Mir.

–¿Sabes nadar, muchacho?

–¿Por qué me lo preguntáis? –inquirió a su vez Mir, mirándole fijamente y parpadeando.

–Porque sospecho que nos hemos metido en aguas demasiado profundas para nosotros.

Giles cogió un cuenco de agua con hierbas, estrujó el paño que se había estado empapando en la infusión y lo deslizó sobre el cuerpo ardiente de Raoul. Este volvió la cabeza de un lado a otro sobre la almohada y dejó escapar una especie de balbuceo, un sonido ahogado que se intensificó de repente para convertirse en un estridente alarido.

–¿Qué está diciendo? –preguntó Mir, acercándose a la cama mientras se restregaba nerviosamente las manos en la túnica.

Giles volvió a humedecer el paño.

–Algo sobre Domingo y el fuego, o eso me ha parecido entender.

–¿Domingo de Guzmán?

–Es el único Domingo que conozco.

Mir se estremeció, cada vez más asustado. Últimamente habían ocurrido muchas cosas que era incapaz de entender. Había perdido su hogar y todo aquello a lo que tenía derecho por nacimiento. Estaba perdiendo a su señor y, a causa de hombres como Domingo de Guzmán, también comenzaba a perder la fe. ¿Serían aquellas las mismas razones que estaban haciendo gritar a milord Raoul en su terrible agonía?

–Ve a ver si encuentras un poco de vino, Mir, por el amor de Dios –dijo secamente Giles mientras el joven permanecía paralizado junto a su hombro, horrorizado y sin saber qué hacer–. Cuanto más fuerte sea, tanto mejor. Pronto habrá que cambiar este vendaje.

Raoul se tambaleaba sobre una angosta cornisa de piedra, la espada en la mano derecha pero sin un escudo que le permitiera mantener el equilibrio. La escarcha crujía bajo sus botas, las estrellas convertían el cielo en una bóveda cristalina, y el aire era tan frío que le acuchillaba los pulmones. Un abismo se abría debajo de él, negro y enorme como una boca abierta ribeteada por colmillos de piedra caliza que aguardara ser alimentada. Las antorchas ardían en las almenas que se elevaban por encima de su cabeza, y su luz destelló en el filo de la espada mientras Raoul apoyaba el pomo en la muñeca para enfrentarse al momento final. Dos hombres sin rostro envueltos en túnicas oscuras le atacaron. La hoja de Raoul chocó con el acero y retrocedió tras un chispazo azul rápidamente extinguido. El dolor le desgarró el pecho, y Raoul sintió que se precipitaba en una negra sima. Arañó las paredes intentando encontrar un asidero, pero estas eran tan lisas como obsidiana pulimentada y se hallaban tan heladas que su frialdad invadió todo su cuerpo hasta dejarlo casi paralizado. Sus párpados empezaron a cerrarse, y Raoul dejó de debatirse.

De pronto alguien gritó su nombre desde muy lejos. Raoul no prestó atención al sonido, pero la persona que gritaba insistió y se fue aproximando. «Una mujer... –pensó confusamente Raoul–. ¿Claire? No...» Un resplandor repentino atravesó sus párpados con una punzada de dolor y, atisbando por entre ellos, Raoul vio a Bridget, el cuerpo rodeado por un halo de luz y la oscura cabellera ondeando detrás de ella. Bridget extendió el brazo y, tomándole de la mano, volvió a llevarle hacia la luz. Raoul se encogió e intentó retroceder, sabiendo que no deseaba volver por donde había venido, que la oscuridad le protegía y que en ella estaría a salvo, pero Bridget tiró inexorablemente de él, obligándole a avanzar, de modo que no pudo resistirse.

Unos momentos después se encontró en una habitación desconocida, contemplando desde arriba a tres individuos que estaban inclinados sobre un hombre que yacía inmóvil en una cama. Reconoció a Giles y a Luke de Béziers, pero no al hombre barbudo vestido con una túnica oscura inmóvil junto a ellos. Mir lloraba a un lado, el rostro escondido tras sus manos temblorosas. Ninguno de ellos pareció darse cuenta de que Bridget avanzaba hacia la cabecera del lecho, aunque para Raoul la muchacha era tan sólida como el cofre y el perchero que había junto a él. Inclinándose hacia el joven tendido sobre el colchón, Bridget puso la mano encima de su pecho y pegó su boca a la suya, llenando todo su ser con su aliento, y en ese instante Raoul reconoció su cuerpo y el suelo se acercó vertiginosamente a él para recibirle.

–Esperad –dijo secamente Giles mientras el templario empezaba a extender la sábana sobre el cuerpo de Raoul y el hombre bueno de los cátaros cerraba su libro de oraciones–. Esperad... Me ha parecido ver que se movía.

–Solo eran los últimos espasmos de los músculos –dijo Luke con un tono lleno de compasión–. Dada vuestra profesión, seguramente ya los habéis visto antes.

–No, estoy seguro de que...

Raoul abrió los ojos. Bridget estaba inmóvil entre los hombres y le sonreía, pero cuando extendió la mano hacia ella, la joven la rehuyó y, sin dejar de sonreír, salió de la habitación. En vez de Bridget fue Giles quien le tomó la mano, con los ojos llenos de asombro y cierto temor.

–Milord Raoul...

–¿La has visto? –murmuró Raoul con un hilo de voz.

–¿A quién, mi señor?

–Bridget...

Giles y los otros hombres intercambiaron una rápida mirada.

–No había nadie más aparte de nosotros –replicó con voz titubeante.

–Bridget estaba aquí...

Raoul logró tragar saliva con considerable dificultad. Su garganta estaba tan reseca como un trozo de cuero viejo.

–No me sorprendería –dijo Luke. En su rostro había tensión, pero no miedo. Tan solo unos momentos antes Raoul no tenía pulso ni respiración. Luke hubiese empeñado su juramento de templario en que estaba a punto de cubrir el rostro de un muerto–. Mi prima posee muchos dones extraños.

Con una mano temblorosa, Giles echó vino en una copa y se la ofreció al paciente.

Raoul bebió ávidamente y se recostó sobre las almohadas, sintiéndose agotado y bastante confuso. El cátaro, viendo que ya no tenían necesidad de su socorro espiritual, partió para seguir atendiendo las apremiantes obligaciones que había asumido junto con su fe. Con los restos del ejército del sur atrapados en Toulouse, había muchos heridos y agonizantes que necesitaban sus servicios.

–¿No recibí el *consolament*? –se apresuró a preguntar Raoul mientras Luke empezaba a quitar los vendajes que habían colocado alrededor de su herida.

–No. Os era imposible dar las respuestas porque no estabais consciente, pero rezó porque vuestra alma hallara un buen cuerpo en el que morar cuando os abandonase.

Si hubiese tenido fuerzas para ello, Raoul habría sonreído,

pero estaba muy débil y el dolor era muy intenso. Lo único que podía recordar de los últimos días era una interminable sucesión de oscuros sueños llenos de llamas y derramamiento de sangre.

–¿Dónde estoy?

–En Toulouse, mi señor –dijo Giles, mirándolo por encima del hombro de Luke–. Os trajimos aquí después de la batalla. El conde Raimundo está negociando las condiciones de un acuerdo. No podemos seguir combatiendo, pero mientras conservemos la ciudad tampoco podremos ser derrotados.

–Una situación de tablas, pues...

Raoul apretó los dientes y se arqueó mientras Luke retiraba el último vendaje impregnado de ungüento. El joven templario se disculpó. Tres horas antes la herida de Raoul era un amasijo de carne maloliente sobre la que burbujeaba el pus y en el que la infección iba avanzando de manera incontenible, pero al quitar el vendaje Luke solo vio limpios bordes rosados y una moderada hinchazón. Las franjas rojas, aunque todavía presentes, se habían empequeñecido considerablemente y la carne estaba fría al tacto. Si necesitaba alguna otra evidencia, allí tenía una prueba de las capacidades de Bridget.

–Casi matasteis a uno de los hijos de Simón de Montfort en la batalla. –Giles se afanaba alrededor de Raoul como una gallina clueca, desahogando así su nerviosismo y su alivio, que habían llegado muy cerca de aquel punto en el que nada habría podido evitar el estallido emocional acerca del que Raoul y él habían hablado mientras huían de Lavaur–. Eso os salvó la vida. Ve a buscar un tazón de caldo, Mir. Quizá milord Raoul desee tomar unos sorbos dentro de unos momentos, en cuanto Luke haya acabado.

–¿Qué quieres decir?

Raoul siguió con la mirada al escudero mientras este salía corriendo de la habitación, y enseguida comprendió que no podría evitar frustrar el febril optimismo de Giles. En aquellos momentos solo necesitaba dormir.

–De Montfort estuvo tan ocupado protegiendo a su cachorro y recogiéndolo del suelo que no se molestó en asestaros el golpe de gracia, y cuando volvió a estar en libertad de hacerlo, ya os habíamos sacado de allí.

–¿A cuál de sus hijos herí?

Los párpados de Raoul empezaron a descender. Era vagamente consciente de que Luke estaba esparciendo un ungüento de hierbas sobre la herida y de que luego la cubría con un vendaje limpio.

–A Guy, el mediano –le explicó Giles–. Escapasteis sobre su caballo. Perdimos a *Fauvel*, pero el bayo es una auténtica belleza... ¿Mi señor? –exclamó un instante después, inclinándose sobre la cama con una nota de pánico en la voz.

Luke rozó el hombro del caballero con afable dulzura.

–Solo se ha quedado dormido. No os preocupéis. –Sus ojos fueron hacia el talismán depositado encima del cofre–. Se curará. Ahora ya puedo asegurarlo con certeza.

–¡Aquí está el caldo! –anunció Mir, entrando a toda prisa en la habitación con una humeante escudilla de madera y una cuchara de asta. Un instante después se detuvo con los ojos se desorbitados, pues Giles estaba sollozando sin tratar de ocultar sus lágrimas. La mirada horrorizada del joven voló hacia el lecho y luego se volvió hacia el templario–. Oh, no...

Luke le dirigió una sonrisa tranquilizadora.

–No hay por qué preocuparse. –Extendió la mano hacia la escudilla llena de caldo–. Yo me lo tomaré. Me muero de hambre. Y ahora ve a buscar otra para sir Giles. Enseguida se pondrá bien, y lo mismo le ocurrirá a vuestro señor...

«Por lo menos en lo que respecta al cuerpo...»

Claire estaba sentada en el banco del huerto de Castelnaudry, las manos entrelazadas encima del regazo y la mirada clavada en algo que se encontraba a una inmensa distancia de los lechos de hierbas que se suponía estaba limpiando. Se le permitía algún que otro momento de soledad, habitualmente cuando el vizconde y sus hijos volvían a casa de la guerra y mantenían ocupadas a las mujeres de la mansión. Aquel día todo el castillo hervía en una fervorosa celebración de la gran victoria que el norte había obtenido en Muret. Claire cerró los oídos a su obscena alegría y decidió buscar la tranquilidad del huerto. El odio, como tanto le gustaba repetir a Geralda antes de que muriese en Lavaur, no formaba parte de los dogmas de la fe cátara, de manera que Claire no debía odiarles por haberle arrebatado su hogar, a su esposo y a su hijo. No debía odiarles por haberla obligado a contemplar cómo ardían los cátaros de Montvallant. No debía odiar a Simón de Montfort por haberla violado sobre el suelo de su propio solanar y haber sembrado la semilla de un hijo dentro de su útero, o por haberle quitado a aquel niño después de que naciera.

Claire hundió las uñas en las palmas de sus manos. ¡Jesús bendito, era imposible no sentir odio! ¿Cómo podía hallar perdón en su corazón para semejantes crímenes? Se levantó con un movimiento casi convulsivo, cogió su cesta y sus tijeras de podar, se volvió hacia los matorrales de lavándula y empezó a atacar sus tallos. El aromático olor de la hierba, el movimiento de sus manos y el silencio fueron calmando gradualmente su torbellino interior. Si no era capaz de hallar el perdón dentro de su corazón en aquellos momentos, quizá este acudiría a ella al día siguiente. Cada día debía ser considerado no como un obstáculo o un tropiezo, sino meramente como un mojón más en el camino que llevaba a su meta.

Colocaba los últimos tallos de lavándula dentro de la cesta cuando la puerta del recinto se abrió con un chirrido y un enorme alano marrón entró de un salto por la abertura y corrió hacia ella, las fauces llenas de babas. Claire gritó y alzó los brazos para protegerse la cara y la garganta mientras el perro saltaba sobre ella y arrancaba la cesta del brazo. Los tallos de lavándula salieron despedidos en todas direcciones.

–¡Túmbate, *Brutus*!

El sabueso se dejó caer inmediatamente sobre el estómago, aplastando tallos de lavándula y liberando su potente aroma. El dueño de *Brutus* se aproximó con paso rápido y decidido, y Claire sintió que el estómago se le revolvía entre una oleada de terror. Aquel día Simón llevaba una túnica y un cinturón adornados con joyas, calzaba botas de puntera dorada y ribetes de oro confeccionadas con la piel de cabritillo más suave que podía hallarse, y su cabellera de color gris acero estaba meticulosamente peinada. Los anillos relucían en sus manazas cuadradas, que sostenían un bulto envuelto en una tela encerada. Simón dejó el paquete encima del banco y estudió a Claire con expresión meditabunda.

Sin desearlo realmente, pero obligada a ello por su presencia, Claire alzó la mirada hasta clavarla en los ojos de Simón. El señor del castillo podía ir ataviado para un banquete y no llevar más armas encima que la daga para cortar la carne que colgaba de su cinturón, pero eso no cambiaba nada. Claire aún podía verlo montado sobre su blanco corcel de guerra, el rostro impasible mientras contemplaba cómo los cátaros de Montvallant eran quemados en la plaza del mercado. Aún podía sentir la violenta presión del cuerpo de Simón, y la embestida de la lengua y el ariete viril.

–Eres como una mariposa. –Su voz era afable pero un tanto ronca, como si el humo de sus víctimas la hubiera impregnado de una aspereza que jamás podría disiparse. Simón extendió una palma callosa para rozar la gruesa trenza rojiza de Claire–. Aplastarte sería una pena...

Claire retrocedió tambaleándose.

–¡No me toquéis! –jadeó y echó el puño hacia atrás con las tijeras de podar aferradas entre los dedos.

Los párpados de Simón se tensaron, sin que hubiera más advertencia que esa. A pesar de su corpulencia, su movimiento fue tan veloz que Claire no dispuso de tiempo para defenderse. Le arrancó las tijeras de la mano y, tras arrojarlas al otro extremo del huerto, le retorció la muñeca con tal ferocidad que Claire gritó y cayó de rodillas. El perro se levantó de un salto para pegar el hocico a la cara de Claire y mostrarle los colmillos.

–¡Por favor! –sollozó Claire–. ¡Oh, no, por favor! –suplicó, odiándose por su debilidad.

Simón hizo callar al perro con una seca orden y el alano volvió a tenderse sin dejar de gruñir. Con la respiración entrecortada, Simón levantó a Claire de un tirón y la atrajo hacia sí, asegurándose de que no le cupiera ninguna duda en lo tocante a su erección.

–Eres más estúpida de lo que suponía –dijo con ronco desprecio–. ¡O quizá sea que aún no has descubierto cuál es el nivel de mi tolerancia! –Tomándole el rostro entre las palmas, le levantó la cabeza como si se dispusiera a besarla y después la apartó hacia un lado con un brutal empujón, demostrándose a sí mismo que poseía el control necesario para obrar de aquella manera–. He venido a verte para entregarte algo que traje de Muret –añadió secamente–. Las viudas siempre deberían tener alguna reliquia que sirva de centro a su luto.

Simón cogió el paquete que había dejado en el banco y apartó la tela encerada para revelar los restos astillados de un escudo y una espada embotada con la hoja mellada.

Claire contempló el motivo mutilado de galones entrelazados que adornaba el anverso del escudo. Raoul lo había pintado con sus propias manos durante el primer invierno de su matrimonio. Claire recordaba de manera intensamente vívida su meticuloso cuidado, la brillante paleta de colores italianos y, finalmente, el brillo de satisfacción en los ojos de su esposo mientras daba un paso hacia atrás para examinar su obra una vez terminada.

–Yo mismo le maté –dijo Simón mientras veía cómo el color desaparecía del rostro de Claire y sus ojos se iban abriendo más y más–. Raoul de Montvallant yace en una tumba anónima en la llanura donde se libró la batalla, junto con todos esos otros idiotas que nunca llegaron a saber qué les fulminó..., aparte de la ira de Dios. –Sus labios se curvaron en una sonrisa llena de horrible malicia–. Por lo menos él tiene un descendiente que heredará sus tierras y que está siendo educado en las mejores tradiciones católicas...

–¡Eres el diablo! –exclamó Claire, sintiéndose invadida por una oleada de náuseas a medida que entendía el significado de sus palabras.

Simón se irguió orgullosamente ante ella.

–Sirvo fielmente a mi Dios –declaró–. Tú eres la traidora, y hasta ahora he sido misericordioso..., pero quizá todo eso cambie muy pronto.

Claire se apartó de él, gritando como un animal herido, y se inclinó sobre uno de los lechos de hierbas para vomitar.

Simón la contempló en silencio durante unos momentos, experimentando una mezcla de satisfacción y asco hacia sí mismo. Después llamó al perro con un chasquido de los dedos, giró sobre sus talones y salió del huerto.

Cuando los últimos espasmos de la náusea se hubieron disipado por fin, Claire se derrumbó sobre la hierba junto al banco y sollozó, con la pena, el terror y la repugnancia ardiendo en sus entrañas como un dolor insoportable. El Dios de Simón, no el suyo... Claire podía percibir la distinción con absoluta claridad. *Rex Mundi*, devorador de almas.

Durante un instante de enloquecida desesperación pensó en suicidarse usando la espada embotada que Simón había dejado encima del banco. Puso la mano sobre la empuñadura y percibió el roce de los pequeños surcos creados por la presión regular de los dedos de Raoul. ¿A cuántos hombres había matado aquel instrumento antes de que acabara llevando a Raoul a su propia destrucción? Claire se estremeció y apartó la mano de la empuñadura para extenderla hacia el escudo astillado que había junto a ella. Sus dedos dibujaron amorosamente el negro motivo que lo adornaba y las lágrimas llegaron por fin..., pero en su interior. De pronto Claire fue consciente de una repentina transformación, como si hubiera tejido una crisálida para sí misma a partir de las experiencias recientes.

Dejando los tallos de lavándula esparcidos allí donde habían caído, así como las tijeras de podar y las armas rotas detrás, Claire salió del huerto, todavía llorando, pero con la cabeza bien alta.

Capítulo 26

Montségur, las montañas del Ariége, verano de 1215

La niña de rubios cabellos estaba sentada junto a Bridget entre las manchas de luz y sombra de los pinos. Esta le preguntó:

–¿Te acuerdas para qué sirve esta planta?

–Para curar la tos, mamá.

–Muy bien. ¿Y qué haces con ella?

–Echas agua caliente sobre las hojas, y cuando haya pasado una marca de vela ya estará lista para beber –contestó la niña obedientemente–. Pero esta hoja no nos sirve porque la ha mordisqueado una oruga.

–En efecto. –Bridget sonrió y contempló cómo su hija seleccionaba las mejores hojas del blanco matorral de marrubio y las guardaba en la cesta–. ¿Y qué me dices de esta otra, Magda? –inquirió afablemente pasados unos momentos–. ¿Qué hacemos con ella?

La niña contempló con el ceño fruncido la mata de plantaina por unos instantes y luego las arruguitas desaparecieron de su frente.

–Las hojas hacen que las quemaduras mejoren –dijo alegremente.

–¡Muy bien! –la elogió Bridget, abrazándola.

Aunque Magda todavía no tenía cuatro años, su aptitud para aprender y absorber a través de cada uno de sus poros era prodigiosa, y no había nada que le gustase más que estar en la ladera de una montaña entre el limpio frescor de las primeras horas de la mañana en los bosques, recogiendo hierbas y plantas y descubriendo sus secretos.

–Mamá, ¿por qué...?

Magda se interrumpió al ver que la atención de su madre se había desviado hacia el sendero, que apenas se distinguía entre las plumosas copas de los árboles.

Un sordo retumbar de cascos resonó sobre la tierra y creó ecos en el corazón de Bridget. Por un momento intentó engañarse diciéndose que anunciaban la llegada de soldados que querían vender sus servicios o que traían mensajes del conde de Foix o, quizá, la aparición de una reata de mulas procedentes de las estribaciones de la montaña que traían suministros. Pero el engaño era tan poco capaz de ocultar la realidad como la delgada transparencia de una hostia de la comunión. Antes de que se hicieran físicamente visibles, Bridget ya sabía quiénes se aproximaban. El primer caballo era un bayo de vivo color rojizo. El hombre que lo montaba llevaba armadura, pero su yelmo colgaba de la silla y sus cabellos castaños, oscurecidos por el sudor, enmarcaban un rostro austeramente apuesto. Bridget había visto por última vez aquel perfil a la luz de un fuego agonizante después de una noche de pasión, y por aquel entonces no mostraba las marcas que podían verse en él a medida que se acercaba. Junto a él cabalgaba Giles, medio calvo y con el rostro sombrío, y detrás de ellos se divisaba al escudero, quien apartaba la vista de un esbelto niño de unos seis años de edad.

–¿Quiénes son, mamá? –preguntó Magda, para quien los visitantes eran una novedad.

Bridget titubeó. Había visto el lejano futuro, pero no la forma en que tendría lugar aquel encuentro, y necesitaba prepararse y hacer acopio de calma para lo que muy bien podía acabar siendo un rito de paso tan tormentoso como la noche en la que había sido concebida Magda.

–Son mensajeros de Foix –respondió lacónicamente, sabiendo que en realidad eran hebras de cáñamo y juncos que ella todavía no estaba preparada para tejer en una urdimbre–. Guarda las plantas en la cesta. Hemos de volver a casa.

Magda hizo un puchero.

–No quiero. ¡Me gusta estar aquí!

–¡Haz lo que te digo! –le ordenó secamente Bridget.

Magda contempló a su madre con dolido asombro y sus enormes ojos grises se llenaron de lágrimas.

La perplejidad que había en el rostro de Magda bastó para disipar el torbellino de emociones encontradas que se agitaban dentro de Bridget.

–Ay, cariño, lo siento mucho... No quería gritarte.

Se apresuró a coger en brazos a la niña, besándole la mejilla y la sien al tiempo que alisaba el oro pálido de los cabellos que constituían todo el legado de su padre. La rigidez de Magda se derritió, pero cuando Bridget abrió los brazos y la miró, una pregunta subrayaba la confianza que había en su mirada.

–Conozco al caballero del bayo y no esperaba verlo aquí, o por lo menos no tan pronto –dijo Bridget, confiando en que Magda se conformara con aquella explicación y no le creara más dificultades.

–¿Y ese caballero no te gusta, mamá?

–Me gusta mucho. –Bridget siguió acariciándole los cabellos–. Es un buen hombre y no quiero hacerle daño... No quiero que sufra más daño del que ya ha sufrido, ¿sabes?

Magda torció el gesto.

–Pero tú curas a los que están enfermos, mamá.

Los labios de Bridget se curvaron en una sonrisa llena de cansancio.

–Ah, si eso fuera el comienzo y el fin de todo... –murmuró, hablando más consigo misma que con la niña, y sus ojos pensativos se volvieron hacia la ladera sobre la que todavía se oía al pequeño grupo de jinetes.

Fue por la tarde, la parte más calurosa del día en la que todos dormían, cuando Magda oyó el caballo en el sendero que serpenteaba por encima de la cabaña que compartía con su madre. Bridget estaba dentro, descansando, pero Magda nunca, ni tan solo cuando era un bebé, había podido dormir salvo de noche. En aquellos momentos se estaba distrayendo con una colección de piedras y conchas blancas que disponía en uno de los motivos tradicionales que su madre le había enseñado, el camino en espiral del pasado, el presente y el futuro.

El sonido de cascos se volvió un poco más intenso y se fue aproximando en lo que parecía un trote no demasiado prudente. Magda colocó la última piedra en el dibujo, se levantó y se pasó las manos por la falda para limpiárselas. Entrecerrando los ojos ante la potente claridad solar, vio un poni de color marrón que venía directamente hacia ella, la cruz y los flancos oscurecidos por el sudor y los ollares convertidos en grandes cavernas rojizas. El niño al que había visto antes con los caballeros estaba sentado sobre el animal. Se aferraba a la grupa de su montura con la tenacidad de una carda, y su expresión reflejaba una tensa mezcla de júbilo y miedo. Las torres de Montségur ardían detrás de él. El poni se transformó en un corcel de guerra de musculosos flancos y el niño se convirtió en un hombre con armadura, un guerrero de semblante hosco y terrible en cuya mano brillaba una espada. Había otros hombres con él, y uno de ellos tenía los ojos verdigrises y un rostro toscamente hermoso. De las sombras surgió una criatura vestida con una larga túnica negra, una daga de cazador que relucía entre sus flacos dedos. Magda se sintió invadida por un terror tan abrumador que gritó y se cubrió los ojos con las manos mientras su vejiga dejaba escapar su contenido en un chorro caliente que se deslizó por sus muslos.

Al oír los gritos de Magda, Bridget salió corriendo de la cabaña, con los pies descalzos y la cabellera sin recoger flotando alrededor de sus hombros.

Atisbando a través de una rendija entre sus dedos, Magda vio que el poni había tropezado y caído cuando el niño intentaba evitar chocar contra ella, y que el pequeño jinete había salido despedido de la grupa. El caballito de color marrón cojeaba aparatosamente mientras dejaba escapar suaves gemidos de inquietud y un esbelto niño de cabellos rubios yacía en el suelo, tan inmóvil que Magda pensó que estaba muerto. El sol destellaba sobre los pinos, y las sombras estaban adormiladas y desiertas.

Su madre se arrodilló junto al chico y le examinó el cráneo con delicadas presiones de la yema de los dedos. El niño gimió y Magda se echó a llorar.

–¿Se pondrá bien, mamá?

–Creo que sí. Se ha dado un golpe en la cabeza, pero al parecer no hay nada roto. –Bridget lanzó una mirada al poni tembloroso y cubierto de sudor–. Esto ocurre cuando se le exige demasiado a la fuerza vital –murmuró sombríamente.

–Él no tuvo la culpa, mamá. Me interpuse en su camino. Vi... Le vi...

Magda se interrumpió y se mordió el labio.

–¿Qué viste? –preguntó Bridget con preocupación.

–El niño se había vuelto mayor... Montaba un caballo negro muy grande y tenía una espada en la mano... El castillo ardía... Vi a un hombre con un cuchillo, escondido entre las sombras. –La voz de la niña se quebró en un gemido de miedo y se aferró a su madre–. Era un hombre malo, y me estaba buscando.

–Eres demasiado joven para que las visiones se manifiesten con tanta potencia –murmuró Bridget con un tono suave y tranquilizador mientras abrazaba a su hija y la mecía cariñosamente–. La visión suele llegar sin ningún aviso previo... Es como tener una pesadilla con los ojos abiertos. –Besó la frente de la niña, y guardó silencio hasta que estuvo segura de que Magda se había calmado un poco–. Bueno, ¿crees que serás capaz de encontrar mi frasquito de loción de consuelda y el ungüento de margaritas? –le preguntó después–. Ya hablaremos del sueño y de su posible significado más tarde.

–Sí, mamá.

Magda echó a correr hacia la cabaña y Bridget volvió a concentrar su atención en el niño herido. Ya había abierto los ojos, y la mujer observó que, aunque estaba terriblemente pálido y tenía los párpados hinchados, sus pupilas todavía reaccionaban ante la luz.

–¿Qué ha pasado? –balbució.

–Estabas galopando sobre tu poni cuando ya sabes que no debes hacer esas cosas –le dijo, sin que la dulzura llegara a ocultar del todo la reprimenda.

El niño contuvo el aliento y después se irguió y miró desesperadamente alrededor hasta que localizó a su temblorosa montura.

–Tiene las rodillas despellejadas, y me parece que ha faltado poco para que se dislocara una pata –dijo Bridget–. Dentro de un momento atenderé a tu caballito.

El niño asintió con gratitud y volvió a tenderse mientras sus ojos se llenaban de lágrimas.

–No quería hacerlo –murmuró con un hilo de voz–. La cuesta era más empinada de lo que había pensado. –Se llevó la mano al bulto de su cabeza y luego contempló la sangre que había manchado su palma–. ¿Eres una cátara?

–No, pero vivo entre ellos. Me llamo Bridget y esta es mi hija, Magda, a la que estuviste a punto de aplastar.

–No pude hacer nada. Se quedó quieta delante de mí, y no se movía...

–¿Estabas huyendo? –preguntó Magda con su franqueza habitual mientras entregaba a su madre los remedios que esta le había solicitado.

–¡Por supuesto que no! –El niño frunció el ceño, visiblemente indignado–. ¡Salí a dar un paseo, nada más!

Entonces, como si acabara de darse cuenta de cuán groseras sonaban sus palabras, cerró firmemente los labios y bajó los párpados.

Bridget le contempló en silencio. «Quizá no estuvieras huyendo –pensó–, pero me parece que buscabas alguna clase de desahogo. Cuando se quita la correa a un cachorro, normalmente el primer estallido de energías repentinamente liberadas se consume en unas cuantas carreras y piruetas.»

–¿Crees que puedes caminar hasta ese árbol?

El niño asintió e hizo el esfuerzo, aunque le temblaban las piernas y tuvo que agarrarse a Bridget, quien lo condujo hasta la sombra ofrecida por las ramas del mostellar. Magda les siguió, sosteniendo un odre de agua que se le había ocurrido traer de la cabaña junto con los ungüentos. Bridget acomodó al niño con la espalda apoyada contra el tronco del árbol y lo dejó allí mientras se ocupaba del poni. El niño, que estaba muy pálido y sentía náuseas, recostó la cabeza contra la lisa corteza grisácea.

–Te sentirás mareado durante un rato –le advirtió Bridget–. Será mejor que intentes dormir mientras voy al castillo en busca de tu padre.

Los párpados de Guillaume se abrieron de golpe.

–¿Cómo sabes que mi pa...?

–Os vi a todos en el sendero esta mañana y le reconocí. Tu padre me ayudó a escapar de unos sacerdotes hace mucho tiempo. –Sonrió–. Incluso sé que te llamas Guillaume porque te sostuve en mis brazos cuando aún te envolvían en las tiras de tela de los bebés y tu madre te trajo a una de nuestras reuniones en Toulouse. –Mientras hablaba, echó una pequeña cantidad de loción de consuelda sobre una compresa y la puso encima del bulto de la frente del niño. Guillaume torció el gesto, y un instante después la mujer percibió la repentina tensión de sus músculos cuando el pequeño se preparó para resistir algo más que un mero dolor físico. Bridget le miró a los ojos, que estaban velados por el aturdimiento de la conmoción, y tomó firmemente su mano entre las suyas–. Te prometo que no tardarás mucho en volver a verla.

Guillaume le devolvió la mirada, con el estupor y la incredulidad claramente reflejadas en su rostro.

–¡Mamá puede ver esas cosas! –Magda se había sentido lo suficientemente ofendida para atreverse a defender a Bridget con gran indignación–. ¡Si ella lo dice, ocurrirá!

Guillaume permaneció en silencio, y de repente Magda se vio atrapada en las hebras que se agitaban en el silencio del niño. ¿Cómo se sentiría ella si perdiera a su madre? El pensamiento resultaba aterrador.

–Te juro que así será.

Bridget alisó los rubios cabellos y, sosteniendo aún la mano del niño, empezó a emitir oleadas de calma curativa que se fueron abriendo paso a través del aura trastornada de Guillaume y, poco a poco, los párpados del niño descendieron lentamente bajo la influencia tranquilizadora de los dedos y la mente de Bridget, hasta que quedó dormido.

–¿Qué le ocurrió a su mamá? –preguntó Magda.

–Fue capturada por Simón de Montfort y ahora es su prisionera.

–Oh.

Magda adoptó una expresión pensativa, no muy segura de haber entendido a su madre, pero sabiendo que su paciente tenía una aguda necesidad de consuelo. Contempló cómo su madre regresaba a la cabaña y volvía con una manta para envolver al niño dormido. Magda era vagamente consciente de que aquel no era un incidente ordinario destinado a quedar absorbido en sus vidas bajo la forma de un recuerdo menor, sino que formaba parte de una urdimbre del destino mucho más importante y todavía demasiado compleja para que pudiera entenderla su joven mente.

–Quiero pedirte un favor, Magda –dijo Bridget en voz baja y suave para no turbar el sueño de Guillaume–. He de subir a la fortaleza para contarle lo ocurrido a su padre. ¿Crees que podrás cuidar de él hasta que vuelva?

Magda asintió solemnemente, sintiéndose un tanto asustada pero también muy importante. Ya había ayudado a su madre a atender a enfermos con anterioridad y había permanecido junto a ellos durante cortos períodos de tiempo mientras ella trituraba las hierbas y mezclaba las pociones, por lo que aquello solo constituiría una pequeña extensión de su responsabilidad.

Bridget la besó.

–No tardaré mucho en regresar –prometió–, y ya sabes cómo llamarme si sucede algo.

–Sí, mamá –replicó obedientemente Magda.

Tan solo unos minutos después toda la encomiable seriedad de su comportamiento quedó hecha trizas y partió corriendo sendero arriba para recoger su colección de conchas y piedras, a fin de poder entretenerse jugando con ellas mientras esperaba. La mirada involuntaria que lanzó a los árboles solo descubrió delicadas sombras verdes, protectoras y benévolas.

El señor de Perella, comandante de la guarnición y el responsable de que la fortaleza hubiera alcanzado su formidable estado actual tras un largo proceso de edificación y desarrollo, se volvió hacia el joven caballero que permanecía inmóvil junto a él en el atestado patio de armas del castillo.

–¿Vos también iréis a Roma? –preguntó.

En esa ciudad el papa Inocencio había convocado un concilio para discutir varios temas que inquietaban al mundo cristiano, entre ellos la continuación de la cruzada en el Languedoc, que ocupaba un lugar destacado. El conde de Foix asistiría para pregonar a voz en grito sus opiniones, tal como harían el exiliado conde de Toulouse y las otras partes interesadas.

–Sí, también iré a Roma. –Raoul sonrió ácidamente–. Si el dinero lo permite, por supuesto... A diferencia del conde Raimundo, no tengo por suegro al rey Juan de Inglaterra para que pague mis gastos.

–¿Detecto una sombra de amargura? –preguntó el señor de Perella, deslizando un esbelto dedo a lo largo de su bigote.

Raoul apretó los labios.

–No contra el conde Raimundo –dijo después–. Bien sabe Dios que aceptar la caridad tiene que herirle mucho más profundamente que a mí, desde luego... Hubo un tiempo en el que se codeaba con los reyes, y ahora se ve obligado a pedirles limosna. –Raoul apoyó las manos en el gastado cinto de su espada, de donde había desaparecido la capa dorada y que era una digna compañera del flojel deshilachado que llevaba encima de su sobreveste de terciopelo–. Si hablo con amargura, es porque me veo forzado a vender mi espada para poder alimentar a quienes dependen de mí. Llevo mensajes para Foix a cambio de la capa que cubre mi espalda y del pan con que me alimento. Veo crecer a mi hijo, y me pregunto cómo se ganará la vida cuando le llegue el momento de hacerlo. –Su mandíbula se tensó–. No, he elegido mal mis palabras; no me lo pregunto, pues lo sé. Se ganará el pan con el laúd o con la espada, y probablemente ocupará una tumba temprana. Dudo de que el Papa vaya a utilizar este concilio para revocar los poderes de los hombres que nos han dejado sin sangre en el nombre de Jesucristo. –Dejó escapar el aliento en una ronca exhalación–. ¡Roma se limitará a poner su sello sobre los latrocinios de Simón de Montfort!

–Creía que el Papa estaba furioso con él porque Simón había destruido las murallas de Narbonne y se había peleado con Arnaud-Amalric.

Raoul se encogió de hombros.

–Solo fue un pequeño enfado. De Montfort rebasó los límites de su autoridad, y de ese modo se entrometió en ciertos asuntos reservados a Citeaux. El Papa se sintió obligado a protestar, pero en lo referente a las cuestiones de la política general y las intenciones, todos piensan igual.

–Han sido criados en el mismo establo.

Raoul torció el gesto.

–Sí, no cabe duda de que han sido criados en el mismo establo... –confirmó.

Su mirada atravesó el patio sin que realmente llegara a percibir su activo ajetreo. Habían transcurrido tres años desde la derrota de Muret, tres años pasados en los circuitos de los torneos y en las cortes de otros nobles, viviendo de las migajas de su caridad. Raoul había despedido a aquellos de sus hombres que sobrevivieron al desastre de Muret, conservando a su lado únicamente a Giles y a Mir. Mientras convalecía con sus suegros en Agen, había considerado la posibilidad de dejar a Guillaume con los padres de Claire, y había acabado decidiendo que no lo haría. El niño era lo único que tenía y estaría tan a salvo, o quizá más, llevando una existencia itinerante y nómada que en una ciudad repleta de volátiles simpatías rebeldes.

Durante dos años habían vivido en Inglaterra entre el séquito de Raimundo de Toulouse en la corte del rey Juan, pero Raoul había empezado a echar de menos el clima más cálido de su tierra natal, las viñas, los olivos y el luminoso sol del sur, de modo que volvió al Languedoc y aceptó la oferta de empleo que le había hecho Foix en su momento. Raoul se había convertido en un auténtico *faidit*, un mercenario desposeído.

–He hecho cuanto he podido para que este lugar llegara a ser impenetrable al asedio –murmuró el señor de Perella, examinando los austeros muros grises como si estuviera comprobando la solidez de cada piedra y cada carga de argamasa–. Ningún hijo de perra francés o romano hará a mis cátaros lo que les hicieron a los de Aimery en Lavaur. –Su esbelta mandíbula se tensó–. Esta fortaleza es un santuario, y así seguirá mientras yo sea capaz de defenderla. Estas son buenas gentes, y la luz debe ser protegida. –Después, sintiéndose entre incómodo y avergonzado, dio una palmada en el hombro a Raoul–. Soy un viejo chocho que habla demasiado. Venid a echar un vistazo al nuevo sistema de cables y poleas del rastrillo y decidme qué os parece.

Echaron a andar hacia la torre de piedra que albergaba el equipo, pero solo llevaban cruzada la mitad del patio cuando Raoul se detuvo de repente, con el cuerpo rígido, la respiración bruscamente contenida, el rostro ensombrecido por una expresión de incredulidad mezclada con un desgarrador anhelo.

–Bridget... –dijo en un susurro.

El señor de Perella siguió la dirección de la mirada de Raoul.

–Es una de sus adeptas. –Una expresión entre sorprendida y disgustada apareció en su cara–. No me habíais dicho que conocíais a alguien aquí.

Raoul no le prestó ninguna atención, pues todas las fibras de su ser ya se estaban tensando para volverse hacia su sueño. Abandonando al señor de Perella, echó a andar a través del patio.

Bridget alzó la cabeza, le vio y avanzó un paso. La sensación de irrealidad que se había adueñado de Raoul se volvió más intensa, pues había estado totalmente convencido de que Bridget huiría, o incluso de que atravesaría una pared. En vez de ello se encontraron cara a cara, y la mujer le tomó las manos en un apretón cálido y firme.

–Tu hijo se ha caído de su poni delante de nuestra cabaña. Se golpeó en la cabeza y está un poco conmocionado pero no ha sufrido ninguna lesión grave. Lo dejé durmiendo y vine a buscarte.

Centenares de preguntas atravesaron con la velocidad del rayo la mente de Raoul y le dejaron no solo sin habla, sino que incluso le arrebataron la capacidad de pensar de manera coherente. Lo único que pudo hacer fue mirar a Bridget y absorber hasta el último aspecto de su apariencia, desde su sedosa cabellera libre de toda atadura y la luminosidad de sus ojos hasta la sencilla túnica y los todavía más toscos zuecos de madera que calzaba. Bridget empezó a retirar las manos y Raoul, en una reacción totalmente involuntaria, curvó los dedos sobre ellas y se las sujetó.

–Soy real –dijo Bridget con afable buen humor–, y te prometo que no me desvaneceré de repente. Tu hijo te necesitará en cuanto despierte.

Raoul meneó la cabeza.

–Hay tantas cosas que necesito preguntarte... –dijo, soltándole las manos y obligándose a prestar atención a lo que estaba intentando decirle Bridget–. ¿Mi hijo? Se supone que está con Mir.

–Bien, pues ha conseguido despistar a su guardián y ha pagado bastante cara su travesura. Ven, pues no quiero estar demasiado tiempo lejos de él.

–¿Está solo?

Bridget se detuvo y se hizo a un lado para dejar pasar a una recua de mulas cargadas con leña que acababan de entrar en el patio. El mulero le dirigió un saludo lleno de reverencia que Bridget devolvió con la desenvoltura fruto de una larga costumbre.

–No. Mi hija cuida de él, pero es demasiado joven para semejante labor.

–¿Tu hija?

Raoul la siguió hasta más allá de las chozas que los Perfectos habían construido alrededor de los muros de la fortaleza. Una y otra vez vio cómo la gente dedicaba saludos a su compañera, que los devolvía con educación.

–Nació aquí, en Montségur.

Bridget se concentró en el pedregoso camino que se extendía ante ellos y no le dio más explicaciones.

Raoul se adelantó para poder verle la cara.

–¿Por qué te marchaste después de aquella noche?

El olor de la resina de los pinos envolvía sus cuerpos con cada nueva ondulación de la brisa.

–Nuestras vidas no estaban destinadas a seguir discurriendo juntas más allá de ese punto.

Bridget había empleado un tono de voz impasible, y ladeó la cabeza para rehuir el escrutinio de Raoul.

–Eso no es una respuesta.

Entonces ella le miró y Raoul vio relucir la luminosidad en sus ojos grises, y ese destello le recordó el rayo que había alumbrado el cuerpo desnudo de Bridget aquella noche en la cima de la colina. La voz que habló a continuación pertenecía a la Diosa.

–El porqué me marché y adónde fui son asuntos que solo me incumben a mí. ¿Acaso no recuerdas haberme dicho que sabías que no pertenecía a ningún hombre? O quizá has preferido olvidar por qué compartí mi cuerpo contigo en una ocasión...

Raoul apretó los labios.

–¿Significa eso que debo mantenerme alejado y adorarte humildemente como todos los demás?

La mirada de Bridget se tornó severa. Después apretó el paso y Raoul, murmurando maldiciones, se apresuró a alcanzarla.

–Nadie tiene que mantenerse alejado y adorar humildemente –replicó, soportando el dolor que le desgarraba la conciencia a un nivel cuya profundidad todavía era desconocida para Raoul.

–Lo siento –dijo él, moviendo la mano en un gesto entre triste e irritado–. La ira me ha impulsado a golpear a ciegas, y te he herido. Te debo la vida, ¿verdad?

Bridget le contempló con una mezcla de cautela y curiosidad.

–Después de la batalla de Muret, cuando estaba agonizando, viniste a mí. Giles dijo que tenía fiebre y que deliraba, pero yo sé que estabas ahí. –Miró por encima del hombro–. Y este fue el sitio que vi, pero creo que en una noche de invierno.

–Sí, lo recuerdo. –Bridget tembló con un estremecimiento casi imperceptible y se rodeó el cuerpo con los brazos, como queriendo protegerse–. Debes tratar de olvidar. A veces se nos permite mirar por ventanas que deberían permanecer cerradas. ¿Y tu herida? ¿Curó bien?

–Me ha quedado una cicatriz que me duele de vez en cuando. –Raoul se permitió una media sonrisa–. Pocos hombres pueden alardear de haber recibido un mandoble de la espada de Simón de Montfort en lo más encarnizado de la batalla y haber sobrevivido.

–¿Y tú alardeas de ello? –preguntó Bridget con un tono cautelosamente neutro.

Raoul la miró fijamente.

–No ante los cátaros –dijo, poniéndose muy serio.

Bridget quedó tan sorprendida que se echó a reír. Raoul rió con ella y la expresión alteró todo su rostro, revelando al joven que todavía se aferraba a una tenue existencia por debajo de la endurecida apariencia del guerrero. Raoul la cogió del brazo para ayudarla a mantener el equilibrio cuando llegaron a un trecho del camino bastante abrupto, y la vibración de sus cuerpos se entremezcló para convertirse en un armonioso acorde. Raoul tensó la mano con que sujetaba el brazo de Bridget, y la hizo girar hasta situarla de cara a él.

–¿Aire o relámpago? –murmuró antes de besarla.

El momento escapó al tiempo para quedar suspendido en la eternidad. Anhelo, dolor, preguntas acumuladas sin respuesta coherente... Cuando se separaron, Bridget sintió que su anterior firmeza se tambaleaba. Sin decir palabra, se liberó de los brazos de Raoul y continuó bajando rápidamente por el sendero.

Raoul, acosado por sus propias esperanzas y dudas, la siguió.

Magda se acercó corriendo a ellos cuando ya estaban cerca de la cabaña.

–¡Se ha vuelto a despertar! –anunció con gran excitación–. Le he dado un poco de agua. –Su mirada se posó en Raoul–. ¿Eres el papá de Guillaume?

–Sí.

La niña era una réplica de Bridget en miniatura, la misma paradoja de solidez y fragilidad. Sin embargo los cabellos de Bridget eran negros como la medianoche mientras que los de la niña, que tenían el color plateado de la luz lunar, eran todavía más pálidos que los de Guillaume.

–¡Guillaume dice que eres el caballero más valiente del mundo!

–¿Mencionó también que soy el más pobre? –replicó Raoul sonriendo.

–¿Qué es un pobre?

En la mirada que le lanzó Magda había una perplejidad tan llena de inocencia que Raoul se sintió repentinamente humillado, y no pudo evitar que se le formara un nudo en la garganta.

–Un pobre es aquel que no entiende en qué consiste realmente la riqueza –dijo Bridget con tono levemente sarcástico mientras echaba a andar para ver al hijo de Raoul.

Pasaron el resto del día y la noche en la cabaña de Bridget, en la ladera de la montaña. Mir fue en su busca, enviado por el señor de Perella y ya medio enloquecido por la preocupación. Bridget lo tranquilizó y le sirvió agua y sopa antes de que regresara a Montségur con instrucciones de volver por la mañana trayendo consigo el caballo de Raoul.

Lo que Guillaume necesitaba por encima de todo eran unas cuantas horas de sueño que disiparan su dolor de cabeza, pero antes de acostarse estuvo jugando un rato con Magda, usando sus piedras blancas como fichas en una partida improvisada. La niña demostró ser una excelente alumna y poseer un nivel de concentración muy superior al que cabía esperar de su tierna edad, y Guillaume fue el primero en cansarse.

Los niños se acostaron en la más pequeña de las dos habitaciones que formaban la cabaña. Bridget dejó caer la gruesa cortina de ásperas hebras que separaba las dos piezas, apagó la lámpara de aceite y volvió a reunirse con Raoul delante del hogar central de la habitación principal.

Pasado un rato, Raoul la miró a los ojos.

–¿Es hija mía?

–Es una hija de la luz cuyo código rige nuestras vidas –replicó secamente Bridget.

Raoul colocó más ramitas en el fuego, disponiéndolas con innecesario cuidado.

–¿Qué crees que voy a hacer? ¿Piensas que voy a llevármela conmigo para que recorra los circuitos de los torneos a mi lado? –Había dolor en el azul de sus ojos–. Lo único que quiero es oírtelo decir, no convertirme en su dueño y señor.

Bridget suspiró y acabó capitulando después de un largo silencio.

–Sí, es hija tuya. Te elegí, y también escogí el momento y el lugar de su concepción..., pero hasta que nos unimos no fui consciente de cuán grande era el poder que permanecía encerrado dentro de mí.

Bridget estaba arrodillada delante del fuego, con una mano curvada sobre el símbolo del cáliz y la paloma suspendido del cordoncillo rojo que colgaba entre sus pechos. Por un momento sus terminaciones nerviosas vibraron con un cosquilleo helado, pero la sensación se desvaneció rápidamente y fue sustituida por un torrente de calor. Aquella noche no había tormenta. Aquella noche solo se oían el susurro del viento entre los pinares y los movimientos del poni junto a la cabaña; aun así a Raoul le recordó una caverna en la ladera de una colina no muy alejada de allí. No fueron únicamente las palabras de Bridget y la intimidad de la luz del fuego lo que lo impulsaron a arrodillarse junto a ella y rodearle los hombros con un brazo mientras el otro avanzaba hacia las cintas de su túnica.

–Por favor –dijo cuando Bridget titubeó, intentando mantenerle apartado de ella–. Por favor... Te necesito.

Bridget le miró a los ojos. Las personas solían afirmar que necesitaban algo cuando en realidad querían decir que lo deseaban, pero era ella quien estaba cometiendo ese error y no él. Bridget deseaba a Raoul, pero no le necesitaba. Quitándose el cordoncillo sagrado de alrededor del cuello, lo dejó cuidadosamente a un lado y después, desatando las cintas que mantenían cerrada su túnica, se arrojó a los brazos de Raoul.

Cuando Raoul abrió los ojos esta vez, Bridget permanecía junto a él, su cuerpo pegado al suyo. El fuego brillaba en el hogar central como una fragua y el amanecer aún se encontraba muy lejos. Raoul se mantuvo inmóvil, disfrutando lánguidamente de aquel vago y escurridizo placer. Desde la pérdida de Claire, nunca había concedido aquel tipo de satisfacción a sus sentidos. Pensar en su esposa encendió una repentina llama de tristeza dentro de él e hizo que se sintiera súbitamente culpable. Todavía pensaba en ella, pero el recuerdo de Claire tenía que competir con la lucha cotidiana por vivir, comer y educar a Guillaume, y de manera inevitable se volvía gradualmente más borroso para acabar en una mera preocupación secundaria más.

Bridget, que también estaba despierta, se incorporó al percibir las huellas de lo que se agitaba dentro de la mente de Raoul. Dejando escapar un suave suspiro, se apartó de él y se puso la camisa sin hacer ningún ruido. Bridget fue consciente de la sorpresa que su movimiento provocaba a Raoul y comprendió que este había esperado que pasara toda la noche en sus brazos.

Raoul se irguió, extendiendo la mano hacia sus ropas mucho más despacio de lo que lo había hecho ella.

–¿Qué ocurre?

Bridget hubiera podido decirle que Guillaume o Magda podían despertar y sorprenderlos desnudos, pero eso habría sido un mísero sustituto de la verdad. Su mirada se desvió hacia la cicatriz que relucía encima del pecho de Raoul: la marca de Simón de Montfort, o por lo menos su señal visible. Se mordió el labio.

–Tu esposa todavía vive –dijo, y agitó la cabeza para liberar los cabellos que habían quedado atrapados dentro de su camisa–. Está cautiva en Beaucaire del Ródano.

Raoul, que ya había empezado a ponerse la camisa, de repente se quedó totalmente inmóvil, mientras la miraba fijamente. Sus labios se movieron, articulando el nombre de su esposa sin emitir ningún sonido.

Bridget, apartándose de él, se acuclilló delante del fuego para alimentar las llamas y allí permaneció, con los ojos clavados en las profundidades rojizas de su corazón.

–¿Puedes verla? –inquirió Raoul.

–Esta noche no. Mi visión es débil y mi cuerpo se impone a ella, pero sé que está ahí. La enfermedad que hace toser sangre mató a tu madre poco después de que las capturaran.

La emoción ardió en su garganta al mismo tiempo que el calor de las llamas le quemaba la cara, y su sexto sentido quedó totalmente bloqueado.

Raoul guardó silencio durante largo rato, hasta que finalmente Bridget oyó el susurro de la tela y el tintineo del cinturón de su espada cuando acabó de vestirse.

–¿Cuánto hace que lo sabes?

Bridget inclinó la cabeza y cerró los ojos por un momento. Iba a enfrentarse a la parte más difícil, la copa de la que hubiese preferido no tener que beber.

–Desde antes de Lavaur.

–¿Por qué no me lo dijiste entonces, en el nombre de Cristo?

Las palabras pronunciadas en voz baja porque había dos niños dormidos muy cerca, goteaban angustia.

–Habrías vuelto a Montvallant con tus hombres y te habrían matado. Tu esposa habría sido capturada por Simón de Montfort de todas maneras. Nada habría cambiado salvo tu muerte y mi... –No terminó la frase. La cabellera le colgaba delante del rostro como un telón, y Bridget ocultó su vulnerabilidad detrás de ella–. Te prometo que volveréis a estar juntos. De esta manera, por lo menos Guillaume tiene un padre.

Raoul se llevó las manos a la cabeza y las deslizó por entre sus cabellos.

–¿Se supone que he de agradecértelo? –preguntó. Su voz se había vuelto peligrosamente seca y carente de inflexiones.

–No sabía que volveríamos a encontrarnos tan pronto. Creía que tú y Claire ya os habríais reunido antes de que vinieras a Montségur.

–Entonces tu poder es falible –dijo despectivamente Raoul.

–Hasta ahora nunca había sido consciente de que puedo llegar a equivocarme –murmuró Bridget, sosteniéndole la mirada con los ojos llenos de dolor y pena.

Raoul caminó hasta la puerta sin pronunciar palabra, levantó la barra y salió a la noche tras dar un portazo.

Bridget, que estaba temblando pese al calor del fuego, inclinó la cabeza. Su pulso se fue calmando poco a poco y eso le recordó que todo tenía su pauta y su patrón, su ritmo mesurado incluso en el acto del cambio. Un vínculo permanente con Raoul resultaría insostenible. Ese hecho le había sido mostrado con toda claridad, y era una verdad implacable que siempre estaría latente en el placer de su unión. Raoul quería que se le revelara el misterio cuando apenas si entendía una palabra de su lenguaje. Dejando escapar un suspiro lleno de cansancio, Bridget se levantó y salió de la cabaña para ir en busca de Raoul.

Lo encontró agachado junto al poni, examinando las cataplasmas que ella había aplicado a las despellejaduras de sus rodillas. Bridget sabía que Raoul era consciente de su presencia, pero no se volvió hacia ella ni dio ninguna señal de ello.

–Te amo –dijo a su espalda–, pero no puedo ser tu amante ni darte lo que pides. Puedo curar tu cuerpo y dar paz a tu mente, pero me resulta imposible ofrecerte el don de la comprensión. Eso debe surgir de dentro.

A continuación hubo un largo silencio lleno de tensión, interrumpido únicamente por los sonidos nocturnos de los grillos y el nervioso pataleo del poni. Raoul acabó incorporándose y giró sobre sus talones; Bridget vio que tenía el rostro húmedo.

–A veces pienso que dentro de mí ya no queda absolutamente nada –dijo cansinamente, desaparecida ya la ira.

El aire y el relámpago eran misterios que no estaban destinados a ser poseídos. Bridget ya se lo había advertido, y él había hecho caso omiso de su advertencia.

–¡Hay mucho más de lo que imaginas! –exclamó Bridget con vehemencia, y le cogió las manos.

Raoul bajó la mirada hacia sus dedos entrelazados.

–Si extraer esa nueva comprensión de mi interior resulta tan doloroso, entonces creo que prefiero seguir viviendo en la ignorancia –replicó–. Mañana me llevaré a Guillaume de vuelta al castillo. Prolongar la tortura no tendría ningún sentido. –Después retiró su mano de entre las suyas con delicada ternura–. Es tarde, y estoy muy cansado –añadió.

Bridget le vio regresar a la cabaña. Un torbellino de emociones se agitaba dentro de ella, y un nudo de dolor le oprimía la garganta. Prefiriendo no seguirle al interior de la pequeña morada, echó a andar por el sendero que llevaba hasta su cornisa de piedra favorita, un pequeño risco recubierto de musgo que se alzaba sobre la cabaña y sobresalía entre los árboles. Se sentó bajo la luz de la luna para tratar de recuperar la paz perdida.

Capítulo 27

Toulouse, invierno de 1215-1216

Una lluvia desagradablemente fría estaba cayendo sobre Toulouse, y el cielo, la piedra y las emociones humanas se confundían en una atmósfera oscura y lúgubre. Los ciudadanos lanzaban miradas feroces al castillo Narbonnais, desde el que su nuevo conde imponía su férreo dominio.

A Simón de Montfort le importaban un comino sus opiniones. El poder, y con él la elección entre acariciar o golpear según le viniera en gana, era única y exclusivamente suyo. Aquel amanecer nublado y lluvioso Simón saboreaba una copa de ponche mientras sus escuderos le vestían y pertrechaban para el viaje al norte. Cada eslabón de su camisote había sido frotado por separado hasta quedar reluciente. Sus espuelas brillaban sobre sus botas de montar doradas, que habían sido concienzudamente lustradas, y su camisa estaba ribeteada con el más delicado encaje de Flandes, como correspondía a un noble que se había convertido en el propietario oficial de todas las tierras existentes entre Toulouse y el Ródano.

El concilio ecuménico de Roma había fallado en su favor. El conde Raimundo viviría en el exilio con una pensión de cuatro mil marcos, tras ser declarado incapaz de gobernar las tierras que le correspondían por herencia. Por desgracia su hijo Rai obtendría como porción legataria el marquesado de Provenza en la orilla este del Ródano cuando alcanzara la mayoría de edad, y el conde de Foix se las había ingeniado de manera inexplicable para escapar de la trampa y conservar sus posesiones, pero esos dos lunares insignificantes no lograban empañar la hermosura de la victoria alcanzada por Simón. ¿Qué importancia podían tener cuando el resto del mundo se hallaba a sus pies?

Un ruido en la entrada hizo que Simón alzara la mirada de su copa de ponche para ver a Alais avanzar hacia él con una prenda doblada encima del brazo. Su esposa ya se había vestido para el viaje; llevaba puesto su traje y su manto de más abrigo, este último adornado con colas de armiño y ceñido con un grueso broche de amatista. Una tiara de oro mantenía sujeta su toca encima de la frente, y pesados aretes de oro tintineaban en sus lóbulos. Aquel viaje iba a ser una procesión de victoria, un lento avance hacia el norte, por Toulouse y sus alrededores para rendir homenaje al rey Luis, y para aceptar la adulación de las tierras patrias francesas.

–Te he cosido una sobreveste nueva para que la luzcas en este viaje –dijo Alais y desplegó la vestimenta de seda dorada, guarnecida tanto por delante como por detrás con el león rugiente de cola bifurcada que era el emblema de la casa de Montfort–. Es de la mejor seda de Montpellier. –El orgullo destelló en los ojos de Alais mientras le ayudaba a ponérsela y retrocedía un par de pasos para admirar el resultado. Aquel día su corazón entonaba un himno de alegría victoriosa, y sus emociones eran tan intensas que resultaban casi dolorosas–. Ah, sí, cuán lejos hemos llegado... –musitó, y desanduvo los pasos que había andado para poner codiciosamente los dedos sobre la suntuosa tela y el abultamiento de los músculos de Simón bajo la gruesa cota de malla y el protector acolchado.

Simón agitó una mano y Giffard le tendió el cinto de la espada. Tomándolo de entre los dedos del joven, Simón se lo entregó a Alais.

–Pónmelo –ordenó. Su esposa le sostuvo la mirada y, alzando el cinto de sus manos, lo ciñó lentamente alrededor de su cintura, lo cerró y después se arrodilló para sujetar la vaina. La presión de sus dedos, la expresión de sus ojos y el lenguaje de su cuerpo excitaron a Simón, pero no dio ninguna señal externa de ello y se mantuvo inmóvil hasta que Alais volvió a incorporarse–. ¿Está todo preparado? –preguntó, extendiendo impasiblemente la mano para recibir su capa.

–Sí, mi señor –murmuró Alais con la mirada baja y el rostro encendido–. Solo esperamos vuestras órdenes.

Simón gruñó, obligó a la aguja del broche a atravesar la gruesa lana y la piel de su capa y, tomando los guanteletes que le ofrecía el escudero, precedió a su esposa hasta la puerta y salió por ella.

Fuera, en el patio, Genciana, una de las doncellas que tenían por cometido impedir que los niños más pequeños de la casa de Montfort molestaran a sus nobles padres, se estaba retorciendo las manos y se mordía el labio. Echó a correr hacia Alais nada más verla aparecer, casi a punto de llorar.

–Oh, señora, señora, ha ocurrido algo terrible... Aparté los ojos de él un momento y desapareció. ¡He buscado por todas partes, pero no consigo encontrarle en ningún sitio!

–¿Quién ha desaparecido? –preguntó Alais con voz gélida–. Y deja de balbucir. No consigo entender ni una palabra de lo que me estás diciendo.

Simón, que ya tenía un pie en el estribo, emitió un gruñido de impaciencia. Decidido e impetuoso en todos los asuntos, no soportaba que se le hiciese esperar, y menos bajo un aguacero.

–Maese Domingo, señora. ¡Os juro que solo estuve hablando unos minutos con Élise acerca de la capa nueva que necesito, y cuando me volví ya se había esfumado!

Alais expresó su irritación con un suspiro dirigido a las gruesas nubes y abofeteó a la doncella, que seguía balbuciendo.

–No te quedes ahí como un pasmarote. ¡Búscalo! No puede haber ido demasiado lejos.

Lanzó una rápida mirada a su esposo, que ya se había instalado sobre la silla de montar y estaba ajustando la correa de un estribo, con el rostro inexpresivo. Los ojos de Alais se entrecerraron, y no únicamente debido a la lluvia.

No fue hasta que Domingo empezó a desarrollar el carácter, y a andar y hablar, cuando Alais finalmente comprendió por qué Simón se mostraba tan incómodo y se comportaba de una manera tan extraña en presencia del niño; la revelación supuso un duro golpe para ella. Alais se había visto obligada a contemplar bajo una nueva luz a ese esposo y ese matrimonio que creía conocer tan bien. Prudentemente, se había asegurado de que Claire de Montvallant quedara aislada de la actividad cotidiana de la casa y se viera sometida a una estricta austeridad, privándola así de cualquiera de los aderezos que habrían podido seguir haciendo que Simón la encontrara atractiva. Este no se había interesado por los motivos de su decisión ni se había opuesto a ella, y de hecho Alais estaba segura de que se había sentido bastante aliviado, pero en ocasiones sorprendía una expresión distante y absorta en sus ojos, o le veía contemplar a Domingo con reticente curiosidad, y entonces sufría y se inquietaba.

El nombre del niño resonó por todo el patio mientras las doncellas buscaban en vano. Un soldado, con el rostro lleno de pesimismo, fue a inspeccionar el pozo. Otro partió hacia los establos y el montón de estiércol, mientras sus botas se hundían en el suelo empapado con un ruido de succión.

–Oh, vamos... ¡Si el mocoso no quiere venir, dejad que se pudra en Toulouse! –exclamó Guy de Montfort, con la voz enronquecida por la adolescencia y los últimos vestigios de un terrible resfriado. El joven se limpió la nariz goteante con un guantelete–. ¡No entiendo a qué viene tanta preocupación! ¡No es más que el cachorro de otra hereje rebelde!

Un niño de cabellos castaños y unos siete años de edad desmontó de su poni.

–Iré a echar un vistazo a las perreras –dijo–. Dom estaba loco por esos cachorros de sabueso que nacieron hace unas semanas.

–¡Dios bendito, espero que no te refieras a los que parió *Douce*! –Una mueca de repugnancia ensombreció el rostro de Guy mientras su hermano pequeño empezaba a cruzar el patio–. ¡Ojalá se hubieran muerto todos dentro de la barriga de esa condenada perra!

–¡Guy! –exclamó Alais con una voz tan seca como un latigazo.

Sin embargo, Guy, totalmente insensible a las tensiones emocionales y absolutamente falto de imaginación salvo cuando se trataba de maldecir y proferir juramentos, siguió echando sal sobre una herida abierta.

–Pues me parece que eso nos habría ahorrado muchos problemas –protestó–. Deberíamos haber ahogado a todos esos cachorros cuando nacieron. ¡Por los clavos de Cristo, pero si son medio lobos!

–Si hubiera adivinado la diferencia de tamaño que había entre tu boca y tu cerebro, sería a ti a quien habría ahogado después de que nacieras –replicó ácidamente Simón.

Guy contempló a su padre con creciente perplejidad y se preguntó por qué se había puesto tan furioso. Incapaz de entender que no debía haber abierto la boca y apreciando demasiado su pellejo para seguir protestando, se calló, puso cara de mal humor y escondió el rostro en el cuello de piel de su capa.

Tal como había sospechado el pequeño Simón, Domingo estaba en las perreras, acuclillado sobre la paja junto a *Douce* y sus tres cachorros. La perra era una esbelta y elegante hembra de sabueso cuyo liso pelaje tenía el color de la nata a medio cuajar. Sus cachorros formaban un abigarrado grupo de sobras y restos de todas las razas caninas existentes en la cristiandad, e incluso de unas cuantas situadas fuera de ese reino, pues sus ojos amarillos y sus largos miembros peludos eran decididamente lupinos. Tanto *Douce* como el mozo de las perreras, que en un descuido había dejado sola a la perra en el momento crítico de la concepción, habían caído en desgracia debido a aquel crimen. Los cachorros no habían sido ahogados inmediatamente después de nacer, más por la curiosidad del encargado de las perreras, quien quería averiguar en qué se convertirían una vez crecidos, que por un improcedente acto de piedad. Domingo se había encariñado con los cachorros como jamás lo había hecho con nada o con nadie en su corta existencia, quizá porque enseguida había comprendido que ellos tampoco conseguirían encontrar su lugar en el mundo.

–Oh, Dom, todo el mundo te está buscando. ¡Genciana ha estado a punto de mearse encima! ¡Si no te das prisa, acabarán haciendo ligas con tus tripas! –le advirtió Simón.

El niño alzó los ojos hacia su amigo, de mayor edad que él y tensó el labio inferior en una mueca de tozudo desafío.

–No quiero ir.

Su expresión ceñuda era todavía más tenebrosa que la de Guy y, cogiendo a uno de los cachorros, lo apretó desesperadamente contra su pecho.

–Tienes que ir.

Simón había cuidado de Dom desde que lo habían acostado por primera vez en la cuna. La dama Claire se había desvanecido con su ausencia, pero el niño todavía se acordaba de ella con nostálgico anhelo y había decidido asumir la pesada tarea de convertirse en el guardián de su bebé, considerándose una especie de caballero de los romances, protector de los débiles y los pobres.

–No iré –repitió Domingo con la terquedad de una mula, pero un instante después ladeó la cabeza y un repentino brillo de astucia infantil iluminó su mirada–. No a menos que *Loup* pueda venir también.

–¡No puedes pedir eso, Domingo! –Simón le estaba contemplando con los ojos desorbitados–. Ya sabes que a Élise no le gustan los perros, y *Loup* ni siquiera ha aprendido dónde ha de hacer sus necesidades. ¡Se hará pis encima de los almohadones de la litera!

–Élise no me gusta –dijo Domingo, como si eso pusiera punto final a la discusión, y siguió acariciando al cachorro, que lo lamía frenéticamente.

A Simón tampoco le gustaba mucho Élise. Sabía, además, que su padre no la tenía en muy buen concepto. Así que decidió correr el riesgo. En el peor de los casos Domingo emplearía el arma de la rabieta, pero si estaban en el patio cuando la usara, entonces serían las mujeres, no él, quienes tendrían que enfrentarse a su estallido de ira; en el mejor de los casos, Domingo obtendría lo que deseaba y la altiva nariz de Élise debería inclinarse bajo el peso invisible de una severa humillación.

Y así fue como Simón condujo al patio de armas a Domingo, que llevaba consigo como complemento a un cachorro de patas largas y torpes que saltaba y hacía cabriolas mientras lanzaba mordiscos al cordel que lo unía a la muñeca del pequeño truhán. Los chillidos de protesta de Élise fueron silenciados por el mismísimo vizconde mediante una severa orden que la obligó a buscar el refugio de la litera, donde se introdujo tan deprisa como una gallina asustada que se esconde en el corral.

Simón de Montfort posó la vista en la inocencia que volvía inmensamente redondos los ojos del niño que llevaba su nombre antes de indicarle con una seña que montara su poni, y después lanzó una mirada todavía más breve al pequeño que se debatía para escapar de su aya mientras esta intentaba abrocharle la capa al tiempo que trataba de esquivar al cachorro. Sus lacios cabellos, tan negros como lo habían sido los de Simón de Montfort antes de encanecer, sus ojos de mar tempestuoso y la promesa de unos robustos huesos convertían a Domingo de Montvallant en la prueba viviente de un momento enloquecido de pérdida del control.

Simón carraspeó y lanzó un escupitajo por encima de la cruz de su montura. Alais le estaba observando. El señor de Montfort presionó los flancos de su palafrén con las rodillas, apremiándolo a avanzar. Los cascos levantaron pequeños surtidores de barro. Un mozo de establo se hizo a un lado para esquivarlos, pero no antes de que hubiera quedado concienzudamente rociado. Simón contempló el camino flanqueado por las torres del castillo Narbonnais, el cielo grisáceo y los estandartes de seda multicolor que ondulaban sobre él hasta que la visión del niño de negros cabellos y el perro se hubo borrado de los ojos de su mente.

Capítulo 28

Provenza, primavera de 1216

El soldado agitó el puño, sopló sobre sus nudillos, murmuró un ensalmo y lanzó los dados al centro del círculo. Estos chocaron entre sí con un chasquido y cayeron sobre el polvo entre vítores y juramentos. Una magnífica camisa de batista cambió de manos.

A poca distancia de los mercenarios que jugaban a los dados, Raoul cepillaba a su bayo, expulsando los últimos vestigios del invierno del pelaje hasta que el flanco, reluciente como un espejo, acabó reflejando el sol. No muy lejos de él, Guillaume hacía prácticas de equitación con un grupo de pajes y escuderos. Raoul interrumpió su tarea para dar un poco de reposo a su brazo y contempló a su hijo con los ojos llenos de orgullo. Guillaume hizo que su montura realizara un trote circular, mientras lo dirigía situado en el centro del círculo, y después, eligiendo el momento con certera precisión, subió de un salto a la grupa del poni. Luego se aferró a las ásperas crines y al saco doblado que usaba como silla, el muslo deslizándose velozmente a través de la grupa del poni, y acabó irguiéndose sobre ella, golpeando el aire con los puños.

–Vuestro muchacho se está convirtiendo en un magnífico jinete –comentó Rai, deteniéndose junto a Raoul.

El día era bastante caluroso y Rai solo llevaba los calzones y una camisa remangada; aun así conseguía seguir pareciendo tan elegante como un gato. El rucio marrón cuyas riendas sostenía en la mano, una bestia de labor con la grupa marcada por la silla de montar y una expresión de cansada docilidad en su ancha cara, se detuvo detrás de él. Raoul le lanzó una mirada un tanto dubitativa, pues difícilmente se la podía considerar una montura adecuada para quien poseía el título de marqués de Provenza y mandaba el ejército del sur.

–Es un tanto temerario –opinó, mirando a su hijo–. El año pasado sufrió una caída bastante grave en Montségur, aunque eso no parece haberle metido ni un ápice de sentido común en la cabeza –añadió, sonriendo mientras hablaba y sin auténtica censura en la voz.

Los dientes de Rai destellaron en una fugaz sonrisa. Comprendía muy bien el elemento egocéntrico que había en la naturaleza del niño, ya que también formaba parte integral de la suya. La audaz apostura de Rai se combinaba con un gran encanto, gracias al cual conseguía que sus deseos se vieran cumplidos la mayoría de las veces, algo que estaba ocurriendo todavía con más frecuencia desde que llegó a Marsella a comienzos de mes para reunir un ejército rebelde de provenzales y *faidits* bajo su bandera. Rai se había convertido en la figura más prometedora del Languedoc. Su padre había ido a España para congregar un segundo ejército con el que atacar las guarniciones norteñas, dejando así que Rai recogiera la cosecha de la adulación de Marsella, Avignon, Orange y cada ciudad del Ródano por la que había pasado su cada vez más numeroso ejército. El joven se disponía a marchar contra Beaucaire, una de las grandes fortalezas de Simón de Montfort, quien continuaba conduciendo su desfile de la victoria por el norte, sintiéndose totalmente seguro en su firme convicción de que el sur había sido derrotado. ¿Qué tenía que temer de un viejo vencido y de un joven alocado?

Raoul siguió contemplando a Guillaume unos instantes más –la nervuda agilidad, el halo que rodeaba sus cabellos palidecidos por el sol– y, con una sonrisa llena de indulgencia, meneó la cabeza y siguió cepillando a su corcel.

–Quiero pediros un favor –dijo Rai.

Raoul empezó a deslizar el cepillo a lo largo de la robusta anca del bayo.

–Imagino que tendrá algo que ver con ese jamelgo vuestro.

Rai sonrió.

–¿Cómo lo habéis adivinado?

–Pura casualidad –replicó Raoul–. Si lo habéis traído aquí a modo de golosina con la que engatusarme para conseguir que se haga vuestra voluntad, tendréis que encontrar otro regalo más convincente.

La sonrisa de Rai se fue ensanchando poco a poco hasta que acabó por dar paso a una carcajada.

–¡Ya suponía que diríais eso! –Palmeó el cuello del caballo y ató sus riendas a la cuerda de Raoul, dejándolo junto a dos mulas de carga–. No, no... Hablemos en serio, ¿de acuerdo? Si hacéis esto por mí, podréis fijar el precio del favor.

–Ya conocéis mi precio: Montvallant y mi esposa –dijo Raoul con repentina vehemencia.

Todo el buen humor de hacía unos instantes desapareció de su voz mientras su mirada azul se posaba en los lejanos muros del castillo de Beaucaire, visible en lo alto de su gran roca que se alzaba por encima del Ródano.

–Os devolveré a ambos. –Rai siguió la dirección de la mirada de Raoul, y sus ojos se entrecerraron–. La hora de rendir cuentas se acerca.

–¿Qué queréis que haga?

–Llevar un mensaje a los ciudadanos de Beaucaire para informarles de cuándo y dónde atacaremos. Un orfebre llamado Pierre el Sarraceno, que tiene su taller cerca de Saint Paque, es nuestro contacto y organizará a las gentes para que mantengan a raya a la guarnición y nos abran las puertas. –Rai señaló el caballo marrón–. Entraréis en la ciudad sobre su grupa, ya que os haréis pasar por un jornalero. –La mirada de Raoul fue de los relucientes ojos oscuros de Rai a la nada atractiva montura. Se frotó la nuca, un poco dolorida por los abrasadores rayos del sol–. Podéis partir esta misma noche, y de esa manera estaréis preparado para cruzar las puertas de la ciudad al amanecer –añadió Rai–. Más tarde os daré instrucciones detalladas.

Después palmeó el brazo de Raoul de la misma manera en que había palmeado el cuello del caballo marrón y se alejó con paso rápido y decidido.

Raoul estaba agazapado en un portal, el hombro derecho apoyado contra las piedras talladas del arco de la entrada, el escudo a un lado y la espada en equilibrio encima de los muslos. Le habían prestado las dos armas. Haber introducido las suyas en Beaucaire bajo las miradas suspicaces de los guardias de la puerta del norte habría sido la forma más infalible de crearse problemas. Aun así, los centinelas habían vaciado su petate, que no contenía nada más incriminatorio que una camisa remendada y unos pantalones, una túnica bastante maltrecha, un mendrugo de pan rancio y una cebolla. También examinaron sus manos y descubrieron que había tierra debajo de las uñas, y que las palmas y los dedos estaban recubiertos de suciedad. Raoul había pasado dos horas en el campo curtiéndose las manos mediante el roce de una piedra de amolar, y luego se las había restregado con tierra. Los soldados le habían dejado pasar, burlándose de los sonidos «ac» y «az» que salpicaban su acento sureño mientras agitaban sus lanzas alrededor del caballo en un vano intento por conseguir que se encabritara. La ira hirvió dentro de Raoul, pero se la tragó y mantuvo encerrada su abrasadora quemadura en las profundidades de su estómago. Podía sentirla en aquel momento, deslizándose por sus venas en un lento goteo mientras permanecía acuclillado en el umbral, esperando...

Otros dos hombres aguardaban con él: Thomas, el primogénito de Pierre el Sarraceno, y Jeffrey, el primo de Thomas. En cuanto a Pierre, se hallaba en las puertas de la ciudad, asegurándose de que los caballeros de Rai no se encontrarían con ningún obstáculo inesperado cuando atacaran.

Thomas tosió nerviosamente. Ya había vomitado dos veces aquella mañana.

–¿Cuánto falta? –musitó.

Raoul le miró. La espera estaba afectando al joven tanto como el miedo a lo que pudiera ocurrir en cuanto empezara la lucha. A juzgar por lo que había visto, las gentes ardían en deseos de combatir. Los ciudadanos de Beaucaire eran ferozmente cosmopolitas, y los intentos de Simón de Montfort por gobernarlos con las leyes feudales del norte habían creado un intenso resentimiento.

–No mucho –dijo lacónicamente y señaló hacia el este, donde el cielo estaba empezando a iluminarse.

La campana de una iglesia resonó a lo lejos, llamando a misa a los fieles.

–¿Realmente está encerrada vuestra esposa en el castillo? –preguntó Jeffrey, la curiosidad imponiéndose a la prudencia.

La yema del dedo índice de Raoul se deslizó sobre la empuñadura de la espada en un suave vaivén.

–Eso es lo que me han dicho –respondió en un tono carente de emoción.

–Hace unos años mi hermana tuvo que ir al castillo para llevar unas cuantas hebillas de oro a la condesa de Montfort, y me contó que había una dama del sur entre sus mujeres. Gaia dijo que su cabellera era del color de un bosque en otoño... Mi hermana siempre ha sido muy hábil con las palabras.

Raoul bajó la mirada hacia el movimiento de su índice, viendo con los ojos de su mente la soberbia cabellera de Claire extendida alrededor de sus dedos, envolviéndolos como una red.

–Ya estaba a punto de dar a luz –añadió Jeffrey–. Mi hermana dijo que saltaba a la vista que no se encontraba demasiado bien.

–¿Estaba a punto de dar a luz?

Un escalofrío helado recorrió el cuerpo de Raoul.

–Sí, y... –Jeffrey se interrumpió de repente, su locuacidad bruscamente detenida por la expresión del rostro de Raoul–. Yo... Eh... –balbució mientras Raoul se levantaba con un movimiento tambaleante, y lo que fuese que se disponía a decir a continuación quedó ahogado por las clamorosas campanadas de alarma que empezaron a oírse de súbito en los muros del castillo.

Ignorando el estrépito, Raoul cerró el puño sobre el cuero del justillo acolchado de Jeffrey y lo atrajo hacia sí.

–¿Me estás diciendo que mi esposa llevaba un niño en las entrañas?

–Mi hermana así lo dijo, pero quizá se equivocó. –Jeffrey, medio asfixiado, intentó apartar a Raoul–. Quizá se refería a otra doncella de la condesa... Ya hace mucho tiempo de eso.

–¡La alarma, mi señor! –exclamó Thomas, cogiendo del brazo a Raoul mientras la inquietud le quebraba la voz.

Raoul abrió los dedos con un jadeo entrecortado. Un pavor helado surgió de sus entrañas para extenderse por todos sus órganos vitales. Claire había tenido que soportar la pesada carga del embarazo y el parto en la madriguera del enemigo, aislada y aterrorizada. No le había hablado de su embarazo en los días anteriores a la batalla de Lavaur, por lo que si el hijo no era suyo... Raoul expulsó el pensamiento de su mente con la rapidez de la acción física repentina. En aquel castillo había una guarnición a la que se le debía impedir llegar a las puertas de la ciudad.

Cuando los caballeros de Rai entraron al galope por las puertas que los ciudadanos de Beaucaire les habían abierto de tan buena gana, la guarnición del castillo por fin comprendió lo que estaba sucediendo y acudió a toda prisa a la ciudad para repeler a las tropas del sur. Sin embargo, no consiguieron ir más allá del barrio del norte junto a la iglesia de Saint Paque, pues las gentes habían salido a las calles y su sangre ardía, sedienta de venganza. Los cruzados fueron recibidos con un diluvio de flechas y piedras. Un pequeño grupo formado por los norteños más osados logró abrirse paso a través de la mortífera granizada, pero fue aniquilado por una partida de ciudadanos dirigidos por un jornalero de cabellos castaño rojizo y ojos azules que blandía una espada con toda la furia de un vikingo y la gélida precisión de un mercenario profesional.

El resto de la guarnición, que decidió que la prudencia era

preferible a la muerte, retrocedió luchando hasta la fortaleza para defenderla de la turba aullante que se agitaba debajo de ella. Cuando se asomaron a las almenas, vieron que un enorme ejército sureño se desplegaba para rodearlos después de haber tomado la torre que se alzaba al norte del castillo. El flanco este de Beaucaire, protegido por el río, daba a la ciudad hostil de Tarascón, y los barqueros que se ganaban la vida navegando entre una y otra aprovecharon con sumo placer aquella ocasión de asegurarse que nada llegara a la guarnición de Beaucaire, salvo las malas noticias.

Claire se incorporó sobre el angosto jergón de paja y escuchó los tañidos de la campana que llamaba a todo el mundo a misa. Últimamente la plegaria se había vuelto tan evidente como había dejado de serlo la comida. La ración del día anterior había consistido en la punta de una barra de pan y las heces del último tonel de vino. Ese día también habían sacrificado a una de las monturas de los caballeros. Claire tuvo derecho a recibir unas cuantas de aquellas delgadas tajadas de carne demasiado poco cocida para que las colocara sobre el pan pero, sintiendo repugnancia nada más verlas, renunció a ellas. Los cátaros no comían carne, y Claire por fin sabía que ella era una cátara, aunque le faltaba la confirmación final. La mente y el espíritu ya habían alcanzado la certeza definitiva y solo el cuerpo tenía miedo, puesto que era un instrumento de Satanás y había sido utilizado por él. Su estómago vacío amenazó con rebelarse entre una oleada de náuseas. Tragando saliva una y otra vez, apretó los labios.

Arrastrando los pies y con los ojos hundidos por el hambre y la falta de sueño, los habitantes de Beaucaire empezaron a dirigirse hacia la capilla para oír misa. El día anterior, mientras el sacerdote celebraba el sacramento, sus palabras quedaron interrumpidas por el impacto directo de una piedra lanzada por una de las catapultas con las que el ejército sureño atacaba las murallas del sur. La mayoría de las protecciones y almenas superiores ya se habían derrumbado. Desde lo que quedaba de las fortificaciones, la desesperada situación de Beaucaire resultaba más que obvia. Cuerpos medio podridos de cruzados muertos colgaban de las ramas de los olivos en los viñedos de la ciudad. El ejército de socorro de Simón de Montfort no podía acercarse al castillo porque Rai, que había aprendido la lección tras el desastre de Muret, se había negado a participar en una batalla convencional en campo abierto. En vez de entablar combate, había construido defensas adicionales al oeste del castillo y mantenía a raya a Simón desde detrás de ellas.

Claire oía los informes que iban llegando y veía la creciente frustración y desespero de la guarnición a medida que sus esperanzas se esfumaban lentamente día tras día. La noche anterior, como otras tantas, había dormido vestida. Ya no disponía de ropa limpia para cambiarse. Su segunda camisa había sido convertida en vendas, y alguien le había robado su otro traje. Hubo un tiempo en el que la habría horrorizado mostrarse en público con la más ligera mácula de suciedad o descuido, pero de repente eso había dejado de tener importancia. De hecho, en ciertos aspectos casi resultaba agradable. Los hombres ya no la miraban con deseo.

¿Qué sentiría si tuviese la libertad de moverse a su antojo? Hasta hacía poco aquel pensamiento no había sido más que una exótica fantasía, pero de repente se estaba volviendo más factible con cada día que pasaba. En su imaginación, Claire sacó un pie fuera de la jaula, después el otro y empezó a avanzar cautelosamente. Iría a Agen, a casa de sus padres, y volvería a ver a Guillaume, su precioso bebé. Se quedaría a vivir con ellos durante una temporada y luego, cuando se sintiera lo suficientemente fuerte y recuperada, partiría hacia las colinas del Ariége para servir a los cátaros y llegar a ser digna de ostentar el título de Perfecto.

De pronto su imaginación se desvió de aquel camino para hundirse en un negro túnel. ¿Y si sus padres habían muerto, o si no tenían a Guillaume consigo y los huesos dispersos de su hijo se estaban blanqueando en algún lugar entre Montvallant y Agen, de la misma manera en que lo hacían los huesos de Raoul sobre la llanura de Muret? ¿Y si le fallaban las fuerzas, o Simón de Montfort la alcanzaba por el camino? Había otro niño en el que tenía que pensar, uno que la obsesionaba de manera mucho más dolorosa de lo que jamás podría llegar a hacerlo Guillaume. Las dudas se lanzaron sobre ella como una aullante bandada de arpías y Claire buscó refugio en su jaula, donde se encerró, paralizada ante la aterradora idea de que, como un pájaro con las alas recortadas, había perdido el poder de volar.

La sobreveste de Rai era un prodigio de terciopelo rojo extravagantemente adornado con hilo de oro. La prenda armonizaba admirablemente con sus rasgos saturninos, que quedaban todavía más realzados por el brillo deslumbrante de su sonrisa. Felina y maliciosamente satisfecho de su triunfo, Rai contemplaba a su enemigo desde el otro lado de la mesa. Una brisa cálida agitaba sus oscuros cabellos, pero era Simón de Montfort quien se veía obligado a entrecerrar los ojos ante el sol.

–Entonces estamos de acuerdo –dijo Rai–. Retiraréis vuestro ejército y me entregaréis Beaucaire; a cambio, yo permitiré partir intacta a vuestra guarnición con sus familias y posesiones.

Simón clavó la mirada en el joven y presuntuoso advenedizo que le estaba dictando aquellas condiciones tan humillantes. Rai, que ni siquiera había cumplido los veinte años, se creía invencible debido a una sola victoria obtenida gracias a la suerte. Daba igual, porque no tardaría en descubrir qué gran error había cometido..., pero por el momento era Simón quien tendría que pagar su propia equivocación y cargar con la penitencia que se le imponía por haber salido del sur para pasar unos meses en sus tierras cerca de París.

–Estamos de acuerdo –se limitó a decir, mientras sus labios casi se negaban a pronunciar las palabras, y contempló con repugnancia la capitulación que empujaban sobre la mesa hacia él para que la firmara.

Toda la culpa recaía en el papa Inocencio, que nunca hubiese debido tomar aquella estúpida decisión en diciembre. El hijo del conde Raimundo jamás debía haber recibido la Provenza como porción hereditaria. Lo único que se consiguió con aquel intento de tranquilizar la conciencia fue que el joven dispusiera de una base desde la cual hacer la guerra a las nuevas tierras de Simón.

Después de haber entintado la pluma, Simón firmó el documento con enérgicos trazos llenos de furiosa amargura. No podría haber recriminaciones terrenales para Su Santidad, porque Inocencio había muerto el mes anterior en Perugia a causa de unas fiebres repentinas. Honorio, su sucesor y antiguo canciller, era tan viejo como Matusalén y tan inútil como un cuchillo con la hoja fabricada de manteca.

Simón empujó el pergamino hacia Rai, rechazó el vino que se le ofrecía y se levantó de la mesa.

–No tenemos nada más que decir –anunció con voz gélida–. Confío en que se cumpla el acuerdo. Mi caballo, Amaury.

Extendió la mano hacia sus guanteletes y fulminó con la mirada a los caballeros que rodeaban a Rai, testigos de su humillación. Uno de ellos, un hombre que llevaba una sobreveste deshilachada y sostenía las bridas de un soberbio corcel bayo, le estaba contemplando con ojos centelleantes de odio. El rostro le resultaba familiar, al igual que el caballo, y el escudo negro y oro que colgaba de la silla de montar completó la imagen; Raoul de Montvallant, a quien Simón había creído muerto en Muret y cuyas tierras y esposa había tomado y poseído, aún vivía.

Una vez superada la sorpresa inicial, Simón le devolvió la mirada sin inmutarse. ¿Qué importaba? Quizá incluso fuera la voluntad de Dios que el muy estúpido viviera para conocer la máxima humillación imaginable. Por primera vez en su vida, Simón apartó la mirada para evitar la de su enemigo.

Claire estaba acurrucada en un rincón de la capilla, rezando en silencio mientras su corazón palpitaba tan ruidosamente que casi borraba los pensamientos de su mente. El profundo silencio que resultaba sobre la ciudad después de que la guarnición hubiese partido había sido extrañamente fantasmagórico, una especie de pausa en el tiempo. Aterrorizada ante la idea de que las tropas se la llevaran consigo para entregarla a Simón de Montfort, Claire se había escondido allí, detrás del altar.

Vivió unos momentos de pánico cuando unos soldados entraron en la capilla para llevarse los candelabros, el copón y el paño del altar. Claire se dio cuenta de que su pie sobresalía del borde de la piedra cuando ya era demasiado tarde para esconderlo, pero los soldados tenían tanta prisa por llevarse los objetos de valor que no repararon en su presencia.

Nuevas voces llegaron a sus oídos, seguidas de pasos parsimoniosos que se aproximaban a su santuario.

–... Habéis sido muy generoso al donar los nuevos enseres del culto para la capilla, mi señor –oyó decir y, atreviéndose a asomar la cabeza por detrás del altar de piedra, vio a un sacerdote hablando con un esbelto joven que vestía una sobreveste carmesí adornada con bordados de hilo de oro.

–He sabido apreciar en lo que valían vuestras oraciones y vuestros buenos oficios entre mis hombres –replicó el joven afablemente, y avanzó hacia el altar.

Claire se hizo un ovillo detrás de él, temiendo que el palpitar de su corazón y el sonido de su respiración entrecortada y jadeante la delataran.

La contera de una espada arañó el suelo de piedra cuando el joven se arrodilló, y el sacerdote debió imitarlo, pues un instante después Claire oyó su voz entonando en latín las palabras que ella había aprendido de memoria cuando era una niña, esas palabras que habían pasado a parecerle repugnantes en la edad adulta, no por su significado, sino por los recuerdos de Alais de Montfort y el capellán, que se las habían impuesto por la fuerza; esas palabras le evocaban los ojos clavados en la cruz, la hostia sobre la lengua, el olor del incienso en las fosas nasales, la lanza del diablo hendiendo su cuerpo... *Credo*. Claire se mordió la palma de la mano para no gritar y mantuvo los ojos firmemente cerrados hasta que su visión se llenó de cegadores estallidos de color. Había bilis en su garganta, y sentía el sabor de su propia sangre en la boca.

El silencio volvió por fin. Claire se atrevió a apartar la mordaza que había improvisado con su carne y abrió los ojos. Las velas de cera parpadeaban en el altar donde una cruz proyectaba su larga sombra. Más allá se encontraban el sacerdote y el joven.

–¡Dios mío! –murmuró Rai, inclinándose y extendiendo la mano como si se hallara ante un animal receloso mientras Claire gemía y se encogía para apartarse de él.

–¿Claire? –susurró una voz horrorizada que ella había creído no volvería a oír jamás. Un instante después distinguió la silueta de una tercera persona inmóvil detrás del sacerdote y del joven de la sobreveste carmesí. La luz relucía sobre sus cabellos castaño rojizos. Sus espuelas tintinearon sobre las baldosas del suelo, y su cota de malla centelleó mientras avanzaba–. ¿Claire? –repitió con voz trémula por la emoción–. ¿Qué te han hecho, por el amor de Dios?

Rai, cuya jovialidad habitual había quedado paralizada por la magnitud de su horror y compasión, carraspeó y, ofreciendo una excusa con mucho tacto, se llevó consigo al boquiabierto sacerdote y después apostó centinelas en la puerta de la capilla para que las dos personas que habían quedado dentro pudieran disfrutar de un poco de intimidad.

Sin oír las palabras murmuradas por Rai ni percibir el breve roce de su mano sobre su hombro antes de que se marchase, sin ser consciente de nada que no fuese la presencia de su esposa, Raoul caminó lentamente alrededor del altar y se arrodilló junto a ella. Puso una mano vacilante sobre su sucia trenza enmarañada. Claire siempre había estado muy orgullosa de sus cabellos, y tenía buenas razones para ello. Raoul se acordó de cómo era su melena en la noche de bodas –seda encendida por los reflejos del fuego, y tan larga que Claire podía sentarse encima de ella–, y la comparó con la sucia masa de mechones despeinados que estaba viendo, más parecida a los hierbajos y algas que se sacaban de los canales poco profundos durante el verano que a una cabellera.

Dos ojos torturados le lanzaron su mirada velada desde un rostro enflaquecido por las privaciones y grisáceo por la suciedad y la fatiga.

–¿Qué me han hecho? –repitió Claire, como si no hubiera entendido la pregunta–. Nada. Fue a ella a quien se lo hicieron. Deberías comprenderlo. Después de que hayas muerto ya no pueden hacerte nada... –Sus ojos se apartaron de los de Raoul–. Pero a veces lo recuerdas.

Raoul sintió que se le erizaba la piel. Puso la mano sobre el hombro de su esposa y la sacudió.

–Claire, basta... ¡En el nombre de Dios, no me mires así!

Claire se tambaleó.

–¿En el nombre de Dios? –murmuró, y su voz parecía llegar de muy lejos–. Cuando llegó sobre su caballo blanco, él me dijo que todo se había hecho en el nombre de Dios, pero yo sé a qué Dios se refería. –Con un obvio esfuerzo de voluntad, volvió a centrar la mirada en Raoul–. Me dijo que habías muerto, que te había matado...

–Mintió –dijo Raoul, estrechándola contra sí. Claire se derrumbó entre sus brazos, el cuerpo tan fláccidamente desmadejado como una muñeca de trapo–. Luchamos en el campo de batalla, pero solo fui herido. Hemos conquistado Beaucaire, y ya no eres su prisionera. ¿Me has oído? ¡Ya no eres su prisionera! –exclamó, envolviéndola en un abrazo todavía más estrecho.

Con el mentón apoyado en el hombro de Raoul y el cuerpo desgarrado por los temblores, Claire cerró los ojos para no tener que ver los ornamentos dorados propiedad del falso Dios.

Raoul se quitó la capa y la cubrió con ella.

–No podemos quedarnos aquí, amor mío. Necesitan la capilla para los servicios. Tengo una habitación en una casa de la ciudad. Te pondrás bien en cuanto hayas comido y descansado.

Ni su contacto ni sus palabras despertaron emoción alguna en Claire. Cuando Raoul la levantó, su esposa se tambaleó y estuvo a punto de desplomarse sobre él, tan débil como un gatito.

–Siempre seré su prisionera. ¿Es que no lo entiendes? –murmuró con voz distante y llena de abatimiento.

La capilla empezó a girar delante de sus ojos, y las llamas de las velas se convirtieron en una rueda de fuego intermitente cuartelado por la cruz. El giro se volvió cada vez más rápido, y el resplandor se intensificó. La luz ardía detrás de los ojos de Claire y se abría paso a través de su cuerpo mientras la voz de Raoul, llena de pánico, parecía llegar a ella como desde muy lejos. Después ya solo hubo la negrura de la nada.

Claire despertó en una habitación desconocida impregnada por un olor que parecía familiar, pero que no pudo identificar de inmediato. Manojos de hierbas y ramilletes de flores a medio secar colgaban de las vigas, y había esteras de junquillos enrolladas suspendidas en sus oscuros huecos. La líquida luz solar del mes de agosto bañaba el suelo y descendía en una trayectoria diagonal sobre la cama en la que yacía. Un instante después Claire reconoció el olor como el de las sábanas recién lavadas. Un cofre colocado al lado de la cama sostenía una vela clavada en la punta de un candelero y un cuenco de cerámica para la fruta con peras, naranjas e higos verdes.

La claridad de la ventana atrajo su mirada, y vio a un hombre sentado en el alféizar que escudriñaba por el hueco que dejaban los postigos abiertos. ¿Postigos abiertos? ¿Cuánto tiempo había transcurrido desde la última vez en que Claire pudo permitirse un lujo tan peligroso? Claire frunció el ceño y se llevó una mano a la frente. El olor que el jabón dejaba sobre la piel llenó sus fosas nasales. Se olisqueó la muñeca y contempló la manga de la camisa de lino deslumbrantemente blanca que cubría su brazo. Una delgada hebra de memoria empezó a desovillarse lentamente, y Claire se aferró a ella.

–¿Raoul? –murmuró.

El hombre inmóvil delante de la ventana se volvió y Claire vio que no había tenido alucinaciones en la oscuridad de pesadilla de la capilla de Beaucaire: era Raoul, sí, aunque más nervudo y con los huesos más marcados de lo que recordaba, y en su boca ya no había una sonrisa.

–¿Dónde estoy?

Raoul fue hacia la cama, contemplándola con una mezcla de alivio y preocupación.

–En la casa de Pierre el Sarraceno, en la ciudad... de Beaucaire –añadió, no muy seguro de hasta qué punto seguía estando confusa su mente–. ¿Tienes hambre? No has comido nada en tres días salvo un poco de huevo con leche que tuve que obligarte a tomar.

Claire examinó la vieja y tan conocida sensación de vacío agazapada dentro de su estómago. ¿Era hambre, o se trataba de otra clase de vacío? No se acordaba del huevo con leche, y tampoco recordaba nada de aquellos tres días.

Interpretando su silencio como un asentimiento, Raoul sacó media hogaza de pan y una jarrita de miel de la alacena, cortó una rebanada con el cuchillo y la untó con miel.

Claire se incorporó, sintiendo que la cabeza le daba vueltas. El rostro de Raoul tan pronto se volvía borroso como aparecía nítidamente ante sus ojos. Aceptó la rebanada de pan que le ofrecía y le dio un mordisco. La saliva llenó su boca, y las vagas sensaciones que se habían estado agitando dentro de su estómago se definieron de repente para convertirse en un feroz apetito. La preocupación que reflejaban los ojos de Raoul se aplacó un poco cuando la vio devorar el alimento, y se apresuró a girar sobre sus talones para echar vino en dos copas.

–Has estado durmiendo como si no fueras a despertar jamás –dijo–. Apenas te movías, ni siquiera cuando te bañamos... Siento lo de tu cabellera. La esposa de Pierre dice que volverá a crecer, pero estaba tan enmarañada, sucia e infestada de piojos que no le quedó más remedio que cortártela.

Claire se llevó la mano libre al cráneo para descubrirse tan concienzudamente esquilada como una oveja a mediados del verano..., o como una monja.

–No importa. –Una risa quebradiza brotó de su garganta–. Ya hace mucho que he superado esa clase de vanidad. Cuando corres peligro de perder el alma, el cuerpo deja de tener importancia.

Dejó a un lado un trozo de pan con miel. Su estómago, que no estaba acostumbrado a tales banquetes, se quejaba y protestaba. Claire miró a Raoul y vio que mantenía los ojos bajos mientras jugueteaba con el tronco de su copa. Después de todo, ¿qué podían decirse el uno al otro cuando se hallaban separados por un abismo tan inmenso?

–Simón de Montfort se ha retirado –dijo Raoul con la intención de romper el incómodo silencio–. La ciudad es nuestra, al menos por el momento. –Titubeó, sin saber qué más decir. Después abrió la boca varias veces para hablar, pero siempre acababa torciendo el gesto–. ¡Ah, que Dios me perdone! –estalló por fin–. ¡Nunca debí ir a Lavaur!

–Tú presencia no habría cambiado nada. Eran demasiados, y habías contraído otras obligaciones aparte de tu deber hacia mí.

–No. –Raoul ladeó la cabeza, con el rostro repentinamente enrojecido–. Juro que nunca te volveré a dejar –afirmó en un susurro enronquecido por los remordimientos.

Claire suspiró y le contempló con ojos llenos de melancólica sabiduría.

–Nada podrá volver a ser como antes; han cambiado demasiadas cosas.

–Todavía te encuentras débil y estás exhausta –se apresuró a protestar Raoul–. De hecho, has pasado gran parte del tiempo delirando.

–Pero ahora no deliro. –Claire no apartaba la vista de él, y Raoul se negó a sostenerle la mirada–. Sé muy bien lo que estoy diciendo. La adversidad nos ha dado fuerzas a ambos, pero nos ha impulsado en direcciones opuestas.

El silencio cayó sobre ellos. Raoul jugueteó con la copa que tenía en las manos, intentando hacer acopio del valor necesario para preguntarle lo que realmente necesitaba saber. El presentimiento de que Claire no sería capaz de responderle ni él de aceptar la contestación le horrorizaba, pero acabó hablando en un balbuceo entrecortado:

–El sobrino de Pierre me contó que diste a luz un niño mientras estabas prisionera aquí –logró decir por fin–. ¿Es verdad eso? ¡Dime qué ocurrió!

La mirada de Claire, repentinamente vacía e inexpresiva, pareció volverse hacia el interior de su ser, y por un momento Raoul pensó que la había perdido. Al cabo de unos minutos su esposa empezó a hablar:

–Simón de Montfort tomó Montvallant –explicó con voz átona–, y cuando descubrió que no estabas allí y que yo ignoraba tu paradero, me tomó para apaciguar su lujuria y su rabia. Después me entregó a su esposa para que me enseñara a ser consciente de mi extravío y me convirtiera de nuevo en una buena católica. Cuando empecé a vomitar por las mañanas y los trajes comenzaron a quedarme pequeños por la cintura, dejé que Alais creyera que el bebé era tuyo y que había sido concebido antes de la conquista de Montvallant, pero eso no era verdad. –Tragó saliva, para deshacer un nudo en su garganta–. Hace cinco años di a luz al hijo de Simón de Montfort en Castres. Me lo quitaron apenas nació, y lo único que sé de él es que se llama Domingo y que lo están educando en sus tradiciones..., como el legítimo heredero de Montvallant. –Tomó otro sorbo de vino y tosió–. Deseaba tan ardientemente morir que una parte de mí pereció.

Raoul le quitó la copa de entre los dedos y la apretó contra su pecho.

–Ah, Dios. Claire, Claire... –murmuró con voz enronquecida, una mano sobre sus cabellos reducidos a pelusa y la otra alrededor de su cuerpo lastimosamente delgado.

Al principio Claire se resistió a su abrazo, a la quemadura líquida de sus ojos y al dolor que acompañaba a la disolución de la piedra que volvía a ser carne. Con la nariz pegada al lino gastado de su túnica, fue absorbiendo el familiar olor de su esposo. Su calor y su proximidad evocaron recuerdos agridulces, y de repente las lágrimas quedaron en libertad y fluyeron por su rostro. Claire no había vuelto a llorar desde que, en el huerto de Castelnaudry, Simón de Montfort volvió a ultrajarla al entregarle la espada y el escudo destrozado de Raoul.

Raoul murmuró su nombre una y otra vez, acompañándolo con susurros llenos de ternura mientras Claire se aferraba a él temblorosa. Los pensamientos que se agitaban en su mente rezumaban culpabilidad. Mientras Claire soportaba el infierno de la violación, él también había estado engendrando una nueva vida, quizá no mediante la imposición y la brutalidad, pero sí bajo el dominio de la lujuria y sin pensar ni un solo instante en su esposa.

Claire y Raoul se calmaron gradualmente, y las oleadas de la primera y terrible conmoción disminuyeron hasta convertirse en pequeñas ondulaciones.

–Todo eso pertenece al pasado –dijo Raoul con sombría determinación–. Tendremos que edificar sobre lo que queda. Si continuamos mirando hacia atrás, seremos destruidos.

Claire se preguntó qué les quedaba. Los cambios que habían sufrido eran demasiado grandes para que pudieran fabricar ladrillos y argamasa a partir de las ruinas, pero por el momento estaba demasiado débil y cansada para contradecirle. Permitiendo que siguiera abrazándola, cerró los ojos.

La puerta se abrió y un niño entró danzando en la habitación.

–Papá, milord Rai quiere hablar contigo sobre...

El niño enmudeció para mirar fijamente a la mujer que estaba con su padre.

Claire le devolvió la mirada. El recuerdo de Guillaume cuando era un bebé la había acompañado en todas sus pruebas y tribulaciones: los suaves cabellos rubios, las extremidades regordetas y sonrosadas, la húmeda sonrisa... El niño que la estaba contemplando en aquel momento, esbelto y bronceado, poseía la gracia ágil y nervuda de un ciervo joven.

–Guillaume... –jadeó, y había todo un mundo de dolor en aquella palabra–. Nunca te habría reconocido.

El niño asintió en respuesta a su nombre y, con un titubeo casi imperceptible, se acercó a la cama.

Las lágrimas brillaron en los ojos de Claire, haciendo que la imagen de Guillaume se volviera borrosa.

–La última vez que te vi apenas si caminabas... Oh, Dios, ¿cuántos años he perdido? –murmuró, meneando lentamente la cabeza.

–Ya casi tengo siete años –se apresuró a informarla Guillaume–. Papá me va a regalar un poni nuevo, y además me enseñará el arte de la justa. –El pequeño inclinó la cabeza hacia un lado–. ¿Te encuentras mejor?

De naturaleza confiada y afable, Guillaume entablaba conversación fácilmente con todo el mundo, y raras veces se sentía incómodo o a disgusto. La mujer a la que su padre estaba abrazando era su madre. Guillaume lo sabía porque se lo habían dicho, pero no podía recordarla y, en cierta manera, eso hacía que le resultara fácil tratarla como a todas las personas que formaban el pequeño séquito estable de su padre. Si era necesario, incluso estaba preparado para someterse al embarazoso ritual de permitir que le revolvieran los cabellos y le besaran la cara. A las mujeres, que se sentían atraídas por el contraste entre sus ojos color marrón caramelo y sus rubios cabellos aclarados por el sol, les gustaba mucho hacerle esas cosas.

–Sí, ya estoy mucho mejor –dijo Claire.

Su respuesta era una pura fórmula de cortesía, porque en realidad se sentía peor. Había perdido a dos hijos: uno, concebido en la violación, le había sido arrebatado; el otro, aquel cuya blandura de bebé conoció y mimó, se había convertido en un hombrecito decidido y seguro de sí mismo que ya imitaba la conducta de los muchachos de mayor edad que ejercían las funciones de pajes y escuderos. Una daga colgaba de la cadera de Guillaume, y su líquida mirada revelaba inteligencia y conocimiento del mundo. La guerra arrastraba a los niños hacia la edad adulta con demasiada rapidez.

–Tu madre está muy cansada y necesita reposar –dijo Raoul,

percibiendo la tensión de Claire–. Quizá podamos hablar más tarde. ¿Has dicho que Rai quería verme?

–Sí, papá. Creo que dijo algo sobre una partida de forrajeo. ¿Puedo ir yo también?

Fue Raoul, no Claire, quien alborotó con la mano los rubios cabellos del niño.

–No veo por qué no –dijo, dirigiéndole una sonrisa a Claire–. ¡Deberías verlo encima de un caballo!

Claire respondió con una tenue sonrisa.

–No me sorprende –murmuró–. Al ver cómo lo llevabas al galope por el patio de adiestramiento de Montvallant siempre sudaba de puro terror.

Las palabras que no habían llegado a ser pronunciadas quedaron flotando entre ellos como cuentas precariamente suspendidas de un hilo de collar roto. Un solo movimiento descuidado bastaría para que quedaran esparcidas por doquier, sin que hubiera ninguna esperanza de que pudieran volver a ser engarzadas jamás.

–Solía hacerlo, ¿verdad? –admitió Raoul, y la sonrisa se desvaneció–. Si quieres me quedaré –añadió, apretando suavemente las manos de Claire–. A Rai no le costará encontrar a otro que se encargue de las operaciones de forrajeo.

–No. –Claire meneó la cabeza y le devolvió el apretón–. Idos los dos. Me siento realmente muy cansada, y me gustaría estar a solas durante un rato.

Raoul se mordisqueó el labio y titubeó, pero por fin se encaminó hacia la puerta tras depositar un beso sobre la frente de Claire. Guillaume también la besó, tiernamente pero sin ninguna emoción, y después siguió a su padre.

Claire les oyó hablar en el patio, Guillaume con voz aguda por la excitación ante la perspectiva de acompañar a los hombres, la de Raoul contenía diversión y una pequeña reprimenda al mismo tiempo. Claire buscó refugio en las frescas y apacibles profundidades de la palabra sagrada.

En verdad, en verdad os digo que nadie puede ver el reino de Dios a menos que nazca de nuevo. Quien no vuelva a nacer mediante el agua y el espíritu nunca podrá entrar en el reino de Dios. Lo que ha nacido de la carne es carne, y lo que ha nacido del espíritu es espíritu.

Claire decidió que cuando Raoul volviera le preguntaría si en Beaucaire había algún cátaro que estuviera dispuesto a visitarla.

Capítulo 29

Toulouse, primavera de 1217

Domingo encogió sus delgados hombros mientras el padre Bernard se inclinaba sobre lo que había escrito para examinarlo. Los resultados no eran excesivamente impresionantes. Domingo poseía un grado de control excelente para su edad cuando se le permitía usar la mano izquierda, pero el padre Bernard decía que la mano izquierda pertenecía al diablo y que no debía utilizarla para comer, escribir o practicar la esgrima..., y menos aún para acompañar a la genuflexión en la iglesia. Domingo la había empleado en muchas ocasiones a espaldas del padre Bernard para trazar un signo totalmente distinto a la figura de la cruz. El muchacho odiaba a su preceptor con toda la pasión concentrada que ardía bajo la superficie de una naturaleza engañosamente callada y apacible. Odiaba el olor a moho de sus negras túnicas, el brillo fanático de sus negros ojos y las venas que se hinchaban sobre aquella pálida frente que parecía no terminar nunca pero, por encima de todo, odiaba la varita de sauce que el clérigo llevaba consigo a todas partes y usaba para gobernar su dominio, golpeando con ella al primer atisbo de rebelión. *Fiat voluntas tua*... «Hágase tu voluntad.» Las palabras serpenteaban a través de la pizarra, apenas legibles. Domingo se mordió el labio, sin atreverse a alzar la mirada hacia aquellos ojos helados e insondables.

–¿Ves esa araña encima de tu cabeza? –El padre Bernard levantó su varita hacia una telaraña en un rincón de la habitación–. ¿La ves? Respóndeme, muchacho.

–Sí, padre Bernard.

Domingo se removió sobre el banco, consciente de la blanca mano huesuda, tan próxima a su oreja, que se tensaba sobre la lisa corteza de la ramita de sauce y la oprimía con un temblor expectante.

–¡Pues esa araña sería capaz de escribir con una letra mejor que la que veo en tu pizarra! Lo haces todo mal a propósito para ponerme a prueba.

–No, padre. Es que no puedo usar la...

–¡Silencio, muchacho! ¿Acaso también eres insolente además de estúpido?

El labio inferior de Domingo tembló. El pequeño reprimió los estremecimientos, sabiendo que el fraile quería hacerle llorar delante de los otros niños para así seguir burlándose de él. Algunos de ellos, hijos de los caballeros y los integrantes del séquito del vizconde, le habían maltratado en más de una ocasión, llamándole hereje e hijo de puta, aunque se aseguraban de no hacerlo nunca delante de los adultos. Domingo era muy consciente de lo que le ocurría al perro que era distinto del resto de la jauría: o era perseguido y acosado hasta la muerte por los otros canes, o se convertía en su líder. Hacía cuanto podía para aparentar indiferencia ante las befas y el ridículo de que era objeto, pero sus mejores esfuerzos no siempre estaban a la altura de las circunstancias..., y nunca eran lo suficientemente buenos para el fanático padre Bernard.

El fraile cogió la pizarra de Domingo y la sostuvo con las puntas de los dedos, como si lo que contenía fuera contagioso.

–Vuelve a escribirlo –dijo con voz gélida–. Tres veces –añadió, volviendo a depositar la pizarra en las manos de Domingo con un empujón lo suficientemente salvaje para asestarles un doloroso golpe.

Domingo tragó saliva para deshacer el nudo de tensión que le oprimía la garganta, y el odio hizo temblar su cuerpecito. Simón, que era cuatro años mayor que él y estaba sentado a su lado, le lanzó una rápida mirada mientras le propinaba un suave codazo lleno de simpatía. Domingo se atrevió a responder con una mueca mientras se afanaba por reprimir el llanto.

El padre Bernard giró sobre sus talones, las mandíbulas tan tensas que faltó poco para que le rechinaran los dientes. Los niños siempre mostraban una inclinación natural a seguir los caminos del diablo –la pereza, la insolencia y el engaño– y quedarían manchados de por vida a menos que fuera expulsada de sus cuerpos a golpes cuando todavía eran jóvenes. Eso había hecho su preceptor con el padre Bernard para salvarle, y en su edad adulta el fraile tenía buenos motivos para estarle agradecido, pues sin aquellas palizas su alma tal vez se habría condenado para siempre.

El sacerdote se acercó a la ventana, con la varita firmemente aferrada a su espalda. Debía aquel puesto de preceptor a otro fraile, Domingo de Guzmán, quien le había presentado al conde y a la condesa y había amparado y defendido su causa, sabiendo cuán devoto era. Bernard se enorgullecía de que los niños de la casa de Montfort que se hallaban bajo su tutela supieran de memoria las respuestas a todos los rituales de la iglesia y hubieran triplicado sus conocimientos de latín..., salvo el más pequeño, quien siempre se quedaba rezagado. Se suponía que Domingo era hijo de un noble rebelde del sur y que se le mantenía allí en calidad de rehén, pero Bernard, como el resto del mundo, no era tan estúpido para creerlo. ¿Quién hubiera podido pensar que un hombre dotado del férreo control de sí mismo que poseía Simón de Montfort sucumbiría al pecado de la lujuria, y además con una cátara? Aquella mujer debía de ser una bruja. Eso explicaría por qué el niño insistía en usar la mano izquierda, una señal inequívoca de posesión diabólica.

Asaltado por una repentina premonición, Bernard dio media vuelta. Después, los ojos ardiendo con justa y virtuosa indignación, cruzó la habitación en tres veloces zancadas para descargar la vara sobre los nudillos de la mano izquierda de Domingo. El punzón salió despedido de los dedos del niño, que se apresuró a apartar la mano con un grito de dolor. El enfurecido fraile le asestó una andanada de golpes que llovieron sobre los hombros de Domingo y que le cruzaron la cara como dolorosos aguijonazos. El niño se ovilló para protegerse del ataque. Después de que la sorpresa le arrancara el primer chillido de dolor, no volvió a emitir sonido alguno. La pizarra yacía sobre las baldosas del suelo, rota en dos mitades y con las palabras *Fiat voluntas tua* impecablemente escritas en ella.

–¡Si no fueras hijo del conde te rompería hasta el último dedo! –afirmó Bernard con voz entrecortada mientras su brazo subía y bajaba.

El fraile necesitó un instante para percibir el silencio entre perplejo y temeroso de los otros niños, y cuando lo hizo vio que no le estaban mirando a él, sino al conde, quien se hallaba inmóvil en el umbral y contemplaba con expresión impasible la escena que se estaba desarrollando ante él. Bernard bajó lentamente la varita de sauce mientras su estómago ejecutaba un repentino salto mortal.

–Mi señor... No sabía que estuvierais aquí –murmuró, lamiéndose nerviosamente los labios después de haber pregonado lo obvio.

–Me parece que los muchachos podrían ser excusados de sus lecciones durante el resto del día. –La voz de Simón era el gruñido enronquecido que sus hombres habían aprendido a temer. Sin aguardar a que el clérigo le diera permiso, Simón dirigió una seca inclinación de la cabeza a los niños–. Fuera.

Todos los alumnos huyeron a toda prisa, salvo el pequeño Simón, quien permaneció en el aula el tiempo suficiente para persuadir a Domingo de que abandonara su postura de bola fetal y ayudarlo a levantarse. El conde contempló el rostro del niño, fijándose en la franja escarlata impresa sobre la palidez provocada por el sobresalto y en la rigidez de su boca y su mandíbula. Con todo eran los ojos los que contenían el testimonio más elocuente de lo que se acababa de lograr con aquel castigo. Las lágrimas brillaban en ellos, junto con el orgullo y el odio: era como ver el rostro de su padre con la expresión de su madre.

–Llévalo con las mujeres y pide que le pongan un poco de ungüento sobre ese morado –le ordenó Simón a su hijo y, cuando el muchacho se hubo llevado a Domingo, se volvió hacia el padre Bernard–. Espero que dispongáis de una buena explicación para lo que acabo de ver.

–Domingo había vuelto a usar la mano izquierda, mi señor, y me desafió delante de sus compañeros.

Simón bajó la mirada hacia la pizarra destrozada que yacía a sus pies y contempló los caracteres escritos en ella, no por infantiles menos perfectamente trazados.

–Existe una gran diferencia entre destruir y enseñar –dijo después–. El más estúpido de mis mozos de establo podría explicaros en qué consiste esa diferencia. –De pronto su voz, que había sido afable y suave, se curvó como un látigo para golpear y hacer brotar la sangre–. Si volvéis a abrir la boca delante de un auditorio sin haber pensado antes en lo que vais a decir, os cortaré la lengua. No reconozco a Domingo como hijo mío. ¿Ha quedado entendido?

–Sí, mi señor –dijo Bernard, y las palabras surgieron con dificultad de sus labios rígidos por el miedo.

–Espero que lo hayáis entendido –dijo Simón girando sobre sus talones–, porque yo nunca amenazo; me limito a prometer.

Domingo estaba agazapado en un rincón del patio de armas con la espalda pegada a la muralla, los brazos alrededor de *Loup* mientras las lágrimas abrasadoras que se había negado a derramar antes oscurecían el rígido pelaje plateado del sabueso. El muchacho se llevó un dedo al punto palpitante de su mejilla, que había recibido el golpe de la varita de sauce del padre Bernard, y después se contempló la yema, que relucía con el ungüento de hierbas y grasa de ganso de la condesa. Domingo no había deseado ni ungüento ni atención, pues solo necesitaba que lo dejaran solo para poder llorar en paz; aun así se había producido una investigación, con todos los horribles detalles puestos al descubierto ante las mujeres por Sim, cuyo deseo de entender la situación era tan insaciable como su curiosidad. A pesar de ello la condesa, cuya reacción había sido claramente glacial, no había proporcionado ninguna respuesta.

Domingo tensó los dedos sobre el cuello del perro. *Loup* quizá no entendiera lo que le había ocurrido, pero era leal, grande y cálido, y no presentaba la clase de exigencias al intelecto que emanaban de Sim. ¿Significaban las palabras del sacerdote que él y Sim eran medio hermanos? Domingo había oído esas palabras con la frecuencia suficiente para saber que aludían a alguna irregularidad del nacimiento. *Loup* le lamió cariñosamente y gimoteó. El padre Bernard decía que *Loup* era un perro creado por el diablo, pero Domingo sabía que eso era falso. Aunque fuese muy joven, ya comprendía que su odiado preceptor era capaz de ver el mal en un cubo de agua o en una boñiga de caballo si estaba de humor para ello. Quizá todo lo que decía fray Bernard estaba distorsionado y era falso.

Poco a poco, mientras acariciaba al perro, Domingo empezó a sentirse mejor. Poseía una naturaleza tan sólida y resistente como reservada. Al igual que un caracol, que se retira al interior de su concha en los momentos de peligro, tenía la capacidad de retirarse al interior de sí mismo, sobreviviendo así a cualquier crisis. De hecho, se había recuperado lo suficiente para pensar en efectuar una visita a las cocinas y averiguar si Hubert, uno de los aprendices de cocinero, estaría dispuesto a entregarle un hueso para *Loup* y un trocito de mazapán para él si se lo suplicaba con unos ojos lo suficientemente grandes, cuando unos soldados que venían de la ciudad entraron en el patio de armas, arrastrando tras de sí a tres hombres y una mujer atados a una misma cuerda que, a consecuencia de ello, tropezaban y se tambaleaban al no poder mantener el equilibrio. Casi parecían borrachos. Pero suponiendo que alguien hubiera cedido a la embriaguez, eran los soldados los que habían estado bebiendo, al menos a juzgar por la forma en que estaban empujando y atormentando a los cautivos y las groseras observaciones que realizaban.

El primero de los hombres vestía una hermosa túnica y calzones verdes, y su canosa cabellera y su barba habían sido rizadas con tenacillas y alisadas con pomada. Sus tres compañeros, en cambio, lucían la indumentaria habitual de los Perfectos cátaros, y la austera sencillez de sus túnicas con capuchón de lana azul oscuro solo quedaba aliviada por las hebillas de plata de sus cintos. Sus rostros mal alimentados y fanáticos recordaron a Domingo al padre Bernard pero, a diferencia de lo que le ocurría con su preceptor, no percibió amenaza alguna en aquellas personas.

Domingo ya había visto aquella clase de prisioneros en varias ocasiones, y en un espacio relativamente corto de tiempo. El otoño ya había empezado cuando la casa de Montfort llegó a Toulouse después de la derrota de Beaucaire. Sim le había contado que el conde creía que los ciudadanos de Toulouse eran unos traidores que habían suministrado armas y dinero a los rebeldes, y que debían ser castigados por ello. Sim y Domingo se habían introducido sigilosamente en las mazmorras varias veces para echar un vistazo a quienes habían sido arrestados por las tropas. Las túnicas azules aparecieron entre ellos en algunas ocasiones, pero nunca duraban mucho tiempo. Fray Guzmán iba a hablar con quienes las llevaban y después o lloraba o se enfurecía ante su obstinación, pero el resultado final siempre era el mismo. Quienes se hacían llamar «Perfecto» eran sacados de las mazmorras y quemados. Domingo no entendía por qué. Fray Bernard decía que eran personas muy malas, pero también aseguraba que Domingo y *Loup* eran malos. ¿Qué era bueno? ¿El hedor de los cátaros que se consumían entre las llamas, quizá? Si el viento soplaba en la dirección equivocada, a veces podían olerlo en las habitaciones de la condesa y entonces Alais hacía que todos se arrodillaran y rezasen.

Un súbito estallido de actividad junto a la puerta principal atrajo la atención de Domingo. El niño quedó totalmente inmóvil, acurrucado contra la pared, y las entrañas se le licuaron de repente cuando vio que fray Guzmán y fray Bernard salían de la fortaleza e iban hacia los prisioneros. El hombre gordo de la túnica verde cayó de hinojos ante ellos y lloró sobre los pies de los eclesiásticos, haciendo genuflexiones y besando los polvorientos bordes de sus túnicas. Domingo vio temblar la varita de sauce entre los delgados dedos del padre Bernard, percibió la expresión cadavérica que había en su rostro, y enseguida supo que todas las lágrimas y súplicas de los cautivos no servirían de nada. Un gimoteo ahogado intentó escapar de su garganta, y apretó los dientes y tensó los labios para que ningún sonido pudiera traicionar su presencia y hacerle merecedor de otra paliza.

Los cátaros ni suplicaron ni lloraron. En su lugar mostraron una indiferencia que rozaba lo despectivo, y Domingo admiró su valor. De pronto la palabra «hereje» se vio arrancada de la vaga consciencia que la había mantenido limitada hasta entonces dentro de su vocabulario y fue elevada a los resplandecientes niveles ocupados por términos como «caballero», «hidalguía» y «honor».

Domingo vio cómo los cautivos eran llevados a rastras a las mazmorras, y no apartó la vista de su entrada hasta que los destellos del camisote del último soldado se extinguieron entre las sombras y el peligro que representaban las túnicas negras de los frailes hubo desaparecido del patio. *Loup* gimoteó, pegándose a sus talones y reclamando su atención con arañazos y roces. La expresión de profunda concentración se esfumó de los ojos verdigrises de Domingo y, una vez más, volvió a ser únicamente un niño vestido con una túnica polvorienta, la mente apartada de lo que acababa de ver por nuevos pensamientos centrados en el mazapán y los huesos llenos de médula..., pero solo de momento, pues el recuerdo de la escena era tan imposible de borrar como el latido del dolor en el verdugón que palpitaba sobre su mejilla.

–No son los tres que estamos buscando.

El nuevo señor de Toulouse alzó los ojos del montón de pergaminos y estadillos de cuentas que había delante de él, apartando su atención del papeleo relacionado con la guerra que se estaba preparando en la Provenza, y miró fijamente a Guzmán.

–¿No? –preguntó sin ningún interés.

El fraile se rascó la tonsura. Un feroz sarpullido manchaba su garganta, y al verlo Simón pensó que había vuelto a ponerse una camisa áspera.

–Por desgracia no, aunque tienen en su poder unos cuantos escritos heréticos, principalmente el Evangelio de la Verdad y el de santo Tomás. –Se frotó la cara y dejó escapar un pesado suspiro–. ¿Cómo pueden llegar a semejantes extremos de extravío? ¿Cómo pueden creer que encontrarán la salvación negando al mismísimo Jesucristo?

Simón gruñó y bajó los ojos hacia sus documentos. Estaba seguro de sus creencias y se hallaba más que preparado para luchar por ellas, pero en su opinión lo negro era negro y lo blanco, blanco, y hablar de los matices intermedios que existían entre ambos no tenía ningún sentido.

–¿Qué hay del mercader que fue capturado junto con ellos?

–Una oveja sin seso que se ha dejado apartar del buen camino. Algunos de ellos obran de esa manera como acto de rebelión contra vuestro régimen, no porque crean firmemente en el catarismo. –Guzmán extendió las manos en un gesto lleno de elocuencia–. Creen que alojar en su casa a uno de los Perfectos hará que sigan siendo gentes del sur en vez de meros secuaces del norte.

Simón volvió a gruñir, pero su mano se tensó sobre su pluma de ave apenas Guzmán puso el dedo en la llaga. Si las gentes de Toulouse no aprendían a doblegarse, y pronto, Simón les rompería el espinazo.

–¿Alguna cosa más? –preguntó con esforzada paciencia.

La mayor parte del tiempo las relaciones entre Guzmán y él discurrían en términos de comprensión mutua, ya que no de perfecta amistad. A diferencia de Citeaux el fraile estaba más interesado en salvar almas que en engrandecer la Iglesia. Por tanto, no había conflicto de intereses que pudiera introducir una cuña distanciadora entre los dos hombres, pero ocasionalmente, como estaba ocurriendo en aquel momento, cuando Simón tenía que soportar una carga tras otra, Guzmán le resultaba intensamente irritante.

Guzmán entrelazó los dedos y posó su mirada pensativa y melancólica sobre Simón.

–Solo quería deciros una cosa más –murmuró–. El padre Bernard no debió decir lo que dijo esta tarde delante de tantos oídos jóvenes. He hablado con él con la mayor firmeza, y espero que este sea el final del asunto.

–Yo también le he advertido –dijo Simón con voz átona–. Tenéis razón, padre: no se volverá a hablar más de este asunto.

Guzmán suspiró.

–A veces el celo de Bernard hace que rebase los límites de la prudencia, pero está sinceramente preocupado por el continuo desafío del niño, por no mencionar el persistente uso de su mano izquierda.

Simón dejó de escribir y contempló a Guzmán con el ceño fruncido.

–Pues será mejor que se olvide de eso –dijo secamente–. Si su caligrafía fuese lo único que estuviera en juego, entonces diría que debéis hacer cuanto esté en vuestras manos para corregir al niño, pero si ha de llegar a empuñar la lanza y la espada, será mejor que siga los dictados de su naturaleza.

Los ojos marrones de mártir de Guzmán se agrandaron.

–¿Tenéis intención de hacer un soldado de él, mi señor? Pensaba que dadas las circunstancias querríais entregarlo a la Iglesia.

–¿A qué circunstancias os referís? –preguntó Simón con un tono tan suave como desafiante.

–A las de su concepción... Me parece que ya sabéis a qué me refiero, mi señor.

–En lo que a mí concierne, Guzmán, el niño es el legítimo heredero de las posesiones de Montvallant, una posición que difícilmente podrá llegar a reclamar si toma las sagradas órdenes. –La mirada de Simón se había convertido en un taladro de hielo capaz de congelar los huesos–. Recibirá un concienzudo adiestramiento en las artes militares para así poder servir mejor a Dios

–añadió y, volviendo a mojar la pluma en el tintero, empezó a escribir sobre el pergamino, indicando de esa manera que su conversación había terminado.

–¿Y no lo reconoceréis oficialmente, mi señor? –insistió el padre Guzmán.

Esa obstinación tan característica del clérigo, unida a un cerebro de agudeza diamantina y un olfato infalible para los detalles y la meticulosidad, era lo que lo convertía en un hombre tan valioso para el papado como eliminador de la herejía.

–No. –Simón no alzó la mirada–. No lo haré. –El aliento emergió pesadamente de su nariz bajo la forma de un suspiro lleno de impaciencia–. ¿No tenéis ningún otro asunto del que ocuparos?

–Ciertamente, mi señor... He de atender a toda la obra de Dios –replicó Guzmán con una voz tan gélida como las losas del suelo de la capilla en un atardecer de mediados de invierno, y salió de la habitación entre un murmullo de mohosas telas negras.

Simón contempló el borrón de tinta que se iba esparciendo sobre el pergamino a partir de la punta de la pluma que había partido con la presión de sus dedos. Después lo cogió, lo rasgó por la mitad y volvió a partirlo en dos. Cuando extendió el brazo hacia el jarro de vino que había encima de la mesa, no le complació lo más mínimo descubrir que le temblaba la mano.

Capítulo 30

Toulouse, otoño de 1217

Raoul yacía sobre su jergón dentro de la pequeña tienda bajo los primeros destellos de una mañana de otoño y escuchaba la creciente mezcolanza de sonidos que se iba produciendo a medida que un ejército volvía a la vida: hombres y caballos, bueyes y carretas en movimiento, todos dirigiéndose hacia el último vado de Bazacle, cerca de los molinos, el último obstáculo que se interponía entre ellos y Toulouse. Ese día la ciudad sería liberada del dominio de Simón de Montfort y volvería a ser gobernada por su legítimo señor.

Raoul rozó con los labios los cabellos de su esposa dormida. Sus ojos ardían de deseo, aunque el objeto de ese deseo no era Claire. En los últimos tiempos aquel tipo de impulsos había sido canalizado hacia la guerra, donde el vigor y la pasión estaban permitidos y la amargura podía ser purgada con el filo de una espada. En cuanto a Claire, lo único que Raoul sentía hacia ella era una apenada compasión.

Su esposa estaba estudiando con ahínco para convertirse en una Perfecta cátara. Su aprendizaje solía apartarla de Raoul para llevarla a otras partes del campamento, en las que asistía a discretas reuniones, se instruía alrededor de otras hogueras y hallaba compañía e ideas que compartía. Claire le había repetido las máximas sobre el beber de un profundo pozo de tranquilidad, y mientras hablaba su rostro reflejaba la paz de espíritu que había empezado a descubrir. Raoul no quería privarla de aquella gracia espiritual, pero le apenaba ver cómo se iba alejando todavía más de él.

El vínculo que hubiese debido existir entre Claire y Guillaume tampoco había llegado a quedar firmemente restablecido. El abismo de la guerra, el trauma y la separación se abría entre las personas que habían sido y las personas en que se habían convertido. Claire parecía hallar más alivio en su nueva religión que en las relaciones personales, y Guillaume apenas había intentado crear puentes que cruzaran la sima. De hecho, algunas veces adoptaba una actitud desafiante, casi como si estuviera molesto por la presencia de Claire, y exhibía sus habilidades ecuestres y se pavoneaba delante de ella, imitando a los soldados, porque sabía hasta qué punto desaprobaban los cátaros aquel tipo de comportamientos. Claire fingía no darse cuenta de ello, pero Raoul advertía en su rostro una expresión de desagrado.

Entrecerró los ojos y bajó la mirada hacia la cabeza acunada sobre su brazo. Claire seguía llevando el cabello corto, pero el lustre y el soberbio color, entre castaño y rojo cobre, ya habían vuelto a aparecer. Raoul continuaba extrayendo un melancólico placer al acariciarlo, pero Claire prefería que no se lo tocara. De hecho, si no hubiese sido por las cadenas que todavía la ataban a él y por el hecho de que un campamento del ejército no era un sitio demasiado seguro para que una mujer, ni siquiera una mujer santa, durmiera sola, Raoul sabía que jamás habría aceptado compartir su tienda.

–Ya he ensillado los caballos, mi señor –dijo Mir, asomando la cabeza por el hueco que dejaban los cordones a medio tensar de la entrada. Su voz era un potente susurro. De la barba y el oscuro bigote que había empezado a cultivar hacía poco pendían gotitas de agua, pues el campamento se hallaba envuelto por una espesa neblina fluvial–. Guillaume está conmigo.

Raoul asintió y se dispuso a despertar a su esposa con la mayor delicadeza posible..., que sin embargo demostró no ser suficiente. Debatiéndose desesperadamente, Claire empezó a pedirle a gritos que la soltara.

–¡No, no! ¡No me hagas daño, por favor!

Claire dejó escapar un alarido tan penetrante y lleno de terror y dolor que Mir apareció de nuevo con los ojos desorbitados por la preocupación en la entrada de la tienda. Detrás de él, una voz infantil formuló una pregunta apenas inteligible, como si el niño tuviera la boca llena de comida.

–¡Vuelve a tener pesadillas! –jadeó Raoul por encima del hombro–. Las peores siempre llegan justo antes de que se despierte. Todo va bien, Claire... Cálmate. Nadie va a hacerte daño. –Le acarició la mejilla y Mir volvió a retirarse. Enseguida Raoul le oyó hablar con Guillaume. Sus voces se alejaron–. ¿Claire?

Su esposa había dejado de debatirse, y Raoul la soltó cautelosamente.

Claire se irguió y apoyó la cabeza en las manos.

–Estaba encerrada en una habitación llena de tinieblas –jadeó–, y él estaba allí conmigo, y me dijo que tenía que revelarle tu paradero. Cuando le dije que lo desconocía entonces él... –Claire se interrumpió y se echó a llorar.

Siempre «él», nunca Simón de Montfort... Raoul ya se había dado cuenta de ello, así como de que las pesadillas de Claire siempre giraban alrededor de aquel hombre y de lo que le había hecho. Una y otra vez y de cien maneras distintas, Claire revivía aquella violación, que ni siquiera su fe lograba expulsar de su subconsciente. ¿Qué posibilidades tenía entonces su esposo de conseguirlo?

–¿Ya es la hora?

Claire hizo un visible esfuerzo para recuperar el control de sí misma, limpiándose los ojos con el dorso de la mano mientras tomaba aire y alzaba la cabeza para enfrentarse a otro día.

Raoul rehuyó su mirada. Algunas heridas eran demasiado profundas para poder ser curadas con palabras o con una caricia, que en cambio producían un nuevo hilillo de sangre.

–Sí, ya es la hora –respondió, la voz apagada por un tremendo cansancio.

El ejército del antiguo conde de Toulouse avanzaba a través de la niebla en una oscura formación de sombras. Las armaduras y los arneses tintineaban, los cascos envueltos en trapos se hundían con un golpe sordo en la blanda tierra otoñal, y las conversaciones eran cortas y apenas susurradas. Hombres de Aragón, Bigorre y Comminges marchaban y cabalgaban junto a los desposeídos de las tierras tolosanas, y a la cabeza se hallaba el *faidit* más importante de todos, Raimundo de Toulouse.

Por primera vez desde el juicio celebrado en Roma hacía dos inviernos, Raimundo mantenía la cabeza alta y el brillo del cabujón de rubí que adornaba el anillo de su pulgar se reflejaba en sus ojos, aunque estos se habían hundido considerablemente en las cuencas y la piel que los rodeaba, antaño hermosa y lisa, estaba cubierta por una fina red de arrugas nacidas del sufrimiento y la experiencia. Raimundo por fin sabía qué era posible y qué no lo era, y por esa razón había conducido a su pequeño ejército por caminos no frecuentados y había atravesado los ríos en los vados secundarios en vez de usar los puentes principales. Había evitado las ciudades y las vigilantes guarniciones de Simón de Montfort, esperando pacientemente hasta que los informes de los espías le aseguraron que el usurpador se encontraba muy lejos de allí, en Crest, al otro lado del Ródano.

El día que Raimundo había elegido para entrar en Toulouse no podía ser mejor. La niebla que ascendía del Garona y se extendía sobre el suelo era tan densa como una manta de caballo, y lo ocultaba todo. Raimundo recordaba entradas anteriores en su ciudad en tiempos de paz y de guerra, los heraldos, la panoplia, los banderines y la celebración, el vino corriendo por las calles y las monedas de oro que llovían sobre las multitudes como muestra de la generosidad de su señor. De repente todo eso se había disipado para ser sustituido por aquel regreso furtivo, envuelto en el silencio y la bruma, y sin embargo la sangre cantaba en sus venas como jamás lo había hecho en aquellas ocasiones anteriores de alegre despreocupación. Toulouse era suya. Formaba parte de su carne y de sus huesos y fuera cual fuese su habilidad y su brutalidad en la guerra, ningún soldado del norte iba a usurpársela mediante la palabra comprada de un sacerdote entrometido de Roma.

Con el mentón apoyado en la mano derecha, Domingo usaba la izquierda para juguetear con un trozo de pan. *Loup* aguardaba esperanzadamente debajo de la mesa cualquier pedacito de comida que pudiera caer ante él, con un ojo clavado en las piernas de su amo mientras el otro vigilaba al pequeño y siempre inquieto terrier de Amice para detectar cualquier repentino movimiento traicionero.

El castillo Narbonnais era oscuro y lúgubre incluso bajo la intensa claridad del apogeo del verano. En otoño, cuando toda la ciudad era engullida por una espesa niebla granulosa, se volvía indeciblemente húmedo y tenebroso. Incluso estando recubiertos de magníficos tapices, los muros parecían exudar un aura depresiva.

Domingo vio con el rabillo del ojo cómo la condesa se limpiaba los labios con una nívea servilleta y alargaba la mano hacia su copa. Los anillos que adornaban sus largos y elegantes dedos relucían bajo la luz de las velas. La condesa tenía los labios fruncidos, como si estuvieran tensados por un cordoncillo invisible, y le estaba fulminando con la mirada. Domingo, sintiéndose repentinamente culpable, dejó de balancear las piernas y apartó la mano del pan, sabiendo que la condesa aborrecía los malos modales y la incapacidad de estarse quieto. En cuanto hubieran acabado de desayunar, Domingo debería entrenarse con las armas, una actividad que siempre encontraba inmensamente agradable, por lo que le resultaba muy difícil mantenerse inmóvil. Durante los entrenamientos se le permitía usar la mano izquierda, y Domingo estaba demostrando ser tan hábil que ya casi igualaba en destreza a Sim, que tenía cuatro años más que él. Sir Henri Lemagne, el caballero que les daba las clases, no ocultaba que se sentía tremendamente complacido con sus progresos, y le había prometido que si continuaba desarrollando sus habilidades al ritmo actual hasta la Navidad, podría empezar a practicar con espadas de acero.

Después de las sesiones de entrenamiento con las armas venían las lecciones con el padre Bernard; incluso estas se habían vuelto tolerables. Después de aquel incidente con la pizarra en la primavera, el fraile había puesto freno a su lengua y a su vara. Domingo solo había sido castigado en una ocasión..., por haber introducido una culebra en el sombrero del padre Bernard después de una lección sobre la serpiente del Edén. Ver la expresión de horror que se extendió por los cadavéricos rasgos del fraile fue una compensación más que suficiente a los golpes recibidos. El recuerdo hizo sonreír a Domingo, y sus dedos avanzaron sigilosamente para volver a juguetear con el pan.

Alais le estaba observando con expresión meditabunda. Domingo se parecía tanto a su esposo que nadie podía dudar quién lo había engendrado. De hecho, un dignatario extranjero en visita diplomática, creyendo que Domingo era hijo suyo y esperando congraciarse con ella, la había felicitado por la morena apostura del muchacho y por su gran parecido con Simón. Alais no tardó en descubrir que le resultaba muy difícil aceptar la existencia del niño, pero su voluntad de hierro acabó permitiéndoselo. Domingo era la prueba viviente de que nunca había que dar nada por seguro. Alais soportaba su presencia como una cruz y se aseguraba de ser escrupulosamente justa en cuanto a él concernía; aun así prefería que el muchacho se hallara lo más lejos posible de sus ojos y de sus pensamientos.

Un tirón apremiante en la manga de Alais apartó su atención de Domingo para desviarla hacia su hijo Simón, que ya tenía diez años y se había convertido en el mentor de aquél.

–¿Qué es todo ese ruido, mamá? Parece como si estuvieran luchando...

Sus cabellos estaban enmarañados porque no se había acordado de peinarse. En sus ojos había una vivaz curiosidad, pero no miedo.

Alais, arrancada de aquella manera tan brusca de sus reflexiones, aguzó el oído y se volvió hacia la puerta. Todo el mundo estaba rígidamente inmóvil en sus asientos, el cuerpo tenso y visiblemente alerta. Los sonidos no llegaban hasta ellos con excesiva claridad, pero una vez percibidos ya no podían ser ignorados. No se trataba meramente del estrépito cotidiano de los hombres ejercitándose o yendo a atender sus obligaciones, sino del clamor mucho más intenso y estridente de una batalla y una turba. La mano de Alais fue hacia la cadenilla de oro que rodeaba su cuello y se cerró sobre el crucifijo enjoyado que colgaba de ella.

–Henri –le ordenó al preceptor de armas de los niños, que estaba sentado junto a ella–, id a averiguar qué ocurre.

Henri Lemagne ni siquiera se había levantado de la mesa cuando la petición de la condesa fue respondida con lacónica brutalidad por la llegada de Nicholas de Riems, un caballero destacado en la ciudad. De Riems entró tambaleándose en la sala y, derrumbándose más que arrodillándose, se postró a sus pies. La sangre brotaba de un gran corte en su mejilla, y la mano de la espada se hallaba lacerada hasta el hueso.

–Graves noticias, mi señora... Raimundo de Toulouse ha invadido la ciudad con un ejército de *faidits* y las gentes se han alzado en armas para darle la bienvenida. Hemos sido sometidos..., destruidos...

El rostro de Alais se había vuelto tan blanco como la servilleta.

–¿Y el castillo? –preguntó sin apenas mover los labios.

–A salvo por el momento, mi señora, pero la ciudad está perdida. Debéis avisar a milord Simón inmediatamente.

Alais se irguió, echando chispas por los ojos.

–Sé muy bien qué he de hacer. ¡No tengáis la osadía de tratar de darme lecciones! ¿Cómo es posible que un ejército entero haya conseguido burlar a los centinelas?

La condesa ocultó sus manos temblorosas entre los pliegues de su vestido y tensó las mandíbulas hasta que los tendones de su cuello sobresalieron de la piel como los cables de un puente levadizo.

–Llegaron hasta nosotros avanzando a través de la niebla, mi señora. No supimos que estaban allí hasta que los tuvimos encima.

Alais emitió un sonido lleno de impaciencia, que de hecho enmascaraba un grito, y se volvió para llamar con un chasquido de los dedos a un escribano que aún sostenía un trozo de pan, una mejilla abultada en el acto de masticar bruscamente interrumpido.

–Ve a buscar una pluma y un pergamino –ordenó–. Traedme unos cuantos mensajeros, Henri.

Su pánico palpitó durante unos instantes más y después empezó a disiparse. Alais era una Montmorency por nacimiento y una de Montfort por matrimonio, de modo que el orgullo y la bravura eran los dos códigos que regían su vida. No se dejaría asustar por la noticia de que la escoria rebelde llamaba a sus puertas.

–Mi señor vendrá... –afirmó entornando los ojos–, y entonces resolveremos este problema de una vez por todas. –Recogiéndose las faldas, la condesa abandonó los restos de su desayuno–. Lleva mi capa a las almenas, Élise.

–¿A las almenas, señora? –preguntó la doncella, mirándola de soslayo.

–¿A qué otro sitio puedo ir para contemplar mi ciudad? –replicó desdeñosamente Alais.

Capítulo 31

Gigantesca y amenazadora, la máquina de asedio se alzaba sobre el azul cegador del cielo veraniego como una criatura surgida del Apocalipsis. Su cubil era el taller de los carpinteros del castillo Narbonnais, y había sido diseñada y construida con el único propósito de abrir una brecha en la muralla este de la ciudad de Toulouse.

El núcleo de aquel gato, aquel artefacto de asedio, era un enorme tronco de árbol enmarcado por dos pares de caballetes, con vigas entrecruzadas situadas encima de cada par. El tronco colgaba de cuerdas atadas a las vigas que lo mantenían centrado entre los caballetes, y un extremo había sido afilado hasta obtener una gran punta que posteriormente fue reforzada con planchas de hierro. Todo el artilugio quedaba contenido dentro de las nervaduras de un cobertizo de madera provisto de un compartimiento superior destinado a alojar arqueros. El techo estaba recubierto de cueros nuevos para proteger a los hombres que tendrían que trabajar durante largas horas debajo de él cuando empezaran a impulsar la punta de hierro hacia las piedras del muro de la ciudad. Los carpinteros la habían bautizado como «el pincho del vizconde»[1], un nombre que, a la vista de la inestabilidad observada en el temperamento de milord Simón durante los últimos días, se habían guardado para sí mismos.

1. Juego de palabras con el doble sentido del término *prick*, que, además de significar pincho o aguijón, se emplea como un vulgarismo para referirse al miembro viril. *(N. del T.)*

Aquella mañana de agosto, Simón y un grupo de consejeros y edecanes estaban inspeccionando la máquina de asedio después de que se le hubieran hecho los últimos retoques. Simón estaba tenso y de mal humor, y la frustración del fracaso hacía que cada día estuviera un poco más cerca de estallar. Toulouse llevaba nueve meses resistiéndosele, y por el momento no se hallaba mucho más cerca de atravesar las defensas de la ciudad de lo que lo había estado al principio.

Durante las tres semanas que necesitó para que su ejército volviera por donde había venido a fin de responder al primer mensaje de petición de ayuda enviado por su esposa, los ciudadanos de Toulouse y los soldados de Raimundo habían trabajado frenéticamente, desgastándose los dedos hasta el hueso e inflamando su patriotismo hasta un ardor febril. El vulnerable cuadrante del sudeste había sido fortificado mediante una hilera ininterrumpida de muros y trincheras, un baluarte defensivo de mil metros de profundidad que discurría desde el Garona hasta la catedral, y los arqueros aguardaban en las torres de esta para matar a cualquier persona que se moviera sin disponer de su permiso para hacerlo.

Y así empezó el asedio. Ataque y contraataque. Maniobras frustradas, asaltos detenidos. Toulouse aún conservaba su condición de *virgo intacta*, y la frustración de Simón le estaba royendo inexorablemente las entrañas.

Los trabajadores, los músculos morenos reluciendo a causa del sudor, observaban al conde con aprensión, con los párpados respetuosamente entornados. Durante los últimos días complacerle se había convertido en una tarea casi imposible, y Simón castigaba con ferocidad incluso el más pequeño de los errores. El capataz de los carpinteros sintió un gran alivio cuando Simón sacó una bolsita de cuero de la faltriquera que colgaba junto a su daga y se la entregó con la sombra retorcida de una sonrisa, ya que el conde muy bien hubiera podido empuñar la daga con idéntica facilidad.

–Cumplirá su función –dijo Simón–. Y ahora, recordad que no os pago para que holgazaneéis. Volved a vuestro trabajo.

Después de que el conde Simón y sus edecanes se hubieran alejado del gato para inspeccionar una catapulta que estaba siendo construida, Domingo, siempre curioso, entró en la armazón de madera de la nueva máquina de asedio e intentó imaginarse que era un soldado que maniobraba en su interior. El olor a madera recién cortada y pieles sin curtir era tan intenso que casi le dejó sin respiración. Domingo golpeó el tronco de roble con el puño, y después se sentó encima de él y se dedicó a dar saltitos arriba y abajo.

–¿Y esto realmente derribará el muro? –le preguntó a Sim, que estaba explorando el gato con la misma solemne seriedad con la que lo habían hecho los adultos.

–Papá dice que sí.

Domingo no quedó muy convencido. Le habían enseñado a considerar que la voluntad del conde era ley, y hasta hacía muy poco tiempo Simón le había inspirado la clase de respeto temeroso que sabía solo debería estar reservado a Dios. Pero el mes pasado la piedra lanzada por una catapulta había atravesado el techo de la capilla del castillo Narbonnais mientras estaban oyendo misa y había matado a uno de los capellanes del cardenal legado. La proximidad de la muerte, el intenso rojo de la sangre, el polvo de la argamasa desprendida del techo que flotaba bajo la luz del sol... todas esas cosas tenían mucho más peso que la orden del conde.

–¡Deja de saltar, Dom! –exclamó el pequeño Simón, lanzándole una mirada llena de impaciencia–. Si no te portas bien, te enviarán de nuevo con las mujeres. Oye, ¿entiendes por qué la punta está recubierta de hierro?

–¡Pues claro que sí! –Domingo dejó escapar un resoplido despectivo–. ¡Si solo fuese de madera, se haría astillas contra los muros! –Bajó de un salto del tronco y arrugó la nariz–. Este sitio apesta –dijo, y salió corriendo de la máquina de asedio.

Uno de los carpinteros, un hombre de rostro tosco y jovial, le guiñó el ojo a Domingo y le ofreció un trago de vino de su odre.

–¿Qué te parece, muchacho? ¿Abrirá un agujero en el muro de los herejes?

Un destello de risa iluminó sus ojos junto con una insinuación que estaba más allá de la comprensión de Domingo, pero que los otros hombres entendieron bien, pues prorrumpieron en maliciosas carcajadas.

–Es muy grande –dijo educadamente Domingo, y la hilaridad de los hombres se volvió realmente estruendosa.

Domingo también se rió, aunque no entendía la chanza y, dejándolos allí, atravesó corriendo el recinto para examinar otras máquinas de asedio que estaban siendo reparadas o mejoradas. Entre ellas había un mandrón con un cabrestante roto, y en el suelo, falcado junto a él, un esbelto tronco de árbol que iba a ser convertido en un punzón para desprender la argamasa que mantenía unidas las piedras. Domingo se preguntó si una escena similar estaría siendo representada detrás de las murallas de la ciudad. La mayor parte de las máquinas de asedio del enemigo parecían pertenecer a la categoría de las catapultas lanzadoras de piedras. Domingo había aprendido a temer el sordo chasquido del contrapeso, los minutos de silencio siguientes y, por último, el estrépito ensordecedor del proyectil de piedra cuando chocaba contra su objetivo. A veces les arrojaban los cuerpos de aquellos caballeros de su ejército que habían sido capturados, y en un par de ocasiones les enviaron el cadáver putrefacto de un corcel. El incidente de la capilla volvió a invadir su mente, y echó a correr, tarareando una canción para expulsar las imágenes de su cabeza.

Triboudainne, tribondel!
Plus aim le jeu du prael
Ke faire malvais sejor.

Loup, que había estado dormitando a la sombra, levantó la cabeza de sus blancas patas delanteras y, después de estirarse, fue trotando hacia su joven amo para olisquearle y restregarle el hocico en las manos. Domingo empezó a hacerle mimos y, viendo que nadie les observaba, decidió desaparecer durante un rato. *Loup* necesitaba hacer ejercicio y, en un día tan magnífico como aquel, no podía soportar la idea de volver a la lúgubre oscuridad de los aposentos de las mujeres en el castillo y a las lenguas que la preocupación y el mal genio habían vuelto tan punzantes como agujas. Desatando las riendas de su poni, se subió a la grupa, le dijo al mozo de establo que se iba a casa y se alejó en esa dirección, pero apenas hubo desaparecido de su vista, volvió por donde había venido y cabalgó hacia el río con *Loup* saltando ágilmente detrás del poni.

Claire limpió delicadamente la frente de la mujer del soldado y, mientras esta empezaba a recuperar el conocimiento, le dio a beber unos sorbos del cuenco de agua que había traído alguien que pasaba por allí.

–No deberías estar trabajando tanto con este calor y menos cuando te falta tan poco para dar a luz –la riñó afablemente.

–Estoy bien, mi señora, de veras... Dadme un minuto y podré levantarme. –La mujer se llevó las manos a su hinchado vientre, que ya había alcanzado el octavo mes del embarazo–. Los hombres tienen que comer.

Claire volvió la mirada hacia las cestas llenas de comida que la mujer había estado repartiendo entre los soldados que montaban guardia en las murallas de la ciudad. Probablemente aquel era su tercer o cuarto viaje transportando semejante carga, y a Claire le resultó obvio que si continuaba esforzándose sería el último que haría en su vida. La mujer ya no era joven. Su rostro demudado mostraba las arrugas del comienzo de la mediana edad, y en los cabellos rizados que habían escapado al confinamiento de su toca el gris predominaba sobre el negro.

–No –dijo firmemente–. Debes descansar, porque de lo contrario tanto tú como el bebé sufriréis las consecuencias de todo este esfuerzo. Deja que yo me encargue de subir las cestas a los hombres. Isabelle te acompañará a casa y se asegurará de que te atiendan –añadió, llamando a la doncella con un gesto de la mano.

–Gracias, mi señora. Que Dios os bendiga. –La mujer tomó la mano de Claire entre las suyas–. Mi hombre se llama Isarn y tiene a su cargo la lanzadora de piedras que han instalado cerca de la puerta de Montoulieu. Hay vino, pan y pasteles de carne para él y su dotación en la cesta de la izquierda. Decidle que me encuentro bien.

–Lo haré –dijo Claire, tranquilizándola con unas palmaditas en el brazo antes de coger las dos cestas.

Toda la ciudad estaba firmemente decidida a resistir el asedio de Simón de Montfort y para que ello fuera posible todo el mundo, desde el niño más pequeño hasta el más frágil de los octogenarios, hacía cuanto estaba en sus manos para ayudar. Hasta el momento la tarea principal de Claire había consistido en atender a los heridos y los enfermos, aunque también había llevado mensajes y transportado suministros a las murallas. Se mantenía lo más ocupada posible y cuando no estaba ocupada rezaba, pero los fantasmas seguían flotando alrededor del círculo invisible del cual habían sido expulsados, aguardando su momento.

Murmurando el padrenuestro para sí, Claire fue ascendiendo hacia las catapultas de la muralla este de la ciudad instaladas alrededor de la puerta de Montoulieu. Los rayos abrasadores del sol caían sobre ella, y el sudor le aguijoneaba el cuerpo por debajo de la camisa y la gruesa túnica cátara. No le extrañaba que aquella pobre mujer embarazada se hubiera desmayado. Quizá no tardarían en ver llegar una de las primeras tormentas del verano. Una sola ojeada al cielo bastó para llenar la visión de Claire de un azul intensamente nítido y, como no miraba por dónde iba, tropezó.

–Tened cuidado, mi señora –dijo secamente un soldado, y la agarró del brazo para ayudarla a recobrar el equilibrio.

Claire le dio las gracias y se apresuró a liberarse de la presión de sus dedos, pues no le gustaba que la tocaran ni aunque fuese por cortesía y preocupación. El soldado, bajito y nervudo, tenía los ojos de un chispeante color castaño y una negra barba salpicada de gris. El sudor relucía en las arrugas de su garganta y goteaba por su pecho desnudo.

–Estoy buscando a alguien llamado Isarn –dijo Claire mientras recuperaba el equilibrio y el aliento.

–¡Pues no hace falta que sigáis buscando! –El soldado volvió a cogerla del brazo, pero esta vez solo para apartarla de una carga de rocas que acarreaban dos jadeantes trabajadores–. Munición para nuestra vieja amiga... –le explicó, dando cariñosas palmaditas a la enorme catapulta–. ¡Cuando alguien recibe su beso, nunca queda gran cosa de él! –Entonces se fijó en la túnica cátara y se puso serio de repente–. Ya sé que estáis en contra de matar, pero no puedo decir que lamente enviar a esos bastardos al infierno.

–Tampoco creemos en el infierno –dijo Claire con dulzura, y señaló la cesta–. Vuestra esposa envía provisiones para vos y para vuestros hombres. Se encontraba un poco indispuesta a causa del calor, por lo que la mandé a casa para que descansara.

–Ah, sí, mi Alinor es así... Trabaja y trabaja hasta que se cae de agotamiento. Ya le he dicho que se tome las cosas con más calma, pero no me hace caso. Los hombres de Simón de Montfort mataron a su primer marido hace unos años. Los odia, sí...

El soldado se limpió las manos en sus sucios calzones, se inclinó sobre la cesta y cogió un pastel de carne.

Claire no dijo nada. Aprender a no odiar y a no tener miedo era la lección más difícil de su nueva religión, hasta el punto de que por el momento se sentía incapaz de asimilarla.

–¿Y adónde van los malvados si no al infierno? –preguntó Isarn mientras sus hombres se reunían alrededor de la cesta para hacerse con su parte de las provisiones.

–A otro cuerpo humano o animal para que puedan expiar su pecado en otra vida. Los que alcanzan la comprensión se convierten en almas puras y dejan de estar esclavizados por la materia y el Dios de la materia.

Isarn masticó con expresión pensativa. Sus ojos relucían.

–Así que puede que algún día Simón de Montfort se convierta en un gusano que se alimentará de su antiguo cuerpo, ¿no?

–Es posible.

Claire intentó responder a su jovialidad con una sonrisa, pero le fue imposible. La mera mención del conde bastaba para provocarle náuseas.

–Veo que os he ofendido.

Claire meneó la cabeza.

–No, nada de eso. ¿Os importaría que bebiera un poco de vuestro vino?

–Servíos vos misma.

Claire, sintiéndose muy agradecida, descorchó un odre y bebió varios tragos. Su pánico se apaciguó un poco, y eso le permitió dar las gracias al hombre con un tono más natural. Dejó el odre en el suelo y alargó la mano hacia la otra cesta, que aún tenía que ser entregada a una considerable distancia baluarte abajo, y se disponía a cargar con su peso cuando Isarn se olvidó de que Claire era cátara y mujer; de hecho lo olvidó todo salvo el impresionante artilugio que avanzaba hacia ellos desde el campamento que rodeaba al castillo Narbonnais.

–¡Por las llagas de Cristo! –exclamó, escupiendo un bocado de pastel de carne a medio masticar–. ¿Qué diantres es eso?

Sus compañeros llegaron a la carrera, se inclinaron sobre los muros para mirar y empezaron a lanzar juramentos tan imaginativos como los que profería su capitán. Claire dejó la cesta en el suelo, fue corriendo al parapeto y contempló la gigantesca máquina de asedio que rodaba pesadamente hacia aquella sección de la muralla; consistía en una armazón de madera recubierta de planchas de hierro y techada con pieles sin curtir. Parecía un granero en miniatura y casi daba la impresión de estar moviéndose por sus propios medios, pues los hombres que la impulsaban quedaban ocultos en sus entrañas.

–El muy hijo de perra... ¡Eso es un gato! ¡Rob, ayúdame a cargar Le Catin!

Limpiándose la boca con el dorso de la mano, Isarn pasó corriendo junto a Claire para ir a la catapulta, repitiendo una y otra vez la palabra «bastardo».

El enorme ariete siguió acercándose a las murallas. Claire, tan repentinamente paralizada como si sus pies hubieran echado raíces en el suelo, contempló cómo se aproximaba. Un hombre montado en un corcel blanco cabalgaba detrás de la máquina de asedio. Llevaba su yelmo de batalla, con tres plumas rojas agitándose sobre su cimera. El jinete se hallaba rodeado por una hueste de edecanes y escuderos, pero le hubiese reconocido en cualquier sitio. Una oleada de náuseas brotó de su estómago, y Claire se tapó la boca con la mano. Algo oscuro pasó siseando junto a su cabeza y se incrustó en la estructura de madera de la catapulta con un tañido casi musical. El cielo se oscureció de repente sobre su cabeza, y sonó un ruido como el de cien pájaros que emprendieran el vuelo de súbito. Alguien agarró a Claire por detrás, y un instante después las manos sudorosas de uno de los trabajadores la tendieron sobre las planchas de madera que sostenían la catapulta.

–¡Tened cuidado con las flechas, mi señora! –le advirtió una ronca voz masculina.

En aquellas almenas todo el mundo sabía que debía mantener la cabeza agachada durante un ataque, y el trabajador estaba furioso ante su descuido.

–¡Lo siento! –jadeó Claire.

El soldado ni la oyó ni le prestó atención alguna, pues ya estaba en la catapulta y hacía girar frenéticamente el torno para bajar la eslinga en que terminaba el madero y dejarla sujeta con una cuña, a fin de que Isarn y Helias pudieran cargarla con una roca.

–¡Muy bien, Rob, lánzala! –aulló Isarn.

La cuña se desprendió del soporte mediante un potente martillazo, el contrapeso descendió bruscamente y el brazo cargado describió un arco para lanzar el proyectil de piedra hacia el enemigo con una gran fuerza. El disparo se quedó corto, y la piedra aterrizó sobre el suelo con un golpe sordo. Otras catapultas esparcidas por la ciudad también habían arrojado sus proyectiles, pero se encontraban demasiado lejos para que sus lanzamientos pudieran ser considerados como algo más que una amenaza. El gato siguió avanzando lentamente hacia las trincheras, aproximándose más y más mientras las flechas silbaban en las alturas. Claire se pegó a la pared, sintiéndose mareada de puro terror. Los hombres trabajaban febrilmente alrededor para volver a cargar la catapulta. El olor a polvo de piedra recalentado y madera embreada impregnaba el aire. Otro peñasco fue lanzado, y nuevos gemidos de desilusión siguieron a su vuelo. La voz de Isarn era un ronco graznido mientras ordenaba a sus hombres que recargaran la catapulta. El peso descendió y fue sujetado. La piedra quedó colocada encima de la eslinga.

–Esperad a que esté bien cerca, muchachos. Esperad un poco más... –Isarn alzó el brazo. Una flecha rozó el casco de cuero hervido en forma de olla que protegía su cabeza, y un juramento escapó de entre los labios de Isarn–. ¡Ahora, ahora! –aulló, bajando el brazo.

La cuña salió despedida del soporte, el contrapeso descendió y la gigantesca piedra voló por encima de la muralla. Unos instantes después un gran estrépito de algo enorme que se rompía llegó a sus oídos en vez del sordo golpe del fracaso. Isarn fue corriendo al parapeto y atisbó por encima de él. Una oleada de vítores surgió de las dotaciones de las catapultas instaladas a ambos lados de Le Catin.

–¡Le hemos dado! –gritó Helias, bailoteando alrededor del ingenio lanzador de piedras mientras abrazaba a los otros hombres–. ¡Que te aproveche, Montfort! ¡Esta vez si te la hemos metido por el trasero! –chilló, acompañando sus palabras con gestos groseros.

A lo largo de toda la muralla, los soldados gesticulaban y se burlaban de los cruzados y del gato destrozado. El tronco no había sufrido ningún daño, pero una parte de la armazón había quedado aplastada y algunas de las cuerdas de soporte se habían partido. Un soldado fue sacado de la armazón, la pierna izquierda reducida a pulpa. Lentamente, como una fiera herida, el gato fue retirado bajo una última andanada de flechas.

Isarn y sus hombres se sentaron sobre su catapulta, hablando todos a la vez y encadenando una chanza con otra mientras desahogaban sus tensiones. Claire, todavía un poco conmocionada, se levantó con dificultad. Le temblaban las rodillas, todavía tenía náuseas y no se atrevía a volver la mirada hacia la muralla por miedo a ver al hombre del corcel blanco.

–Eh –dijo Isarn, frunciendo el ceño–. Estáis tan blanca como las sábanas recién lavadas de mi esposa. Tomad un poco más de vino.

Claire meneó la cabeza y cogió la segunda cesta.

–No, no... Estoy bien y estaré mejor si tengo algo que hacer. A menos que me apresure vuestros amigos no tendrán nada con que brindar para celebrar vuestra victoria.

Claire consiguió formar una auténtica sonrisa con la que despedirse de Isarn y siguió avanzando a lo largo de la muralla, pasando por encima de las flechas que cubrían el suelo como ramas secas. Mientras caminaba, adaptó el ritmo de sus pasos al cántico mental de una plegaria, y el miedo que le inspiraba Simón de Montfort se fue desvaneciendo gradualmente hasta quedar reducido a una diminuta pero persistente punzada de inquietud.

Domingo, absorto y ensimismado, se alejó del castillo Narbonnais mucho más de lo que era prudente o había tenido intención de hacer inicialmente, y cuando se dispuso a volver sobre sus pasos, descubrió que había perdido a *Loup*. Gritar y silbar no dio ningún resultado, y su voz, poco antes firme y confiada, ya había empezado a temblar y a desarrollar una sombra de pánico cuando oyó un gimoteo que surgía de un macizo de juncos y juncias que se alzaban junto a las aguas. Haciendo avanzar a su poni en esa dirección, vio un movimiento entre los altos tallos. También creyó oír una voz, y su mano fue hacia la pequeña daga que colgaba de su cinturón.

–¿Quién está ahí? –preguntó, intentando conseguir que su voz sonara tan grave e imperiosa como la del conde.

Después hubo un largo titubeo durante el que la mano de Domingo se tensó sobre la empuñadura de la daga. El niño había empezado incluso a desenvainarla cuando una jovencita que tendría aproximadamente su edad se incorporó entre los juncos y se encaró a él. *Loup* estaba junto a ella y la mano de la pequeña reposaba sobre su collar, pero el perro no estaba haciendo ningún esfuerzo para liberarse. De hecho, su canina cara mostraba aquella expresión satisfecha y casi maliciosa que normalmente significaba que se había alzado con la victoria en alguna escaramuza con el insufrible perrito faldero de Amice.

–¿Quién eres? –preguntó Domingo, comportándose con rudeza porque se había asustado.

–Magda –se limitó a responder la niña, como si eso fuera explicación más que suficiente, y se apartó los cabellos de la cara.

Su piel era tan blanca como la luz de la luna, ese color que las mujeres de Alais siempre estaban intentando obtener a partir de la botella de un alquimista con resultados que oscilaban entre distintos matices del desastre. Sus ojos grises eran límpidos y luminosos, y el sol del verano había dorado su piel.

–¿Qué estás haciendo con mi perro?

–Tenía una espina en la pata, así que se la saqué para que no le doliera.

Magda sonrió. Le faltaban los dientes delanteros y el barro del río cubría su mejilla y la pechera de su vestido, con lo que parecía una huérfana abandonada.

–¡*Loup* nunca permitiría que un desconocido hiciera eso!

–Pues a mí sí me ha dejado.

Magda dio unas palmaditas al perro y apartó la mano de su collar. *Loup* le lamió la mano y se quedó inmóvil junto a ella, y la niña tuvo que usar la voz y señalar con un dedo para que el perro volviera con su amo.

Domingo se sintió traicionado. La lealtad de *Loup* siempre le había pertenecido de manera única y exclusiva.

–¿Qué estás haciendo aquí? –preguntó con voz desafiante, sacando la mandíbula en una excelente imitación del conde.

–Ayudo a mi madre a recoger hierbas. Las margaritas de los pantanos tienen más flores a este lado del río. –Magda le enseñó una cesta repleta de un amplio surtido de plantas–. ¿Por qué estás tan enfadado?

Domingo frunció el ceño.

–No estoy enfadado.

Magda le contempló con expresión impasible, en silencio, y Domingo acabó bajando la mirada y arañó el suelo con la puntera de una bota, sintiendo que el rostro le ardía con un vivo color rojo. *Loup* hundió su húmedo hocico en su mano, pero Domingo ignoró al sabueso traidor. Cuando volvió a alzar la cabeza, su mirada se fijó en una forma oblonga de color oscuro medio escondida entre los juncos, y un instante después comprendió que estaba viendo un bote.

–Tu madre y tú sois rebeldes, ¿verdad?

El aplomo de Magda se tambaleó, y su mirada se deslizó rápidamente por encima de su hombro como si estuviera buscando a alguien.

–¿Eres una hereje?

La niña volvió a encararse con él, los hombros repentinamente tensos.

–No soy católica, si a eso te refieres –replicó con dignidad.

–Fray Domingo quema herejes –dijo el niño–. Me llamaron así por él.

Aunque las palabras hubieran podido ser consideradas una amenaza, Magda no las interpretó en ese sentido y, de hecho, la tensión abandonó bruscamente su cuerpo, como si cualquier posible peligro que hubiera podido existir hasta aquel momento acabara de esfumarse.

–Así que te llamas Domingo –dijo. Al ver que el chiquillo guardaba silencio, Magda se recogió los cabellos detrás de las orejas y continuó recolectando tallos de las margaritas de los pantanos–. ¿Quieres ayudarme?

Domingo titubeó. El lado masculino y orgulloso de su naturaleza, ofendido por la facilidad con que Magda había tratado a *Loup*, como si fuera su dueña, le incitaba a responder con unas cuantas palabras despectivas y marcharse, pero su imaginación y el sentido común ordenaron que frenara su hostilidad y se quedara allí. Nunca había hablado con una auténtica hereje, y aquella niña de cabellos de plata, ojos gris río y delicadas facciones, le recordaba a una de las criaturas mitad élficas y mitad humanas de los romances.

–Bueno –dijo secamente–. ¿Qué he de hacer?

Magda se lo enseñó. Poco a poco la animosidad se fue convirtiendo en un amistoso silencio, curiosamente adulto en su cualidad. *Loup* se dedicó a explorar los cañaverales, asustando a una garza que emprendió un pesado vuelo y dejando en bastante mal estado a una familia de colimbos. Después chapoteó en los bajíos, levantando surtidores de agua plateada, y a continuación, y en una nada sociable proximidad a los niños, se quitó el agua de encima mediante una enérgica serie de sacudidas con el resultado de que Domingo y Magda torcieron el gesto, los brazos levantados, y acabaron prorrumpiendo en carcajadas.

–¿De qué raza es? –preguntó Magda mientras se quitaba gotitas de agua del vestido.

–No lo sé. Un mestizo, supongo... Sim dice que tiene sangre de lobo, y por eso se llama *Loup*. Iban a ahogarlo, pero el conde permitió que me lo quedara.

–¿Quién es Sim?

–Simón, el hijo del conde. Es mayor que yo y a veces se pone un poco mandón, pero realmente somos buenos amigos.

–Entonces ¿vives con él?

–Sí.

Magda le lanzó una mirada escrutadora, pues se ocultaba todo un tesoro de significado en esa única palabra susurrada. Varias preguntas se agolparon en la punta de su lengua, mantenidas allí por el conocimiento de que probablemente formularlas no sería demasiado cortés. La niña hubiese podido utilizar sus habilidades mentales para adivinar algunas de las respuestas, pero eso no sería demasiado justo y, ciertamente, resultaría mucho menos interesante.

–Dicen que el conde también es mi padre –murmuró Domingo, arrancando el verde recubrimiento exterior del tallo de un junquillo con un movimiento casi convulsivo.

–¿Y tú lo crees?

Domingo se encogió de hombros y empezó a deshilachar la blanca fibra vegetal con la uña del pulgar.

–Supongo que sí. A veces me dicen que mi padre es un noble del sur, un *faidit*, y que sus tierras me pertenecen, pero yo sé que están mintiendo. El conde me llevó a su castillo en una ocasión. Las gentes nos miraban en silencio cuando pasábamos y luego escupían en el polvo. El conde hizo ahorcar a los líderes, pero eso no cambió la realidad de lo que pensaban. –Echó el junquillo a un lado, y sus cejas descendieron en un sombrío fruncimiento de ceño–. Soy como *Loup*... Tampoco hay lugar para mí en este mundo.

–No –dijo otra voz, dulce y adulta–. Eres tú mismo, y esa es tu gran fuerza.

Domingo se volvió rápidamente y se encontró contemplando a una esbelta mujer de cabellos negros, con los ojos grises y cristalinos como los de la niña. Llevaba en la mano una gran cesta de mimbre llena de plantas y el dobladillo de su traje, recogido sobre la mitad de la pantorrilla, se había oscurecido al mojarse.

–He encontrado a un amigo, mamá. Se llama Domingo, y su perro se llama *Loup*. Hemos cogido todas estas flores para ti –explicó Magda, mostrando los frutos de sus esfuerzos a su madre.

–Veo que habéis estado trabajando mucho –dijo la mujer, sonriendo.

Domingo tenía la sensación de que aquella desconocida lo examinaba detenidamente. Por un momento se resistió, pero enseguida cambió de parecer y se abrió a la mirada de la mujer, que no era fría como la de la condesa Alais, sino cálida y envolvente. Domingo creyó percibir un tenue resplandor alrededor de su cuerpo, que también estaba presente en torno al de Magda, y pronto fue atraído hacia él. La sensación, que recordaba un poco a la de estar tomando el sol, resultaba extremadamente agradable. Domingo percibió la aprobación que irradiaba la mujer, algo que muy rara vez le era otorgado en el castillo, pero de repente hubo una perturbación en el campo dorado y, volviendo la cabeza, vio a un jinete que venía hacia ellos y cuyo halo era una nube negra de bordes teñidos por un rojo palpitante.

La magia del momento quedó rota de repente, y la aprobación y la placentera satisfacción se desvanecieron.

–¿Quién es, mamá? –preguntó Magda, señalando en dirección al río.

–Es el conde –dijo Domingo con voz abatida–. Probablemente me estará buscando. Estoy metido en un buen lío.

–No, está buscando un poco de soledad.

Bridget se mordió el labio mientras sentía cómo la rabia, el dolor, la frustración y el odio la envolvían en un torbellino de fétidas miasmas.

–Fíjate en su fuerza vital. –Magda se estremeció–. Es horrible... ¿Por qué veo muerte en ella?

Domingo empezó a sentirse aturdido, y un escalofrío helado recorrió su cuerpo. El extraño resplandor del que brotaban chispazos oscuros seguía rodeando al conde. *Loup* estaba gruñendo y tenía el pelaje erizado.

–¡Deprisa, Magda! ¡Ve al bote! –exclamó Bridget, empujando a su hija.

–Mamá...

–¡Vete! –gritó Bridget con voz apremiante.

Después, inmóvil junto a Domingo mientras Magda se recogía las faldas hasta las rodillas y echaba a correr hacia su pequeña embarcación, se enfrentó a la horrible y lúgubre oscuridad del conde. Una rápida mirada le mostró que el aura del niño seguía brillando con tranquila regularidad. Domingo sentía cierta aprensión, pero no temía al hombre que se aproximaba, y eso era bueno.

El conde los vio, reconoció a Domingo y lanzó a su ya jadeante montura a un nuevo galope. El pequeño dio un solo paso hacia atrás y después se mantuvo firme, los hombros erguidos y la piel tan tensa como el cuero de un escudo.

–¡Por los clavos de Cristo! ¿Qué estás haciendo aquí? –preguntó Simón con voz enronquecida, tirando de las riendas y deteniendo su montura a escasos centímetros de Domingo y Bridget.

Hilillos de espuma mancharon las bisagras del bocado y el corcel se tambaleó y puso los ojos en blanco. El rostro de Simón estaba oscurecido por la ira que hervía en su interior, anegándolo en una marea incontenible que aumentaba en las profundidades de su ser y cuyo nivel ascendía tan rápidamente como el de la masa de un pan en el horno.

–He salido con *Loup* para hacer un poco de ejercicio, mi señor –dijo Domingo mientras apretaba las manos, tensamente entrelazadas detrás de la espalda.

–¡No fue eso lo que les dijiste a los mozos del recinto de los carpinteros!

–Cambié... Cambié de parecer.

–¡Ah, juro por la cruz que debí haber permitido que fray Bernard obrara como le viniese en gana contigo!

Simón hizo avanzar su caballo y se inclinó desde la silla de montar para agarrar el brazo de Domingo. Cuando sus dedos se encontraron, *Loup* atacó con un feroz gruñido. Sus dientes se hundieron en la mano del conde, atravesando la piel y haciendo brotar la sangre. La rabia de Simón estalló ante aquella última e imperdonable insubordinación. El sonido que produjo su espada al salir de la vaina contenía una oscura y salvaje alegría, que se extendió a sus ojos mientras contemplaba la expresión de horror absoluto que apareció en el rostro del niño cuando la hoja refulgió bajo el sol con un destello cegador.

–¡No! –aulló Domingo, protegiendo a *Loup* con su cuerpo.

Simón dio la vuelta al arma con la intención de usarla como un garrote para golpear al niño y apartarlo del perro, pero un violento dolor le atravesó la muñeca y sus dedos se vieron obligados a abrirse. La espada resbaló por encima de la cruz del corcel y acabó reluciendo entre la hierba. Jadeando de dolor, el conde se aferró la muñeca y su mirada se posó por primera vez en la mujer inmóvil junto a Domingo. El dolor se incrementó, latiendo y palpitando a través de su cuerpo hasta que no fue consciente de nada más. El dolor, tan negro y afilado como una garra que se hundía en lo más profundo de sus entrañas para destrozarlas, le hizo perder la consciencia y, por tanto, el control del caballo, que se encabritó, arrojándolo de la silla de montar, y el jinete se estrelló contra el suelo con un impacto devastadoramente violento. Un instante después sintió el repiqueteo de los cascos del corcel bajo la forma de una vibración en su cráneo y su columna vertebral, mientras la montura emprendía el camino de vuelta hacia su establo, galopando igual que si estuviera tan fresca como a primera hora de la mañana.

Bridget se alzó sobre él.

–Lo que das a otros se ha vuelto contra ti –dijo con gélida calma–. Y a menos que cambies de actitud y busques la luz, esa negrura te destruirá.

–¿Quién eres? –jadeó Simón por entre sus dientes apretados, el cuerpo violentamente sacudido por estremecimientos de dolor.

Bridget meneó la cabeza.

–¿Que quién soy? ¿Acaso no reconoces a la *illuminatrix* resplandeciente en todas las cosas? –La luz danzaba alrededor de ella, elevando la puntas de sus cabellos y dorando su piel–. ¿No reconoces el cáliz de la vida?

Simón, amenazado por aquello en lo que no osaba ni pensar, buscó refugio en las tinieblas de la inconsciencia.

–¡Mamá!

Magda bajó del bote y corrió hacia su madre para abrazarla con el rostro lleno de lágrimas. Bridget rodeó a su hija con los brazos, pero su mirada permaneció sombríamente clavada en el hombre, que yacía sin sentido. Su aura aún estaba borrosa y un poco oscura, pero los destellos más destructivos ya se habían esfumado, canalizados a través de su propio cuerpo.

–¿Está muerto? –preguntó Domingo, los ojos enormes y el rostro pálido como la harina.

–No, solo aturdido. Cuando despierte no recordará nada de esto.

Bridget liberó una mano para colocarla sobre el hombro de Domingo en un gesto consolador. El niño sintió un agradable cosquilleo, y el rápido palpitar de su corazón se fue calmando poco a poco.

–Creo que sería mejor que te fueras y dejaras que sus mozos de establo vinieran en su busca. Pensarán que se cayó del caballo..., y él también lo pensará.

–¿Estás segura de que no se acordará de nada? –Domingo le lanzó una mirada llena de preocupación–. ¿Y si recuerda que *Loup* le mordió?

–No lo recordará. ¿Confías en mí?

Domingo se mordió el labio. Sus ojos se volvieron hacia Magda, y después asintió lentamente.

–Sí.

Bridget le apartó los húmedos cabellos negros de la frente en un gesto casi maternal.

–Ya veo que tu confianza no es algo que des a la ligera, ¿eh? –murmuró–. Ahora vete, deprisa.

Sintiéndose un poco aturdido, Domingo echó a andar hacia su poni, que estaba pastando apaciblemente. El conde se removió y gimió, y Domingo se apresuró a montar. Magda y su madre ya estaban dentro de su bote y remaban hacia la otra orilla. La niña alzó la cabeza en un gesto de despedida, y Domingo respondió a él antes de llamar con un silbido a *Loup* y partir al galope para encontrarse con los caballerizos cuyas siluetas ya se recortaban contra el horizonte.

Aturdido, con la cabeza vendada y cojeando a causa de una torcedura de tobillo, Simón se negó a seguir los consejos de sus galenos y no quiso guardar cama. Alais no tuvo más éxito que ellos, y cuando Simón amenazó con convencerla de la firmeza de su decisión empleando el puño, lo dejó a solas con su mal genio. El conde caminó renqueando por el recinto de los carpinteros, maldiciendo a todas las cosas y personas que hallaba en su camino y propinando puntapiés a las herramientas y los trozos de madera. Después cubrió de improperios a los trabajadores cuando estos le dijeron que los daños sufridos por el gato y el reforzamiento adicional que Simón había exigido fuera incorporado a su estructura los mantendrían ocupados durante un mínimo de diez días.

Al principio Domingo temió que Simón se acordara de lo que había ocurrido en las orillas del Garona, y que relacionara las ya medio curadas señales de una mordedura aún visibles en su mano con *Loup*, pero la hereje estaba en lo cierto; el conde no recordaba nada, o solo su odio. A veces Domingo lo veía, una nube oscura ribeteada de rojo que roía su ser, destruyendo el equilibrio y el buen juicio. En esas ocasiones procuraba mantenerse lo más lejos posible de Simón. De hecho, Domingo intentó no hacerse notar y pasar inadvertido.

Cuanto más cerca estaba la completa reparación del gran gato, más oscura se iba volviendo la espantosa nube que envolvía a Simón de Montfort.

Capítulo 32

Desde su llegada a la Provenza, Rai se había convertido en el comandante supremo de las operaciones militares en Toulouse. Gozaba del vigor y la juventud que su padre ya no poseía, y su dominio de las tácticas militares era muy superior al del conde.

–Hay que hacer algo para acabar con esa máquina de asedio. –Rai clavó la mirada en la hogaza de pan que había delante de él como si esta fuera el artilugio que tanto odiaba–. Simón de Montfort se ha tomado muy en serio la tarea de reforzarla, y no podemos confiar en que la suerte nos conceda otro impacto directo como la última vez.

A un gesto de su mano acudió el más joven de sus escuderos, un muchacho de rubios cabellos y ojos castaños, tan grácil como un fauno, que se apresuró a llenarle de nuevo su copa y se llevó lo que quedaba de su almuerzo.

–¿De cuánto tiempo disponemos? –preguntó Raimundo-Roger de Foix, apoyándose sobre sus antebrazos cruzados.

–De un par de días como máximo. No quiero que Simón consiga acercarse a la puerta de Montoulieu ni un metro más de lo que lo hizo la semana pasada..., y entonces ya se acercó demasiado. –Las negras pupilas de Rai se volvieron hacia el otro extremo de la habitación y buscaron la mirada de dos ojos azules endurecidos por muchos años de lucha–. Sois quien tiene más experiencia a la hora de atacar, luchar y retirarse lo más deprisa posible, Raoul. ¿Mandaréis una incursión?

–De buena gana, mi señor –contestó Raoul, levantándose de su banco para examinar los planos desplegados sobre la mesa.

–Debemos entrar en el recinto de los carpinteros por aquí –dijo Rai, desenvainando su daga de cortar la carne y usándola como puntero–, preferiblemente cuando haya menos gente por los alrededores.

–A la hora de la misa matinal, entonces.

–Sería el momento ideal.

Raoul asintió.

–Emprender un falso ataque antes de lanzar el verdadero, para alejar a los centinelas, nos resultaría muy útil.

–Dejadlo en mis manos –dijo Bernard de Cazenac con una sonrisa de lobo.

–Necesitaré unas cuantas marmitas de fuego griego y unas cuantas teas empapadas de alquitrán –dijo Raoul, mirando nuevamente a Rai después de haberle devuelto la sonrisa a Bernard–. Esa máquina de asedio tendrá que ser consumida por las llamas lo más deprisa posible. No podemos permanecer allí ni un momento más de lo estrictamente necesario.

–Dispondréis de cuanto os haga falta –le confirmó Rai–. Dejaré que os encarguéis de organizarlo todo, y lo único que pido es que me mantengáis informado acerca de los detalles. –Después miró alrededor y estiró los brazos por encima de la cabeza–. ¿Existe algún otro asunto del que debamos ocuparnos? Si no hay nada más, me iré a la cama.

En aquellos momentos su lecho se hallaba ocupado por la opulenta hija de un comerciante, de modo que era lógico que Rai quisiera retirarse pronto. Nadie pensó que la última carta enviada por el papa Honorio fuese digna de mención, ya que contenía una admonición quejumbrosa y lastimera que no tenía ni el poder ni la convicción necesarios para arrancar algo más que un cínico encogimiento de hombros a ninguno de los presentes.

Cuando Raoul salió al patio, el más joven de los escuderos de Rai le sostuvo las riendas del caballo mientras montaba.

–¿Qué tal te trata milord Rai? ¿Te mantiene muy ocupado? –le preguntó Raoul a Guillaume con una sonrisa.

El muchacho respondió con una mueca llena de jovialidad.

–Me hace trabajar hasta la extenuación.

–¿Para qué otra cosa están los escuderos? –replicó Raoul, echándose a reír.

No le había sorprendido demasiado que Rai se hubiera ofrecido a aceptar como escudero a Guillaume para que se adiestrara en el manejo de las armas. Los dos Raimundos estaban en deuda con los Montvallant por su firme y leal apoyo, una deuda que dadas las circunstancias actuales difícilmente podrían saldar mediante el dinero, y por eso Guillaume se había visto favorecido con la posibilidad de aprender las artes de la caballería en la mansión de Rai.

Guillaume rió a su vez.

–Bueno, en realidad no me quejo... Prefiero estar siempre atareado y rodeado de gente.

Mientras cogía las riendas, Raoul pensó que eso no tenía nada de raro. La nueva vida de escudero debía de ser infinitamente preferible al incómodo silencio lleno de tensión que había surgido entre unos padres tan distanciados el uno del otro que ya ni siquiera eran capaces de mirarse a los ojos.

–Buena suerte con el gato –dijo Guillaume.

La sonrisa del joven no engañó a Raoul, quien percibió la preocupación que escondía.

–Mantén los ojos bien abiertos y verás el humo –dijo, sonriendo mientras le revolvía los lacios cabellos rubios.

Alinor, la esposa de Isarn, gemía y se retorcía sobre el jergón, desgarrada por los dolores de otra feroz contracción del parto. Mientras humedecía los labios de la mujer con una esponja empapada en vino aguado, Claire deseó que la partera, que había tenido que atender a otra paciente, se diera la mayor prisa posible en volver. Parecía que todas las embarazadas de Toulouse habían decidido dar a luz aquella noche. Claire había sido bruscamente arrancada del sueño para que acudiera a aquella cabecera en particular porque la comadrona no podía estar en diez sitios a la vez y porque Alinor, que se acordaba de Claire debido a que la semana anterior la había ayudado, había solicitado su presencia.

Raoul aún no había regresado de su reunión militar cuando Claire salió de la casa para atender a la parturienta. Sabía que su esposo iba a dirigir una incursión al amanecer, y estaba preocupada por él. Pese a todas las diferencias que habían surgido entre ellos y pese al dolor y la pena, todavía le amaba, y le hubiese gustado poder concederle el talismán de caminar en la luz.

–Ah... ¡Ah! –gimió Alinor–. ¡Quiero empujar!

Estaba desnuda, colocada sobre la cama a cuatro patas, y sus cabellos grises caían sobre la sábana mientras que el sudor goteaba de su cuerpo hinchado. Los pensamientos relacionados con Raoul se esfumaron de la mente de Claire, que concentró toda su atención en la parturienta, volviendo a desear vehementemente que la comadrona regresara. Haber alumbrado dos hijos no era lo mismo que ayudar en un parto, pero empezaba a resultar obvio que no tendría otra elección.

Alinor jadeó y gimió, rogando a Dios y a los santos que la ayudaran para, tan solo un instante después, proferir las blasfemias más horribles contra el Dios al que acababa de dirigir sus súplicas. La coronilla recubierta de mucosidades del bebé ya había comenzado a asomar por la entrada del conducto del nacimiento, y eso hizo que Claire no dispusiera de tiempo para sucumbir ante el pánico.

–¡Debes controlar la respiración, o sufrirás más de lo necesario! –le ordenó con firmeza a Alinor–. Vamos, vamos... ¡Puedes hacerlo!

Alinor sollozó y maldijo, pero consiguió abstenerse de empujar con excesiva energía. Claire se inclinó sobre ella y fue limpiando el rostro del bebé con un paño humedecido a medida que salía. Con la siguiente contracción, la criatura emergió del cuerpo de su madre entre un chorro de fluidos, sangre y líquidos viscosos, y empezó a debatirse sobre la paja del jergón, un montoncito de carne azul rojiza tan arrugado como una manzana de la temporada anterior.

–¿Ha ido todo bien, mi señora? ¿Qué es? ¿Un niño o una niña? ¿Qué es? –exclamó Alinor, y luego se derrumbó sobre el costado, con su fláccido vientre oscilando temblorosamente.

El bebé empezó a llorar enérgicamente, agitando los brazos y las piernas como aspas de molino, el cordón umbilical todavía palpitante y unido al cuerpecito. El sonido resonó dentro de la cabeza de Claire, llenándola de ecos.

–Es un niño –se oyó decir–, y muy sano.

¿Dónde había oído aquellas palabras antes? Alais de Montfort, con los ojos llenos de malicia...

–Dejad que lo coja. Oh, dejad que lo coja, es tan hermoso.

Los rollizos brazos de Alinor se extendieron hacia el niño. El dolor ya había quedado relegado a las profundidades de su mente y las lágrimas de alegría se deslizaban por su rostro, mezclándose con el sudor del parto. Cogió a su hijo y se lo puso encima del pecho, fascinada por el cuerpecillo resbaladizo y manchado de sangre.

«Una nueva alma atrapada en la carne...», pensó Claire. Sin embargo la tristeza repentina y el deseo de echarse a llorar no surgían de aquella consideración, sino de su propia pérdida. Claire había perdido a un niño concebido en un acto de violación; se lo habían arrebatado un instante después de que hubieran cortado el cordón. Nunca había sido capaz de llorar aquella pérdida y en sus sueños veía a un recién nacido que lloraba, como lo estaba haciendo aquel. En otras ocasiones se trataba de un muchachito de cabellos oscuros vestido con la negra túnica de un fraile predicador que reía a carcajadas mientras sostenía una calavera en una mano y una antorcha en la otra. Claire siempre despertaba de aquellas pesadillas gritando histéricamente.

La partera volvió a tiempo de atender a Alinor durante la expulsión de la placenta, y después la examinó mientras escuchaba los elogios que la madre dedicaba a Claire.

–Nunca hubiese sido capaz de hacerlo sin vuestra ayuda, mi señora –declaró solemnemente Alinor, deslizando cariñosamente la punta de un dedo sobre los suaves cabellos empapados del bebé–. Mi Isarn está de guardia hasta la hora de prima. ¿Podríais llevarle algo de comer y darle la buena noticia? ¡Se sentirá tan orgulloso! –añadió, acunando tiernamente a su hijo recién nacido junto a su pecho, creando así un nuevo vínculo que sustituiría al del cordón umbilical cortado.

Tragándose las lágrimas, Claire preparó una cesta de provisiones que llevar a los hombres –pan, aceitunas, queso y vino–, y comprendió que sería mejor que dedicara el resto del día a aquella tarea, pues si optaba por estar en casa la consumiría la preocupación por Raoul, o se quedaría dormida para tener que soportar las pesadillas que sabía la asaltarían apenas hubiese cerrado los ojos.

Cuando salió a la calle, el cielo ya estaba palideciendo con las primeras luces del amanecer encima del arrabal de Saint Cyprien. Quienes no habían estado montando guardia durante el turno de noche empezaban a levantarse de sus lechos. El olor del pan recién horneado impregnaba el aire, y los gallos entonaban sus cánticos sobre las murallas y entre los estercoleros, compitiendo entre sí. Era la hora de tranquilidad anterior al momento en el que el ruidoso ajetreo de la actividad, tanto militar como doméstica, llenaría las calles. Claire redujo el paso para adaptarlo a aquella quietud, aprovechando la fresca y delicada claridad del alba mientras caminaba hacia la puerta de Montoulieu.

Fue entonces cuando el caos se adueñó del mundo.

Raoul concedió a Bernard de Cazenac cinco minutos para que alejara a los guardias mediante su ataque contra el campamento de Simón de Montfort antes de emprender su incursión sobre el recinto de los carpinteros, con la idea de que él y sus mejores caballeros se ocuparían de los guardias restantes mientras Mir y dos hombres veloces y ágiles se encargaban del gato y de las otras máquinas de asedio que pudieran encontrar.

Aunque los soldados apostados alrededor del gato no esperaban una ofensiva, se recuperaron rápidamente de la sorpresa y ofrecieron una encarnizada resistencia. Después del primer intercambio de golpes, Raoul comprendió que no se estaban enfrentando a tropas sin experiencia sino a profesionales selectos firmemente decididos a proteger la última esperanza de conquistar la ciudad que le quedaba a su comandante. Las tinieblas de la noche aún no se habían disipado del todo y resultaba difícil saber cuándo había que golpear y cuándo había que esquivar, o averiguar si quien lanzaba un grito de repentino dolor era un aliado o un enemigo. Raoul se encontró rodeado de guerreros, confusión y llamear de antorchas. Con el rabillo del ojo vio cómo Mir lanzaba dos bombas de barro llenas de fuego griego contra el gato gigante. Una de ellas falló el objetivo y reventó como una margarita ígnea al chocar contra el suelo del recinto. La otra se estrelló contra las pieles sin curtir y se resquebrajó. Mientras su volátil carga empezaba a gotear por el flanco del gato en un veloz deslizamiento de hebras plateadas, Raoul lanzó un mandoble que consiguió abrirse paso por debajo de la guardia de su enemigo, saltó sobre el soldado que caía al suelo y fue a ayudar a Mir. Agarró una antorcha empapada de alquitrán y la arrojó a la boca abierta del gato, allí donde el tronco de árbol sobresalía como una lengua.

El sol asomó por encima del horizonte y absorbió el color de las llamas, robándoselo para transferirlo a las sobrevestes, las cotas de malla, la madera, la piedra y el acero.

–*À Montfort! À Montfort!* –clamó alguien con furia, y los cruzados empezaron a entrar en el recinto de los carpinteros desde el campamento que rodeaba el castillo.

–¡Toca a retirada! –le gritó Raoul a Giles, quien llevaba el cuerno de caza colgado del cuello, sabiendo que nunca podrían resistir la marea de contraataque.

Luchando desesperadamente, fueron retrocediendo hacia la seguridad de la puerta de Montoulieu. Cuando llegaron a las trincheras defensivas cavadas ante los muros, las catapultas empezaron a lanzar sus proyectiles contra las tropas del norte, y los dardos de ballesta silbaron sobre sus cabezas, demostrando ser peligrosos para ambos bandos.

Raoul asestó tajos y mandobles y detuvo ataques sin dejar de retroceder lentamente hacia el refugio de la puerta. Le desafió un robusto caballero que no paraba de gritar «*À Montfort!*» a través de las ranuras de su yelmo para reunir y dirigir a los cruzados. Raoul supuso que debía de ser uno de los comandantes de batalla más veteranos de Simón. Siguió reculando mientras oía el rugido de la sangre en sus oídos y el jadeo entrecortado de su respiración e intentó rehuir el enfrentamiento, pero el corpulento caballero le persiguió con hosca determinación. El humo se alzaba hacia el cielo desde el lugar en que estaban agrupadas las máquinas de asedio, cegando y asfixiando con sus columnas impregnadas de calor. Raoul estuvo a punto de perder la espada a causa de un movimiento ejecutado por el caballero, pero se recuperó y devolvió el ataque. Un dardo de ballesta pasó gimiendo junto a su yelmo y se hundió en el brazo de su oponente, que cayó de hinojos con un grito ahogado. Raoul alzó su acero para acabar con él, pero un instante después fue violentamente atacado por otro guerrero que acababa de emerger de la masa de cuerpos norteños. Esta vez no podía haber ninguna duda acerca de su identidad. Tres plumas rojas danzaban sobre la cimera del yelmo y el león de cola bifurcada rugía sobre su escudo, con las garras desenvainadas; Raoul se encontró contemplando la imagen de la muerte.

Mientras la luz iba descendiendo de los cielos con la llegada del amanecer, Claire estaba inmóvil junto a Le Catin en la muralla de la puerta de Montoulieu, desde donde divisaba con gran claridad el combate. Un instante después vio cómo las bolas de fuego estallaban sobre el gato y se extendían por las barricadas que lo protegían.

–¡Ah, mirad eso! –Isarn golpeó la muralla con el puño–. ¡Es como si hubiéramos echado agua hirviendo encima de un hormiguero! Adelante, muchachos... ¡Enseñadles quién manda aquí!

La falta de sueño había ribeteado sus ojos con círculos oscuros, pues llevaba toda la noche de guardia, pero su sonrisa destelló con un salvaje resplandor blanco antes de que sus labios se cerraran alrededor del gollete de la botella de vino que le había llevado Claire.

–Mi esposo está ahí abajo –murmuró Claire, apretando las manos con tal fuerza que sus nudillos se habían vuelto blancos como el hueso–. Está coordinando la incursión.

La mirada de Isarn se volvió hacia ella y se suavizó.

–Vuestro esposo es un hombre muy valiente, mi señora.

Claire bajó la vista hacia la muralla, sabiendo que si intentaba explicarlo, Isarn no lo entendería. Raoul huía de sus fantasmas, de la misma manera en que ella huía de los suyos.

–¡Atención, muchachos! –gritó Helias–. ¡Aquí viene el contraataque! –añadió, plantándose junto a la cuña del torno, mientras los cruzados empezaban a entrar en el recinto de los carpinteros y los ballesteros corrían a sus puestos en las murallas a ambos lados de Le Catin para empezar a disparar sus dardos lo más certeramente posible.

Una confusión de hombres que luchaban y se debatían –los caballeros con sus cotas de malla y sus sobrevestes teñidas de brillantes colores, los soldados con sus camisotes de cuero y sus gambesones acolchados– invadió el suelo por debajo de ellos. Las armas entrechocaban entre un tumulto de gritos y alaridos. Los lanzadores de piedras esparcidos a lo largo de las murallas arrojaban sus proyectiles hacia la periferia del combate. Le Catin lanzó su primera piedra. Helias y Rob se apresuraron a recargar la catapulta, sin esperar a ver si habían logrado provocar algún daño.

Claire bajó la mirada hacia la confusión de la batalla, vio el familiar escudo y el yelmo de Simón en primera línea y contempló cómo el musculoso brazo recubierto por la manga de la cota de malla descendía para asestar un golpe letal. Un soldado se derrumbó y fue pisoteado. Mareada y estremecida, pero incapaz de desviar la mirada, Claire observó el avance de Simón a través de la contienda, y de repente su corazón pareció dejar de latir porque Raoul se había interpuesto en el camino del conde y se negaba a apartarse ante él. Claire gritó el nombre de su esposo y se acordó de aquel huerto lleno de tallos de lavándula en el que Simón de Montfort le había entregado la espada y el escudo de Raoul al tiempo que le anunciaba que había muerto. Su afirmación no había sido una mentira después de todo, sino un portento.

Rob se apresuró a acudir en ayuda de Isarn, que trataba de bajar la eslinga vacía. El soldado estaba mascullando su letanía habitual de «bastardos», complementándola con otros selectos epítetos. De repente Rob gritó y se tambaleó; un dardo de ballesta sobresalía de su pecho. Cayó al suelo, se sostuvo unos momentos apoyándose sobre las rodillas y las manos, y después se desplomó mientras un hilillo de sangre empezaba a brotar de su boca. Isarn rodeó la catapulta, levantó el torso de Rob cogiéndolo por los hombros y lo acunó junto a su pecho mientras gritaba y le abofeteaba la cara, pero todos sus esfuerzos fueron inútiles.

Estremeciéndose como si su cuerpo fuera a desmoronarse en un montón de pequeños fragmentos temblorosos, Claire vio cómo Raoul y Simón de Montfort combatían. Al tener una constitución menos robusta, Raoul estaba llevando la peor parte en el encuentro. Claire le gritó que huyera, pero en el mismo instante en que las palabras salían de su boca ya sabía que Raoul jamás intentaría escapar, porque él y un grupo de sus hombres estaban protegiendo la retirada de los demás hacia el refugio que les ofrecía la ciudad.

–¡Venid! –rugió Isarn, cogiéndola del brazo y clavando en ella su mirada enloquecida por la rabia y la pena–. Ayudadme a preparar la catapulta. ¡Vamos a lanzar una piedra por Rob!

–¿Qué he de hacer?

Las lágrimas se deslizaban por el rostro de Claire y le nublaban la visión.

–Bastará con que hagáis girar el torno lo más deprisa posible... ¡Venga, venga!

Claire puso los dedos sobre el asa de madera, apretándola tan febrilmente como si se estuviera aferrando a la cordura. La catapulta era una máquina de guerra y destrucción, pero también era algo que podía mantener ocupadas sus manos y su mente, ya que la plegaria no le ofrecía ningún alivio. La madera se deslizó junto a su mano con un roce abrasador, y el tirón estuvo a punto de dislocarle los hombros, pero la eslinga descendió e Isarn la sujetó con la cuña antes de correr hacia Helias para ayudarle a cargar la piedra.

–¡Quitad la cuña cuando os lo indique! –gritó a Claire.

La mujer asintió, con el rostro palidecido por la tensión. Los cada vez más estruendosos alaridos de la masa de cruzados y los gritos de «¡Toulouse!», que se debilitaban por momentos, llegaban hasta ella por encima de la muralla.

–¡Ahora! –exclamó Isarn.

La cuña resistió el primer tirón de Claire. Poniendo las dos manos sobre ella, volvió a tirar con todas sus fuerzas. La cuña salió despedida, incrustando una gran astilla en su palma, y Claire cayó hacia atrás, chocando con la plataforma al mismo tiempo que el contrapeso se hundía hacia abajo y el peñasco volaba por encima de los muros en dirección a la trinchera. Se oyó el ruido del impacto, y luego reinó un silencio extrañamente vacío. Poco a poco aquel silencio se llenó de exclamaciones de incredulidad y vítores jadeantes. Claire logró ponerse de rodillas y, agarrándose a la muralla con manos ensangrentadas para no perder el equilibrio, se incorporó y bajó la mirada hacia el combate. La lucha se había detenido. Raoul estaba inmóvil debajo de ella con el escudo y la espada bajados, sin ningún enemigo delante, sin nadie que intentara acercarse a él. En vez de continuar atacando, los cruzados habían empezado a retirarse mientras arrastraban algo consigo: el cuerpo de un hombre. A pesar de la distancia, Claire distinguió la sangre y el yelmo aplastado que envolvía una especie de pulpa rojiza.

–¡Por Dios! –graznó Helias–. ¡Le habéis dado a Simón de Montfort! –Y un instante después, con voz cada vez más fuerte a medida que la convicción se iba afianzando, volvió la cabeza hacia Isarn para gritar por encima de su hombro–: ¡Rob ha sido vengado, porque Simón de Montfort ha muerto!

La nueva se fue difundiendo a lo largo de las murallas con la rapidez de un incendio. Los puños se alzaron para golpear el aire. Los vítores aumentaron de volumen hasta convertirse en un rugido de júbilo.

La frase «De Montfort ha muerto» abrió una puerta dentro de la mente de Claire. Notó un fugaz atisbo de luz y aire, y de repente reconoció aquel momento de sus sueños en el que ponía los pies fuera de la jaula y avanzaba para iniciar una nueva vida..., o volvía a retirarse al rincón más oscuro de la celda. Los vítores llegaron hasta ella, acompañados por el repicar de las campanas de las iglesias. Miró por encima del parapeto y buscó a su esposo. Raoul avanzaba hacia la puerta cojeando, los hombros encorvados. Mientras le contemplaba, Raoul se tambaleó y estuvo a punto de caer. Claire giró sobre sus talones, se recogió las faldas y se apartó de la catapulta para echar a correr a lo largo del parapeto e iniciar el descenso hacia la puerta. Tuvo que abrirse paso a través de una multitud de ciudadanos, soportó varios abrazos, y en una ocasión alguien tiró de ella para que participara en una frenética danza. La euforia llegó a su apogeo, descendió y volvió a remontarse.

Montfort est mort! Montfort est mort! Montfort est mort, est mort, est mort!

Raoul estaba entre la multitud, sentado sobre un barril con la cabeza apoyada en las manos. Cuando solo los separaba un metro de distancia, Claire pronunció su nombre, y Raoul alzó la cabeza. Un profundo arañazo perlado de sangre se extendía entre la comisura de un ojo y la mandíbula, indicando el sitio en el que le había golpeado un fragmento de la piedra al estallar. El resto de su cara tenía la palidez de la cera.

–Es cierto –dijo Raoul con voz átona–. De Montfort ha muerto. Vi cómo la piedra caía sobre él y cómo... se desplomaba, igual que una ciruela madura golpeada por un mazo. –Tensó los puños, tratando de contener las náuseas que intentaban subir por su garganta–. Si no hubiese retrocedido un momento antes, habría sido yo quien... –La miró a los ojos, el rostro lleno de cansancio y perplejidad–. ¿Cómo es posible no creer en la verdad?

–¡Oh, Raoul!

Claire prorrumpió en sollozos al tiempo que se arrojaba a sus brazos. Raoul la recibió y se fundieron en un abrazo lleno de desesperación, como si cada uno quisiera salvar al otro de ahogarse mientras el mar del júbilo rugía alrededor y se preparaba para estallar en una tormenta de alegría general. El que Simón de Montfort hubiera muerto era como si una constante hubiese sido arrancada del firmamento. Todo tendría que ser reajustado y realineado, y mientras tanto solo reinaría un vacío aterrador.

Raoul le besó la cara y los labios, con las manos enterradas entre sus cabellos, y Claire le devolvió los besos sin titubear. Sus lágrimas se confundieron con las de su esposo, entremezclando así la pena, la alegría, la curación... y un renovado dolor.

Después de la oscuridad de la capilla, la intensa claridad del sol cayó sobre Domingo con una violencia casi física. El niño parpadeó y entornó los ojos, levantando una mano para protegérselos. El patio estaba repleto de carretas, carromatos, caballos de carga, corceles y palafrenes. Seis corceles grises se removían y mordisqueaban sus bocados entre los varales de la litera de las damas, y seis caballos negros aguardaban delante del suntuoso carruaje abierto que contenía el ataúd bajo palio del conde.

Domingo admiró las borlas doradas que colgaban del palio, la reluciente madera de tilo y los blasones de lino clavados a los costados del vehículo, las banderolas de seda, el arnés y los arreos suntuosamente adornados. Lo que yacía debajo de todo aquel recubrimiento dorado no era tan agradable a los ojos. Domingo había visto el cuerpo del conde cuando los caballeros lo habían llevado consigo; el torso se hallaba intacto, pero el yelmo había quedado incrustado en la cabeza y rezumaba una sustancia sanguinolenta blanquecada por diminutas astillas de hueso. Sim vomitó, y Amice sufrió un ataque de histeria. Domingo no encontró excesivamente agradable la visión del cadáver, pero la horrible nube que lo envolvía ya se había disipado y por eso no vio nada capaz de asustarle. No era más que un cuerpo, y nada lo diferenciaba de un montón de carne sobre el tajo de un carnicero.

Fray Domingo, los sacerdotes y los capellanes dijeron que el alma del conde Simón se hallaba en los cielos y su felicidad eterna asegurada por el gran servicio que había prestado a Jesucristo. Domingo se preguntó qué pensaría realmente Jesucristo de todo aquello. En la capilla, donde se suponía que rezaba por el alma del conde, incluso se atrevió a formular esa pregunta al Hijo de Dios, pero no obtuvo más respuesta que el silencio.

Había transcurrido un mes desde que la piedra aplastara el cráneo de Simón, un mes durante el que Amaury había prolongado el sitio de Toulouse sin excesivo entusiasmo para al final abandonarlo. Para los adultos había sido un mes de incredulidad e indecisión; para Domingo y *Loup*, de libertad errabunda. Visitaron el sitio en el que conocieron a la hereje y a su hija, y Domingo contempló la otra orilla del río hasta que le dolieron los ojos, pero no había nada que ver salvo el cabrilleo del sol sobre el agua y la brisa que agitaba los cañaverales, arrancándoles una especie de susurro ahogado. El niño relegó el anhelo a las profundidades de su memoria, de donde de vez en cuando lo sacaba para examinarlo con una mezcla de placer y dolor.

El campamento principal había sido incendiado aquella mañana con las primeras luces del alba, incluyendo todas las cosas que hubieran podido resultar de alguna utilidad a sus enemigos, la estructura destripada del gigantesco gato entre ellas, creándose así una pira funeraria para el difunto conde de Toulouse y su ambición, mientras sus restos emprendían el camino hacia Carcassonne para el entierro oficial.

Fray Bernard viajaba con el séquito. Domingo le lanzaba miradas de soslayo mientras consideraba la idea de colocar una carda debajo del cobertor ricamente adornado de su silla de montar. Como si le hubiera leído los pensamientos, el clérigo volvió la cabeza y lo fulminó con su gélida y negra mirada. El niño se la devolvió, pero no durante el tiempo suficiente para conseguir que el castigo cayera sobre él, y enseguida bajó la vista y se dedicó a ajustar la tira de su estribo.

La condesa salió del castillo acompañada por Amice y las doncellas. Su atuendo no podía ser más sombrío y había prescindido de las joyas, conformándose con la cruz que lucía encima del pecho y las cuentas del rosario que chasqueaban incesantemente entre sus dedos. Aún caminaba como si fuera dueña del mundo, y su voz seguía siendo autocrática y poderosa, pero Domingo había atisbado detrás de la máscara con la que se protegía del mundo y la había visto despeinada, con una jarra de vino en la mano, el rostro hinchado y abotargado por el llanto. Aquel era el rostro verdadero de la condesa, el precio que tenía que pagar por mostrar orgullo al mundo cuando en realidad todo su orgullo se estaba pudriendo debajo de un palio de terciopelo púrpura.

Dejaron atrás Toulouse, el antiguo castillo y el vigoroso brazo de río, la ciudad de color oro y rosa surcada de cicatrices pero a salvo detrás de sus trincheras y baluartes. Toulouse había sido el triunfo de Simón, y también su caída. Domingo fue el único que miró hacia atrás; sin embargo no pensaba en Toulouse, sino en las dos personas a las que había conocido en la orillas del Garona.

Acababa de llegar a una encrucijada. Raoul apoyó las manos en la perilla de la silla de montar y permitió que sus ojos recorrieran las tierras de los Montvallant. Un carruaje medio destrozado yacía en la cuneta, y unos cuantos campesinos se estaban llevando todo lo que aún podía ser de utilidad. Había pertenecido a los cruzados, quienes lo habían abandonado en su presurosa huida. Los hombres del norte habían iniciado su larga marcha por todas las comarcas de Toulouse y el Agesain, retirándose a las ciudades que estaban seguros de poder defender y retrocediendo lentamente hacia el norte. El segundo sitio de Montvallant había sido tan rápido como el primero, con la diferencia de que esta vez fue Raoul quien apareció debajo del castillo con tropas del sur abrumadoramente superiores en número y ofreció la rendición o la muerte a los defensores.

El comandante de la guarnición del norte, aunque hosco y sombrío, supo escuchar la voz de la prudencia y Montvallant pertenecía de nuevo a un señor de aquella sangre pero, como un niño inseguro, Raoul no dejaba de mirar por encima de su hombro, esperando ver surgir de la nada a una hueste de cruzados dispuestos a abalanzarse sobre él. Los rumores revoloteaban por los aires con el frenético entusiasmo de una nube de moscas suspendidas sobre una bosta recién defecada. Amaury de Montfort se aproximaba desde Carcassonne con nuevas tropas. El Papa había convocado una nueva cruzada, y Luis de Francia se disponía a poner fin a la sucesión de éxitos de Rai. El rumor más reciente era el que tenía más probabilidades de dar fruto: «Mantente en guardia, ten mucho cuidado y no te confíes ni un solo instante. Aprieta la tierra, el barro del que estás hecho, en tu puño y no permitas que nadie te la arrebate».

Claire, mientras tanto, decía que había que renunciar a todo y que el espíritu era lo único realmente importante.

Su esposa se reunió con él allí donde el camino se bifurcaba. Isabelle avanzaba tras ella a una discreta distancia, sobre su palafrén, seguida del caballo de carga y los soldados a los que se había encomendado la misión de escoltar a las dos mujeres por el camino que habían elegido. Raoul apartó la mirada de sus tierras para posarla en Claire. Habían intentado reconstruir sus vidas juntos, y habían fracasado. El matrimonio concertado para ellos por sus padres, a cuya estructura lograron amoldarse con éxito inicialmente, se había desmoronado bajo las presiones de la guerra y el cambio, y nunca sería nada más que un cascarón reseco.

–¿Estás segura? –le preguntó con dulzura.

Claire le devolvió la mirada, fijándose una vez más en cuán vívidamente azules parecían sus ojos en el rostro delgado y moreno, así como en las franjas de claridad que el sol había dejado sobre sus cabellos, que eran idénticas a las que aparecían en los cabellos de Guillaume. El dolor siempre estaba presente, tan agudo y penetrante como el pinchazo de un alfiler, pero también había alivio.

–Sí, estoy segura... Desearía poder hacértelo entender.

Raoul se estiró sobre el caballo y le tomó la mano. Los dedos de Claire, morenos y firmes, estaban libres de anillos, otro testimonio de su compromiso con una nueva vida. Raoul dejó escapar un profundo suspiro.

–He intentado estar ciego. He intentado enfurecerme, pero con ello solo conseguía impedir el paso a la verdad, no destruirla. Sigue tu sendero. No te detendré.

Los ojos de Claire brillaban a causa de las lágrimas, pero había una sonrisa radiante en sus labios.

–¡Lo entiendes!

Raoul le besó la punta de los dedos. ¿Qué habría logrado diciéndole que no lo comprendía, salvo causarle más dolor?

–Camina en la luz, Claire –dijo con voz ronca–, y piensa en mí alguna vez.

Después se apartó de ella y, haciendo volver grupas a su caballo, inició un rápido trote en dirección al castillo.

Las lágrimas se deslizaron por el rostro de Claire mientras le veía marchar. Una brisa cálida que de pronto se agitó alrededor hizo ondular su capa y convirtió en sal la humedad esparcida sobre sus mejillas.

–Camina en la luz –repitió en voz baja y suave.

El viento tomó sus palabras y se alejó bailando con ellas. Claire volvió la cabeza de su yegua hacia las montañas del sur.

Raoul cabalgó de vuelta a Montvallant, sus murallas dorado rojizas bajo la claridad del sol otoñal, sintiendo el esbelto poderío del lustroso corcel que montaba, el roce del cuero entre sus dedos, la caricia del sol sobre su cara..., y sin tener a nadie con quien compartir todo aquello.

Vadeó el río, cuyo caudal había disminuido considerablemente después de los calores del verano. Niños de piel bronceada por el sol jugaban en los bajíos, y las mujeres golpeaban su colada sobre las piedras blancas en la orilla. Viendo aquella escena resultaba difícil imaginar que hubiese habido una guerra de ocupación extranjera, pero las cicatrices, profundas y terribles, permanecían allí. Una mujer levantó la mirada de la ropa que estaba lavando. Sus cabellos eran de color cobre, de un matiz similar a los de Claire, y tenía una agradable sonrisa y abundantes curvas, acentuadas por las partes de su vestido que se habían mojado. Tirando de las riendas del caballo para que redujera el paso, Raoul se acercó a ella en busca de alivio.

Segunda parte

LA LANZA,
1232-1235

Capítulo 33

Toulouse, verano de 1232

El joven entrecerró los ojos para protegerlos de la intrusión de la luz diurna que entraba por la ventana. Su cuerpo se había enredado en el amasijo formado por las sábanas de lino y la colcha de lana. Un calor al que no estaba acostumbrado presionaba suavemente su columna vertebral y una mano, que no le pertenecía, se curvaba sobre sus costillas. Unos dedos tiraron del vello de su pecho y luego descendieron un poco más, y un muslo satinado se arqueó encima del suyo. Normalmente el joven habría respondido con celeridad a semejante invitación, pero después de los excesos de la noche anterior un dolor martilleaba dentro de su cráneo y un abismo gorgoteante ocupaba el lugar en el que hubiese debido hallarse su estómago.

La mujer insistió sin desanimarse, y fue recompensada por una respuesta simbólica cuando el cuerpo masculino empezó a funcionar dentro del tosco nivel puramente físico del final de la adolescencia.

–¿Deseáis volver a poseerme, milord Domingo? –inquirió.

Tenía acento catalán. Domingo rodó sobre sí mismo con inmensa cautela hasta quedar de cara a ella, y la luz grisácea que entraba por la ventana le permitió ver que tenía una abundante melena de rizos rojizos, unos magníficos ojos oscuros y unos pechos todavía más magníficos. ¿Cómo se llamaba? ¿Petronelle? ¿Williametta? No lo recordaba, y tampoco quería hacerlo. La noche anterior, la primera que pasaba en Toulouse desde hacía más de diez años, había transcurrido entre alegres celebraciones con vino, canciones, partidas de dados, más vino y, luego, la mujer. En aquel momento le había parecido una excelente idea y en realidad su ingle no había cambiado de parecer, pero tanto su cabeza como su estómago estaban en violento desacuerdo con ella. De hecho, este último amenazaba con reaccionar muy violentamente contra cualquier perspectiva de tal naturaleza.

–No –murmuró, apartando a un lado la activa mano de la mujer–. Solo... Solo quiero que te vayas.

–No decíais eso anoche –susurró la mujer con voz enronquecida, deslizando la lengua sobre la oreja del muchacho.

–Anoche me encontraba bien –gimió Domingo–. Oh, por favor... Déjame en paz, ¿de acuerdo?

La mujer se irguió en la cama con un brusco movimiento de la cabeza, entre enfadada y compasiva. El castillo Narbonnais ya llevaba tres años ocupado por tropas francesas, que habían llegado allí por primera vez después de que el tratado de Meaux estipulara que el joven conde Raimundo debía presentar su sumisión al rey Luis de Francia. Cada cambio de guarnición traía consigo una abundante clientela, ya que los hombres que volvían al hogar celebraban su liberación mientras que los recién llegados ahogaban sus penas.

Milord Domingo era un joven caballero que había sido destinado a la nueva guarnición. Era muy atractivo e infinitamente preferible al vejestorio hediondo que la había convertido en su compañera de cama regular la última vez. Su nuevo compañero poseía todos los dientes salvo uno, y la noche anterior su aliento olía únicamente a vino, libre de toda pestilencia propia. Poseía la morena altivez de los nativos del sur, y la osadía con que sus ojos la recorrieron de arriba abajo le proclamaba heredero de los trovadores. También había sido generoso a la hora de pagar, aunque eso podía deberse meramente al vino. Era una verdadera lástima que su hogar fuese L'Îlle de France, que su lealtad estuviera dirigida hacia el norte, y que no fuera a permanecer en el castillo más que unos cuantos meses...

–¿Vuelvo esta noche? –preguntó la mujer, que empezó a vestirse de mala gana.

Domingo, que se encontraba en un estado lastimoso y sabía que si vomitaba le estallaría la cabeza, emitió un sonido inarticulado y cerró los ojos. La mujer lo interpretó como un sí, ya que aquella era la mejor manera de hacer negocio y, tras resistir la tentación de robarle las monedas que todavía pudieran quedarle en la faltriquera, depositó un delicado beso sobre la palpitante sien de Domingo antes de salir de la habitación andando de puntillas.

Domingo oyó cómo la puerta se cerraba suavemente detrás de ella y, dejando escapar un gemido de sufrimiento, enterró la cabeza debajo de la almohada deseando morir. No acostumbraba beber en exceso, pero la noche anterior había necesitado el olvido. El castillo Narbonnais encerraba demasiados recuerdos de infancia que todavía estaban demasiado cercanos y eran dolorosamente nítidos; verse de pronto asaltado por ellos le había resultado insoportable..., pero aquel dolor de cabeza era igual de insoportable, y Domingo agradeció a Jesucristo que sus deberes no empezaran oficialmente hasta el día siguiente.

Cuando por fin se atrevió a moverse, el frescor inicial de la mañana ya había sido consumido por el potente y cegador sol del sur. Dentro del castillo las sombras eran tan lúgubres como las recordaba, y los fantasmas le susurraban por doquier. Eran los espectros de un niño con un verdugón rojizo sobre la mejilla y un perro joven y lleno de nervioso entusiasmo, que con el paso de los años se había vuelto demasiado viejo y artrítico para poder acompañar a una reata de equipajes. Cuando pasó por delante del aula en la que se agazapaban los ecos más oscuros, Domingo descubrió que seguía estando ocupada por niños que luchaban con el latín y que tenían por preceptor a un fraile dominico, un joven de expresión jovial, rostro pecoso y delicada tonsura roja. Domingo se dijo que no todos los frailes eran malos, pero un distante grito de dolor todavía acechaba en su cráneo palpitante.

Domingo de Guzmán, con cuyo nombre había sido bautizado, había muerto en 1221, el mismo año en que Alais de Montfort, pero su legado seguía viviendo en el movimiento dominico que pretendía erradicar la herejía y, mediante una mezcla de educación, evangelismo y violencia, trataba de devolver al rebaño a todas las ovejas descarriadas, asegurándose antes de que sus negras lanas fueran concienzudamente lavadas hasta que se hubieran vuelto de una blancura impoluta.

La capilla, oscura y fría, estaba llena de sacerdotes. Un olor a incienso le invadió las fosas nasales y amenazó con alterar el incipiente equilibrio que había alcanzado su estómago. También guardaba recuerdos de aquel lugar, como el de su padre yaciendo sobre la losa antes de ser enterrado aunque, naturalmente, no habían podido mostrar su rostro en la paz del reposo porque ya no tenía rostro. Simón de Montfort había tenido una muerte rápida y muy poco gloriosa. Vivir por la espada y morir por ella, ciertamente..., aunque había finales peores. Domingo también había acumulado su cosecha de cicatrices en la batalla, pero ya nadie intentaba herirle con palabras como «bastardo» e «hijo de perra». Ya no era Domingo de Montvallant o Domingo FitzSimon, sino Domingo le Couchefeu, el fuego tapado en el que las ascuas relucientes ardían en medio de un intenso calor. Las dudas, inseguridades y desgracias de un niño que nunca fue amado habían encendido aquel fuego, y Domingo no intentaba negar su existencia, consciente de que eran lo que impulsaba sus ambiciones y, en consecuencia, de que debían permanecer estrictamente controladas para evitar que con el paso del tiempo se volviera como su padre, que era al mismo tiempo su ávida meta y su peor temor.

El desayuno ya había terminado hacía rato en la gran sala. Las mesas habían sido vaciadas y arrinconadas junto a las paredes, y todo el mundo se ocupaba de sus obligaciones cotidianas. Unos jóvenes caballeros con los que Domingo había compartido las diversiones de la noche anterior habían formado un grupo al lado del hogar, donde sus rostros sombríos y abatidos atestiguaban el malestar de sus estómagos y cabezas. No encontrando nada atrayente la perspectiva de enumerar las locuras de la noche anterior, Domingo pasó junto a ellos, evitó a dos frailes dominicos con una rápida genuflexión y se dirigió a las cocinas para reanudar su antigua amistad con cierto viejo conocido suyo.

Hubert, que había sido aprendiz de marmitón durante la infancia de Domingo, se había convertido, a sus veintipocos años, en todo un cocinero de rostro rubicundo y ojos excesivamente juntos que mostraban una alarmante tendencia a cruzar sus respectivas miradas cuando se concentraba. En cuanto vio a Domingo, se limpió las manos en el delantal mientras le examinaba con expresión dubitativa.

–¿Puedo serviros en algo, mi señor?

–No me reconoces, ¿verdad? –Domingo sonrió y se apoyó en el quicio de la puerta–. ¿Te refrescaría la memoria si te mendigara un trozo de mazapán y un hueso con mucho tuétano? No he traído a *Loup*. Ahora ya es viejo y tiene las patas demasiado rígidas para correr detrás de un caballo.

–¿Maese Domingo? –Los ojos de Hubert se volvieron tan redondos como dos tartas y las pupilas se aproximaron a su nariz–. ¡Por todos los santos! –añadió y luego titubeó, preguntándose si debía inclinarse o adoptar la familiaridad de su antigua relación.

–¡No estoy muy seguro de que los santos tengan nada que ver con esto! –Domingo se rió y, asestando una palmada sobre el grueso brazo de amasador de harina de su antiguo amigo, echó un vistazo a las oscuras y calientes profundidades de la cocina–. Me he perdido el desayuno. ¿No tendrás guardado por ahí algún mendrugo de pan y un poco de vino que nadie vaya a echar de menos?

–Por lo menos tu apetito no ha cambiado –dijo Hubert y se echó a reír, optando por fin por la familiaridad mientras indicaba a Domingo que entrara e inclinaba un taburete para hacer bajar de él a un gatazo medio dormido.

–Parece que por fin vuelvo a la vida –confesó Domingo con abatimiento–. ¡Anoche estuve de fiesta, y ahora tengo las tripas como el fondo del barril de un viñador inglés!

Tomó asiento sobre el taburete. El gato, todo un campeón de la caza de ratones al que se le permitía entrar en las cocinas únicamente por esa razón, le fulminó con la mirada antes de inspeccionar la mesa de la sala contigua, donde un aprendiz arrancaba las tripas a unos pescados.

Hubert colocó una copa rebosante, una barra de pan y un trozo de queso de cabra delante de su visitante.

–Pues tenemos que animarte –dijo alegremente–. Pronto te sentirás mejor.

Domingo contempló el queso con expresión dubitativa, pero cortó un buen trozo de pan.

–Te recuerdo sentado en ese mismo taburete cuando apenas si podías ver lo que había en la mesa. –Hubert meneó la cabeza–. Ahora eres más alto que yo, ¿eh? –añadió mientras se dedicaba a trinchar hierbas con la distraída rapidez fruto de una larga práctica.

–No soy tan alto como Simón o Amaury –dijo Domingo, levantando su copa.

Hubert, que no se había dejado engañar por su tono de jovialidad, le miró fijamente. El niño callado y apocado no se había convertido de repente en un hombre extravertido y parlanchín, a menos que adoptara tal actitud a modo de protección.

–Bien, ¿y cómo están los otros chicos? –preguntó.

Domingo tomó un trago de vino.

–Amaury es condestable del rey Luis, como probablemente ya sabes. Fue él quien consiguió que me permitieran entrar en la mansión real como escudero después de la muerte de la condesa, y naturalmente ha cedido todos sus derechos en el sur a la corona francesa... No puedo culparle por ello, claro. Lo pasó bastante mal después del asedio de Toulouse. Vivir bajo la sombra de un parangón muerto resulta muy difícil, especialmente cuando ese parangón es tu propio padre y cada uno de tus movimientos se compara con los suyos y se considera inferior –explicó, encogiéndose de hombros y volviendo a beber.

–¿Acaso tienes el mismo problema?

–¡No, por Dios! –Domingo dejó escapar una carcajada llena de amargura–. Solo soy el bastardo del que nadie espera nunca nada bueno, y además he de cargar con la mácula de toda esa sangre del sur. Están convencidos de que siempre les crearé problemas, y yo procuro no desilusionarles. Amaury me envió aquí, ¿sabes? Decidió que un destino en Toulouse sería la forma más rápida de disipar la última polvareda que he levantado.

Hubert estiró el brazo a través de la mesa para coger un manojo de cebollinos.

–¿Qué hiciste?

–Divertirme con un laúd y con la esposa de otro hombre y dejarme sorprender por el marido.

Hubert chasqueó la lengua y meneó la cabeza.

–Me destinaron a la guarnición de Toulouse, y a Clemence la enviaron a un convento. No es que le importara, desde luego... Su esposo estaba a punto de cumplir sesenta años y resultaría realmente difícil encontrar un hombre más odioso que él, pero a Amaury no le gustó nada el escándalo.

–¿Y tus otros hermanos y la moza? –preguntó Hubert, que no se sentía demasiado cómodo con el curso que había tomado la conversación ni con la chispa de malicia, casi rayana en el deleite, que ardía en los ojos de Domingo.

El joven levantó los hombros.

–Amice se ha casado, Guy murió en Carcassonne, como ya sabrás, y Richard falleció de fiebre en París hace unos años. En cuanto a Simón, parece que las cosas le van bastante bien.

–¿Sí?

–Ha reclamado el condado de Leicester esgrimiendo un viejo derecho hereditario. Tengo una oferta de empleo allí en cuanto quiera aceptarla.

–¿Leicester? –preguntó Hubert, lanzándole una mirada de perplejidad mientras su lengua luchaba con el nombre.

–Está en Inglaterra –dijo Domingo–. Queda muy lejos de aquí.

–¿Irás?

–Tal vez. –Domingo cortó otro trozo de pan–. Todavía no he

decidido qué voy a hacer con mi resplandeciente futuro, Amaury siempre estará dispuesto a tenerme junto a él, desde luego... Cuando me acuerdo de usarlos, mis modales son mejores que los de un mercenario, y también está la relación familiar. En cuanto a la oferta de Simón, ocurre exactamente lo mismo... No lo sé. –Sonrió–. Soy como los vinos gascones: necesito tiempo para madurar.

–Hmmm –resopló Hubert, que bajando las cejas, volvió a trinchar hierbas y el sonido impidió que siguieran conversando.

Cuando acabó y hubo echado los trocitos que había partido en un cuenco, Domingo alzó la mirada hacia él.

–¿Qué me dices de Toulouse? –preguntó–. ¿Qué ha ocurrido aquí?

Hubert cruzó los tobillos, apoyó un brazo en la mesa y recostó el otro sobre la cadera.

–Bueno, el nuevo Papa se ha mostrado muy decidido a acabar con la herejía. Guzmán quizá esté muerto, pero su descendencia espiritual está por todas partes. Últimamente no puedes dar ni un paso sin tropezarte con un fraile con la oreja pegada al suelo y la nariz vuelta hacia el olor de la herejía, así que no me extraña que los llamen los perros de Dios. –Chasqueó la lengua antes de seguir hablando–: Los cátaros por lo menos te dejan tomar tus propias decisiones..., pero si no estás de acuerdo con los frailes negros, se te llevan para interrogarte y nadie vuelve a verte, a menos que sea encadenado a un poste o atado a la picota mientras te azotan delante de la basílica.

–Lo recuerdo –murmuró Domingo.

–No; no lo recuerdas –le contradijo Hubert, con el rostro repentinamente ensombrecido–. Ahora la situación es mucho peor que cuando vivías aquí. El papa Gregorio tiene el bocado bien sujeto entre los dientes. ¿Todavía no has salido a la calle?

–Cabalgué un rato ayer.

–Bueno, pues échale un buen vistazo. Hay túnicas negras por todas partes y gentes que llevan capas con cruces amarillas cosidas para indicar que son herejes arrepentidos; en realidad el único delito que han cometido ha sido el de haberse cruzado con un verdadero hereje en la calle. Ahora es preferible que te vean ir a misa cada día y adorar el crucifijo. Lleva una cruz colgada del cuello, y otra bordada en la sobreveste. Apresúrate a arrodillarte sin pensártelo dos veces cuando estés dando un paseo. –Hubert se pasó el dorso de la mano por el labio superior–. ¿Sabes qué otras cosas están ocurriendo, muchacho?

Domingo negó con la cabeza.

–Pues que los frailes se niegan a permitir que el viejo conde Raimundo sea enterrado en suelo sagrado. Su ataúd ya lleva casi nueve años en una estancia del hospital de San Juan, y eso que ni siquiera llegó a ser condenado por herejía. –El cocinero torció el gesto–. Soy un buen católico y no quiero que nadie piense lo contrario, pero me parece que han ido demasiado lejos. –Señaló a Domingo con su cuchillo–. No utilices la mano izquierda a menos que te veas obligado a hacerlo. Considerarán que es la marca del diablo, y el conde no se encuentra aquí para aplastar a quienes defienden esas ideas.

–Sé cuidar de mí mismo –replicó Domingo con tono más bien defensivo. A continuación vació su copa y se levantó.

Hubert le observó con pesimismo.

–¿Cuántos años tienes, muchacho?

–Cumplí veintiuno la última Candelaria.

–Bien, pues si quieres vivir hasta los veintidós será mejor que intentes pasar inadvertido.

–No te preocupes. Seré tan manso como un corderito –dijo Domingo con un tono que no consiguió tranquilizar al cocinero y, dándole las gracias por la comida, salió de las cocinas.

La ciudad de Toulouse le llamaba, y el joven dejó atrás los lúgubres alrededores del castillo para dirigirse hacia sus bulliciosas calles. Los muros y trincheras que circundaban la ciudad durante su estancia anterior habían sido demolidos o habían desaparecido bajo montones de tierra, tal como ordenaba el tratado de Meaux. Las moradas para los frailes dominicos donadas por un piadoso ciudadano de Toulouse se alzaban como centinelas directamente enfrente del castillo, y se podían ver siluetas envueltas en túnicas negras que entraban y salían de ellas moviéndose tan diligentemente como hormigas.

Las torres se alzaban hacia los cielos por doquier, protegiendo y realzando las viviendas de los ricos, o proclamando el orgullo de la religión romana, como hacían las torres cuadradas de Saint Etienne o los pináculos románicos de la basílica de Saint Sernin. En todos los barrios, desde la ciudad hasta el burgo y los cada vez más grandes suburbios de la orilla oeste, las campanas llamaban a los fieles para que prestaran testimonio de ello.

Domingo permitió que la ciudad se fuera infiltrando en sus poros. Los recuerdos competían con la deslumbrante realidad del presente. Nuevos edificios habían aparecido en lugares que el joven recordaba como pastizales o que habían sido diezmados por la guerra. El ajetreo urbano había vuelto, y la prosperidad con él. El odio y el miedo eran los mismos de antes, y quizá incluso se hubieran intensificado heridas que supuraban debajo de las costras. La gente le miraba con suspicacia, fijándose en su hermosa túnica y en la espada que colgaba junto a su cadera. ¿Era uno de ellos, o un opresor norteño? Domingo sabía que su acento le condenaría en cuanto abriese la boca, por lo que no se detuvo a escuchar a los trovadores de la plaza del mercado ni inspeccionó las mercancías que ofrecían los puestos de los comerciantes, y tampoco se paró a escuchar a un fraile dominico que arengaba a las multitudes desde lo alto de un estrado delante de la antigua iglesia de Notre-Dame de la Daurade, sino que se apresuró a completar su recorrido de la ciudad y volvió al castillo.

Una multitud se había congregado delante de la gran puerta para presenciar la encarnizada reyerta que estaban librando dos de los guardias del castillo, un fraile y un ciudadano de Toulouse, aunque Domingo necesitó un momento para discernir el número exacto de combatientes debido a la confusión de brazos y piernas. El fraile salió repentinamente despedido hacia atrás y aterrizó casi a los pies de Domingo, las pantorrillas de venas azuladas puestas al descubierto y la dignidad hecha trizas. Un soldado le siguió en su viaje al suelo, la boca y la nariz convertidas en una mancha escarlata.

El tolosano se encaró con ellos; sus ojos castaños llameaban ferozmente bajo una rubia cabellera tan revuelta que parecía una gorra de plumas. Sus hombros temblaban violentamente, no solo debido al esfuerzo sino también a causa de la desgarradora potencia de su sollozar sin lágrimas.

–¡Santo Dios! –logró exclamar con voz ahogada–. ¿Es que ni siquiera podéis dejar en paz a los muertos, condenadas urracas negras?

Otro soldado desenvainó su hoja. Domingo miró alrededor y vio que algunas personas cogían piedras; el lugar parecía un volcán a punto de estallar.

–¡Baja esa espada! –ordenó secamente al soldado.

El hombre se volvió profiriendo una maldición y, al reconocer el rango y el acento de Domingo, se abstuvo de protestar.

–Tiene que ser arrestado, mi señor.

–¿Por qué motivo?

–¡Porque ha interferido con el legítimo progreso de la justicia y la ley de Dios! –exclamó el fraile, levantándose y empezando a sacudirse el polvo.

–¡La ley de Dios! –resopló el joven tolosano–. ¿Ordena acaso la ley de Dios desenterrar a los muertos y quemarlos? ¿Qué os ocurre? ¿Es que no capturáis suficientes herejes vivos para mantener alimentadas vuestras hogueras?

–¡Blasfemia! –masculló el fraile, señalándole con un dedo huesudo–. ¡Arrestadle ahora mismo!

Un nudo de miedo se tensó en las entrañas de Domingo cuando reconoció al fraile como fray Bernard, su antiguo preceptor. El sacerdote había cambiado muy poco; si acaso, se había vuelto aún más cadavérico en su apariencia, con la carne pálida como el marfil rígidamente estirada sobre su cráneo y una nariz que se mejaba un pico de hueso.

El guardia herido logró sentarse en el suelo, visiblemente aturdido, y tras limpiarse la sangre que le chorreaba de la nariz se contempló la mano con los ojos llenos de sorpresa. La multitud empezó a avanzar. Domingo oyó un estrépito de picas procedente del castillo cuando los refuerzos echaron a correr para reprimir los disturbios. El joven fue bruscamente agarrado, la primera piedra voló por los aires y la pelea se reanudó a mayor escala que antes. Domingo, que había levantado el brazo para protegerse la cara, fue golpeado en la mano por una piedra de afilados cantos que le desgarraron la carne hasta el hueso. El padre Bernard, cuyos labios tensos dejaban al descubierto una hilera amarillenta de dientes torcidos, incitó a la muchedumbre a nuevas cimas de salvaje violencia pidiendo a gritos que el fuego del infierno y la condena eterna cayeran sobre ella.

–¡Cerrad vuestra estúpida boca, por la cruz! –aulló Domingo–. ¡Conseguiréis que nos maten a todos!

Bernard interrumpió su arenga y clavó la mirada en Domingo. Sus pupilas se contrajeron y, cuando por fin reconoció a aquel osado muchacho, su boca articuló en silencio el nombre de su antiguo pupilo.

Los labios de Domingo se curvaron en una sonrisa de amargura.

–¡Y líbranos del mal! –dijo con voz burlona mientras esquivaba otra piedra.

Los ballesteros llegaron un instante después, apuntando sus armas hacia la multitud, y los ciudadanos de Toulouse decidieron abandonar el campo de batalla, retirándose con un último desafío de insultos y piedras. El prisionero fue llevado a rastras y sin ninguna clase de miramientos hasta el castillo y conducido a las celdas.

Fray Bernard fulminó a Domingo con una mirada de basilisco mientras se sacudía el polvo e intentaba recuperar la dignidad.

–¿Qué estáis haciendo aquí?

–Conseguir que me lapiden –replicó jovialmente Domingo–. Mirad, me han dado en la mano izquierda... –La sangre goteaba incesantemente sobre el suelo–. Alguien tiene que haberme juzgado en algún sitio, ¿no?

Los negros ojos de Bernard se entrecerraron.

–Tened mucho cuidado –siseó–. Ya no sois un niño, y ya no soy vuestro preceptor. Ahora sois un hombre que debe responder de sus pecados, y yo un inquisidor.

–*Fiat voluntas tua* –dijo Domingo con una genuflexión y después, con una última mirada de gélido desprecio, encaminó sus pasos hacia el barrio de los sangradores en busca de atención para su mano.

La mañana siguiente Domingo se hallaba instalado en una mesa de la gran sala, un escribano a un lado y una montaña de papeles al otro. Puesto que era el caballero más joven de la guarnición de relevo, se habían apresurado a endosarle las tareas más pesadas y prosaicas. Su mano izquierda vendada no le proporcionó ninguna excusa, ya que aún podía utilizar los dedos.

Domingo escribía con rápida impaciencia, haciendo una pausa de vez en cuando para formular una pregunta al escribano o para aclarar algún punto dudoso. A veces las pausas se prolongaban porque los hombres más experimentados enviaban las demandas llegadas del exterior a la mesa de Domingo, quien tenía que interrumpir su labor para hablar con los visitantes, enfrentándose a peticiones de pago de unos suministros para la cocina, reclamaciones del alquiler de una carreta de bueyes, o a un padre airado que andaba buscando al soldado que había dejado preñada a su hija. A medida que transcurría la mañana, la presión que los dedos de Domingo ejercían sobre la pluma se fue volviendo más férrea y, finalmente, un trazo excesivamente violento hizo que esta se partiera, esparciendo tinta en todas direcciones.

Mascullando maldiciones, cortó y afiló una nueva pluma, tras lo cual se recostó en el asiento, abriendo y cerrando el puño dolorido. Un sirviente depositó un vaso de vino delante de él.

–Deja la jarra –le ordenó secamente Domingo.

–Pero mi señor...

El sirviente empezó a protestar, pero la expresión de los ojos de Domingo hizo que cambiara de parecer y obedeciera sin rechistar. Suspirando, Domingo bebió un largo trago de la copa. Con el rabillo del ojo vio cómo un edecán deseoso de ayudar dirigía otro demandante hacia él, y soltó más juramentos. El escribano ocultó una sonrisa detrás de la mano y se inclinó diligentemente sobre su pergamino.

El hombre que echó a andar hacia la mesa de Domingo era alto y esbelto, y su rostro parecía demasiado viejo para el porte orgulloso y atlético de su cuerpo. La túnica adornada con bordados, el cinturón dorado y los anillos de sus dedos proclamaban su origen noble, y cierto olor a moho informó a Domingo de que aquella elegancia no era habitual en él.

–He venido para preguntar por mi hijo –dijo el noble sureño–. Se me ha dicho que debía hablar con vos –añadió con una inclinación de la cabeza.

Domingo tomó otro sorbo de vino.

–Oh, claro. –Torció el gesto–. Soy el chivo expiatorio del día. Coged un taburete y sentaos.

–Prefiero estar de pie –replicó el noble con voz gélida.

Domingo dejó la copa sobre la mesa. Las orejas le ardieron de repente ante aquella impecable forma de ponerle en su lugar, el cual se encontraba incluso por debajo del último peldaño de la escalera del hombre del sur. «Piensa que soy un advenedizo presuntuoso que se aburre –se dijo–, y probablemente tiene razón; yo, por mi parte, pienso que ya tengo bastantes problemas sin necesidad de que él venga a crearme más.» Una sombra de diversión casi imperceptible elevó las comisuras de sus labios.

–¿Vuestro hijo, decís? –preguntó.

–Está encerrado en vuestras celdas por haber instigado un disturbio ayer al mediodía, o eso tengo entendido. Quiero verle.

Domingo sostuvo la penetrante mirada azul con un nuevo interés.

–Lo cierto es que yo estaba allí cuando se produjo el incidente. –Alzó la mano vendada–. Debo advertiros que no ha sido encerrado meramente por pelearse y armar jaleo en las calles. Dijo unas cuantas cosas bastante desagradables a un fraile dominico y luego lo arrojó al suelo. Es muy probable que sea acusado de herejía. –Domingo volvió a señalar el taburete–. Sentaos, os lo ruego.

El hombre tomó asiento con gran lentitud, como si temiera que cualquier movimiento rápido fuera a agrietar el caparazón de su orgullo.

Domingo cogió la copa vacía del escribano y le sirvió un poco de vino de la jarra.

–¿Qué dijo exactamente?

–No lo oí todo, pero en líneas generales afirmó que los frailes no tienen ningún derecho a desenterrar cadáveres por ahí para quemarlos solo porque sus antiguos propietarios habían sido en vida herejes.

El noble del sur cerró los ojos un momento, tensando los párpados como si sufriera un dolor insoportable. Después, abriéndolos, aceptó el vino que se le ofrecía.

–Los frailes le hicieron eso a su abuelo el año pasado –dijo con voz llena de cansancio mientras dejaba la copa sobre la mesa–. Era cátaro, así que sacaron su cuerpo de la cripta y lo quemaron en el centro de la ciudad. Tuvimos que pagar una multa considerable. Guillaume preferiría empalar a un fraile en la punta de su lanza antes que hincar la rodilla delante de él.

Domingo se permitió una hosca sonrisa. «Igual que yo», pensó, y un instante después se dio cuenta de que el hombre del sur le contemplaba con una extraña y casi enfermiza concentración.

–No me estaba riendo –se apresuró a decir, pensando que quizá había interpretado equivocadamente su expresión–. No siento ningún aprecio por los frailes.

–¡No tenéis ni idea de lo que hemos sufrido! –Los ojos azules destellaron, y la llama del orgullo se volvió un poco más abrasadora dentro de ellos–. Santo Dios, pero si mi propia esposa fue... –Sus labios se cerraron de repente y lo que iba a decir a continuación, fuera lo que fuese, se perdió en el silencio–. Ah, muchacho, vuelve a tu casa... Este no es lugar para ti. Escapa de esta ratonera y diviértete jugando a los caballeros allí donde hacerlo no resulte tan peligroso.

Domingo apretó los labios.

–No me juzguéis por mi apariencia –dijo secamente y, cogiendo una hoja de pergamino en blanco, empezó a escribir rápidamente–. Mi madre era... o es del Agenais y pasé mi infancia aquí, en Toulouse. –Metió la pluma en el tintero de asta–. ¿Cuál es el nombre de vuestro hijo?

–Guillaume de Montvallant, hijo de Raoul.

Domingo escribió el nombre sobre el pergamino en unos enérgicos trazos. La pluma volvió a partirse y, cuando levantó la cabeza, sus ojos se encontraron con la mirada azul y vieron reflejado su propio reconocimiento en ella.

–Dios mío –murmuró Raoul de Montvallant, aferrándose al borde de la mesa con las dos manos–. Eres el hijo de Claire, ¿verdad?

–Nunca me dijeron cómo se llamaba. –Domingo se sorprendió al percibir la firmeza tranquila de su voz, que había hablado con un tono tan impasible como si estuviera comentando el precio del vino o lo que costaba una carretada de leña para el fuego–. Me crió Alais de Montfort y, cuando murió, Amaury me envió a la corte francesa. Solían decirme que mi padre era un noble rebelde del sur y que sus propiedades me pertenecían por derecho de nacimiento. ¿Cómo lo has sabido?

–Hace tan solo un instante..., por tu manera de sonreír, y mis sospechas se confirmaron cuando afirmaste que tu madre era del Agenais –murmuro Raoul–. No eres hijo mío –añadió unos momentos después con repentina aspereza–. ¡No tienes ningún derecho sobre las tierras de los Montvallant!

–¡Oh, en el nombre de Cristo! ¿Acaso piensas que las quiero? –gruñó Domingo, y esta vez casi se le quebró la voz.

–¡A tu auténtico padre le daba igual quién acabara pisoteado bajo sus botas con tal de obtener lo que quería!

–Cierto –admitió Domingo–. Y eso es razón más que suficiente para cubrirme con el mismo pelaje, ¿eh?

–¿Qué estás haciendo en Toulouse pues, sino estudiar las posibilidades?

–Mi hermanastro me ha destinado aquí porque le creaba muchas dificultades en casa. Ese es el gran problema de los mestizos, ¿sabes? Nunca consiguen adaptarse a la manera de vivir de quienes no tienen la sangre mezclada... –Con un gesto casi convulsivo de la mano, Domingo esparció un poco de arenilla sobre el documento que acababa de redactar y se levantó–. Ven conmigo.

Raoul le miró fijamente.

–¿Adónde?

–A las celdas, naturalmente –replicó Domingo–. Este documento es una orden para que pongan en libertad a tu hijo, pero quizá tenga que retorcer unos cuantos brazos antes de sacarlo de allí..., pero no en balde soy el bastardo de Simón de Montfort –añadió, lanzándole una mirada ligeramente maliciosa.

Mientras luchaba con el caos de emociones aterradoramente intensas que se agitaban en su interior, Raoul sintió la sombra de inseguridad que había debajo de la fachada de dureza del joven.

–Lo siento. No tendría que haberte hablado de esa manera.

Domingo se encogió de hombros.

–Un bastardo se acostumbra a los malos tratos desde pequeño.

La tensión que envaraba sus hombros desmentía la indiferencia de su tono. El joven atravesó la sala con paso rápido y decidido, y Raoul tuvo que alargar sus zancadas para mantenerse a su altura. Domingo aflojó el paso al llegar a un pasillo oscuro y vacío de centinelas, pero aun así seguía caminando un poco por delante de Raoul, que no podía ver la expresión de su rostro.

–Mi madre... ¿Vive todavía? –preguntó Domingo.

La compasión abrasó a Raoul, que se enfrentó a la amargura y a la terrible sorpresa que había sentido al ver los rasgos de Claire estampados sobre el semblante de un hombre que no era su hijo y que tenía el rostro de su enemigo. Aquel muchacho tenía los ojos de Simón de Montfort, pero las pequeñas peculiaridades del comportamiento, el brillo de sus ojos y la forma de su boca pertenecían por entero a su madre.

–Sí. Todavía vive, aunque para ti quizá sería mejor que hubiera muerto. –Hizo una profunda inspiración–. Se ha convertido en una Perfecta, y ahora va de un lado a otro predicando la fe cátara y curando a los enfermos. Ya sentía esas inclinaciones incluso cuando estábamos casados, pero lo que le hicieron Simón de Montfort y su esposa acabó de impulsarla a dar ese último paso.

–¿Qué le hicieron? –preguntó Domingo, el rostro todavía ensombrecido.

–Tu padre tomó Montvallant. Era a mí a quien quería, pero yo me hallaba ausente en Foix, así que desahogó su frustración y su ira con Claire. La violó y luego la entregó a la condesa para que hiciese lo que le viniera en gana con esos pobres restos. La condesa intentó convertir a mi esposa en una buena católica, pero después de que nacieras... Bien, entonces la dama Alais comprendió por qué nunca conseguiría salirse con la suya e hizo que encerraran a Claire en Beaucaire. Pobre Claire... –añadió en voz baja y suave–. Quería llorar por haberte perdido, pero nunca logró olvidar la violación.

Domingo guardó un largo silencio, la mano apoyada en la pared, asimilando lo que había oido.

–No lo sabía –dijo por fin–. Nadie me lo contó jamás. Creía que Claire quizá había sido amante de Simón. Debiste de odiarle mucho.

–Sí.

Hubo otro silencio. Raoul titubeó antes de poner la mano sobre el rígido hombro de Domingo, pensando que él tenía su edad cuando se casó con Claire y su futuro en común era tan límpido y resplandeciente.

–Nunca podremos enterrar el pasado mientras los sacerdotes estén tan empeñados en volver a sacarlo de su tumba, pero quizá podamos ver una parte de él bajo una luz distinta –dijo, y percibió el estremecimiento que recorrió el cuerpo del joven.

Domingo meneó la cabeza.

–¡Vine a Toulouse para escapar, y de repente descubro que estoy más prisionero que nunca! –Su carcajada era irónica y ligeramente temblorosa. Un instante después echó a andar de nuevo con tal premura que Raoul tuvo que apartar la mano de su hombro–. Perder el tiempo aquí no solucionará nada. Vayamos a asegurar la liberación de tu... de mi hermano.

Guillaume colgó el anillo del poste del estafermo y contempló cómo su medio hermano se inclinaba desde lo alto de su montura y cogía una lanza del haz apoyado en la pared del patio de adiestramiento. Los sentimientos que le inspiraba Domingo no podían ser más contrapuestos. Veía al joven como una amenaza a su posición de adorado hijo único, y además Domingo era uno de los odiados invasores del norte que habían destruido el equilibrio en la existencia de Guillaume. Domingo suponía una amenaza para ambos cimientos, porque se estaba infiltrando poco a poco en el primero y porque desgarraba la certeza del último. Sin embargo, de no haber sido por él, Guillaume aún estaría languideciendo en las celdas del castillo Narbonnais mientras esperaba ser juzgado por herejía. En vez de ello, Guillaume había quedado en libertad con solo unos cuantos morados ya casi desaparecidos que enseñar como recordatorio de su ordalía y fue Domingo quien, sin quejarse ni alardear de ello, soportó las reprimendas de sus superiores.

Guillaume quería ser su amigo, pero al mismo tiempo deseaba odiarle, y no estaba teniendo éxito en ninguna de las dos cosas. En cuanto a lo que quería Domingo, se sentía incapaz de imaginarlo. Aquellos ojos verdigrises eran tan profundos e impenetrables como el mar, pero el joven había decidido pasar su tiempo libre en Montvallant en lugar de divertirse en Toulouse con sus compañeros del norte. ¿Sería Montvallant el premio que codiciaba? Domingo no poseía tierras, y dependía de su espada y de la caridad del más poderoso de sus parientes de la casa de Montfort para vivir.

Guillaume entrecerró los ojos y observó a su medio hermano con gran concentración; mas, para gran decepción suya, no halló defecto alguno en su técnica. Domingo poseía un control preciso de la montura, la lanza y su propio cuerpo, y levantó el anillo del estafermo tan delicadamente como si alzara un mechón de los cabellos de su amada.

–¡Muy bien! –Guillaume aplaudió, obligándose a sonreír mientras colocaba otro anillo en el poste–. Ahora me toca a mí.

Corrió ágilmente hacia su caballo y subió a la grupa con un experto salto. Cuando cogió la lanza del haz, hizo girar el ástil una y otra vez, convirtiendo la punta en un borroso manchón plateado mediante su destreza. Antes de lanzarse a la carga a través del patio, hizo que el caballo llevara a cabo varios intrincados movimientos, usando únicamente sus muslos para guiarlo..., y si el dominio de Domingo había sido delicado, el de Guillaume era claramente etéreo.

Domingo torció el gesto. Aún recordaba las continuas exhibiciones y fanfarronadas de Guy, que también solía comportarse de aquella manera. Su hermanastro sabía que era un magnífico guerrero y quería que todos los demás se enterasen..., pero eso no le había salvado. Guillaume volvió grupas para encararse con Domingo, el rostro encendido mientras un destello de triunfo y desafío ardía en sus penetrantes ojos castaños.

–¿Qué me dirías de cruzar un par de lanzas? –preguntó.

Domingo meneó la cabeza.

–No; creo que no –respondió con dulzura, y le entregó su arma embotada a un escudero.

–¿Qué te ocurre? ¿Temes ser derrotado?

–No sería tan solo para demostrar valor, ¿verdad? Si me derribaras de la silla, el triunfo te volvería insoportable. Si yo te venciera, el agravio y tu rencor serían todavía más grandes de lo que lo son ahora...

Domingo desmontó y confió su montura a un caballerizo.

–Cobarde –siseó Guillaume entre dientes, sabiendo que se estaba comportando indebidamente pero sintiéndose incapaz de contenerse.

–No soy yo quien huye –dijo Domingo, empleando un tono

de voz engañosamente afable que su hermanastro Simón hubiese reconocido de inmediato. A continuación dio media vuelta y empezó a quitarse los guanteletes.

La expresión que apareció en el rostro del caballerizo le advirtió de lo que iba a ocurrir, de modo que se volvió mientras se agachaba, pero Guillaume, con la flexibilidad de un atleta nato y el instinto asesino engendrado por la vida nómada de un campamento de ejército, logró alterar la dirección del puñetazo en el mismo instante en que lo lanzaba.

Domingo se desplomó, expulsando bruscamente el aire de sus pulmones bajo la forma de un resoplido, y de inmediato Guillaume se abalanzó sobre él, para, cogiéndole del cuello bordado de la túnica, alzarle la cabeza y estrellarla contra el suelo del patio de adiestramiento, repitiendo a continuación el movimiento con fulgurante velocidad. Domingo arqueó las rodillas. Después se retorció, deslizó un brazo por debajo de Guillaume, dejándolo aprisionado y, con un repentino estallido de presión, lo lanzó por los aires y se levantó mientras el aliento salía de su boca en una serie de jadeos torturados porque el tragar aire se había vuelto repentinamente doloroso. Vio la fluida recuperación de Guillaume y el puño que venía hacia él y, bloqueándolo con la mano derecha, golpeó con la izquierda. El puñetazo detuvo literalmente en seco a Guillaume, quien había estado esperando una represalia del puño derecho de Domingo. La sangre empezó a gotear de su labio partido. Guillaume se rozó la herida con la yema de los dedos, contempló la mancha de sangre de un intenso color rojo oscuro y después alzó la mirada hacia Domingo, quien había retrocedido y se estaba acariciando los nudillos despellejados.

–Si vuelvo a golpearte, no podré firmar más órdenes de liberación –jadeó Domingo–, y te aseguro que no quiero que me golpees. ¡Un puñetazo tuyo es peor que la coz de una mula!

Guillaume le contempló con suspicacia, el cuerpo todavía rígido y preparado para la lucha, pero la tensión explosiva ya estaba empezando a disiparse. Un instante después descubrió que ya no deseaba matar a Domingo. Habían superado esa prueba y se habían fijado nuevos parámetros.

–¡Eres zurdo! –le acusó.

–Conmigo nunca hay que dar nada por sentado –admitió Domingo con una sonrisa, y le ofreció la mano derecha.

Guillaume meneó la cabeza y después, sonriendo de mala gana, respondió al gesto de Domingo ofreciéndole su diestra.

Capítulo 34

El Languedoc, otoño de 1234

La neblina que ascendía del río se había ido espesando gradualmente a lo largo del día hasta convertirse en una bruma saturada de humedad que envolvió el pueblecito y lo ocultó a miradas inquisitivas. La pequeña aldea se encontraba junto al tramo del camino a Toulouse que discurría entre Foix y Pamiers, y en realidad se reducía a un villorrio edificado en las estribaciones de las Plantaurel, con sus cubiertas de tejas rojizas suspendidas sobre robustas piedras color ámbar y los postigos concienzudamente cerrados.

Magda se alegraba de poder disfrutar del fuego que rugía en el hogar de la casita del zapatero y de la escudilla de sopa caliente, más espesa que la niebla, que sostenía en las manos. Tomó un sorbo con gran placer. Aquella tarde habían celebrado una reunión, y dos habitantes de la aldea habían hecho los votos definitivos de los cátaros ante Chrétien, su tío abuelo. Uno de los conversos era tan viejo y estaba tan débil que sus parientes habían tenido que llevarlo en brazos hasta la pequeña vivienda, y en su caso resultaba obvio que el *consolament* solo serviría para reconfortarlo en su lecho de muerte. La viuda de mediana edad que compartió la ceremonia con él, en cambio, era una mujer robusta que gozaba de buena salud y necesitaba encontrar nuevas metas para su vida después de haber perdido a su esposo.

Había muchos creyentes en la aldea, y Magda y Chrétien fueron recibidos con los brazos abiertos e invitaciones a quedarse allí todo el tiempo que quisieran. Eso no hubiera sido prudente, por supuesto. Incluso en una aldea de creyentes, siempre había alguien dispuesto a traicionar a un cátaro a la Inquisición para ganarse la recompensa de un marco por cabeza, y los dominicos tenían espías e informadores por todas partes.

Magda sabía que su familia era especialmente vulnerable a la persecución, y que si cualquiera de ellos era capturado sería sometido a tortura y moriría entre las llamas. Ella y su madre no solo estaban acusadas de herejía, sino también de brujería, pero dejando aparte la sanción de la Iglesia de Roma, ¿qué diferencia había entre sus poderes y los de un santo? La ira se agitó en su interior, pero la reprimió rápidamente, pues guardaba un recuerdo demasiado vívido del horrible espectáculo que había ofrecido Simón de Montfort cuando se retorcía sobre el suelo mientras era devorado por su propia rabia. Sus perseguidores solo merecían compasión y amor, porque el amor, no el fuego, era el último inmolador.

Le hubiese gustado que su madre estuviera allí, a su lado, pero Bridget se había quedado en Montségur para cuidar del tío Matthias, cuyo estado de salud era cada vez más precario. Su mente no había perdido la agudeza y sus ojos todavía eran capaces de traducir los libros que le llevaban, pero tenía las articulaciones tan envaradas que apenas si podía moverse, y un joven escribano cátaro tenía que poner por escrito todas las traducciones porque los dedos engarfiados de Matthias ya no eran capaces de sostener una pluma. Su madre absorbía el dolor siempre que podía hacerlo, permitiéndole así concentrarse en sus libros, pero eso minaba considerablemente la vitalidad de Bridget, y los canales curativos exigían días de ayuno y preparación para llegar a producir resultados apreciables.

Hubo una pausa momentánea en la conversación. El fuego crujió y chisporroteó, y los ruiditos del cucharón que la esposa del zapatero hacía girar dentro del caldero parecieron resonar con una extraña potencia en la habitación. Un caballo relinchó delante de la casa.

–¡Hola! –gritó una voz llena de impaciencia–. ¿Hay alguien aquí?

Magda sintió cómo la sangre corría más deprisa por sus venas con un poderoso cosquilleo. El viajero estaba nervioso porque ya había visitado varias casas de la aldea y descubierto que estaban vacías. Magda podía leer todos sus pensamientos con tanta claridad como si fueran suyos.

El zapatero, con el rostro tan pálido como el suero, fue hacia la puerta y la entreabrió un poco.

–¿Qué queréis? –mascculló, adoptando una actitud que no podía ir más en contra de la doctrina cátara, que imponía el deber de amar a todos los hombres.

–Un herrero para que se ocupe de la cojera de mi caballo, una cama para la noche y, por la mañana, que me digáis qué camino he de seguir para llegar a Toulouse –contestó secamente el recién llegado–. Un poco de cortesía tampoco estaría de más, desde luego. Si obtenerla depende de la plata, pagaré por ella.

Hablaba en la lengua del sur, pero con un marcado acento francés. Con los ojos tan abiertos como un conejo atrapado, el zapatero se volvió hacia Chrétien en busca de ayuda.

–No hay ningún peligro.

La voz que acababa de hablar con tranquila convicción pertenecía a Magda. La joven dejó su escudilla encima de la mesa y se levantó.

–No lo hay, mi señora, pero...

–Te lo prometo –dijo Magda, posando su mirada impasible y cristalina sobre el balbuciente artesano.

–Si quieres nos iremos –dijo Chrétien para tranquilizarlo–. Siempre podemos conformarnos con el cobertizo de las cabras o el suelo del aprisco.

–No, no... ¡Jamás se me ocurriría echaros de mi casa! –exclamó el zapatero, horrorizado ante la mera idea de los efectos que semejante acto tendría sobre su posición en la comunidad.

–¿Y si Cristo se presentara ante vuestra puerta y llamara a ella?

Avergonzado, el anfitrión se apresuró a agrandar la rendija.

–Hay un establo en la parte de atrás –dijo secamente al desconocido–. No tengo sitio en la casa y tendréis que dormir con vuestro caballo, pero os llevaré un cuenco de sopa.

–Muchas gracias –replicó sarcásticamente la voz del desconocido, y después hubo un lento repiquetear de cascos y un tintineo de arneses.

Magda vio el pelaje castaño iluminado por el fuego y los arreos, sencillos pero de excelente calidad, mientras el caballo avanzaba por la cinta de luz que brotaba del umbral y rodeaba la casa hasta la frágil estructura del cobertizo para las cabras que se alzaba detrás de ella.

Se abrió paso a través del nervioso grupo de aldeanos congregados delante del hogar y llenó una escudilla con la humeante sopa de judías. Chrétien la contempló con una mezcla de temor y aprobación, y Magda se apresuró a lanzarle una mirada tranquilizadora.

–Todo va bien, de veras –murmuró–. Ya sabes que mi sexto sentido es tan agudo como el de mi madre, ¿no?

–Sí, niña, pero también eres muy hermosa y de constitución excesivamente frágil para poder oponer resistencia..., y revelar tu poder no sería nada prudente.

–No tengo nada que temer de él –dijo Magda confiadamente, y le apretó la mano durante un momento–. Intenta introducir algo de caridad en los corazones de estas gentes mientras yo hago objeto de un poco de ella a nuestro huésped.

El joven caballero estaba muy ocupado desensillando a su montura y musitando juramentos. Magda colgó la linterna de un gancho y dejó la escudilla de sopa encima del taburete de ordeñar. Más allá de la luz de la linterna, precariamente separado de la primera sección del cobertizo por una desvencijada mampara de madera, se encontraba el pequeño rebaño de cabras del zapatero, listo para la selección y el mercado.

–No pretendían ser descorteses –dijo–. Fue el miedo lo que los hizo comportarse de esa manera. Os he traído un poco de sopa caliente.

La luz arrancó destellos a los adornos de la silla de montar que el joven caballero estaba dejando en el rincón y se reflejó en sus ojos cuando volvió a erguirse. Magda no consiguió discernir su color, pero sabía, gracias al recuerdo de un día ya muy lejano, que sus pupilas tenían el verde sobre gris de las serpentinas de Cornualles incrustadas en el broche de su capa.

–Si este es el grado de habilidad con el que ocultan las reuniones prohibidas por la ley, no me sorprende que tengan miedo –replicó su visitante despectivamente, y desenrolló una manta de su petate para tapar al caballo con ella–. Suponiendo que no sintiera suspicacia antes, puedo asegurarte que ahora sí la sentiría. –Se puso en cuclillas junto al caballo, deslizó la mano a lo largo de la pata lesionada y chasqueó la lengua, claramente irritado–. Al tropezar se le ha distendido un músculo. Aunque le pongan una herradura nueva, mañana no podrá cabalgar.

–Dejad que le eche un vistazo a la pata –se ofreció Magda–. Soy curandera, ¿sabéis? Tomad, bebed vuestra sopa antes de que se enfríe.

–¡No necesito ser curandero para saber qué le ocurre a mi caballo! –replicó el joven con irritación, pero se hizo a un lado para dejarla pasar y después cogió la escudilla del taburete de ordeñar y se sentó en él.

Magda localizó enseguida la hinchazón, que se encontraba justo encima de la canilla de la pata delantera derecha. Deslizó suavemente los dedos sobre ella, cerró los ojos y se concentró. El caballo resopló y adelantó la cabeza, pero después, tras un último estremecimiento, se quedó inmóvil. El calor surgió de la yema de los dedos de Magda y se infiltró en los tejidos lesionados. La joven sintió el peso impalpable de la mirada del joven caballero clavada en su espalda, sabiendo que todavía no la había reconocido y que estaba contemplando su cuerpo como hubiese observado el de cualquier muchacha campesina en un establo de noche. También se dio cuenta de que había habido muchos momentos como aquel y muchas jóvenes como ella y que, debido a que había venido a traerle la sopa sin hacerse acompañar por nadie, el caballero estaba pensando que ella iba a ser otra de aquellas jóvenes. Sonriendo dentro de su capuchón, Magda acabó de atender al caballo, se incorporó y giró sobre sus talones.

–La pata estará mejor por la mañana –dijo–. Ya no le dará más problemas.

El joven enarcó las cejas, y una mueca llena de cinismo elevó las comisuras de sus labios.

–Impresionante –dijo–. Quizá podría persuadirte de que pusieras las manos sobre una vieja herida de guerra para aliviar el dolor.

Su aura relucía con suaves destellos de vitalidad y pequeños chispazos de impaciencia. Magda proyectó la suya para que saliera a su encuentro, y vio cómo su visitante percibía el impacto y reaccionaba con un veloz parpadeo de sorpresa. El joven caballero dejó la escudilla en el suelo junto al taburete y se levantó. Sus ojos no se habían apartado ni un solo instante del rostro oscurecido por la sombra del capuchón.

–Dime cómo te llamas –rogó, la voz tan suave e íntima como el terciopelo mientras alzaba la mano para rozarle la mejilla y echar hacia atrás el capuchón de su capa.

La cabellera de Magda, de un rubio tan claro que casi parecía plateada, cayó sobre sus caderas, esparciéndose en una cascada, libre de toda sujeción, como solo les estaba permitida a las vírgenes. Los dedos del joven dejaron una estela cosquilleante sobre la piel de Magda, y una oleada de calor se extendió por su cuerpo.

–Me llamo Magda –dijo–. ¿No lo recuerdas?

Retiró la mano de sus cabellos y un jadeo entrecortado le cortó la respiración; Magda supo que no se había olvidado ella.

–¿Magda? –murmuró mientras su mirada la recorría de arriba abajo con una expresión muy distinta de la que había en ella hacía tan solo un momento–. Dios mío... ¡Dime que no estoy soñando!

–No estás soñando –replicó ella con una sombra de traviesa malicia en la voz.

Domingo siguió contemplándola en silencio, devorándola con la mirada.

–Nunca he olvidado esa tarde –dijo después–. Cuando volví a Toulouse incluso fui a la orilla del río, como en una especie de peregrinación. Formulé un deseo y arrojé un junco a la corriente, aunque en realidad nunca pensé que... –Se interrumpió y meneó la cabeza, visiblemente perplejo–. ¡Jesús, eres preciosa!

–La última vez no pensabas eso. –Un hoyuelo apareció en la comisura de su boca–. Entonces yo solo era una pequeña hereje cubierta de barro que te había robado el perro.

–Y yo era el hijo del hombre más poderoso del Languedoc –dijo Domingo, entornando los párpados–. Tampoco he olvidado esa parte. Supe que mi padre iba a morir apenas le vi yacer en el suelo a los pies de tu madre. Era la única escapatoria que le quedaba.

–Hubiera podido elegir otro camino –le contradijo Magda.

–Pero nunca lo vio o no lo entendió. Para mi padre solo existía el poder de la espada. A veces me imagino siguiendo sus pasos... Él avanza delante de mí, guiándome, y sé que cuando se vuelva no tendrá cara.

Domingo le dio la espalda y empezó a pasearse nerviosamente por el cobertizo.

Magda le contempló, percibiendo la complejidad y la tensión que había en él y la peligrosa angostura del camino, tan fino como un cabello, por el que avanzaba entre la oscuridad y la luz, el pasado y el futuro. Domingo le recordaba al lince enjaulado que ella y su madre habían visto un domingo en Foix.

El caballero se detuvo junto a su montura para acariciar la satinada suavidad de su flanco marrón.

–¿Eres una Perfecta? –preguntó con un tono de voz más calmado.

Magda meneó la cabeza.

–No en el sentido ortodoxo.

–¿Qué significa eso?

Magda titubeó y le observó unos minutos en silencio antes de responder:

–El linaje de mi madre tiene el deber de producir herederos para sus habilidades y su sangre.

–¿Estás hablando en nombre de otros?

La delicada oleada de calor onduló a través del cuerpo de Magda.

–Las mujeres de mi familia siempre hablamos por nosotras mismas –replicó orgullosamente.

Domingo se apartó del caballo, dio un par de pasos hacia Magda y se detuvo delante de ella.

–¿Y qué tienes que decir? –preguntó en voz baja y suave.

Entre sus cuerpos se alzaba una barrera resistente de calor físico que estaba pidiendo ser derribada y forjada de nuevo. Magda ya había tenido que enfrentarse a algunas tentaciones anteriormente en Montségur cuando se hizo mujer y empezó a fijarse en los hombres, pero hasta entonces nadie la había atraído con tal intensidad.

–Que no soy propiedad de ningún hombre y que nunca lo seré, excepto si yo lo deseo. –Retrocedió un paso para alejarse del seductor peligro de proximidad de Domingo–. ¿Y tú? ¿Qué tienes que decir?

Domingo dejó escapar el aliento que había estado conteniendo y su cuerpo, rígidamente inmóvil, se relajó un poco. Magda advirtió el brillo depredatorio que había en sus ojos.

–No tengo ningún juramento que romper.

Magda le lanzó una mirada recelosa. Qué fácil resultaría buscar una hora de simple placer con él... La fase lunar era perfecta y podía estar segura de que concebiría un bebé, pero más allá de esa comprensión inmediata se ocultaba una preocupación mucho más profunda que la detuvo. ¿Una noche, o un compromiso de por vida? El camino se bifurcaba en aquel lugar.

–Podrías viajar con nosotros durante un tiempo –sugirió, y se mordió nerviosamente el labio al ver que Domingo fruncía el ceño.

–¿Viajar con vosotros? –replicó él, hablando muy despacio–. ¿Para convertirme en un cátaro?

–No.

Magda le sostuvo la mirada, deseando que la entendiera y que no le diese la espalda. Como conocía muy bien el poder de su mente, bajó la mirada y reprimió ese deseo. Fuera cual fuese la decisión que acabara tomando Domingo, solo él podía adoptarla, sin ninguna presión. Ya habían compartido un momento como aquel en una pradera junto a las aguas de un río, ella ofreciendo y él en guerra consigo mismo.

Domingo tragó aire y, cuando se dispuso a hablar, Magda alzó la cabeza, de modo que guardó silencio y su mirada se apartó de ella para posarse en la tosca entrada del cobertizo.

–Tío Chrétien... –dijo Magda, sintiendo una mezcla de alivio y desilusión.

Los oscuros ojos hundidos se deslizaron sobre ella primero y sobre Domingo después, evaluando la situación.

–¿Vuelves a la casa, Magda? –Era más una orden que una pregunta–. Ya es hora de cerrar la puerta.

–Sí, tío –dijo Magda, tan mansamente que las cejas de Chrétien se alzaron en un enarcamiento entre sorprendido y especulativo mientras su sobrina pasaba junto a Domingo para salir a la fría noche.

Magda se detuvo en el umbral y se volvió hacia el joven, con una pregunta silenciosa suspendida en sus ojos. Domingo le devolvió una mirada inescrutable e inclinó la cabeza.

–*Demoiselle*... –la saludó–. Hasta mañana –añadió después en voz baja y suave.

Magda contuvo el aliento y sus ojos clavados en los del caballero se abrieron un poco más antes de que girase sobre sus talones y, tal como prescribía la decencia, se subiera el capuchón de la capa.

El destello se desvaneció de las pupilas de Domingo cuando se encaró con Chrétien.

–¿Sois su guardián?

–En efecto. –Chrétien le tendió una manta de lana tosca–. Tomad, la noche será fría aquí dentro, especialmente estando solo –añadió, resaltando la última palabra.

Domingo dejó escapar una seca carcajada y aceptó la manta.

–Hacéis bien al sospechar de mí. No intentaré convenceros de que ese tipo de pensamientos salaces no me ha llegado a pasar por la cabeza, pues lo ha hecho. Magda es muy hermosa, pero... Bueno, después de todo supongo que vosotros, los cátaros, os limitaríais a decir que la belleza no es más que otra trampa del diablo.

Chrétien observó a su huésped con expresión reflexiva. Entendía muy bien las razones por las que una joven encontraría atractivo a aquel muchacho de ojos magníficos y osamenta robustamente bien constituida, pero tenía que haber algo más que eso para que Magda deseara tenerlo junto a ella.

–No negamos la belleza del alma, sino meramente su recubrimiento carnal –murmuró–. Sin amor solo hay corrupción.

Domingo extendió la manta sobre la sucia paja del suelo del establo.

–Pues en ese caso me temo que he llevado una existencia muy corrompida –replicó con jovialidad, pero sin que hubiera ni rastro de ligereza o alegría en la observación.

–Sois joven y disponéis de tiempo. Lo único que debéis hacer es abriros a la verdad.

–¿La verdad? –Domingo arqueó una ceja en una expresión de cinismo–. Si vais a soltarme un sermón sobre los dioses buenos, los dioses malos, el espíritu y la materia, solo conseguiréis malgastar vuestro aliento.

Sus palabras parecieron divertir a Chrétien.

–El aliento se desperdicia siempre que no se presta testimonio de aquello que debe ser proclamado –dijo–. La esencia del mensaje es muy simple. Acciones, no palabras; ejemplos, no hipocresía...

Sus ojos se posaron en la espada, el escudo y el camisote enrollado apoyados en el arnés.

Domingo siguió la dirección de su mirada.

–Aunque aplauda los méritos de vuestro credo, no lo he abrazado –replicó, también con una sombra de diversión en la voz, y se sentó sobre la manta.

–¿Me estáis diciendo que sois un buen católico francés, entonces?

–¡Ja! No soy ninguna de esas cosas. –Chrétien le miró fijamente, y Domingo se echó a reír–. Bien, el caso es que jamás he podido alardear de ser bueno y que solo soy medio francés... Mi madre es de Agen, ¿sabéis? En cuanto a lo de ser un buen católico... –Tendió las manos–. Mi preceptor era un fraile convencido de que yo era un esbirro del Anticristo. Fueran cuales fuesen las devociones que hubiera podido llegar a ofrecer, el caso es que me las extirparon del cuerpo mediante palizas a muy tierna edad. Ahora solo rindo culto a la fe católica con los labios, y ahí termina todo mi compromiso. –Una expresión pensativa y casi desafiante cruzó sus facciones–. Magda me preguntó si estaría dispuesto a acompañaros en vuestros viajes.

Chrétien contuvo la respiración unos momentos.

–¿Y cuál fue vuestra contestación?

–Digamos que más o menos acepté.

Chrétien giró sobre sus talones y acarició al caballo, que ya había empezado a adormilarse.

–Si nos acompañáis será únicamente por el interés que sentís hacia ella, ¿verdad?

–Mentiría si dijera que obro impulsado por alguna clase de fervor religioso –dijo Domingo, y sostuvo sin inmutarse la adusta mirada del cátaro–. Pero si accedo a ir por vuestro camino, estaré asumiendo una obligación que va más allá del simple encaprichamiento pasajero, y lo haré porque Magda así me lo ha pedido.

–Magda no es una joven corriente. La recompensa que ofrecen por su cabeza es muy superior a la que están dispuestos a pagar por la de cualquier cátaro corriente y, de hecho, está muy por encima de la que ofrecen por la mía. Os aconsejo que penséis con el cerebro, en vez de hacerlo con los ijares.

–Estoy pensando con mi corazón –respondió Domingo en voz baja y suave.

Capítulo 35

Diminutos copos de nieve bailaban en el aire, salpicando las capas de los viajeros con estrellitas líquidas y posándose juguetonamente sobre la nariz y las pestañas. El suelo pulverulento ahogaba el sonido de los cascos de sus caballos y conservaba cada señal que las herraduras y los pies humanos iban dejando sobre el camino de la aldea. Aquel año el invierno había llegado más temprano que de costumbre a las Plantaurel, y aunque las nubes no eran muy espesas, la nieve era un presagio de lo que vendría a continuación. Aquel viaje iba a ser el último que emprendería Chrétien antes de su regreso a Montségur, donde permanecería durante la parte más cruda del invierno.

Magda dormitaba detrás de Domingo, con el que compartía la montura, la mejilla apoyada en su espalda y las manos debajo de su capa, asidas a su cinturón, mientras se dejaba reconfortar por el calor de su cuerpo. Sentir su contacto le hizo sonreír, y le ayudó a soportar la fría mordedura del viento con tranquila resignación.

Domingo ya llevaba dos meses viajando con Magda y Chrétien, pero se había acostumbrado tan deprisa a su forma de vida que tenía la impresión de que siempre había estado a su lado. Al principio se había mantenido recelosamente distante porque temía estar persiguiendo un sueño y revelar una parte excesiva de sí mismo, pero poco a poco, y a medida que el sueño iba adquiriendo textura y realidad, Domingo se fue dejando absorber por él y se abrió al escrutinio de Magda, mostrándole no solo su corazón sino también su alma. La necesidad de poseer lo más deprisa posible ya no existía, porque Domingo se había embarcado en una lenta exploración de todas las facetas de Magda y en la novedad que suponía dejarse explorar a su vez, algo que ni siquiera a Simón, aquel medio hermano tan querido que había llegado a estar más cerca de él que ninguna otra persona, le había estado permitido jamás.

La tensión física seguía presente. A Domingo le bastaba con mirar a Magda o con sentir que ella le observaba para que se le acelerase la respiración y experimentara una agradable tensión en las entrañas, pero estaba dispuesto a esperar el momento propicio, en vez de conformarse con uno meramente adecuado. Además, el hecho de que hubiese demostrado que no iba a saltar sobre Magda para poseerla detrás de la roca más cercana había mejorado considerablemente sus relaciones con Chrétien, al igual que lo había hecho su perseverancia. Domingo sabía que al principio el tío de Magda esperaba ver cómo se hartaba de aguardar y presentaba cualquier excusa para marcharse.

Domingo había pensado hacerlo en un par de ocasiones. Cuando Magda extendió la mano en un gesto lleno de naturalidad e hizo que el fuego apareciese de repente sobre la madera mojada que habían recogido para la hoguera del campamento, el joven sintió que se le ponían los pelos de punta y se preguntó qué estaba haciendo. ¿Por qué no aceptaba a una de las herederas reconfortantemente corrientes que le había ofrecido Simón? ¿Por qué no volvía a Toulouse, se presentaba ante el comandante de la guarnición para prestar otro turno de servicio y buscaba a Petronelle, la de los cabellos rojizos y el escote vertiginoso? Entonces había mirado a Magda, y enseguida había comprendido qué razones le impulsaban a seguir allí. La joven había sacado a la luz el dolor oculto dentro de él y lo había destruido; además, le entendía como nadie más podría hacerlo nunca. A su vez, Domingo tenía que corresponderle entendiéndola.

Cuando llegaron al pueblecito ya casi había anochecido. Jean le Picou, lanero y hombre principal de la pequeña agrupación de moradas, les dio la bienvenida a su casa, les sirvió pan y un delicioso guiso de verduras y se ocupó obsequiosamente del bienestar de los tres. Su nerviosa hospitalidad acabó volviéndose insoportable para Domingo, quien con el pretexto de que necesitaba vaciar la vejiga, se excusó y salió de la vivienda.

El rebaño de cabras de Jean le Picou, que había pastado durante todo el verano hasta volverse lustroso y robusto, ya había sido encerrado en un precario cobertizo cercano a la casa. El aliento de las cabras humeaba en el aire azulado de la noche, y sus cuernos relucían cada vez que se movían. Había dejado de nevar y las primeras estrellas brillaban sobre un horizonte color turquesa. Domingo inhaló la tranquilidad helada del anochecer, con la vista clavada en las oscuras moles de las montañas que se alzaban alrededor mientras esperaba. Cuando oyó el chasquido del pestillo de la puerta, un pinchazo de diversión tensó sus párpados y, sin sentir ninguna sorpresa, volvió la cabeza para ver a Magda, que se aproximaba por el sendero para reunirse con él.

–¿Cuál es tu excusa? –preguntó Domingo, sonriendo y abriendo los brazos.

–Tú.

Magda se puso de puntillas para besarle y deslizó las manos por debajo de su capa. Domingo le devolvió el beso, y una oleada de calor se extendió por todo su cuerpo. Se aferraron en un abrazo que se fue volviendo más íntimo y profundo, perdiendo la cualidad de juego inicial mientras el cielo se oscurecía sobre sus cabezas y las estrellas, inmensas y blancas como el hielo, empezaban a relucir en las alturas.

Una puerta se cerró de golpe en la aldea y un perro ladró frenéticamente. Interrumpiendo el beso, Domingo alzó la cabeza. Magda se tambaleó y se apoyó sobre él, con los ojos entornados y los labios separados, el corpiño de su vestido entreabierto debajo de su capa. Domingo bajó la mirada hacia ella, recordando otras situaciones similares con otras mujeres, esas caricias capturadas a toda prisa en rincones oscuros mientras sus oídos se mantenían alerta para percibir una pisada.

Un maravilloso regalo ella me dio,
el de su anillo y su amor.
Líbreme Dios del tormento,
y mis manos sobre su cuerpo pondré
si tiempo suficiente consigo hallar.

–¿Magda? –murmuró con dulzura mientras la envolvía en la capa.

Los ojos de la joven perdieron la extraña apariencia de ceguera que habían adquirido, y Domingo vio cómo levantaba la cabeza hacia él.

–No tenías por qué parar –dijo.

–¿Y adónde habríamos ido? ¿Con las cabras, quizá, escondiéndonos entre las sombras para que ni Chrétien ni nuestro anfitrión nos vieran?

Su voz estaba llena de sarcástica diversión, y también contenía un deje de frustración.

Magda miró alrededor y admitió con un suave suspiro la verdad de lo que le estaba diciendo.

–Cuando lleguemos a Montségur todo será distinto –murmuró, acariciándole la mejilla con la mano.

–Montségur... –repitió Domingo, y adoptó una actitud levemente distante y ensimismada.

Magda ardía en deseos de volver a ver a su madre y a su gente, especialmente porque la acompañaba el hombre con el que había elegido compartir todo su ser, pero en el caso de Domingo las cosas no eran tan sencillas.

–Estás preocupado porque muy pronto conocerás a tu madre, ¿verdad?

Domingo alzó un hombro.

–No va a resultar fácil.

Magda se apoyó en él, ofreciéndole consuelo.

–No –admitió–. Pero posees la fortaleza necesaria para soportarlo, y estoy segura de que ella también sabrá soportarlo.

–¿Tan bien la conoces?

–Cuando vino a Montségur yo solo era una niña, pero mi madre solía visitarla. Las pesadillas la acosaban, y tenía que cargar con el terrible peso de una pena y una culpa que ni siquiera le pertenecían. Creo que se ha recuperado lo suficiente para hallar cierta paz y además ha recibido el *consolament*, pero me parece que nunca ha sido realmente feliz. Si pudiera dejar de huir de lo que le ocurrió en el pasado, si consiguiera...

–¿Mirarlo a los ojos, quieres decir? –replicó Domingo, con semblante repentinamente sombrío–. Me han dicho que me parezco a mi padre.

–Parecerse no significa ser igual. –Magda buscó sus manos y se las apretó–. Creo que en cuanto te haya visto quedará libre de toda esa negrura..., y tú también.

–Oh, Magda... –dijo Domingo con una suave sacudida de la cabeza, y después le tomó el rostro entre las manos para volver a besarla con ternura–. ¿Qué sería de mí sin ti?

Los brazos de la joven le rodearon el cuello. Domingo percibió un destello de luz con el rabillo del ojo y volvió la cabeza, temiendo que Chrétien apareciera en su papel de guardián. Unas siluetas que se movían cautelosamente por entre las sombras estaban avanzando hacia la morada de Jean le Picou.

Domingo se apresuró a poner las manos sobre las muñecas de Magda y le apartó los brazos de su cuello. El destello que había visto era el de una cota de malla, no el de la hebilla plateada de un cinturón cátaro.

–Ve con Chrétien –le dijo con voz apremiante–. Vamos a tener problemas. Coge mi caballo y cabalga lo más deprisa que puedas. Yo les entretendré.

Magda tragó aire para hablar, pero la boca de Domingo cubrió la suya con un apasionado beso al que siguió un empujón igualmente enérgico, y la luz volvió a centellear, esta vez sobre la espada que el joven acababa de sacar de la vaina.

–¡Vete! –susurró–. ¡Me reuniré contigo más tarde!

Magda se recogió las faldas y echó a correr, lanzando una breve mirada hacia atrás que Domingo devolvió antes de bajar de un salto al sendero para interceptar el cauteloso avance de los soldados.

–¿Puedo serviros en algo? –preguntó, interponiéndose en su camino con la espada levantada.

El primer soldado se irguió mascullando un juramento.

–Quítate de en medio, hereje –ordenó su compañero, dando un paso hacia delante.

Domingo oyó relinchar a su caballo detrás de él y un instante después percibió un ruido de cascos que se movían sobre la tierra del patio de la morada de Jean le Picou. Lanzando una rápida mirada en esa dirección, vio dos siluetas encogidas sobre la grupa de su montura, que salía de la luz de las antorchas para adentrarse en las negras fauces de la noche. El joven sonrió.

–Oblígame a hacerlo –dijo con dulzura, invitando a avanzar al soldado con un gesto de la mano.

El entrechocar de las espadas resonó con sorprendente potencia en el gélido silencio de la calle. Chispas de un blanco azulado brotaron de los filos de las hojas mientras se deslizaban la una sobre la otra. Domingo hizo girar su arma en el aire y atacó. Su oponente, entrenado para enfrentarse a un contrincante diestro, ejecutó el movimiento defensivo equivocado y lo pagó con la vida. Domingo saltó por encima del cuerpo que caía para enfrentarse al segundo soldado, haciendo una finta hacia la derecha y lanzando un mandoble bajo hacia la izquierda después, con lo que consiguió herirle en la pierna. El joven permitió que el tercer soldado y el cuarto le obligaran a retroceder hacia el cobertizo de las cabras. Un veloz mandoble hacia abajo y el cerrojo de su aprisco cayó al suelo hecho pedazos, de tal modo que los animales quedaron en libertad, convirtiéndose en un repentino peligro para quien se encontrara en su camino. Unos cuantos gritos, acompañados por los potentes golpes asestados con el plano de la espada que Domingo repartió sobre unas cuantas ancas huesudas, bastaron para producir una estampida muy satisfactoria y la desordenada huida de sus atacantes ante la marea de cabras.

Salieron a la calle aldeanos que empuñaban antorchas, intercambiando ruidosas exclamaciones y preguntas. La alta y flaca silueta de fray Bernard, la piel tan tensamente adherida a los huesos que su rostro parecía una calavera, se destacaba entre ellos. Separado de él por un cada vez más delgado río de cabras, Domingo sintió que se le helaba la sangre. Jean le Picou salió de la casa cuya hospitalidad había brindado al joven, fue corriendo hacia el sacerdote y cayó de hinojos a sus pies bajo la luz de las antorchas, las manos alzadas en un gesto de súplica. Domingo contempló aquella prueba de la traición y de su fracaso, claramente visible en la forma en que fray Bernard daba furiosamente la espalda al sollozante aldeano. La manga del negro hábito se alzó y un delgado dedo blanco surgió de ella para señalar a Domingo. Un arquero alzó su ballesta cargada y apuntó con sumo cuidado bajo la temblorosa claridad de las antorchas.

Domingo bajó lentamente la espada y la arrojó al suelo. Lo que ocurriese a partir de aquel momento carecía de importancia. Magda y Chrétien habían conseguido huir y se hallaban a salvo, y si él podía obstaculizar su persecución creando un falso rastro de confesiones, no dudaría en hacerlo.

Fray Bernard se acercó a él, el índice tembloroso levantado en un gesto acusatorio.

–¡Aunque sea lo último que haga en la vida, juro que os expondré ante el mundo como el repugnante hereje que sois! ¡Lleváoslo!

Los soldados no tuvieron ningún miramiento con él, pero Domingo apenas si reaccionó a los malos tratos. Se refugió en su interior, alzó el puente levadizo y presentó una fachada impenetrable a los espumarajos de rabia de fray Bernard.

Capítulo 36

Toulouse, primavera de 1235

Luz de antorchas. Voces. Una llave chirriando dentro de una cerradura. Los ocupantes de la celda que aún podían moverse se alejaron a rastras de aquellos portentos a toda prisa, como insectos aterrorizados que huyen de debajo de una piedra levantada.

Domingo cerró el puño derecho con la intención de averiguar cuál sería la intensidad del dolor que sentiría en cuanto las matrices de sus uñas entraran en contacto con su palma. Cuando le arrancaron las uñas, no le había sido difícil soportar el dolor porque se hallaba en un estado de trance, acorralado contra la pared de la oscura concha de caracol de su retirada. Magda había venido a él a través de la puerta y había pasado junto a los sacerdotes. Ninguno de ellos la había visto, y la joven se lo había llevado consigo, dejando únicamente el cascarón vacío de su cuerpo a los inquisidores. Pero llegó un momento en el que Domingo tuvo que retornar a su cuerpo para enfrentarse a lo que le habían hecho, y el regreso se produjo de manera tan completa y repentina que no dispuso de tiempo para acostumbrarse a la nueva realidad.

El tiempo había perdido todo su significado. Ignoraba si llevaba tres días encerrado en las celdas del castillo Narbonnais, tres meses o tres años. Fray Bernard le había golpeado, torturado y presionado una y otra vez para que dictara una confesión de herejía, y las ofensas tanto mentales como físicas del sacerdote se habían vuelto cada vez más salvajes a medida que Domingo se negaba a ceder aunque solo fuera un centímetro de terreno. Los dos habían vuelto al aula, y una voluntad se enfrentaba a otra. *Fiat voluntas tua*.

Los soldados avanzaron cautelosamente sobre la paja mojada y maloliente para examinar los rincones más oscuros de la celda y los harapos de vida que se encogían en ellos, hasta que por fin encontraron a Domingo pegado a las húmedas rocas de una pared, inmóvil y con la mirada perdida como le ocurría con tanta frecuencia últimamente. Obtener una reacción de aquel prisionero era prácticamente imposible. Los soldados lo incorporaron por la fuerza cuando ignoró su orden de que se levantara, y después lo sacaron a rastras de las celdas para conducirlo por la serpenteante escalera de caracol.

Domingo apenas se enteró de adónde lo llevaban, porque todo su ser estaba concentrado en una desesperada llamada dirigida a la luz y un vacilante intento de llegar hasta Magda. Casi sentía su presencia, a pesar de que la joven se encontraba muy lejos, y el espíritu de Domingo apenas si conseguía entreverla.

El miedo y las privaciones habían debilitado sus miembros. Los dientes le castañeteaban incontrolablemente, y los brazos de los soldados se tensaron para sostenerle mientras empezaban a subir otro tramo de peldaños. Con los ojos velados por una neblina grisácea, Domingo se percató de que no estaban siguiendo la dirección habitual que llevaba a los aposentos de los inquisidores, sino que se dirigían a las habitaciones privadas del comandante de la guarnición y sus oficiales, un lugar que había frecuentado en el pasado en otra vida, cuando sus dedos se hallaban manchados de tinta en vez de estarlo de sangre.

–¡Santo Dios! –oyó que exclamaba alguien con voz entre sorprendida y horrorizada y, atisbando dificultosamente por entre sus párpados legañosos, reconoció a Henri Lemagne, uno de los edecanes de su hermano Amaury–. Dadle una manta y servidle una copa de ese ponche que se sirve a los convalecientes... ¡No os quedéis parados ahí, maldición, y haced lo que os digo!

Domingo se bamboleó. Una mano le tendió una manta. La

aceptó con la mano derecha, no consiguió sostenerla y la manta cayó al suelo.

–Henri... –dijo con voz enronquecida mientras se le doblaban las rodillas.

Mascullando maldiciones, Lemagne se levantó de un salto de la cómoda silla de tijera en la que había estado aguardando la llegada de Domingo de las celdas y se arrodilló junto al joven, que aún estaba consciente, pero resultaba obvio que apenas tenía idea de dónde se hallaba y bastaba con verlo para comprender que su estado era realmente lamentable. Los huesos sobresalían alarmantemente de su piel amarillenta, y aparecían algunas llagas horripilantes allí donde las cadenas y los grilletes le habían dejado los brazos en carne viva. La mano izquierda era la que más había sufrido, y los juramentos de Lemagne se volvieron todavía más blasfemos cuando comprendió lo que le habían hecho los sacerdotes.

Asombrosamente, Domingo consiguió curvar los labios en un sombrío remedo de sonrisa.

–No dejéis que fray Bernard os oiga decir esas cosas, porque os pondrá las empulgueras más deprisa de lo que se levanta las faldas una ramera delante del cliente... –Cerró los ojos, jadeando a causa del esfuerzo y las náuseas–. ¿Habéis venido para verme en la hoguera?

–¡No te van a quemar, muchacho! –declaró vehementemente Lemagne–. ¡Ah, juro que, si pudiera, yo mismo encendería una antorcha debajo del fraile que te ha hecho esto! ¿Puedes incorporarte?

Con el rostro contorsionado por el dolor, Domingo trató de erguirse. Lemagne le observó, sintiendo cómo se le formaba un nudo en la garganta. Zurdo él mismo y persona de gran habilidad, como demostraba el hecho de que a los cuarenta y cinco años seguía vivo y apenas sin cicatrices después de toda una vida de batallas, había impartido a Domingo lecciones sobre el uso de las armas. El muchacho había aprendido muy deprisa, y había demostrado poseer un auténtico talento para manejarlas. Las generosas sumas de dinero pagadas por el conde de Montfort y el sincero afecto que le inspiraba Domingo hicieron que Lemagne conservara aquel empleo durante más de diez años, y ver su obra tan espantosamente maltratada era como contemplar una espada particularmente querida que hubiera sido quebrada y ensuciada por el combate.

El vino caliente llegó por fin. Domingo extendió la mano izquierda, se acordó de su estado y empleó la derecha.

–¿Qué estáis haciendo aquí, si no habéis venido para presenciar mi ejecución?

Habló despacio y con dificultad, pues tenía los labios hinchados a causa de los golpes recibidos en la boca, que además le habían aflojado dos dientes. Moratones azules y amarillentos le desfiguraban la cara y le abultaban la piel debajo de un ojo.

–Simón me envió para que te sacara de las celdas –respondió Lemagne–. ¿Qué otra cosa podría estar haciendo en esta repugnante letrina olvidada de Dios?

–¿Simón os envió?

–Y Amaury. El parentesco es un vínculo que tiene una gran fuerza entre los De Montfort, y tus medio hermanos son hombres poderosos. –Lemagne cogió un rollo de pergamino de la mesa y lo agitó delante de Domingo–. Es tu orden de puesta en libertad. Has sido confiado a mi custodia por el mismísimo fray Seilha, inquisidor mayor del distrito, y así lo certifica su firma en este pergamino.

–Eso significa que no soy un hereje, ¿eh? –murmuró Domingo con amargura, y bebió un trago de vino–. Si uno de mis hermanos no fuera alto condestable de Francia y el otro un conde inglés, tan solo me habría quedado confiar en la compasión divina.

–Dios se ha apiadado de ti, no te quepa duda de ello –dijo Lemagne, frunciendo el ceño mientras se mesaba la barba, dorada y gris–. Dicen que te sorprendieron viajando por las montañas en compañía de unos cátaros, y que mataste a un guardia de los inquisidores para que los cátaros pudieran escapar. ¿En qué demonios estabas pensando, muchacho?

Domingo le contempló en silencio durante unos minutos y después bajó los ojos.

–Si la hubieran capturado, la habrían enviado a la hoguera –dijo con voz enronquecida.

La tensa boca de Lemagne se relajó de repente. Apartó la mano de su barba, se permitió un gesto de exasperación y dejó escapar un prolongado suspiro.

–Domingo, Domingo... Una mujer. Tendría que habérmelo imaginado. Esos frailes casi consiguieron convencerme de que habías abrazado la herejía. ¡Ah, por el amor de Dios! ¿Es que nunca aprenderás? –Lemagne meneó su leonina cabeza–. Las mujeres solo traen problemas y son capaces de causar la perdición de cualquier hombre. Recuerda lo que ocurrió en París cuando empezaste a frecuentar la cama de Clemence de Veyran, y la suerte que tuviste al ser desterrado a Toulouse con las joyas de tu virilidad intactas. ¿Todavía no has aprendido a ser un poco más prudente?

Domingo sabía que si intentaba explicar sus motivos a Lemagne solo conseguiría perder el tiempo. El edecán era un hombre directo y sincero, y tenía tanta imaginación como una hogaza de pan. Además, en aquellos momentos Domingo no se hallaba en condiciones de hacerle entender nada. Era mejor que creyera que todo había sido una estupidez producida por un exceso de apasionamiento juvenil. El calor de la habitación estaba haciendo que sus heridas recobraran una vida palpitante a medida que el frío iba siendo expulsado de sus huesos. Domingo flexionó la mano izquierda, y apretó los dientes hasta hacerlos rechinar para resistir la acometida del dolor.

–¿Y fray Bernard? –preguntó con un hilo de voz.

–¿Qué pasa con él?

–¿Protestó al enterarse de que se me iba a poner en libertad?

Lemagne se encogió de hombros y volvió a acariciarse la barba.

–La orden venía de alguien que está muy por encima de él; de todas maneras no se encuentra aquí, ya que ha ido a Albi para asistir a una conferencia. Seilha cumple celosamente con sus deberes, pero no está tan ciego como para no ver la luz de la razón cuando esta llama a su puerta enarbolando el sello del condestable de Francia. No te preocupes por fray Bernard. –Echó más vino caliente en la copa de Domingo–. En cuanto hayas salido de este lugar, vuestros caminos ya no volverán a cruzarse.

Domingo mantuvo los ojos clavados en el vino y refrenó su lengua, pero sus precauciones fueron inútiles. Lemagne era un soldado lo bastante veterano y curtido en los combates para adivinar lo que le estaba pasando por la cabeza.

–Y si por casualidad pensabas en salir de Toulouse al galope para volver a meterte en líos, debo decirte que ya puedes ir olvidándote de esa idea –gruñó–. Has sido puesto en libertad, pero con ciertas condiciones.

–¿Cuáles? –preguntó Domingo, sintiendo una repentina tensión en las entrañas.

–Deberás permanecer bajo mi custodia hasta que te entregue a Amaury o a Simón. Deberás llevar la cruz amarilla de los herejes arrepentidos bordada sobre tus ropas durante un período de tres años, y además deberás jurar que partirás en cruzada tan pronto como estés lo suficientemente recuperado. –Se humedeció los labios, y luego frunció el ceño ante la expresión de hosca tozudez que había aparecido en el rostro de Domingo–. Oye, muchacho, olvídala. Estás jugando con fuego..., y hablo del fuego de verdad, del que quema y abrasa, no de esas estupideces románticas que los trovadores dejan gotear de las cuerdas de sus laúdes cuando cantan. ¿Acaso quieres acabar en el patíbulo?

Domingo inclinó la cabeza, súbitamente agredido por violentos aletazos de dolor que amenazaban con hacerle perder el conocimiento. Iba a salir de la prisión, pero seguiría estando prisionero de los grilletes forjados por fray Bernard, y no cabía duda de que se vería sometido a una estrecha vigilancia. No se atrevía a poner en peligro a Magda o a su familia estableciendo contacto con ellos, o por lo menos todavía no.

–Esto es el infierno... –murmuró, los ojos cegados por el escozor de la sal.

Sus dedos se curvaron alrededor de la copa y, consumiendo sus últimas reservas de energía, renunció al control de sí mismo y la lanzó al otro extremo de la habitación. El estrépito de la copa al hacerse añicos contra la pared y las exclamaciones de Lemagne serían lo último que oiría durante mucho tiempo.

Tercera parte

EL CÁLIZ,

1242-1245

Capítulo 37

Montségur, primavera de 1242

Claire cerró el ejemplar de los Evangelios cuando Constanza se acercó.

–¿Cuidarás de Sancha por mí? He prometido que hoy iría a echar una mano en las cocinas.

Claire alzó a su inquieta nieta, que contaba dos años, y la depositó sobre su regazo. La niña era el resultado de la relación que Guillaume estaba manteniendo con Constanza, la caprichosa hija de un mercenario español. Gimoteando, Sancha se hizo un ovillo junto a Claire; los cabellos, una masa enmarañada de rizos oscuros, los enormes y castaños ojos, muy abiertos, y una mejilla enrojecida.

–Le están saliendo los dientes –dijo Constanza con cierto enfado–. Me ha mantenido despierta durante toda la noche con sus llantos.

–¿Dónde está Guillaume?

Constanza puso cara de mal humor.

–No me dijo adónde iba, y lo único que sé es que tenía algo que hacer. Se fue con Pierre-Roger y con unos cuantos más.

«Entonces se trata de la clase de labor que obliga a matar...», pensó Claire con una punzada de dolor. Había conseguido limpiar su alma de la mancha del odio, pero Guillaume había preferido alimentar el suyo. Toulouse y Montvallant ya no eran lugares seguros para él, y se había retirado a aquellas montañas, ofreciendo sus servicios al señor de Montségur a cambio de alimento, cobijo y los pertrechos necesarios para guerrear. Claire había intentado hablar con él para hacerle entrar en razón, pero madre e hijo utilizaban distintos lenguajes.

–He de irme.

Constanza se inclinó para dar un rápido beso a su hija y marchó con un seductor contoneo de las caderas. Si debía ayudar en las cocinas, eso significaba que iba a cocinar para la guarnición y que disfrutaría de todas las oportunidades que ello presentaba. Claire sabía que Constanza estaba dispuesta a vender su cuerpo al mejor postor sin pensar ni un solo instante en Guillaume. Si la carne era corrupta, ¿qué sentido podía tener el tratar de poner límites a su deshonra? Esa parecía ser la filosofía de Constanza, y Claire, que nunca podría librarse de las cicatrices de sus recuerdos, había dejado a almas más robustas la dura tarea de tratar de persuadir a la muchacha de que podía alcanzar el estado de gracia. De hecho, se conformaba con hacer lo que podía por su nieta.

Sancha lloriqueaba suavemente sobre su regazo, con el pequeño rostro enrojecido. Claire deslizó el dedo índice en su boca y acarició suavemente la encía hinchada y húmeda.

–Vamos a ver si Magda está en casa, ¿eh? En cuanto te imponga las manos te sentirás mejor.

Se levantó, se colocó a la niña encima de la cadera y echó a andar hacia la choza construida sobre la ladera de la montaña.

Claire no visitaba a Magda únicamente porque era capaz de curar toda clase de molestias y dolores. La joven poseía una naturaleza luminosa y cálida que no permitía la existencia de la melancolía y la depresión dentro de su círculo, y también era hija de Raoul, algo de lo que Claire se había enterado hacía muy poco. A veces una mirada o un gesto de Magda bastaban para que experimentase una extraña sensación de familiaridad, pero no había establecido la conexión hasta que Guillaume llegó a Montségur. Cuando estaban juntos saltaba a la vista que eran hermanos, Guillaume tan resplandeciente e irresistible como el sol del mediodía, y Magda la mágica luz de la luna, dos criaturas completamente distintas pese a estar unidas por un vínculo común. Cualquier sombra de dolor y traición que Claire hubiera podido sentir había sido disipada por el paso del tiempo, e incluso estaba un poco orgullosa de que Bridget hubiese elegido a Raoul para que fuese el padre de su hija.

La choza que Magda y Bridget compartían estaba vacía, pero el fuego del hogar central ardía con una nueva carga de ramas, sobre las que descansaba una marmita de caldo, por lo que Claire dedujo que no habían ido muy lejos. Había un libro abierto sobre la mesa, una de las traducciones de Matthias. Una página desgarrada había sido cuidadosamente reparada y puesta a secar. Claire echó un distraído vistazo a las hileras de letras. Desde su llegada a Montségur se había convertido en una ávida lectora de los textos cátaros, y era la primera vez que veía aquel. Su vistazo inicial pronto se convirtió en fascinada atención. El corazón le empezó a latir más deprisa, y Claire hizo callar a Sancha con un suave siseo cuando la niña reanudó sus lloriqueos. Cielo santo, allí estaba la razón del poder, de la persecución y del derecho a seguir perpetuando el linaje en contra de esa premisa básica del credo cátaro que afirmaba que la procreación era esencialmente mala. Todo era sencillo y devastador, tanto que no podía ser asimilado.

Temblando, Claire no oyó las voces que resonaban junto a la choza hasta que ya era demasiado tarde, y así fue sorprendida.

Un rato antes, Bridget había salido corriendo de la choza en pos de su hija, que había huido de ella en un estado de nerviosa agitación después de negarse a hablar de unas responsabilidades tan dolorosas que no podía enfrentarse a ellas. Bridget siguió sin ninguna vacilación el camino que había tomado Magda y acabó alcanzándola entre los árboles que se alzaban debajo del estrecho sendero que llevaba a la losa conocida por ambas como la «piedra de pensar».

Jadeando para recuperar el aliento, Bridget puso la mano sobre el brazo de Magda y la detuvo.

–Sé cuánto significa ese hombre para ti, y lo adecuado que sería que se convirtiese en tu compañero –logró decir mientras aspiraba bocanadas de aire–, pero no puedes esperar eternamente. Deberías haberte unido con él cuando tuviste la oportunidad de hacerlo, cuando tenías a tu favor tanto el momento como el lugar... Ahora puede que nunca más vuelva a presentarse otra ocasión.

–¡Vendrá, mamá! ¡Sé que vendrá!

Magda apretó los puños y se hundió las uñas en las palmas mientras respiraba con rápidos jadeos entrecortados.

–¿Cuándo? Sabes que tienes el deber de continuar el linaje. Imagínate que pasan los años y te conviertes en una vieja reseca, que él ha encontrado a otra mujer o que ha alterado el rumbo de su vida... ¡Puede que nunca vuelvas a verle!

–No hay nadie más. –Magda alzó el mentón con feroz apasionamiento–. Estamos unidos por un vínculo mucho más fuerte que la carne. He estado con él en espíritu muchas, muchas veces... Sé que vendrá.

Bridget dejó escapar un largo suspiro lleno de amor, exasperación y orgullo. La presión que sus dedos ejercían sobre el brazo de Magda se aflojó.

–No he olvidado hasta qué punto deseaba a tu padre –dijo–. Era hermoso y apuesto, un curtido guerrero que acababa de salvarme la vida, y sin embargo en la parte más profunda y escondida de su ser, la más vulnerable, era como un niño... Le enseñé muchas cosas y también aprendí de él. –Sus ojos se volvieron nítidos y duros–. Pero si no hubiera podido tenerle, habría tomado a cualquier otro.

Magda meneó la cabeza en una tozuda negativa.

–Esa solución no me sirve, mamá.

–Las sacerdotisas de la religión de mi madre estaban dispuestas a acostarse con cualquier hombre que se aproximara a su santuario durante ciertas fases de la luna. Sus cuerpos eran templos destinados a recibir el sacrificio masculino de la semilla. –Contempló las mandíbulas tercamente apretadas de su hija–. Supongo que no creerás que él se ha mantenido célibe, ¿verdad?

Los ojos de Magda se habían vuelto tan duros y penetrantes como los de su madre.

–Eso carece de importancia. ¡Es mío, me pertenece!

–Y seguramente que te acostaras una sola vez con otro hombre tampoco tendría ninguna importancia.

–Mi hijo será suyo, no de otro hombre –respondió Magda, negándose a ceder.

Bridget se mordió el labio y se preguntó por qué su hija era incapaz de superar la barrera. Últimamente había empezado a presentir que un peligro inminente estaba a punto de abatirse sobre la comunidad de Montségur. Las pesadillas llenas de fuego y destrucción de su juventud se hallaban cada vez más próximas, y habían adquirido una nueva vida en la que no dejaban de crecer y alimentarse. El año anterior, el conde de Toulouse había dirigido un pequeño asedio sin excesivo entusiasmo. La operación concluyó sin que llegara a causar muchos daños, salvo al optimismo de la comunidad. Habían llegado a concebir demasiadas esperanzas, convencidos de que su fortaleza los mantendría a salvo eternamente porque sus sólidos muros estaban impregnados por la protección espiritual de quienes se hallaban entre ellos. Montségur no era más que un caparazón de autoengaño.

–Debemos volver a hablar de todo esto con tu tío Chrétien –dijo Bridget, buscando desesperadamente un túnel en lo que parecía ser un callejón sin salida–. Quizá... ¿Qué ocurre?

Magda acababa de inclinar la cabeza hacia un lado como si estuviera escuchando, y su expresión había cambiado, repentinamente.

–Hay alguien en la choza.

–¡El libro!

Madre e hija intercambiaron una rápida mirada de consternación y se apresuraron a regresar a su hogar.

–No quería leerlo, de veras... –balbució Claire cuando se encararon con ella–. Solo he venido a preguntaros si podíais poner la mano sobre la encía de Sancha para calmar sus dolores –siguió diciendo, su piel morena súbitamente pálida mientras retrocedía ante las dos mujeres–. Lo siento, lo siento... Pensé que solo era un texto traducido por Matthias.

–Yo soy la culpable por dejar el libro allí donde podía ser visto –dijo Bridget con voz átona–. Dámela. –Avanzó un paso, levantó a la niña de los brazos de Claire, que no ofreció ninguna resistencia, y puso la palma de la mano sobre la ardiente mejilla de Sancha. Después volvió la cabeza hacia Claire y le lanzó una mirada que le heló la sangre en las venas–. Lo que has visto solo lo conocen un puñado de personas. Nunca debes hablar de ello, ni siquiera con nosotras. Entiérralo en lo más profundo de tu alma y olvídalo.

Claire cerró las manos sobre los pliegues de su vestido para evitar que temblaran y miró a Bridget y Magda.

–Lo prometo. ¡Sabéis que moriría antes que revelar el contenido de ese libro a nadie!

–Tal vez tengas que hacerlo –dijo Bridget sombríamente–. Mi madre prefirió quitarse la vida antes que mencionarlo ante los agentes papales. Roma sabe que existimos, y si pueden nos destruirán.

–Os juro que... –Claire se interrumpió de repente cuando sus palabras fueron engullidas por un alarido de triunfo y un retumbar de cascos en el camino, seguidos de un rugido ensordecedor y gritos de alegría.

–Los soldados han vuelto.

Magda, los ojos llenos de luz, había hablado con un hilo de voz que parecía a punto de quebrarse.

–Constanza me dijo que habían ido de incursión –les informó Claire.

–Siento la cercanía de la muerte –murmuró Magda, y se estremeció.

Guillaume besó a Constanza, le pellizcó el trasero, tomó un sorbo de su copa y se sentó con un movimiento aparatosamente exagerado junto a su madre, que contemplaba a Sancha mientras dormía, libre ya de los dolores de la dentición. La sangre de Guillaume aún hervía dentro de su cuerpo, y Claire casi podía oír cómo siseaba y burbujeaba en sus venas. Con los ojos encendidos por la bebida y la excitación, Guillaume parecía alzarse sobre ella no como su hijo, sino como un desconocido, uno de los servidores del falso Dios.

–Ahora ya podréis recorrer los caminos en paz –le dijo orgullosamente–. ¡Por fin estaréis a salvo de las túnicas negras! –añadió riendo, y bebió otro trago.

–¿Qué habéis hecho?

El olor a vino y a carne que impregnaba el aliento de Guillaume le revolvía el estómago. Aquel era uno de los días de ayuno de Claire, y sus labios solo habían conocido el contacto del agua.

–¿Me has oído hablar de Alfaro? Es el bailío de Rai en Avignonet y está casado con la hermanastra de Rai.

–Creo... creo que sí.

–Bien, pues Alfaro siente un odio terrible hacia los dominicos y los franceses, así que cuando once inquisidores se presentaron en Avignonet nos avisó inmediatamente..., y nosotros fuimos al galope hasta allí y nos ocupamos de ellos. –Dio unas palmaditas a la espada que colgaba de su cadera y le tendió la copa vacía a Constanza para que volviera a llenarla–. He regresado de esta pequeña expedición con un soberbio caballo nuevo, un arnés y un camisote de repuesto. –Sonriendo, se volvió hacia su amante–. Cuando los venda me proporcionarán el dinero suficiente para que tú y Sancha podáis vestir ropas de seda durante mucho tiempo..., o quizá preferirías un collar y unos pendientes de oro bizantino, ¿hmmm? –añadió, robándole un beso y un manoseo.

Las náuseas se adueñaron de Claire. Apretó los dientes y tragó bilis. Raoul había llorado cuando mataba hombres y usaba la espada de mala gana, escudándose con los restos de su honor y su orgullo. Guillaume alardeaba abiertamente de sus matanzas. Oh, Dios, cómo había llegado a deformarle toda aquella existencia guerrera... De vez en cuando Claire aún conseguía entrever los vestigios del joven decente que podría haber llegado a ser asomando a través de una rendija en la negra armadura del *Rex mundi*, prisionero y perplejo. Así era como Claire recordaba su propio pasado antes de la salvación del *consolament*. Pero Guillaume era incapaz de ver la luz resplandeciente que ardía más allá de sus dedos desesperadamente extendidos. Lo único que veía era la oscuridad rojiza de la muerte y la destrucción.

–¿Acaso piensas que semejante acto los detendrá? –preguntó, y su voz reflejaba un inmenso cansancio–. Combatir el mal con el mal solo engendra más mal.

Un chispazo de ira ardió en los ojos de Guillaume.

–¡Pues bien que os gusta que los soldados os protejan en lo alto de vuestra montaña sagrada! –replicó despectivamente–. ¿Qué crees que le ocurriría a esta comunidad sin una guarnición de almas pecadoras para que la defienda? –añadió, golpeándose la rodilla con el puño, el puño de un guerrero que tenía los nudillos recubiertos de cicatrices.

–No me gusta, pero lo consiento –repuso Claire y deslizó las manos sobre las rodillas una y otra vez, intentando no perder la calma–. Lo que realmente me inquieta es que salgas de aquí para matar y que luego vuelvas presumiendo de lo que has hecho. Eso me asusta. Tu alma se condenará, y...

Guillaume interrumpió a su madre con una áspera risotada, cogió la copa y se marchó con paso tambaleante. La pena envolvió a Claire en sus tentáculos hasta que el dolor fue demasiado grande para poder contenerlo, y entonces dejó escapar el gemido de una mujer que llora a los muertos. Pero los cátaros no lloraban a los muertos. Acogían su liberación con cánticos de alegría, o rezaban para que la próxima vida les permitiese encontrar la iluminación que se les había escapado en la que acababan de abandonar.

Claire no fue consciente del momento en el que Magda se inclinó para extender los brazos alrededor de sus hombros como una capa mientras le dirigía palabras afables y reconfortantes; solo advirtió la presencia de alguien a su lado, y de que esa persona comprendía sus sentimientos.

Capítulo 38

Montvallant, primavera de 1243

Raoul había recibido la visita de Rai.

–¿Más vino? –preguntó a su huésped, y cuando este meneó la cabeza, recostándose en el asiento y dándose unas palmaditas en el pequeño montículo de su barriga, despidió con un gesto de la mano al escudero que había estado esperando junto a él.

La mesa situada sobre el estrado estaba cubierta con un mantel de lino, deslucido por las señales amarillentas de los pliegues que había ido adquiriendo durante su larga estancia dentro de un arcón. Confeccionar una mantelería nueva para la tenue sombra de ceremonial que existía actualmente en Montvallant hubiese carecido de sentido, y rara vez recibían invitados que mereciesen el uso de los candelabros con baño de plata, el gran aguamanil y las copas venecianas, todos ellos procedentes del banquete de bodas de Raoul y los primeros años de su matrimonio. Aquellos recordatorios eran como cicatrices que aún producían escozor y que por ello debían ser frotadas, en un intento por encontrar el alivio, lo que en realidad provocaba unos picores todavía más intensos acompañados de un dolor abrasador.

Raoul llevaba más de cuatro años sin ver a Rai, y se sorprendió al ver cómo había envejecido el séptimo conde. La carne fláccida revestía curvas y almohadillas de grasa, y los rasgos finos y limpiamente delineados, casi de diablillo malicioso, de antaño se habían ido distorsionando hasta adquirir una apariencia de duende subterráneo mucho más fea y amenazadora. El cuerpo de

Raoul, en cambio, seguía siendo nervudo y esbelto. «Duro como el cuero viejo», había observado Marie con una carcajada melancólica. Raoul volvió la mirada hacia el sitio en el que estaba sentada, su trenza cobriza surcada por hebras de plata y su poco agraciado rostro cubierto de pliegues tan suaves como los de la colada que llevaba diariamente a las orillas del río. Raoul sabía que sin ella hubiese muerto o perdido la razón, especialmente después de la marcha de Guillaume, pero esa era una herida que seguía doliéndole demasiado para hurgar en ella.

Encima de la mesa ya solo había un plato de higos secos. Rai cogió uno y lo mordió, no porque tuviera hambre, sino porque esos frutos estaban allí como muestra de hospitalidad.

–Traigo malas noticias, Raoul –dijo sin dejar de masticar, y sus ojos entrecerrados reflejaban tanto pena como una maliciosa expectación.

Raoul se quedó helado.

–¿Concernientes a mi hijo?

–Una parte de ellas sí –dijo Rai, luchando con las pegajosas fibras del higo–. ¿Os acordáis de que el año pasado el inquisidor William Arnold y todos sus hombres fueron asesinados en Avignonet?

–Sí.

Raoul se acordaba muy bien porque esa había sido una de las raras ocasiones en que el mantel amarillento de la mesa fue sacado del arcón junto con los candelabros y las copas. Sin duda Rai no había visto el acontecimiento con el mismo entusiasmo, ya que había sido acusado de urdir la conspiración y fulminantemente excomulgado.

–Guillaume participó en esos asesinatos, junto con otros miembros de la guarnición de Montségur.

–No me sorprende enterarme de ello. –Raoul logró evitar que su tono de voz se alterase–. Si esas son vuestras malas noticias, puedo vivir con ellas.

–No, no... Solo son la causa. –Rai se pasó la lengua por los dientes para arrancar de ellos los últimos trocitos de higo–.

Montségur va a ser destruido. Cuando sitié esa ciudad hace un par de años, dije que haría lo que pudiese por Guillaume y por vuestra esposa, pero esta vez me han quitado el asunto de las manos. ¿Conocéis a Hugh d'Arcis?

–No personalmente. Es el senescal de Carcassonne, ¿verdad?

–Y su soldada procede de la corona de Francia, por lo que depende de ella. Después del ultraje de Avignonet le pidieron que limpiara de herejes Montségur. Los arzobispos de Narbonne y Albi se encargan de proporcionar las tropas y el dinero, y d'Arcis se pondrá en marcha lo antes posible para aprovechar los meses del verano. Si queréis salvar a Claire y Guillaume, tendréis que actuar deprisa y sin dilación... eso suponiendo que ellos quieran ser salvados, por supuesto. –Movió los hombros en uno de sus antiguos gestos llenos de gracia–. Es todo lo que puedo hacer por vosotros. En lo que a mí concierne, me lavo las manos de todo este asunto. Lo siento, Raoul, pero si quiero sobrevivir he de mantenerme lo más alejado posible.

Los alimentos que Raoul acababa de ingerir amenazaron con abandonar su estómago. Sabía que Claire no se iría de Montségur. Guillaume querría combatir y matar. ¿Y qué ocurriría con Magda y Bridget? ¿También seguirían el camino del mártir? Todo cuanto le importaba se hallaba en aquella montaña, el residuo de los sueños de un joven que se aferraba a ellos tan precariamente como una rosa amarilla de las rocas a un áspero suelo de granito. Rai se había sentado a la mesa sabiendo todo aquello y había bebido vino y comido pan, carne e higos con alegre despreocupación, abusando de las leyes de la hospitalidad y creyendo que le estaba haciendo un favor...

Pareció transcurrir una eternidad antes de que Rai reuniera a su séquito y partiera hacia Toulouse. Raoul le vio alejarse por el camino, una sonrisa llena de falsedad en los labios y los ojos tan opacos y muertos como piedras. Marie salió del castillo, le rodeó con sus rollizos brazos y le estrechó contra sí. Raoul aceptó su consuelo, que sin embargo apenas si consiguió rozar el filo de su preocupación. Le dijo que sacara su gambesón del cofre y su espada con la vaina, y los pequeños y oscuros ojos de Marie se agrandaron de repente.

–Voy a ir a Montségur –dijo.

Montségur al anochecer; el aroma de los pinos, de un vívido color verde suspendido en el límite del lado visible de la oscuridad, impregnaba el aire de comienzos del verano para volverlo tan resinoso como el vino griego. Rompían el majestuoso silencio las roncas llamadas de las abubillas y el susurro del viento que se deslizaba entre los árboles como plegarias perdidas. El chasquear metálico de los cascos herrados y el piafar de los caballos introducían una nota discordante. Raoul sintió que se le erizaba el vello a lo largo de la columna vertebral. Era como si estuviese en una inmensa catedral, paralizado ante la presencia de un ser oscuro dotado de un millar de ojos invisibles. El Dios de la guerra del Antiguo Testamento, el *Rex mundi* de los cátaros, se disponía a poner sitio al diminuto punto de claridad y luz que coronaba la montaña. Su caballo corveteó nerviosamente, y detrás de él Giles comentó en voz baja que la atmósfera de aquel lugar no le gustaba nada.

A medida que iba oscureciendo, festones de nubes tan oscuras como las trenzas de una arpía empezaron a flotar por delante de la luna que iba ascendiendo en el cielo. Siguieron subiendo, atraídos por los reconfortantes alfilerazos de luz que brillaban sobre ellos, impulsados por la temblorosa oscuridad que los rodeaba.

Y de repente Raoul sufrió el peor sobresalto de su vida cuando los árboles crujieron muy cerca de su montura y una esbelta figura emergió de ellos para entrar en la penumbra del sendero plateado por la luna.

Enseguida dejó escapar un suspiro de alivio y apartó su mano de la empuñadura de la espada, sobre la que se había cerrado de manera instintiva, cuando vio que se trataba de una joven de cabellos muy claros vestida con una túnica aún más clara que se destacaba delicadamente en la oscuridad. Un medallón destellaba alrededor de su cuello. Había tan poca luz que Raoul no pudo distinguir su diseño, pero supo instintivamente que luciría el símbolo del cáliz y la paloma, y también conoció la identidad de la joven a través del grito de la sangre y la vibración del poder que emanaba de su figura.

–¿Magda?

–Mi madre os ha estado esperando.

La joven acarició el hocico de su caballo, calmando a la montura con el poder oculto en sus manos.

–¿Te ha enviado aquí para que nos esperases? –preguntó Raoul con una sombra de censura en la voz, ya que aunque Montségur tal vez fuese un refugio, no cabía duda de que la ladera de una montaña no era un lugar muy acogedor.

–No. Buscaba a otra persona y oí vuestros caballos. Venid y os guiaré hasta la cima.

–No hay nadie más aparte de nosotros. Si hubiera otras personas en el camino, las habríamos oído –dijo Raoul, señalando hacia atrás con una mano.

–Ya lo sé. El hombre al que busco se encuentra más allá del alcance físico por el momento. –Una nota de traviesa malicia se infiltró en la voz de Magda–. Se halla en la Gascuña, con el ejército del rey inglés, y conseguir que me oiga resulta francamente difícil. Ya sabes cómo puede llegar a ser la vida en el campamento de un ejército, ¿no? Hay demasiadas distracciones.

–¿En la Gascuña? –repitió Giles, mirándola de soslayo–. Eso queda bastante lejos de aquí.

–Vendrá cuando oiga mi llamada –dijo Magda con un tono lleno de seguridad–. En Montségur nunca hacemos ese signo –añadió un instante después cuando sorprendió a Giles doblando las rodillas bajo la protección de su capa–. Pone bastante nerviosos a algunos de los veteranos, especialmente si han sido perseguidos.

Giles se disculpó de mala gana.

Magda le sonrió y echó a andar delante de ellos con paso ágil y decidido; su túnica de color claro y su cabello brillaban casi como una linterna para guiarlos durante su ascensión por el escarpado y difícil sendero del sudoeste.

Los guardias estaban alerta y en sus puestos y, de no ser por la presencia de Magda, los visitantes quizá habrían sido tratados sin excesivos miramientos. Gracias a la joven, se les permitió entrar en el patio de armas después de un rápido interrogatorio.

–¿Papá? –Un caballero en mangas de camisa y justillo de cuero, el atuendo habitual cuando se disfrutaba de un rato de descanso, surgió de las sombras que vibraban con el ruidoso rodar de los dados y las carcajadas y sujetó las bridas de la montura de Raoul–. ¡Eres tú! ¿Qué estás haciendo aquí?

Raoul desmontó, y padre e hijo se fundieron en el enérgico intercambio de acero y músculo del abrazo de un soldado.

–Va a haber problemas. He venido para hablar con Ramón de Perella y con mi familia. Ah, Dios... ¡Cómo me alegro de verte, Guillaume!

Guillaume dio un paso hacia atrás. Su rostro estaba levemente sonrojado por el vino y le brillaban los ojos.

–¿Qué clase de problemas?

–Antes preferiría hablar con Ramón de Perella y con Pierre-Roger. ¿Sabes dónde están?

Guillaume se encogió de hombros.

–Supongo que sí –dijo con voz malhumorada al tiempo que golpeaba el suelo con el pie como un adolescente–. Ya sabes que ahora soy caballero, ¿no? Se me informará de cuanto les digas, y luego tomaré parte en todo cuanto decida hacerse.

–Igual que hiciste en Avignonet –replicó Raoul gélidamente mientras echaban a andar hacia la sala–. Rai me contó que participaste en la matanza.

Guillaume adelantó su cuadrado mentón.

–No me arrepiento de haber matado a esos inquisidores. Si tuviera la oportunidad, te aseguro que volvería a hacerlo sin ningún remordimiento. –Su fruncimiento de ceño desapareció de repente–. ¿Has visto a Rai? ¿Te dijo algo acerca de enviar más tropas?

–Llévame hasta De Perella, por favor –mascculló Raoul, que empezaba a recordar las razones por las que Guillaume se había ido de Montvallant.

Una nueva punzada de dolor le desgarró las entrañas. Oh, sí, pronto vendrían más tropas, tropas que extinguirían la luz que Avignonet había revelado a los ojos del mundo...

Ramón de Perella y su sobrino Pierre-Roger de Mirepoix, que le ayudaba a organizar las defensas de Montségur, estaban conversando en la sala mientras cenaban, a horas ya muy tardías, un poco de pan y las salchichas de carne de burro curada típicas de aquella comarca. Raoul fue recibido calurosamente, pero también con cierta inquietud apenas disimulada. Sin haber sido invitado pero sin ser rechazado tampoco, salvo por una única y penetrante mirada de Ramón de Perella, Guillaume cogió un taburete y se sentó a la mesa.

–¿Qué os trae a Montségur? –preguntó el señor del castillo–. Deben de haber transcurrido más de veinte años desde la última vez que estuvisteis aquí. ¿Una visita familiar, tal vez? –añadió, aunque en realidad no creía que se tratara de eso. En sus ojos apareció una suave luz de cinismo mientras observaba a Raoul.

–En parte. –Raoul respondió a la pregunta con la misma naturalidad con la que había sido formulada–. Pero principalmente he venido para advertiros.

–¿De veras?

–Un ejército se está reuniendo en Carcassonne bajo las órdenes de Hugh d'Arcis. Contará con un mínimo de mil hombres, y su único objetivo es destruir Montségur y todo cuanto haya en ella.

–¡Qué estupidez! –exclamó Guillaume con voz ronca.

Pierre-Roger se limpió la grasa de los labios con el dorso de la mano y alzó su copa.

–No deseo expresarme con dureza por temor a herir vuestro orgullo, milord, pero... Pensadlo bien, os lo ruego. ¿Cuántas veces hemos oído esta clase de rumores con anterioridad?

–¡Esto no es ningún rumor, sino la verdad! –replicó secamente Raoul–. ¿Acaso pensáis que habría recorrido tanto kilómetro por un simple rumor? –Sus ojos se volvieron hacia Guillaume para lanzarle una mirada llena de amargura–. ¡O quizá es justo lo que piensas!

Su hijo bajó la mirada hacia sus uñas, con el rostro enrojecido, pero ni le pidió disculpas ni alzó la cabeza.

–He venido porque el conde Rai, sabiendo que tengo familia y amigos aquí, me advirtió personalmente de lo que iba a ocurrir.

–¿El conde Rai? –La copa de De Perella quedó repentinamente inmóvil cuando ya estaba a medio camino de sus labios–. Él jamás permitiría que hicieran algo semejante. ¡Si ese ejército inicia la marcha, Rai acudirá inmediatamente en nuestra ayuda!

–No lo hará –dijo Raoul con amarga certeza–. Está furioso porque el Papa le excomulgó como castigo a lo ocurrido en Avignonet sin que él tuviera nada que ver con ese asunto. Quiere ser enterrado en suelo sagrado cuando le llegue el momento, no que se le deje abandonado en un pasillo para que su cadáver se pudra dentro del ataúd como le sucedió a su padre, y por ello necesita congraciarse con los franceses, quienes por su parte sospechan que el conde está conspirando contra la corona, y Rai no quiere que otro ejército haga estragos en las tierras y la dignidad que aún le quedan. Vosotros, señores, vais a ser el sacrificio, porque sois un símbolo de la resistencia sureña al que no costará demasiado doblegar. Eso dejará satisfecho al rey francés y eliminará el problema de los cátaros, que intentaban lograr una reconciliación con la Iglesia. –Raoul arqueó una ceja en un suave movimiento, que sin embargo contenía todo el poder de un mandoble de espada–. ¿Lo entendéis ahora?

Ramón de Perella y Pierre-Roger se miraron. No parecía haber nada que decir, pero de repente había muchas cosas sobre las que reflexionar.

–¡Dime que no es verdad, papá! –murmuró Guillaume con voz enronquecida–. Rai mantendrá su palabra.

–Ya no eres un niño, Guillaume, y no puedo librarte de tus pesadillas..., especialmente si te las has creado tú mismo –replicó secamente Raoul–. ¿Cómo puede Rai pasar por alto algo de la magnitud de lo que ocurrió en Avignonet? Ese inquisidor ya se ha convertido en un mártir que está a punto de alcanzar las proporciones de un santo. Los rumores sobre su canonización vuelan por los pasillos de Roma. Corta una cabeza, y mil más crecen para sustituirla. –Apoyó la cara en las manos y se la frotó con movimientos cansinos. Raoul se sentía agotado, y la expresión de perplejidad que había en el rostro de Guillaume estaba consumiendo rápidamente los escasos recursos que todavía le quedaban–. Si tu madre accede a venir conmigo, la sacaré de aquí antes de que llegue el ejército... Además quiero llevarme a otras dos personas, si es que consigo persuadirlas –añadió, no atreviéndose a mencionar a Bridget y Magda por sus nombres delante de los otros hombres.

–Si lo que has explicado es cierto, entonces necesitaremos hacer los arreglos necesarios para que el tesoro y los libros sean llevados a un lugar seguro –murmuró Ramón de Perella.

–¡Podemos resistir! –protestó Guillaume–. ¡Logramos aguantar el último asedio sin demasiadas dificultades!

Pierre-Roger miró a su sobrino y a Guillaume.

–Que todo lo que tenga algún valor sea llevado a un lugar seguro como medida de precaución –dijo, y mostró sus sucios dientes de corcel de guerra–. Y después que las hordas de Belcebú vengan a nosotros y que mueran aquí.

Bridget escuchó con cansada resignación lo que tenía que decirles Raoul. Estaba exhausta, pues había pasado la mitad de la noche junto a Matthias, protegiendo la débil llama de su vida mortal mientras el anciano terminaba su último trabajo, una traducción del evangelio de las postrimerías escrito en copto, aquella por la que se medirían y entenderían todos los demás.

–No puedo irme –dijo en cuanto Raoul hubo acabado de hablar–, no mientras Matthias siga con vida, y los otros me necesitan más de lo que yo necesito irme. Sé que Chrétien piensa lo mismo que yo, aunque te agradezco tu oferta. De todos modos Magda tiene que irse contigo.

–Por el momento estoy tan a salvo aquí como lo estaría en cualquier otro sitio –protestó su hija con enérgica determinación–. ¡No me separaré de ti!

–Debes hacerlo, hija –murmuró Bridget con expresión de agotamiento–. Tienes un deber sagrado.

–La gente me necesita aquí. –El mentón de Magda estaba tozudamente erguido, y su columna vertebral se hallaba rígida–. Soy yo quien va a sus casas para atenderlos mientras tú cuidas del tío Matthias. Si me voy, se sentirán tan traicionados como si fueras tú quien se hubiese marchado.

–Tal vez, pero eres la guardiana de la semilla. Debes cuidar de ella y alimentarla para transmitirla a la próxima generación.

Magda lanzó una mirada suplicante a Raoul, su padre, aunque esto jamás había sido admitido en presencia de ella.

–Deja que me quede durante un tiempo. Siempre puedo salir de aquí con una escolta antes de que la situación se torne demasiado peligrosa.

–¡Ahora ya es demasiado peligrosa! –exclamó Bridget.

Después se mordió el labio, consciente de que la ayuda de Magda era tan vital que no sabía cómo se las iba a arreglar sin ella. La tentación de ceder resultaba casi irresistible.

Raoul decidió intervenir para romper el tenso silencio de la discordia. No existía ninguna obligación ineludible del hogar o de la conciencia que coartase su libertad. El hogar y la conciencia estaban allí, en el momento presente y junto a aquellas mujeres y al hijo para el que no había sabido ser un buen padre y que, a su vez, no había sabido ser un buen hijo.

–Me quedaré durante un tiempo –propuso–. Si todos estáis decididos a seguir el camino de la autodestrucción, esta es mi última oportunidad de estar con vosotros. Acompañaré a Magda en cuanto ella decida que quiere marcharse.

Magda le dedicó una mirada tan rebosante de amor y gratitud que Raoul volvió la cabeza, sintiéndose indigno de ella. Lo único que había conseguido era prolongar su peligro. La joven fue hacia su madre y la abrazó cariñosamente.

–Todo irá bien, mamá. Domingo no tardará en llegar, y quiero esperarle.

Era la primera vez que pronunciaba su nombre delante de alguien que no fuese su madre o Chrétien. Claire, sentada en silencio en el rincón donde había permanecido olvidada por todos durante la discusión entre madre e hija, dio un respingo al oír aquel nombre y se levantó de un salto.

Las palabras de Magda también habían atraído la atención de Raoul.

–¿Quién es Domingo? –preguntó secamente.

–Tu otro hijo, el medio hermano de Guillaume –dijo Magda, y sus ojos fueron de él a Claire–. Le conocí en Toulouse hace ya mucho tiempo, cuando éramos niños, y volví a verle poco después de la firma del tratado de Meaux. Recorrió las colinas conmigo y con el tío Chrétien, aprendió nuestras costumbres y nos salvó de la Inquisición al precio de su propia libertad... –La joven siguió hablando, tan erguida y orgullosa como una lanza–. Nuestras almas están unidas. Es el hombre al que he elegido, y ningún otro me poseerá.

–¡Estás dispuesta a entregarte a alguien manchado por la sangre de la casa de Montfort! –Claire se levantó con gran dificultad, los ojos desorbitados por los recuerdos de los que nunca conseguiría liberarse–. No puedes hacerlo... ¡El grial quedaría profanado para siempre!

–También es tu hijo –le recordó Bridget con dulzura–, y su alma no es responsable de la carne terrenal dentro de la que se ha visto obligada a morar.

–Domingo rescató a Guillaume de las celdas del castillo Narbonnais, evitando que se pudriera en ellas –intervino Raoul–. Y, como ha dicho Magda, se sacrificó para que ella pudiese huir. He oído decir que fue encerrado y juzgado por herejía, aunque por fortuna acabaron fallando en su favor. Cuando le conocí me pareció un joven inteligente y equilibrado..., más equilibrado que

Guillaume. –Raoul carraspeó y se removió nerviosamente–. Recuerdo que quise odiarle por los pecados de su padre, pero no pude. Hay mucho de los Montfort en él, cierto, pero el corte de la tela es tan distinto que una vez confeccionadas las prendas apenas se parecen. También hay mucho de ti en él –añadió en voz baja y suave.

Claire inclinó la cabeza y todo su cuerpo pareció encogerse de repente.

–Tienes razón –murmuró con voz temblorosa–. El defecto está en mí. Que Dios me perdone y tenga a bien mostrarme la luz, porque me he extraviado.

Raoul se acuclilló junto a ella y rodeó sus hombros con un brazo, intentando consolarla.

–No, amor mío, no... No hay defecto ni carencia alguna, sino únicamente dolor.

–Todo está escrito –dijo Magda, rozando a Claire con manos curativas, que aliviaron el pánico y la angustia–. Simón de Montfort nos persiguió, pero su hijo ha reparado ese mal. Es como dos curvas que se unieran para formar un círculo perfecto. Blanco y negro, luz y oscuridad...

Claire suspiró.

–Sí, ya lo entiendo –dijo con un hilo de voz.

Permanecieron con la cabeza inclinada, el rostro escondido en la sobreveste de Raoul. El pasado no estaba muerto y enterrado, sino oculto bajo la tierra, aguardando el momento en el que podría volver a salir a la luz para cometer nuevas violaciones.

Capítulo 39

Gascuña, verano de 1243

La partida de ajedrez estaba siendo disputada con un terrible encarnizamiento, y la atmósfera no tenía nada de fraternal. Simón contempló cómo su oponente cogía el caballo entre el índice y el pulgar, lo sostenía sobre el tablero durante un momento y luego lo bajaba con un movimiento tan rápido como decidido.

–Sucio, rastrero, condenado...

–¿Bastardo? –sugirió Domingo.

Después dirigió una sonrisa a su hermanastro, se echó hacia atrás y estiró los brazos por encima de la cabeza. Su camisa, que se había vuelto transparente a causa del sudor, se adhirió a su musculoso cuerpo. Domingo llevaba pantalones y calzas, pero ya hacía rato que había prescindido de los zapatos y las medias. El calor era tan intenso que apenas permitía pensar, sin el más mínimo atisbo de tormenta que pudiera limpiar el aire saturado de polvo mientras las nubes, inmóviles en lo alto de la bóveda celeste, se mantenían lo más alejadas posible del suelo.

–Eso también.

Simón lanzó una mirada asesina al tablero y después fulminó con ella a Domingo antes de hacer su movimiento, el mejor que podía ejecutar dadas las circunstancias. Domingo se lanzó sobre su alfil con ávida alegría.

–Jaque.

–¡Ah, hace demasiado calor para jugar al ajedrez! –exclamó Simón, agitando la mano mientras ponía cara de disgusto.

–Y hace demasiado calor para dedicarse a cualquier otra actividad. ¿Admites tu derrota?

Simón fue salvado de una ignominiosa declaración al aproximarse uno de sus escuderos, al que seguían un juglar y dos mujeres cubiertas de polvo. Normalmente Simón les habría dicho que fueran a ver a sus edecanes, pero la distracción llegaba en el momento más oportuno, y además uno de sus edecanes ya se encontraba allí y le estaba ganando una partida de ajedrez.

–La suerte del diablo –masculló Domingo.

Bajó los brazos y una de sus manos descendió un poco más para acariciar las orejas del joven sabueso que dormitaba junto a sus pies mientras los ojos de su amo examinaban a las mujeres y las encontraban tan apetecibles como dos cluecas viejas; túnicas deshilachadas oscurecidas por el polvo, zapatos gastados, rostros ajados... El hombre parecía un gallo que acabara de perder una pelea, con sus cintas descoloridas formando una fláccida masa en el clavijero de su laúd y una gorra garbosamente colocada en ángulo sobre sus rizos amarillos obviamente teñidos.

La noticia de que Enrique III había decidido quedarse en su corte de la Gascuña y de que estaba derrochando el dinero como si fuese agua había continuado esparciéndose en anillos cada vez más grandes a partir del impacto original. Todos los malabaristas, acróbatas, tragasables, juglares, bufones, buhoneros y trovadores del mundo habían encaminado sus pasos hacia ella, con la esperanza de merecer una porción de tanta generosidad. Entre ellos predominaban los hombres del Languedoc, donde la desaparición de los numerosos mecenas de antaño hacía que ya no resultara tan fácil ganarse la vida... y donde, de hecho, a veces era totalmente imposible ganársela porque la nobleza se había empobrecido y luchaba por sobrevivir. Simón, aparte de ser conde de Leicester y uno de los hombres más poderosos de los dominios ingleses, también estaba casado con Leonor, la hermana del rey, por lo que su favor era muy codiciado.

–Tenemos tantos trovadores que ya nos salen por las orejas –dijo Domingo con indiferencia–, aunque a los soldados quizá no les importe entregarles algunas monedas a cambio de un par de canciones.

Las mujeres, que parecían agotadas y a punto de llorar, se apoyaron la una en la otra. Ninguna de las dos podía ofrecer la clase de mercancía capaz de tentar los apetitos de hombres que habían dispuesto de casi cuatro meses para hastiarse de una vida ociosa y llena de lujos. La piedad aguijoneó la conciencia de Domingo, uniéndose en su esfuerzo a la repugnancia que le inspiraba aquella inactividad sibarítica que se alimentaba de sí misma igual que un círculo celta, los dientes devorando a la cola.

–Traemos noticias, mi señor conde –declaró el trovador, ejecutando una reverencia de hombre acostumbrado a actuar ante un público y obligándose de manera bastante obvia a hacer el esfuerzo a pesar de su cansancio–. ¡Y os las traemos desde Toulouse!

Simón pareció levemente interesado. Domingo sintió que se le aceleraba el pulso, como le ocurría siempre que se mencionaba el sur. Dejó de acariciar las orejas de *Lince* y reclamó la presencia de un escudero con un gesto de la mano.

–Trae vino y comida –ordenó.

El escudero frunció los labios, indicando así lo que opinaba de que aquel insignificante bastardo le encargara una labor, pero no era tan estúpido como para desobedecer.

–¿Noticias? –Moviendo la mano, Simón les invitó a sentarse en el suelo junto a su sillón–. Contádmelas.

Cogió un penique de plata del montón de monedas que había a su lado para apostar y se lo arrojó al trovador. El músico lo pilló al vuelo con un movimiento más veloz que el mordisco de un zorro muerto de hambre, y la moneda desapareció dentro de su faltriquera con idéntica rapidez.

Las noticias ya eran del dominio público, y algunas de ellas eran francamente antiguas. Los ojos de Simón empezaron a entrecerrarse. Eran verdigrises, como los de Domingo, pero de una tonalidad más clara, y los hombres podían saber con toda exactitud lo que estaba pensando su propietario con solo observarlos..., aunque no había muchos que se atrevieran a hacerlo. Atrapado bajo aquella mirada de halcón, el trovador empezó a derretirse en una informe masa de terror. Una de las mujeres le susurró algo, apremiándole a seguir, y la palabra «Montségur» flotó en el aire en el mismo instante en que Simón levantaba una mano para despedir a sus visitantes.

–Un momento. –Domingo refrenó la impaciencia de su hermano y se inclinó hacia delante, los ojos repentinamente atentos–. ¿Qué pasa con Montségur?

–Un ejército salido de Carcassonne se dirige hacia Montségur para acabar con la fortaleza de una vez por todas. –El sudor chorreaba por el rostro torturado del trovador–. Si no se retractan de sus dogmas heréticos, todos los cátaros serán quemados sin excepción. Es verdad, os lo juro... Estábamos en Carcassonne cuando se reunían las tropas, y por lo menos había un millar de hombres. Es por lo que ocurrió en Avignonet... ¡Los cátaros no desean realmente la paz, y se limitan a emplear a otros para que maten por ellos!

–Estás muy bien informado acerca de ellos, ¿eh? –dijo Domingo en un tono de voz suave, y la mirada de Simón se volvió hacia él con una expresión súbitamente especulativa.

Al trovador no le había pasado inadvertida la amenaza, tan cortante como el filo de una navaja, que se ocultaba en la tranquila afabilidad de Domingo.

–¡No sé nada sobre ellos, mi señor! –balbució, creyendo que su mención de los cátaros había hecho que Domingo sospechara de sus creencias.

–Pues entonces no emitas juicios que no puedes sostener. ¿Quién manda el ejército?

–Hugh d'Arcis, mi señor.

–El senescal de Carcassonne –dijo Simón–, y uno de los mejores que existen. Una vez que ha hundido los dientes, no suelta a su oponente hasta que ha muerto.

El escudero volvió con la comida. Domingo se levantó bruscamente del tablero de ajedrez y se acercó a la ventana. Apoyando el hombro en la fría piedra del quicio, bajó la mirada hacia el jardín arbolado. Henry y Simón, los dos hijitos de su medio hermano, jugaban con una pelota bajo la atenta vigilancia de su aya. Unas cuantas mujeres, tan luminosamente engalanadas como un macizo de flores, se habían agrupado alrededor de una dama que tocaba el laúd. Las notas subieron hacia él, tan dulces e ingrávidas como una de las obleas de ángel del rey, y tan superficiales como ellas. Domingo examinó su mano izquierda: los esbeltos dedos morenos, una cicatriz blanca allí donde le había arañado un halcón, un pequeño lunar..., y las uñas deformadas y rugosas que nunca habían vuelto a crecer correctamente, la piel callosa y endurecida. Un instante después fue consciente de la presencia silenciosa de su medio hermano, que estaba inmóvil junto a él.

–He de ir a Montségur, Simón –dijo sin volverse.

Simón podía ser tan paciente como impaciente, y estaba preparado para aguardar si existía una razón. El conde esperó, inmóvil y en silencio, deseoso de oír lo que Domingo tuviera que decir, y fue agrupando sus argumentos detrás de una fachada de educada impasibilidad.

–Mi madre está allí..., y alguien más. Si existe aunque solo sea una posibilidad de sacarlas de allí, he de aprovecharla. Creía que estarían más seguras si me mantenía alejado de ellas, pero me equivocaba. Ya hace años que tendría que haber ido allí.

Simón frunció el ceño, estudió en silencio a Domingo, vio la decisión que endurecía sus facciones y, extendiendo el brazo, tomó la mano izquierda lesionada entre sus dedos para alzarla hacia sus ojos.

–¿Y si la fortuna no te sonríe? Entonces no serán solo tus dedos, Dom, sino tu vida y tu alma... Esta vez no podré protegerte.

–Mi vida y mi alma se perderán de todas maneras si no lo intento –murmuró Domingo.

Simón dejó escapar un bufido, pero le soltó la mano y no intentó prolongar aquella conversación, aunque su fruncimiento de ceño dejaba muy clara su perplejidad.

¿Nunca te has preguntado por qué he rechazado tantas ofertas de matrimonio a lo largo de todos estos años? –murmuró

Domingo mientras clavaba la mirada en los niños y las mujeres del jardín.

Una de ellas alzó la vista como si hubiera percibido su escrutinio y agitó la mano; era Leonor, su cuñada, y estaba muy hermosa con su traje de damasco rojo y crema. Domingo le devolvió el saludo. Lo mismo hizo Simón, con una mezcla de orgullo y un poco frecuente y delicado afecto en su sonrisa.

–Sí, confieso que la pregunta me ha pasado por la cabeza –dijo después–. Cuando rechazaste a esa heredera bretona pensé que estabas loco. Inteligencia, belleza, una dote soberbia..., y tú te limitaste a encogerte de hombros y rechazaste la oferta de la manera más fría imaginable.

–La rechacé con bastante tibieza –protestó Domingo–. Incluso la tomé en consideración durante unos momentos, pero hay alguien que lleva mucho tiempo viviendo en mi corazón.

–¡Una cátara! –aventuró Simón, bajando repentinamente la voz–. Así que Henri Lemagne tenía razón después de todo... ¡Santo Dios, Domingo!

Cuando su medio hermano hacía cosas que Simón, bastante más responsable, desaprobaba, siempre le llamaba Domingo, no Dom.

–No es una cátara, pero vive entre ellos. Posee el don de la clarividencia, conoce las artes curativas y tiene otros poderes que ni siquiera trataré de explicarte. –Le fulminó con la mirada–. No me mires como si estuviera apestado, y si piensas que estoy poseído me apresuro a decirte que no se trata de eso o... Bueno, no más de lo que tú lo estás por tu esposa y tus hijos. Escúchame, Simón, quiero una mujer a la que deseo llamar esposa, y quiero que me dé hijos que hereden las tierras inglesas que me has otorgado. Tú amaste y deseaste a Leonor desde el momento en que la viste por primera vez. No niegues ese mismo sentimiento hacia Magda en mi persona.

–Leonor es la hermana del rey –observó secamente Simón.

–¡Y tú eres un Montfort y desciendes de los Montmorency! –se apresuró a replicar Domingo–. Las reglas son distintas para ti. Yo no soy más que un bastardo que nunca fue reconocido, y puedo elegir por compañera a la mujer que me plazca. He tomado una decisión. Me iré en cuanto amanezca. Si no me permites abandonar mi puesto, entonces seré yo quien renuncie a él.

Simón deslizó lentamente la yema de su dedo sobre el sudoroso labio superior. Incluso después de todos aquellos años Domingo seguía siendo un enigma para él, tal como lo había sido cuando era un niño de cuatro años. La personalidad de su medio hermano tenía distintas facetas, y todas ellas iban girando incesantemente para que cada una saliera al exterior antes de que la anterior hubiera sido adecuadamente interpretada. Había un lado oscuro –silencioso, introvertido y meditabundo–, y su opuesto, ruidoso y expansivo, capaz de subirse de un salto a una mesa en mitad de un banquete para declamar la versión más escandalosa de *Erec et Enid* con toda la potencia de sus nada débiles pulmones. El soldado diligente coexistía con el aventurero temerario. Además, Domingo se había adaptado con suma facilidad a la vida familiar de Simón, jugando con los niños o alzando las manos para que Leonor las envolviera con sus ovillos de seda. Por otro lado, reservaba una parte de su corazón a una hereje desconocida, todo lo cual contrastaba con la forma en que sabía lucirse entre las mujeres de la corte, por la que se desplazaba con la ágil avidez de un trovador... Quizá todos aquellos aspectos formaran parte de la misma e incansable búsqueda de su verdadero ser.

–Muy bien –dijo Simón–. Coge todo lo que vayas a necesitar, y partiremos con la primera luz del alba.

–¿Partiremos? –Domingo volvió el torso en el hueco de la ventana y le miró fijamente–. No puedes entrar en el Languedoc con todo tu séquito.

–Estoy hablando de ti y de mí, y quizá de un escudero.

Los ojos de Domingo se entrecerraron y le lanzaron una mirada llena de suspicacia.

–¿Por qué?

Simón se removió nerviosamente y carraspeó.

–No estoy muy seguro de conocer la respuesta a esa pregunta. Quizá porque me muero de aburrimiento en este lugar donde lo único que puedo hacer es bailotear alrededor de Enrique un día sí y otro también. En las montañas el aire tiene que ser más fresco, y supongo que habrá mucha caza y...

–¿Y?

Simón se frotó la nuca.

–Ah, Dios mío... No lo sé. Cuando naciste yo solo tenía cuatro años pero lo recuerdo con toda claridad. Tu madre era muy hermosa. Sus relucientes cabellos castaños brillaban como el flanco del más lustroso de los corceles, y nunca levantaba su preciosa y dulce voz como solía hacer mi madre. Quedé fascinado, y me enamoré locamente. Las otras mujeres la despreciaban y se burlaban de ella, y hasta me daba cuenta de ver que era terriblemente desgraciada, pero siempre tuvo una sonrisa para mí. Mi madre la envió a Beaucaire cuando aún no te habían quitado las vendas de los bebés. Al principio me sentí espantosamente solo, pero luego comprendí que te tenía a ti y que podía cuidarte y protegerte... Supongo que cambié el objeto de mi afecto, pero nunca la olvidé. La trataron muy mal, Dom, y eso es una injusticia que debe ser reparada.

Domingo salió del hueco de la ventana y chasqueó los dedos para llamar a *Lince*, que se había quedado junto al trovador y las dos mujeres con la esperanza de conseguir alguna migaja, aunque estaba teniendo muy poco éxito.

–Nunca podrás reparar lo que ya está hecho.

–Pero puedo asegurarme de que los platillos de la balanza del futuro estén un poco mejor equilibrados –replicó Simón, hablando con la sinceridad que le caracterizaba.

–Entonces gracias –murmuró Domingo–. Acogeré con sumo agrado tu compañía..., pero ahora me parece que preferiría estar solo un rato.

Por primera vez en muchas noches, Domingo se fue a la cama sobrio y solo, y Magda acudió a él, gritando su nombre como una peregrina perdida en el desierto, o un navío golpeado por la tempestad en un gigantesco océano vacío. Domingo se aferró a ella e intentó tranquilizarla, pero Magda estaba trastornada y se negaba a dejarse calmar. Domingo recibió la imagen de llamas y muerte, la oscura opresión de un terrible peligro, de un ejército acampado al pie de una escarpada montaña, una poderosa bestia oscura que había salido de caza.

–Voy a reunirme contigo –le dijo.

Magda escapó de sus brazos y empezó a desvanecerse. Las puntas de sus dedos se tocaron cuando Domingo intentó retenerla. El rayo chisporroteó y Domingo abrió los ojos, despertando de repente para oír el eco ya casi imperceptible de su voz gritando el nombre de su amada y el estrépito de un aguacero que tambaleaba sobre las tejas. La habitación se había vuelto de color gris bajo las primeras luces del alba.

Capítulo 40

Montségur, verano de 1243

Fray Bernard rezaba, agradeciendo la incomodidad del duro suelo bajo sus callosas rodillas.

–*In nomine Patris et Filii, et Spiritus Sancti, amen.*

La áspera camisa que llevaba debajo del hábito irritaba una piel que ya se hallaba en carne viva en los lugares donde la fricción era constante. Un cordón tensamente apretado ceñía la prenda a su piel, hundiéndola en la cintura y creando un exquisito dolor. «Ved cómo padezco por vos, Señor...» Fray Bernard había jurado que no se quitaría la prenda hasta que Montségur hubiera caído y el último cátaro hubiese sido liquidado y, como penitencia por cada día en que los cátaros conservaban la posesión de la cima, se hacía azotar públicamente por uno de los frailes jóvenes de su séquito.

El año anterior, en Roma, el Papa le había revelado un secreto tan horrendo y blasfemo que el apasionamiento de su reacción llegó a ponerle físicamente enfermo, y tuvo que pasar un mes en cama. Cuando se levantó de su lecho, se puso la camisa de pelos e hizo el voto del flagelamiento. Los cátaros eran seres maléficos. Al pensar en ellos y en lo que predicaban prorrumpía en sollozos y rechinaba los dientes de rabia y vergüenza.

Estaban tan cerca y, sin embargo, eran tan inalcanzables, encerrados como se hallaban dentro de su fortaleza situada a seiscientos metros por encima del ejército acampado, que aún continuaba incrementándose... ¿Se estarían arrodillando también en aquel mismo instante para rendir culto? ¿Practicaban quizá sus viles ritos, esparciendo suciedad sobre el Dios al que Bernard amaba y servía tan devotamente? La mera idea era insoportable y bastaba para hacerle enloquecer de furia. Mordiéndose el labio hasta que sangró, se prosternó delante del altar de su tienda y empezó a rezar con renovado fervor. La imagen de los cátaros ardiendo entre las llamas del infierno temblaba y barboteaba debajo de sus párpados.

El arroyo de montaña era tan límpido como un cristal líquido y, aunque el verano se hallaba en su apogeo, sus aguas estaban frescas y tenían el sabor de la nieve derretida. Domingo hundió la palma en el riachuelo, bebió y se frotó la cara. Los caballos hundieron sus hocicos junto a él y absorbieron el agua con sediento placer. Domingo y Simón se encontraban a solo medio día a caballo del ejército congregado al pie de Montségur. Aquella noche habían acampado entre las montañas, hacia el oeste, para que cuando llegara la mañana estuvieran descansados y pudieran dirigirse hacia el contingente de cruzados. Faltaba una hora para que anocheciese, pero tenían que ultimar ciertos preparativos con vistas al día siguiente, y una buena noche de reposo les sentaría bien, porque habían hecho el viaje lo más deprisa posible.

En el caso de Simón, el motivo de tanto esfuerzo había que buscarlo no solo en lo apremiante de la situación, sino también en el placer que sentía al poder eliminar los pliegues creados por un exceso de comodidades y ver que se iba librando de la carne sobrante. Domingo también hubiese disfrutado de la experiencia de no ser por las pesadillas que le torturaban cada vez que se quedaba dormido. Fray Bernard le perseguía por riscos y cañadas, a través de campos y ciudades, sus ojos encendidos por el fanatismo reflejaban los destellos del cuchillo de larga hoja que empuñaba. Al final acababa alcanzándole en un oscuro callejón sin salida, y entonces Domingo despertaba aterrorizado y cubierto de sudor, con los brazos levantados para protegerse. Los sueños en los que aparecía Magda eran igual de terribles. Estos le hacían gemir y agitarse, aunque por una razón totalmente distinta, pero el tormento no traía consigo ninguna liberación; o fray Bernard aparecía con su cuchillo en un momento próximo a la culminación, pero no lo suficientemente cercano a ella, o Simón le despertaba con un enérgico codazo en las costillas mientras se quejaba del ruido que estaba haciendo.

Domingo llenó su odre de agua y se incorporó, respirando profundamente e inhalando el aroma de las agujas de pino mientras disfrutaba del agradable calor del sol del atardecer. De repente la montura de Simón alzó su hocico goteante, inclinando las orejas hacia los árboles al mismo tiempo que dejaba escapar un suave relincho. Con el corazón acelerado, Domingo se apresuró a aferrar la rienda de guía que mantenía unidos a todos los caballos. Las montañas estaban llenas de lobos, tanto de la variedad de cuatro patas como de la que solo tenía dos. Alguien se estaba aproximando al arroyo a través de la densa espesura del bosque. El caballo de Simón alzó la cabeza y emitió un potente relincho, que fue respondido por otro relincho. Domingo apoyó cautelosamente la mano libre sobre la empuñadura de su daga mientras veía salir de entre los árboles a un caballero que guiaba a un corcel de lustrosos flancos rojizos. Su sobreveste marrón estaba adornada con galones negros que se repetían en el escudo colgado de la silla de montar, y lucía una espada sobre la cadera izquierda con la despreocupación propia de una larga familiaridad.

El recién llegado aflojó las riendas, dejó beber a su montura y alzó la mirada hacia Domingo para contemplarle desde el otro lado del arroyo.

–Que Dios sea contigo –dijo, sin mostrar la más ligera señal de sorpresa.

Domingo se había quedado totalmente inmóvil, sumido en una parálisis inexplicable.

–¿Milord Raoul?

Las arruguitas que rodeaban los ojos azules de Raoul se acentuaron un poco más.

–No estaba seguro de que me reconocieras. Veo que mi aparición te ha dejado un poco sorprendido –añadió, inclinándose para beber mientras los rayos del sol brillaban sobre las hebras de cabellos dorados aún visibles entre las canas.

Domingo dejó escapar el aliento que había estado conteniendo.

–¿Qué estáis haciendo aquí?

–Buscarte y escoltar a cierta joven que me dijo dónde tenía que mirar.

–¡Magda! –Una banda de tensión oprimió el pecho de Domingo, haciendo que le resultara difícil respirar salvo con jadeos entrecortados– ¿Magda está con vos?

Raoul lanzó una breve mirada por encima de su hombro.

–Y no muy lejos de aquí. También tenemos a un caballero templario que viaja con nosotros; es primo segundo de Magda.

–¿Y me estabais buscando?

–Y a tu medio hermano.

–¿Cómo habéis...?

–¿Podemos venir a la hoguera de vuestro campamento esta noche? –preguntó Raoul, sacudiéndose el agua de los dedos e incorporándose.

Domingo intentó poner algo de orden en el caos de pensamientos que giraban vertiginosamente dentro de su cabeza, pero no tuvo mucho éxito. Era como si no pudiese haber nada más allá del veloz palpitar con que su corazón estaba reaccionando.

–Seréis más que bienvenidos –se oyó decir con voz inexperta–. Esta mañana matamos una liebre, y si no queréis carne tenemos pan y aceitunas. Vamos a Montségur.

–Lo sé –dijo Raoul afablemente–, pero ya hablaremos de eso más tarde. Iré a buscar a Luke y Magda antes de que anochezca.

Domingo volvió al campamento casi sin enterarse de lo que hacía, con la imagen de Magda ardiendo dentro de su mente como una luz cegadora que borraba cualquier otro pensamiento. Respondió a las preguntas de Simón con gruñidos monosilábicos mientras su medio hermano limpiaba expertamente la liebre y la ponía a asar después de haberla ensartado en un palo.

–Un templario, ¿eh? –murmuró Simón con voz pensativa–. He oído decir en más de una ocasión que sus formas de rendir culto al Señor no superarían el escrutinio de la Inquisición.

–Los templarios crean sus propias reglas y alianzas –dijo Domingo con voz distante, la mirada clavada en el bosque que rodeaba el campamento–. El anillo exterior de miembros corrientes contiene un núcleo interior secreto.

–¿Cómo lo sabes?

–En una ocasión oí hablar de ello a Guzmán y Bernard. Estaban furiosos porque su gente no podía registrar los preceptorios.

–Sus sospechas parecen haberse visto confirmadas por el paso del tiempo.

Domingo se encogió de hombros.

–En beneficio nuestro –dijo.

Simón frunció los labios en actitud reflexiva.

–¿Y qué opinas de Raoul de Montvallant? –preguntó después–. Me has dicho que es el esposo de tu madre, ¿no? El que no te odie a muerte es toda una muestra de santidad por su parte.

–Lo habría hecho si yo hubiese crecido aquí y hubiera usurpado sus tierras, pero salvé a su hijo de la Inquisición, y nos profesamos gran aprecio.

–¿Qué clase de relación tiene con Magda?

–No lo sé.

El insistente interrogatorio de Simón estaba empezando a irritarle, y Domingo decidió ir a echar una mano al escudero.

Un delicioso aroma de carne asada fue impregnando el aire. El cielo se oscureció, y la frontera anaranjada del crepúsculo se fue convirtiendo en un dobladillo de color índigo. Domingo fue hasta el límite del campamento, la impaciencia temblando por todo su cuerpo. Se sentía como si le hubieran arrancado la primera capa de la piel para dejar expuestos sus nervios al fresco y tragante aire de la noche. Cada sonido, cada olor, cada suave roce producido por el contacto de la brisa o de algún insecto quedaban amplificados hasta un nivel casi doloroso. «Como un lirio entre los zarzales, así es mi amada entre las doncellas...»

Oyó piafar a un caballo y vio un destello entre los árboles, que le pareció producido por la sobreveste blanca de un templario. Un hombre habló y una mujer le respondió en voz baja, y un instante después Domingo vio que lo que relucía era el vestido de la mujer, pues el templario llevaba una capa oscura encima de sus ropas.

–Ya están aquí –le dijo a Simón por encima del hombro, y fue a darles la bienvenida.

El tiempo pareció empezar a transcurrir más despacio mientras saludaba a Raoul y era presentado al templario, Luke de Béziers, un hombre de robusta constitución y mediana edad. Domingo debió de emitir las respuestas correctas, pero ni siquiera era consciente de que sus labios se estuvieran moviendo, porque cada fibra de su ser concentraba su atención en la mujer que había cabalgado detrás de Raoul y a la que ayudaba a bajar de la montura.

Sus cabellos estaban adornados con flores silvestres como una novia y descendían hasta sus caderas en una ondulación tan opulenta y sensual como la del trigo maduro. Una sencilla túnica de lana blanca se adhería a su flexible silueta, y un medallón esmaltado brillaba sobre su garganta. Domingo la contempló en silencio, paralizado y fascinado por aquella belleza presente que se superponía a sus recuerdos de ella.

–Domingo... –murmuró Magda y un instante después se acercaba a él, para entrelazar su mano con la suya.

Domingo percibió el cosquilleo de la conexión y la nueva premura que se adueñaba de un pulso ya acelerado. Sin prestar ninguna atención a los dos hombres y sin importarle que estuvieran allí, atrajo a Magda hacia su pecho y la besó en la boca, volviendo a sentirse entero por primera vez desde su captura por la Inquisición. El templario sonrió, y Raoul les contempló con cierta melancolía. Aquella noche el trueno no flotaba en el aire, pero aun así podía sentir la tensión.

–Les dije a Raoul y al primo Luke que os encontraríamos aquí –dijo Magda cuando por fin se separaron; los dos respiraban entrecortadamente–. He estado tan preocupada, tan sola... Nos hallamos amenazados por un peligro terrible.

–Hemos venido para llevaros a un lugar seguro.

Domingo puso su mano sobre las de Magda y percibió la respuesta de los dedos de la joven deslizándose junto a los suyos bajo la forma de aguijonazos en la sangre. Las delicadas líneas de su cara, el resplandor de su garganta, el rápido subir y bajar de sus senos... «Eres toda hermosura, amada mía, y no hay en ti defecto alguno.»

–Y ese hombre que se acerca debe de ser Simón, tu hermano –murmuró Magda–. Veo su fuerza vital, y se parece mucho a la de su padre.

–¿Qué estás diciendo? –Domingo giró sobre sus talones para contemplar a su hermano. Su capacidad para ver las auras era intermitente y poco fiable, pues dependía de su estado de ánimo. En muchas ocasiones se encontraba demasiado distraído para ser receptivo a ellas y la facultad no se dejaba someter a las órdenes de su voluntad, pero aquella noche, estando conectado al poder de Magda, vislumbró el resplandor que envolvía a Simón. Era tan puro como el arroyo de montaña y fluía en una poderosa corriente, con bandas de color índigo, verde y azul en sus márgenes–. ¡Pero si no se le parece en nada! –protestó.

–No, no... Me refiero a cómo podría haber sido la de su padre en un pasado lejano, cuando era fuerte e idealista. Simón siempre consigue lo que quiere, a veces en detrimento suyo. Tu aura es bastante parecida.

Su voz había adoptado un tono lleno de dulce intimidad, y sus dedos acariciaron los suyos. Domingo respondió a la caricia con la yema de su pulgar.

–Quiero que conozcas a Magda, Simón –dijo.

Mientras cenaban pan y vino, aceitunas y una liebre asada para aquellos cuya dieta permitía la carne, Magda y Domingo se pusieron al corriente el uno al otro de cuanto les había ocurrido durante los siete años de separación pues, a pesar de su vínculo telepático, había grandes huecos, y el conocimiento del alma no incluía el conocimiento mundano de las rutinas y actividades del cuerpo. También dedicaron algún tiempo a examinarse mutuamente, midiendo los cambios producidos por la experiencia y la madurez mientras se esforzaban por mantener la atracción que experimentaban dentro de los límites de la discreción por la presencia de los otros hombres. Acariciar, recibir caricias y saber que lo que anhelaban se encontraba fuera de su alcance, atrapado en una red de educación y buenos modales, era una dulce agonía. Así pues, era casi inevitable que Domingo estallara cuando Magda anunció que todavía no podía ir a la Gascuña.

–¡Oh, santo Cielo! ¿Por qué has tenido que venir? –El joven se levantó de un salto, con todo el cuerpo envarado y temblando como un laúd cuyas cuerdas estuvieran demasiado tensas–. Ya estuve a punto de morir por ti en una ocasión. ¿Qué más quieres de mí?

Las reglas de cortesía habían sido violadas por aquel súbito arrebato. De repente era como si Simón y los otros dos hombres no existieran.

Magda alzó la mirada hacia él, los ojos llenos de luz.

–Quiero tu ayuda, no solo para mí, sino para todo Montségur.

Domingo apretó los puños y le dio la espalda, intentando recuperar el control de sí mismo para no agarrarla por los hombros y zarandearla, y fue Simón quien replicó:

–Ya deberíais saber que eso es imposible –dijo con voz impasible. No permitiría que su hermano fuera utilizado de aquella manera ni aunque Magda afirmase ser la mismísima reina del Cielo–. Hemos venido porque tenemos una obligación hacia vos y hacia la madre de Domingo, no para morir por una hueste de herejes.

–¡No son herejes! –replicó Magda con repentina vehemencia–. ¡Siguen la ley de Dios más diligentemente que la mayoría de vuestros sacerdotes! –Sus blancos dientes relucieron con la última palabra, y respiró hondo para recuperar la calma. Cuando volvió a hablar, se dirigió a Domingo. Podía percibir su ira y su pena, y las corrientes secundarias del amor y el deseo físico que brillaban y se entrelazaban como un collar elaborado con oro de dos colores–. No pretendía pedirte que lucharas por nosotros –siguió diciendo con un tono mucho más suave y calmado–. Bien sabe Dios que el hecho de que dispongamos de soldados para que nos protejan ya tiene bastante apenados a nuestros ancianos, y eso ha causado muchas disputas entre ellos.

Domingo giró rígidamente sobre sus talones.

–¿Qué queréis entonces?

–En Montségur hay ciertos objetos que deben ser llevados a un lugar seguro.

–¿Qué objetos? –preguntó Simón, inclinándose ligeramente.

Magda centró su atención en él, fijándola sobre la curiosidad y el deseo de adquirir nuevas posesiones materiales que formaban una parte tan importante de su naturaleza.

–Libros, dinero, tesoros..., el grial –respondió.

Enseguida notó cómo Simón mordía el anzuelo, y una mirada le reveló que Domingo la estaba observando con los ojos recelosamente entrecerrados.

–Creía que los cátaros regían sus vidas por el código de que a un camello le será más fácil pasar por el ojo de una aguja que a un rico entrar por las puertas del Cielo –dijo Simón, y la leve tensión que impregnó su voz delató su repentino interés.

–Esos tesoros nos han sido entregados por gentes acomodadas que se han convertido en Perfectos y han regalado todas sus posesiones, o por creyentes que querían tranquilizar así sus conciencias o que deseaban contribuir a nuestro sustento. En vuestra iglesia se dan millares de casos parecidos, ¿no? Nuestro dinero se utiliza para comprar comida y los artículos esenciales para la comunidad. No le damos ninguna importancia.

–Pero pagáis a los soldados, ¿no? –se apresuró a preguntar Simón–. Alimentáis a la mano que empuña la espada. ¿Acaso eso no es tan reprobable como blandir la espada con vuestra propia mano?

Magda suspiró.

–Lo es, ciertamente –dijo, desarmándole con sus palabras–. Pero ¿qué otra cosa podemos hacer? Aunque no les pagáramos, la mayoría de los hombres están tan firmemente decididos a preservar la comunidad de Montségur que lucharían sin soldada, y si les quitáramos las armas entonces lucharían con las manos desnudas.

–Así es –confirmó Raoul–. Mi hijo es uno de esos hombres, y sé con toda seguridad que no es el dinero lo que le mantiene allí. Su odio es tan oscuro como luminoso es el amor de los Perfectos... Es su reverso, como el otro lado de una moneda. –Su expresión se endureció–. No soy ni teólogo ni político. Lo único que quiero es poner a salvo a las personas que amo.

Simón se chupó los dientes hasta que consiguió extraer de entre ellos un trocito de hueso que había quedado atrapado.

–¿Y qué será del tesoro en cuanto haya salido de Montségur? –preguntó con voz pensativa.

–¡Oh, Simón, por el amor de Dios! –exclamó secamente Domingo en cuanto comprendió qué curso comenzaban a tomar los pensamientos de su hermano–. Ya sé que andas escaso de fondos, pero aun así... Bueno, ¿no te parece que tus intenciones resultan demasiado evidentes?

Simón se encogió de hombros un tanto turbado, pero no apartó los ojos de Magda.

–El oro nunca ha significado gran cosa para nosotros –dijo Magda sin inmutarse–. Podréis quedaros con una parte de él si ponéis el resto a buen recaudo. El dinero irá a nuestras comunidades de Lombardía, así como algunos de los libros. El resto me lo quedaré yo.

–¿Y el grial?

Magda clavó la vista en Simón.

–Habéis leído las historias del rey Arturo –dijo–. Podéis buscar hasta el fin de los tiempos sin llegar a daros cuenta de que siempre ha estado delante de vuestras narices. En cuanto a su símbolo, pertenece a los templarios –añadió, rozando la rodilla de Luke con la punta de los dedos y sonriendo.

Simón frunció el ceño. No entendía nada, y eso hacía que se sintiera cada vez más inquieto y disgustado. No conseguía capturar a Magda y diseccionarla; antes al contrario, parecía que la joven había apartado hasta la última capa de su ser para contemplar su núcleo, y Simón era incómodamente consciente de que había ciertas áreas que no soportarían una inspección demasiado atenta. Una rápida mirada a Domingo proporcionó nuevas municiones a su malestar. Su hermano también se mostraba perplejo, pero el inicio de la comprensión estaba empezando a iluminarle los ojos.

–Esos libros... ¿Son textos heréticos? –preguntó Simón de repente.

–Leerlos no condenará vuestra alma, pero podrían cambiar vuestra manera de ver el mundo –respondió Magda–. La mayoría son evangelios traducidos de viejos pergaminos y códices por un miembro de nuestra comunidad, y contienen enseñanzas que fueron eliminadas de la versión romana de la Biblia hace ya mucho tiempo, o que nunca fueron incluidas en ella.

Simón se mordisqueó el labio, sintiendo el doble tirón que intentaba arrastrar su conciencia en dos direcciones distintas a la vez. Si realmente era un buen hijo de aquella Iglesia de Roma a la que estaba sirviendo su padre cuando lo mataron, no debía involucrarse en aquello; se alejaría al galope, buscaría la iglesia más cercana, se confesaría inmediatamente y haría penitencia. Por otra parte, siempre se había sentido responsable de Domingo, al que profesaba un intenso y sincero afecto, y las alusiones a grandes misterios y las referencias al grial hechas por Magda habían despertado su curiosidad. Además, andaba realmente escaso de fondos, y conseguir una parte del tesoro de Montségur probablemente le ayudaría a resolver ese problema.

–Muy bien. Os echaré una mano –dijo, hablando tan despacio como si las palabras estuvieran siendo arrancadas de algún profundo abismo escondido dentro de su ser, cuya existencia había ignorado hasta aquel momento–. Necesitaréis una ruta segura y que se os escolte hasta... ¿Hasta dónde?

–Hasta Inglaterra –dijo Domingo–. Tus tierras y tu poder nos proporcionarán seguridad, y además quiero ir allí.

Simón torció el gesto. Hubiese preferido que Domingo eligiera la Lombardía o el otro extremo del mundo, pero resultaba obvio que para este la elección inglesa era la más sabia.

–Inglaterra pues –confirmó–. Mi jurisdicción está limitada a la Gascuña. Tendréis que escapar de Montségur, y luego deberéis cruzar el sur. –Volvió la cabeza hacia Magda y frunció el ceño–. ¿Por qué no podéis venir con nosotros ahora, tal como os ha pedido Domingo?

–Todavía queda un libro por completar y en Montségur me necesitan, ahora más que nunca. Existen caminos secretos conocidos únicamente por los habitantes de estas comarcas, e incluso con un ejército de mil hombres a su disposición, Hugh d'Arcis no puede rodear toda la montaña. ¿Cómo pensáis que logramos salir de allí?

–Lo que sugiero –dijo el templario, que había guardado silencio hasta aquel momento– es que milord Simón organice una ruta segura entre la Gascuña e Inglaterra, y que vos... –añadió mirando a Domingo– os unáis a las tropas de asedio y preparéis el viaje entre Montségur y la Gascuña. Dispongo de ciertos contactos entre los cruzados y puedo moverme con relativa facilidad entre los dos campamentos, por lo que podré actuar como mensajero. Raoul os llevará a Magda y al tesoro cuando acordemos, y a las otras mujeres, si es que quieren venir, aunque lo dudo.

La mirada de Domingo fue más allá de la hoguera del campamento y se clavó en la lejanía mientras reflexionaba. Pasados unos momentos, asintió con una lenta inclinación de la cabeza.

–Me parece un buen plan. ¿Simón?

Su hermano también asintió, con un nuevo fulgor en los ojos al ver que los engranajes ya empezaban a girar. Al igual que su padre, descollaba en todo cuanto estuviera relacionado con la planificación y la estrategia, y el que se le hubiera pedido que se embarcase en aquella empresa, con su elemento de misterio y riesgo, suponía una tentación que se había vuelto rápidamente imposible de rechazar.

–Entonces estamos de acuerdo –dijo Luke de Béziers, y alzó su copa para brindar.

Todo el mundo bebió. Magda contempló a Domingo a través del resplandor rojizo de la hoguera y, poniéndose en pie, se alejó hacia la oscuridad. Domingo no la siguió inmediatamente. Si Magda se había ido únicamente para vaciar la vejiga, yendo detrás de ella solo conseguiría quedar en ridículo y además se sentía extrañamente nervioso, como si aquella fuese su primera vez; de hecho sentía deseos de echar a correr en dirección opuesta.

Cuando ya habían transcurrido varios minutos, Simón le dio un codazo.

–Será mejor que te asegures de que no se la ha comido un lobo –dijo, y en su voz había algo más que una sombra de malicia–. Supongo que no le tendrás miedo a la oscuridad, ¿verdad, Dom? ¿Quieres que vaya en tu lugar?

Luke de Béziers estaba sonriendo. Raoul, con expresión de melancólica sabiduría, tendió la mano hacia el odre de vino. Domingo se levantó y contempló a Simón con el ceño fruncido.

–Siempre creí que yo era el bastardo de la familia –dijo.

Simón sonrió.

Magda le estaba esperando junto al arroyo, con los brazos alrededor de las rodillas y el cuerpo formando una agradable curva simétrica. El agua corría y reía sobre las piedras, y la hierba era abundante y blanda en las riberas. Domingo titubeó unos momentos antes de sentarse junto a Magda. Todos los nervios de su cuerpo vibraban ante la proximidad de la joven. Quería fundirse con ella en el calor abrasador de la liberación física y sin embargo vacilaba, frenado por el misterio que envolvía a Magda.

–Te parecerá muy extraño vivir conmigo cuando siempre has vivido rodeada de cátaros –conjeturó Domingo, queriendo averiguar cómo reaccionaba la joven ante lo que más le inquietaba.

Magda volvió la cabeza hacia él y sonrió.

–¿Te refieres al hecho de ser la esposa de un barón, o al de que eres un caballero que tiene las necesidades lógicas de cualquier hombre?

Domingo tiró suavemente de unos tallos de hierba.

–Supongo que a ambas cosas.

Magda se echó los cabellos hacia atrás y contempló el cielo.

–He pasado toda mi vida rodeada de soldados y de sus esposas, por lo que la primera parte me resultará bastante sencilla. Fundaré un convento consagrado a la Magdalena con el dinero que consiga sacar de Montségur, y ese convento será un santuario para los perseguidos, sea cual sea su necesidad. En cuanto al hecho de que seas un hombre... –Magda hizo una pausa y dejó escapar una suave carcajada–. Admito que aunque sé muchas cosas sobre los corazones y las mentes de los hombres, sus cuerpos son un misterio para mí, y que me dejaste con ganas de averiguar algo más al respecto –murmuró al tiempo que se inclinaba hacia él.

–¿Por qué has elegido a la Magdalena?

–Si algún día tenemos una hija te lo explicaré.

–¿No puedes predecirlo? –se burló Domingo.

–Intentaré no vislumbrar el futuro en estos momentos. –Un estremecimiento casi imperceptible recorrió el cuerpo de Magda–. Es demasiado oscuro y peligroso, y está lleno de despedidas y separaciones.

Domingo le acarició los cabellos. Era como estar tocando seda. Verla volver a los peligros de Montségur iba a resultarle muy duro, y tener que instalarse en el campamento enemigo y fingir que era un cruzado, obligado a atacar aquello que había venido a preservar mientras preparaba una ruta hacia la Gascuña, lo sería todavía más.

–Pero tenemos esta noche –murmuró.

–Sí, tenemos esta noche...

Los pechos de Magda subían y bajaban rápidamente debajo del sencillo vestido blanco, y Domingo percibió su tensión. Oyó el sonido de su propia respiración entrecortada y temblorosa y el rápido palpitar con el que su corazón impulsaba la sangre a través de su cuerpo. Sacó con suave ternura una flor de los cabellos de Magda y se acercó un poco más a ella, deslizando el aliento sobre su oreja, su garganta y sus labios. El sello de un beso, los labios de Magda entreabriéndose bajo los suyos, el contacto de la yema de unos dedos sobre la piel en un roce tan delicado como el de una pluma, deshacer los nudos de las cintas con suavidad para revelar nuevas áreas de descubrimiento. Senos satinados separados por las sombras y coronados por tensos pezones erguidos. Frescas texturas de satén sobre las que deslizar la palma y la lengua. Muslos infinitamente suaves, la piel de su interior más delicada que los pétalos de una rosa y el corazón de la misma rosa, el misterio, el grial... «Un jardín cerrado es mi hermana, mi prometida.»

Magda le rodeó con los brazos, emitiendo suaves gemidos a medida que el placer crecía dentro de ella y tensaba sus entrañas. «Que mi amado acuda a su jardín y coma sus frutos más hermosos.» La columna vertebral de Magda se arqueó para recibir la primera embestida del hinchado ariete. Domingo la llenó, y el dolor fue como una llama escarlata. Una fina capa de sudor se adhirió al cuerpo de Domingo, volviendo resbaladiza su espalda bajo los dedos de Magda. Domingo, con los labios pegados al cuello de su amada, le murmuró palabras tranquilizadoras. Su boca cubrió la suya, el beso desplazándose al mismo ritmo que el movimiento de sus cuerpos. Dar y tomar y volver a tomar. Magda abrió los ojos para ver el brillo de las pupilas de su amado, el giro de las estrellas sobre sus cabezas y la profundidad infinita del cielo. «Apresúrate, amado mío, y sé como una gacela, o como un joven ciervo de las montañas.» Magda alzó la mano para apartar un mechón de cabellos de sus ojos y Domingo la capturó con la suya y sus dedos se entrelazaron. Las llamas la consumieron, las estrellas giraron. Los dedos de Domingo se tensaron sobre los de Magda, apretando cada vez con más fuerza a medida que se iba incrementando la tensión; la joven le devolvió el apretón, incapaz de jadear o gritar porque la boca de Domingo seguía posada sobre la suya. Domingo dejó escapar un gemido ahogado y se lanzó hacia delante, y el fuego carmesí se convirtió en ondulaciones de calor blanco que recorrieron todo el cuerpo de Magda, engulléndola y transfigurándola. Ella y Domingo eran el fuego y sus manos permanecieron unidas a través de la quemadura de la culminación, cada una grabada en la otra, y tampoco se apartaron cuando la luz blanca se desvaneció hasta quedar reducida a la tenue sombra de una iridiscencia. «Ponme sobre tu corazón para marcarlo como con un sello, y ponme encima de tu brazo para así marcarlo, pues el amor es tan poderoso como la muerte.»

Capítulo 41

Montségur, otoño de 1243

Domingo se encogió bajo el forro de piel de ardilla de su capa y rasgó con su cuchillo el sello del paquete que acababa de entregarle el mensajero. El sello y la escritura eran de Simón, una caligrafía pulcra y llena de decisión. Ningún escribano había tocado aquel documento.

> Simón de Montfort, conde de Leicester, senescal de Inglaterra, a su queridísimo hermano Domingo, con sus saludos.
>
> Adjunta te envío la lista de lugares y contactos que me pediste que obtuviera con vistas a socorrerte en tu peregrinación. Escrito en Portsmouth, este día primero de octubre, año de nuestro Señor mil doscientos cuarenta y tres.

Eso era todo cuanto había escrito Simón en su sucinto y directo mensaje, que no contenía nada que pudiese incriminarle o incriminar a Domingo en el caso de que la carta hubiera sido interceptada. Una segunda hoja de pergamino detallaba los lugares en los que Domingo y quienes viajaran con él serían bien acogidos sin que se les hicieran preguntas. Domingo metió un par de dedos en su faltriquera y entregó una moneda al mensajero.

–No hay contestación –dijo y, enrollando los pergaminos, los deslizó entre su camisote y su gambesón.

El mensajero se inclinó ante Domingo y fue hacia su caballo. Domingo, los ojos entrecerrados para protegerlos de los aguijonazos del viento, vio cómo jinete y montura descendían cautelosamente por la montaña hacia el campamento principal, instalado al pie de ella, y después se volvió hacia el edificio más cercano de la fortaleza que se alzaba sobre su cabeza. Piedra gris, cielo gris, esperanzas de resistir que se iban volviendo cada vez más grises..., y en última instancia, la ceniza también era gris.

–¿La cargamos, mi señor? –preguntó Jules, el sargento bajito y belicoso que mandaba el turno matinal de la gigantesca catapulta que Hugh d'Arcis había ordenado llevar montaña arriba en piezas para que fuese montada después allí donde pudiera bombardear las almenas exteriores de Montségur–. Qué frío hace hoy, ¿verdad? –añadió, llevándose las manos a la boca para soplar sobre ellas–. No nos iría nada mal tener una buena hoguera para calentarnos. –Escupió–. ¿Habéis visto asar herejes en alguna ocasión? ¡Os aseguro que huelen de maravilla!

–¡El aire que echas por la boca bastaría para mantenerme caliente durante todo el invierno! –masculló Domingo–. Sí, cargadla. No tardarán en empezar a disparar contra nosotros.

–¡Enseguida, mi señor!

Otro soldado le sirvió una copa de vino y una hogaza partida por la mitad, untada con el fuerte queso de cabra de los montañeses. Aunque no tenía mucho apetito, cogió los alimentos y los mordió tan despreocupadamente como si sus pensamientos estuvieran concentrados en los asuntos mundanos y no en la huida que ya se hallaba tan cercana, y que solo esperaba la aquiescencia de Magda. Domingo ya había cumplido con su parte del plan. Pensó en la joven, y el amor y el miedo crearon un doloroso nudo de tensión en las profundidades de su estómago. Cuán lentamente transcurría el tiempo, y qué rápidos estaban siendo sus progresos con aquella maldita catapulta... En un par de ocasiones había conseguido cometer sabotajes menores, pero no se atrevía a volver a intentarlo demasiado pronto por miedo a suscitar sospechas y, con ellas, el correspondiente incremento de la vigilancia. Hugh d'Arcis era un comandante cauteloso y endurecido por mil batallas que relevaría a Domingo de su puesto antes que permitirse albergar una sola duda. Hasta el momento, y Domingo se felicitó amargamente por ello, no había cometido ni un solo error.

No tropezarse con fray Bernard en el campamento había demostrado ser el problema de más difícil solución. El religioso estaba por todas partes, y solo hubiese necesitado una guadaña en la mano para poder personificar a la muerte. Domingo había conseguido evitar ser reconocido dejándose crecer la barba y los cabellos –lo que también le ofrecía cierta protección contra el frío de la montaña–, así como manteniéndose lo más alejado posible del primer plano de los acontecimientos. Que se le encomendara el mando de aquel puesto de catapultas supuso una oportunidad ideal para escapar del descubrimiento subiendo a la montaña, pero llevaba implícito un precio.

El sonido del contrapeso descendiendo, el rebotar de la piedra sobre la piedra. Las entrañas de Domingo fueron las primeras en reaccionar, igual que le ocurría siempre, con una repentina contracción tan violenta como la sacudida que recorrió a la catapulta cuando la cuña fue extraída del torno, y un instante después los recuerdos irrumpieron en su cráneo para atravesar barreras que tenían más de veinte años de existencia y llegar hasta el niño que se agazapaba detrás de ellas y herirlo. Domingo conocía muy bien la magnitud de la destrucción que podía infligir una de aquellas armas de asedio, y solo podía rezar para que Magda, Bridget y su madre no estuvieran atendiendo a los heridos en cualquier lugar cercano a las defensas exteriores, que se habían vuelto tan vulnerables a los ataques de los cruzados. Intentó no pensar en eso, pero se le encogía el corazón cada vez que lanzaban un nuevo proyectil y se acordaba de su padre cada vez que la guarnición replicaba desde las alturas. Oh, Cristo, aquello era una locura, y si no podía escapar pronto con Magda no tardaría en enloquecer.

Un nuevo retumbar ahogado.

–¡Piedra! –aulló Jules y todos se apresuraron a dispersarse en busca de refugio, huyendo como conejos asustados.

Se produjo un estrépito ensordecedor, y una lluvia de guijarros se estrelló contra los árboles. Los soldados fueron corriendo hacia la roca que les habían lanzado, y se prepararon para recuperarla y recargar su catapulta con ella. Uno hizo un tosco dibujo con tiza en el peñasco: un cátaro atado a un poste. Domingo lo contempló en silencio, un surco de músculos tensándose en su mandíbula. Después desvió la mirada mientras los soldados hacían girar el torno y vio a un caballero templario que cabalgaba hacia él por el sendero. Alejándose de la catapulta, Domingo fue rápidamente a su encuentro.

–Simón acaba de enviarme todos los detalles –anunció mientras Luke desmontaba–. Comunicádselo a Magda, y decidle que podremos irnos en cuanto esté preparada.

Luke dejó escapar un prolongado suspiro y empezó a separar las cinchas que sujetaban un bulto a la grupa de su montura.

–Quizá tarde mucho tiempo en estarlo.

–¿Por qué? ¿Qué ocurre?

Luke se quedó inmóvil, las manos sobre las hebillas, y su mirada se deslizó a lo largo de las pieles que recubrían el hombro de su capa y acabó posándose en Domingo.

–¿Sabíais que Magda está encinta?

Domingo sintió que se le secaba la boca. La expresión de Luke no contenía el más mínimo rastro de alegría.

–No; no lo sabía.

–Ha asumido demasiadas responsabilidades: cuidar de los heridos, mantener calmados a quienes quieren ceder a la histeria, compensar el peso del mal que nos rodea con su propio espíritu... Eso la ha dejado sin fuerzas. Hubiésemos tenido que darnos cuenta antes, pero...

Domingo pensó que su corazón había dejado de latir, pero eso no podía ser porque aún seguía vivo; de pronto respirar se había convertido en un acto lleno de dolor y el viento estaba secando sus ojos desorbitados, obligándole a parpadear.

–¿De qué hubieseis tenido que daros cuenta? –logró murmurar–. ¡Santo Dios, decídmelo de una vez!

–Lo siento, Domingo –replicó Luke–. Anoche Magda empezó a sangrar. Bridget no pudo detener la hemorragia, y ha perdido el niño. –Su callosa mano presionó el tenso hombro de Domingo–. Toda la comunidad está muy triste.

Golpe, estrépito, colisión. Los ruidos resonaron huecamente en el cerebro de Domingo.

–¿Por qué nadie me había hablado del niño hasta ahora? –preguntó con voz quebrada.

–Hasta que se desplomó, ninguno de nosotros sabía que se hallaba encinta, salvo quizá Bridget.

Domingo oía a los hombres de la dotación de la catapulta hablar detrás de él, discutir con todo lujo de detalles obscenos lo que les harían a las cátaras antes de que las quemaran. Una oleada de calor le abrasó los ojos, y apretó los puños, hundiendo las uñas en las palmas mientras intentaba controlar su rabia.

–¿Se pondrá bien?

–Con el tiempo tal vez sí. No hay nadie que domine tanto las artes curativas como Bridget.

Domingo examinó el rostro del templario, indomable y lleno de compasión, y percibió la preocupación oculta que roía su ser bajo la impasible calma de sus curtidas facciones.

El miedo hundió sus afiladas garras en las entrañas de Domingo cuando pensó en todo lo que no había llegado a decirse en voz alta. ¿Y si Magda moría, o si se encontraba demasiado débil para viajar cuando los cruzados lanzaran el ataque final? La oscuridad cayó sobre él, acompañada por la sensación de hallarse atrapado e impotente. El sordo retumbar del contrapeso de la catapulta resonó alrededor como los ecos de un puñetazo que acabara de derribarlo.

–No puedo continuar aquí. –Domingo tragó saliva, sintiendo una infinita repugnancia–. He de verla, Luke. He de ir a Montségur.

Luke le contempló con una expresión entre perpleja y recelosa.

–Vos, Raoul y yo somos el puente entre Montségur y el mundo por el que tendrán que pasar los supervivientes. Debéis ser fuerte. –La expresión de su rostro cambió de repente–. Alguien del campamento viene a haceros una visita –le advirtió en voz baja y suave–. Y es nada menos que Hugh d'Arcis...

Domingo volvió la cabeza en esa dirección, mientras empezaba a lloviznar, y comprendió que su infortunio ya no podía ser más grande. Los pensamientos y las emociones se adueñaron de él y compitieron entre sí para atraer su atención, y tuvo que rechazarlos para asumir el papel de comandante competente y pragmático.

–Os daré estos libros más tarde –murmuró Luke, volviendo a asegurar el fardo sobre la grupa y subiendo de un salto a la silla de montar–. Ah, y también veré qué puedo hacer para que entréis en Montségur... –Se inclinó hacia Domingo y dio una palmada en su rígido hombro–. Valor, muchacho. Todo saldrá bien.

Con el cuerpo envarado como si se preparara para soportar un terrible peso, Domingo se separó del templario y echó a andar hacia el comandante en jefe del ejército de cruzados.

Hugh d'Arcis se irguió sobre su robusto corcel marrón y contempló durante unos momentos los trabajos que se estaban llevando a cabo alrededor de Montségur; y después volvió su rostro pensativo hacia el joven caballero inmóvil junto a su estribo, cuyas facciones impasibles daban muy pocas pistas acerca de sus pensamientos. D'Arcis se acordó del padre de Domingo, a quien había conocido y admirado. Simón de Montfort había sido su ideal de hombre y nunca tuvo secretos para él, pero descubrir lo que había en el corazón de su hijo suponía un desafío considerable. ¿Qué clase de fuego ocultaba Domingo le Couchefeu?

–Estáis haciendo un buen trabajo –dijo D'Arcis meneando la cabeza–, pero creo que haríamos más progresos si desplazáramos el lanzador de piedras un par de grados hacia la izquierda. Si queremos acercarnos un poco más, tendremos que destruir las catapultas que han instalado en los baluartes exteriores.

–Bien, mi señor.

D'Arcis notó la falta de inflexiones en la voz de Domingo, y al observarle con más atención se percató de que su rostro había palidecido y de que su cuerpo temblaba debajo de la capa.

–¿Habéis cogido frío, o es que no os gusta mi propuesta? –inquirió.

–Me parece que he comido algo que no me ha sentado demasiado bien –se apresuró a decir Domingo–. Se me pasará, no os preocupéis.

Lo último que necesitaba en aquellos momentos era que le enviaran montaña abajo.

D'Arcis soltó un gruñido.

–No estaréis asustado ante la tarea que os espera, ¿verdad? –preguntó sagazmente.

–No, mi señor. –Domingo intentó reprimir la punzada de pánico provocada por la astucia de su comandante–. Es solo que estoy harto de esperar. Un día, otro día... Al final acaba afectándote.

–Cierto. No cabe duda de que esos cátaros están decididos a resistir –dijo d'Arcis con malhumorado respeto–. Si no estuvieran tan manchados por la herejía, casi se les podría admirar por ello.

Domingo apretó los labios entre su barba y no dijo nada.

–A finales de esta semana recibiréis unos cuantos soldados más. –D'Arcis hizo volver grupas a su caballo–. Son montañeses vascos y han sido destinados a vuestro sector, pero tienen su propio comandante e instrucciones específicas.

–Sí, mi señor.

El caballo dio tres zancadas antes de que D'Arcis tirara de las riendas y se volviera hacia Domingo.

–¿Ese caballero templario es amigo vuestro?

Domingo sufrió un nuevo sobresalto. A su comandante parecían pasársele por alto muy pocas cosas. «Nunca digas una mentira», pensó mientras su cerebro funcionaba a toda velocidad.

–Nos conocimos hace unos meses, cuando los dos estábamos cazando por las montañas –dijo, al tiempo que se encogía de hombros en un gesto de indiferencia–. Viene a verme cuando tiene ganas de hablar con alguien.

–¿Y os ha dicho alguna cosa que os pareciese un poco extraña?

Domingo rezó para que la mirada que lanzó a D'Arcis pareciera de asombro.

–Me temo que no os entiendo, mi señor...

–Corren rumores de que es un espía de los herejes, y se dice que su padre es uno de los líderes de los cátaros.

Domingo siguió mirándole fijamente, como si la idea fuera tan increíble que le hubiera dejado sin habla.

–No permitáis que os vean con él –le aconsejó D'Arcis–. Eso mancillaría vuestra reputación, y no quiero tener que prescindir de un buen soldado –añadió, hundiendo los talones en los flancos de su montura y haciendo que el corcel iniciara un pesado trote.

Una espesa neblina estaba descendiendo sobre la montaña, oscureciéndolo todo con su avance. Domingo sintió que una niebla similar desplegaba grises tentáculos de frustración y desespero en las profundidades de su alma, como si todas las fuerzas maléficas del mundo se estuvieran congregando para aplastar la luz.

Sentada junto a la cabecera de la cama, Bridget observaba con preocupación la silueta pálida y apenas estremecida por la respiración de su hija Magda. La pérdida del bebé se había producido hacia la mitad del embarazo, y a consecuencia de la hemorragia Magda se encontraba en el umbral de la muerte. Bridget había hecho cuanto había podido, pero ya no le quedaba nada que hacer aparte de sostener la mano de su hija y buscar la cegadora luz del universo más allá de la negrura que las rodeaba.

Claire entró de puntillas en la parte del salón que habían separado del resto mediante unas cortinas para entregar una escudilla de caldo a Bridget.

–¿Cómo se encuentra?

Bridget alzó los ojos hacia ella.

–Ni mejor ni peor –dijo–. La hemorragia ha cesado y ya no tiene fiebre, pero su espíritu está vagando por el reino que separa esta vida de la siguiente, y no puedo llegar hasta ella –añadió, colocando la palma de su mano sobre la frente torturada de su hija.

–Todos rezamos por ella.

Bridget se obligó a sonreír pese a su agotamiento.

–Lo sé. He percibido vuestro amor, y también me ha reconfortado.

Aceptó la escudilla de caldo y bebió un sorbo. Matthias había fallecido hacía tres noches. Su muerte no tenía nada de inesperada, y Bridget sabía que poder escapar de su viejo cuerpo retorcido y desgarrado por el dolor había supuesto una maravillosa liberación para su alma, pero aun así lamentaba la pérdida de su sabiduría y su acerba compañía.

–¿Quieres que la vele un rato?

–¿Podrías hacerlo? –Llena de gratitud, Bridget apartó con inmensa delicadeza su mano de la de Magda. Le había transmitido toda su energía, y tenía que recuperar lo que había perdido–. Cógele la mano, habla con ella y no dejes que se vaya definitivamente –murmuró, y luego salió a la sala después de haber lanzado una última mirada a su hija.

Claire alisó las ropas de la cama alrededor de la enferma y extendió la gruesa trenza rubia sobre la almohada. La piel de Magda se había vuelto tan blanca como el alabastro, salvo por los círculos azules que se extendían alrededor de los ojos y la casi imperceptible sombra rosada que teñía sus labios. Su respiración era tan imperceptible que apenas movía la colcha. Cuando le tomó los dedos, Claire sintió cómo el frío se abría paso a través del calor de su piel bronceada. El pulso era un débil palpitar, tan tenue que apenas habría bastado para mantener la existencia de un espectro. Claire abrió su ejemplar de los evangelios con la mano libre y empezó a leer en voz alta. Magda siguió tan fría e inmóvil como hasta entonces, y de repente Claire tuvo la impresión de que su pulso se volvía aún más débil. Se apresuró a dejar el libro encima de la cama y se inclinó sobre la joven.

–No te vayas –dijo, apretando sus dedos helados–. ¡No debes

irte! –Los pensamientos corretearon enloquecidos en su mente mientras buscaba alguna forma de forjar un vínculo entre las dos, algo que mantuviera a Magda unida a la vida–. Sé que debes estar sufriendo terribles dolores y cómo lloras la pérdida de tu bebé. También me habría pertenecido, Magda..., porque habría sido mi nieta. –Las lágrimas llenaron sus ojos y Claire se las limpió con el dorso de la mano, sorprendida ante la intensidad de sus emociones. Había presenciado el prematuro y traumático parto de la joven y había visto al bebé, sus manos perfectamente formadas y tan diminutas y delicadas como pétalos de margarita, una pequeña hija de la luz que había vuelto a su origen antes de que pudiese aspirar su primera bocanada de aire–. Yo también perdí a mi bebé –dijo, acariciando la mano helada que tenía entre los dedos–. El dolor nunca desaparece. Le vi en un par de ocasiones cuando lo amamantaba el ama de cría. Me vendaron los pechos para detener el flujo de la leche, y nos separaron. Yo anhelaba tan desesperadamente tenerlo junto a mí, y al mismo tiempo tenía tanto miedo de odiarlo que faltó poco para que acabara enloqueciendo... –Clavó la mirada en el pálido rostro que yacía sobre la almohada, examinando su inmovilidad en busca de alguna respuesta–. ¿Qué tiene él para que lo prefieras a todos los otros hombres que hubieras podido elegir?

Magda no respondió, pero Claire advirtió que la estaba escuchando y que por lo menos había conseguido algo de tiempo..., y para Montségur el tiempo se estaba terminando con la rapidez con que los granos de arena escapan de un saco agujereado. Todavía contaban con reservas de provisiones suficientes para resistir durante meses, y las lluvias de invierno habían empezado a llenar los depósitos de agua después de que estos hubieran alcanzado un nivel peligrosamente bajo, pero la tozuda insistencia de los cruzados estaba venciendo poco a poco. La catapulta que había sido erigida cerca de la cima lanzaba rocas contra sus baluartes exteriores cada día, a veces incluso durante la noche. La fortaleza estaba atestada y no había ningún lugar donde poder dormir en paz, ni siquiera durante las breves pausas de la actividad enemiga, y las tropas de los cruzados no daban ninguna señal de que estuvieran dispuestas a marcharse para descansar en los meses invernales, tal como había ocurrido en campañas anteriores. Al parecer Hugh d'Arcis disponía de la decisión y el apoyo necesarios para llevar aquel asedio hasta su terrible conclusión.

Claire apretó suavemente la mano de Magda. No podían permitir que D'Arcis extinguiera la luz. Quizá llegara a destruir la lámpara, pero la preciosa llama debía ser preservada, y había que encontrarle un nuevo recipiente dentro del que pudiera brillar. La llama era tan precaria que temblaba y chisporroteaba debajo de los dedos de Claire.

–No nos dejes –imploró a Magda–. ¡No debes rendirte!

Oía las plegarias que el obispo Bertrand Marty y Chrétien de Béziers estaban dirigiendo en la sala. El bebé de la mujer de un soldado empezó a gemir, y la sierra de sonidos se abrió paso a través de las cortinas y atravesó el corazón de Claire como un cuchillo embotado. Se preguntó si Magda podría oír sus quejas.

Voces masculinas se aproximaron a las cortinas. Claire reconoció el tono de barítono de Raoul y el trueno lejano del de Luke, pero la tercera voz se negó a dejarse identificar a pesar de que contenía una nota familiar, grave, con una tenue sombra de ronquera. Las cortinas fueron apartadas. Claire atisbó por un segundo la atestada sala y las espaldas de los otros Perfectos inclinados en el acto de la oración. De inmediato la estancia quedó oculta por la silueta de un joven alto y robusto cuya negra barba y cabellos igualmente oscuros enmarcaban las facciones apuestamente masculinas de un guerrero. Claire no le conocía, pero su apariencia evocó tales recuerdos que el mundo se disolvió alrededor y el tiempo retrocedió de repente para transformarla en una muchacha aterrorizada que yacía sobre las esteras de su propio solanar, con los muslos implacablemente separados por el peso de su raptor.

Claire se levantó con un movimiento tambaleante, apenas consciente de sus acciones, y extendió los brazos para proteger a Magda con ellos.

–¡No podéis entrar aquí!

El hombre la ignoró por completo y, fiel a la tradición de los De Montfort, pasó junto a ella como si no existiera para así poder satisfacer sus propias necesidades.

–Déjale, Claire –dijo Raoul, cogiéndola de la manga y apartándola de la cama–. No dispone de mucho tiempo, y corre un gran riesgo al venir aquí.

Por un momento Claire intentó liberarse de Raoul, pero después capituló y volvió el rostro hacia la reconfortante anchura de su hombro.

Domingo se arrodilló junto a Magda. Su rostro mostraba la misma inmovilidad translúcida que recordaba haber visto en el de Alais de Montfort cuando yacía dentro de su ataúd abierto la víspera de sus funerales, un recuerdo que había permanecido grabado en su mente a lo largo de los años porque la inmensa mayoría de los cadáveres que había visto se hallaban mutilados por la guerra, y el contraste había hecho que Alais pareciese tan pura como el más perfecto cristal. La similitud entre Alais y Magda era aterradora.

Le habían explicado que había perdido demasiada sangre y que se había hecho cuanto era posible para mantenerla con vida, pero que quizá eso no fuera suficiente. Le habían dicho que el bebé era una niña. Las palabras habían resonado en su cerebro en un sinfín de ecos carentes de significado pero de repente, unidas a lo que veían sus ojos, las entendió y se negó a aceptarlas. Aferrando la fría mano derecha de Magda, Domingo deslizó sus dedos entre los suyos, volviendo a formar el eslabón tal como había sido formado antes en el acto de la creación.

–Estoy aquí, Magda. ¿Puedes oírme? ¿Sientes mi presencia? ¿Recuerdas...? ¿Recuerdas esto? No vas a dejarme. No te lo permitiré. Te necesito. ¡Todos te necesitamos!

La angustia y la desesperación que destilaba la voz del hombre hicieron que Claire levantara la cabeza del hombro de Raoul. Clavó la mirada en la musculosa mano morena que presionaba la de Magda y en los negros cabellos inclinados sobre la resplandeciente trenza rubia, y percibió el palpitante poderío de la fuerza vital que ardía dentro de él. «Su hijo...» El pensamiento invadió su mente con un impacto más poderoso que en ningún otro momento. Quizá se parecía a Simón de Montfort y quizá poseyera la misma e irresistible fuerza de voluntad que había impulsado a su padre, pero la encauzaba de distinta manera. Lo que la obsesionaba era el recuerdo, no el hombre. Pero ¿cómo separar el uno del otro? Claire se apartó de Raoul y se arrodilló delante de su hijo, en el extremo opuesto de la cabecera, y, tomando la otra mano de Magda, añadió sus plegarias a las que Domingo alzaba con pasión.

Hacía frío, reinaba la oscuridad y todo era debilidad, sangre y dolor. Magda sentía la proximidad de todas aquellas cosas y las rehuía. ¿Por qué debía volver a padecer todas esas calamidades cuando ante ella ondulaba un campo de reluciente luz irisada al que daba vida el recuerdo de lo que había significado no tener un cuerpo? Allí todo sería alegría armoniosa, libre de grilletes y cadenas. Al otro lado del campo se alzaba una puerta, y Magda sabía que en cuanto la hubiera cruzado, el único resto de su existencia mortal presente que perduraría sería el cascarón deshabitado de su cuerpo en un plano distinto.

Titubeó mientras se mantenía cerca del dolor, consciente de que aún le faltaba algo y de que no podría seguir adelante a menos que lo encontrara. Tenues voces hacían vibrar la frágil hebra plateada que unía su espíritu a su cuerpo. Una de ellas poseía una resonancia más grave y profunda, una sonoridad superior capaz de crear un acorde de tal potencia que el campo de luz irisada centelleó alrededor de ella y se convirtió en una sola e intensísima claridad. La llamada resonó una y otra vez a través de todos los niveles, y Magda no pudo evitar responder a ella. Aquella era la parte que le faltaba para estar completa. Un chorro de energía fluyó a través de su cuerpo, iluminando el cordón plateado a lo largo del que debía bajar para regresar a las sólidas partículas de su forma terrenal. «Ponme sobre tu corazón para marcarlo como con un sello, pues el amor es tan poderoso como la muerte...»

Magda sintió la desagradable sacudida que acompañaba a la fusión del alma con el cuerpo, y de nuevo experimentó la pesadez y el dolor. Logró separar los párpados mediante un tremendo esfuerzo y vio la sala de Montségur y a Domingo inclinado sobre ella, el rostro húmedo por el llanto y su mano tensamente entrelazada con la suya, atándola a la vida mediante su voluntad. Magda murmuró su nombre, emitiendo una hebra casi imperceptible de sonido.

–¡Oh, amor mío! –jadeó Domingo con voz ronca mientras la estrechaba contra su pecho en un abrazo capaz de abarcarlo todo y la fortaleza de su cuerpo se introducía en ella, haciendo que la claridad del otro mundo se fuera alejando hasta quedar reducida a un residuo cristalino de consciencia agudizada.

Magda le acarició el rostro, con el corazón rebosante de amor y pena.

–No deberías estar aquí. ¡Es demasiado peligroso! –susurró con un hilo de voz–. Pero me alegro, me alegro tanto... –Las lágrimas se deslizaron por su cara–. Ahora sé por qué cerré mis sentidos al futuro aquella noche. ¡Lo hice porque no soportaba verlo!

–Calla, calla... Todo va bien.

Magda permaneció largo rato inmóvil junto a él, absorbiendo el consuelo de su presencia y la irradiación de su fuerza vital hasta que supo que, por la propia seguridad de Domingo, tenía que dejarle marchar.

–No puedes seguir aquí por más tiempo –murmuró, tomándole el rostro entre las manos y mirándole a los ojos–. Es muy peligroso.

–Eres tú quien importa. Me da igual lo que pueda ocurrirme.

–Entonces hazlo por mí, Domingo; márchate.

El caballero negó con la cabeza, y Magda le puso los dedos sobre los labios cuando se disponía a hablar.

–Te prometo que nos iremos en cuanto me haya recuperado.

Los ojos de Domingo no se apartaron del rostro de Magda ni

un solo instante mientras le besaba los dedos y se incorporaba lentamente. Las facciones de la joven habían recuperado el color, y su respiración se había vuelto fuerte y regular. Era él quien se sentía agotado, pero después de todo la reacción era lógica, ya que le había cedido generosamente su energía para hacerla volver desde el abismo de la muerte.

–No me hagas esperar mucho tiempo –dijo con una sonrisa que reflejaba más preocupación que buen humor–. Te amo.

Después se inclinó sobre ella para besarla en los labios y fue hacia las cortinas, volviendo la cabeza por última vez para lanzarle una mirada anhelante por encima del hombro.

La mujer que había permanecido arrodillada junto a la cabecera de Magda y había rezado con él lo estaba contemplando con visible agitación, como si quisiera hablarle pero no se atreviera a hacerlo. Antes de que el momento pudiera volverse incómodamente prolongado, la mujer bajó sus luminosos ojos castaños y empezó a atender a Magda. Demasiado preocupado para prestar atención al incidente, Domingo salió a la sala en la que los cátaros seguían rezando.

Hablando en voz baja, explicó a Raoul todo lo referente al destacamento de escaladores vascos que sería enviado a lo alto de la montaña.

–D'Arcis ha trazado un plan. Estad prevenidos ante cualquier intento de escalar los muros. Por la mañana desplazaremos la catapulta hacia el este. Intentaré crearles dificultades, pero tendré que ir con mucho cuidado. D'Arcis es un hombre muy perspicaz. –Lanzó una mirada sombría a Luke–. Nos vieron hablar ayer por la mañana, y vuestra presencia suscitó algunos comentarios. D'Arcis sospecha de vos. No me atrevo a volver a establecer contacto, por lo menos durante un tiempo.

–Ya suponía que esto podía ocurrir –dijo Luke con cierto nerviosismo–. Bien, entonces tendremos que actuar con mayor discreción que hasta ahora.

–¿Cómo conseguiste escapar de tus hombres? –preguntó Raoul, lanzando una mirada llena de curiosidad a Domingo.

–Les dije que quería disfrutar de un rato de diversión. Mi sargento cree que estoy visitando a alguna ramera al pie de la montaña. –Domingo torció el gesto, sabiendo que algunas mentiras ensuciaban la boca al ser proferidas–. Eso también me ofrecerá una buena excusa para estar algo torpe por la mañana.

Siguió a Luke hasta la entrada de la sala y a lo largo de un oscuro pasillo de piedra que descendía por las entrañas del castillo hasta terminar en una pequeña poterna situada en la parte posterior de un almacén subterráneo. El recinto aún estaba medio lleno de barriles y recipientes de suministros, y Domingo tuvo que agacharse para esquivar los jamones, salchichas y ristras de cebollas y ajos que colgaban del techo. D'Arcis iba a tener que esforzarse mucho si quería conseguir la sumisión de Montségur mediante el hambre.

La cátara que había estado atendiendo a Magda en la habitación aguardaba junto a las jambas de hierro de la poterna, y cuando se aproximaron a ella Domingo vio que temblaba como una hoja otoñal sacudida por un vendaval de tormenta. Aun así, la mano que posó sobre el brazo de Domingo para detenerle cuando los dos hombres pasaron junto a ella estaba llena de firme decisión. Después de lanzar una rápida y escrutadora mirada a la mujer, Luke se alejó discretamente hacia las profundidades del almacén, murmurando una excusa claramente inventada sobre el broche de su capa, que al parecer acababa de perder.

–Mi señora...

Mientras la contemplaba, Domingo sintió que se le erizaba el vello de la nuca, pues había una expresión muy extraña en aquellos ojos castaños que le observaban con abrasadora intensidad.

La mujer estudió atentamente su rostro bajo la parpadeante claridad de la antorcha suspendida de la pared y acabó meneando la cabeza en una lenta negativa.

–Te pareces tanto a él... –murmuró.

–¿A quién me parezco?

Domingo oyó con toda claridad el extraño eco que envolvió su voz, y un instante después fue repentinamente consciente del frío que hacía allí abajo, y de lo oscuro que estaba todo, con las sombras apenas mantenidas a raya por la caprichosa luz de la antorcha.

–A... a tu padre.

Domingo tuvo que inclinarse hacia ella para poder oír sus palabras, porque su voz se había debilitado hasta convertirse en un suave susurro.

–Él era más viejo que tú y tenía muchas más canas, y también era más corpulento...

La mano de la mujer se apartó de su manga y aunque sus ojos permanecieron clavados en él, Domingo tuvo la impresión de que estaba viendo a través de su cuerpo y de que contemplaba algo oscuro y repugnante.

–Eres mi madre –dijo, y se preguntó por qué no lo había comprendido antes, junto al lecho de Magda; sin embargo, incluso entonces, cuando la luz de la revelación cayó sobre él, fue incapaz de reconocer la llamada de la sangre y solo pudo identificar su grito.

–Te traje a este mundo, cierto. –El delgado y frágil cuerpo de Claire estaba temblando–. Pero nunca tuve la oportunidad de nada más que eso, y tampoco sé si habría sido capaz de ello. Lo único que puedo decir es que lo que me hicieron me dejó heridas tan graves que durante mucho tiempo también herí a quienes me rodeaban, para así poder estar acompañada en mi sufrimiento. No empecé a sanar de verdad y a encontrar la paz hasta que vine a Montségur. –Tragó saliva y reprimió el temblor de su voz–. Puedo sentir que solo deseas ayudarnos...

–Pero no puedes verlo con claridad mientras sigas viendo a mi padre, ¿verdad?

Claire le miró fijamente, los años más esculpidos a cuchilladas sobre su rostro que delicadamente acumulados en suaves pliegues de experiencia.

–Dentro de mí existe un abismo oscuro que impide que la persona que soy llegue a ser la persona que quiero ser –dijo por fin–. Bastaría con un acto de fe que me infundiera el coraje necesario para saltar, pero temo que no podré saltar lo suficientemente lejos y que acabaré cayendo en el abismo..., y que él me estará esperando allí abajo.

–Me parece que todo el mundo esconde una sima en su interior –replicó Domingo, sabiendo que no tendría que fingir agotamiento cuando se reuniera con sus hombres. Jamás se había sentido tan exhausto ni tan inseguro de sí mismo–. Yo, por ejemplo, no puedo ver a un fraile sin que un sudor frío cubra mi cuerpo. Temo fracasar, temo que un día el hambre que hay dentro de mí me consuma como consumió a mi padre... Si logré llegar hasta Magda, fue en parte a causa del terror que sentía al pensar en qué sería de mí, en qué me convertiría sin ella.

Domingo se encogió de hombros y dio un paso hacia atrás. Revelar sus sentimientos más profundos a aquella mujer, que sin tener ningún derecho sobre él los tenía todos, equivalía a dejar suspendido un pie en el abismo.

–He de irme –dijo secamente.

Claire asintió.

–Me alegro de haberte conocido. Tu fantasma me ha acosado durante mucho tiempo.

–De la misma manera en que a mí me ha acosado el tuyo –replicó Domingo con una tenue sonrisa–. Ojalá todo hubiera podido ser distinto.

Los labios de Claire se habían tensado para mantener cautivas a sus emociones, y cuando se despidió de su madre murmurando un «camina en la luz» antes de girar sobre sus talones, Domingo comprendió que ella también tenía un pie suspendido en el abismo.

Fray Bernard se retorcía sobre su angosto catre, acosado por los tormentos de los condenados con una intensidad que hacía que los escozores de su áspera camisa y las señales dejadas por su última flagelación pareciesen meras caricias de los dedos de una amante. El dolor era exquisito y el religioso lo absorbió con avidez, sabiendo que cuando llegara a su apogeo su cuerpo tendría que estallar inevitablemente en un millar de partículas para volverse uno con su salvador. ¿Era así como había sufrido Cristo en la cruz? Oh, sentir aquel dolor y saber que le unía al Dios al que tan devotamente servía...

Fray Bernard estaba escalando la roca de Montségur con los pies descalzos como un penitente, una cruz de cenizas humanas trazada sobre su frente y sus cejas. Las piedras de la ladera de la montaña le desgarraban los pies y notaba cómo la sangre se deslizaba por entre sus dedos, de la misma manera en que la sangre de Cristo había corrido sobre la cruz. El dolor que atravesaba el pecho mientras trepaba era tan cruel como una lanzada, pero Bernard sabía que cuando llegara a la fortaleza que se alzaba sobre la cima encontraría su recompensa.

Había centinelas en las murallas, mas Bernard contaba con la protección de Dios, y los soldados no le vieron pasar junto a ellos, como tampoco repararon en las pisadas ensangrentadas que fueron marcando su camino por castillo. Los herejes dormían, pegados unos a otros como cadáveres en un osario, y una salvaje alegría le agarrotó el corazón cuando vio el nivel de miseria en el que moraban. Un numeroso grupo de cátaros estaba rezando en la sala, las espaldas inclinadas para crear un solo e inmenso monstruo del que cada individuo formaba una dura escama negra. Inmóvil a un lado de la sala, un guerrero barbudo que llevaba la cruz de la verdad bordada sobre su pecho observaba a la bestia. Bernard intentó atraer su atención y ordenarle que atacara a la repulsiva criatura, pero el soldado no vio las frenéticas señas. De pronto, en un instante de devastadora sorpresa que le desgarró las entrañas, Bernard comprendió que el caballero era uno de ellos.

Alzando el brazo, el fraile se preparó para pronunciar el anatema contra toda aquella congregación de hijos del infierno, pero su movimiento fue detenido por una violentísima descarga de dolor abrasador que recorrió velozmente todos sus miembros, dejándolos completamente paralizados. Incluso sus pies dejaron de sangrar. Una luz deslumbradora surgió de la nada y le envolvió, separándole de los cátaros, oscureciendo su visión y elevando su cuerpo hacia las alturas. Transportado por ella, la agonía de Bernard se tornó tan intensa que pasó a ser hermosa. Flotó a través del techo, y un instante después se encontró en las almenas. No era aquella la dirección que había tenido intención de seguir, y Bernard empezó a debatirse contra las hebras de energía que aprisionaban su cuerpo. De repente se vio velozmente impulsado hacia la hilera de almenas, y un instante después fue catapultado con una potencia irresistible hacia arriba y hacia delante, como una piedra lanzada por el brazo de una máquina de asedio.

La luz estalló alrededor de él en una miríada de fragmentos de arco iris cuyo resplandor se fue debilitando gradualmente hasta que acabó esfumándose, dejando abandonado a Bernard para que se hundiera en un repugnante cenagal negro que llenó sus ojos, su nariz y su boca, invadiéndole y sofocándole. Bernard intentó llegar a la superficie, pero la sustancia pegajosa se extendía en todas las direcciones, y al fraile le faltaban las fuerzas necesarias para liberarse.

–¡Ayúdame, Jesucristo! –mascullló con el último hálito de aire que le quedaba y despertó, tosiendo y atragantándose, para descubrir que su manta le tapaba la cara y se le había enredado alrededor del torso.

El corazón le latía con tal violencia que Bernard pensó que acabaría abandonando su cuerpo. Aspiró grandes bocanadas de aire y sintió la humillante humedad de la orina sobre sus muslos.

Cuando por fin hubo recuperado cierto control de sus manos temblorosas, encendió la lamparilla de barro llena de aceite que tenía junto a la cabecera y se incorporó. Sus famélicos pulmones volvieron a enfrentarse al hambre cuando Bernard dejó de respirar y bajó la mirada hacia sus pies..., para contemplar el amasijo de morados y la sangre seca que se había acumulado entre sus dedos.

Bridget cerró los ojos, y su respiración se apaciguó poco a poco mientras el sudor empapaba su jergón. La fortaleza del fraile la había obligado a emplear todas sus capacidades. Fray Bernard no estaba acostumbrado a viajar por el plano astral, pero la potencia de sus emociones y las oleadas de energía que emanaban de la roca probablemente le habían permitido ir un paso más allá del sendero de los sueños. Fray Bernard había dado un paso de más, y con ese paso se había aproximado excesivamente a la meta. Bridget inclinó la cabeza e intentó no pensar en lo que habría ocurrido si no se hubiera topado con el religioso. Había tanta destrucción dentro de él que incluso el centro de su ser era negro. Bridget se levantó, fue con paso tambaleante a las almenas y se detuvo en el lugar donde había expulsado al fraile de Montségur. Al día siguiente tendría que seguir la estela que había dejado a través del castillo y eliminar hasta la última huella de sus vagabundeos. Por el momento lo único que podía hacer era taponar la brecha espiritual creada por la brusca salida de Bernard y reforzar los muros para protegerlos de sus futuros paseos nocturnos. «Estoy tan, tan cansada...», pensó mientras alzaba los brazos para formar los cuernos sagrados de Isis, el cáliz de la vida.

Capítulo 42

La noche de enero parecía a punto de quebrarse bajo la presión del frío, sin que hubiera ni una sola nube para proteger la cima de la montaña de la pureza heladora de la luz de las estrellas. Las reservas de combustible de la fortaleza habían disminuido mucho, y solo los fuegos de vigilancia más esenciales ardían en las alturas. Las personas corrientes se pegaban las unas a las otras para encontrar algo de calor, y los Perfectos, como la roca, soportaban el frío. Morir congelado era menos doloroso que perecer entre las llamas, y la muerte, por sí sola, era incapaz de inspirar ningún temor a los Perfectos.

Magda practicó la disciplina que le había enseñado Bridget para generar calor corporal y, a medida que la calidez inundaba su ser en una agradable sucesión de oleadas cosquilleantes, pudo ir relajando sus tensos músculos.

–Dos noches más y te habrás ido –dijo Raoul.

Estaba luchando con la hebilla del cinto de la espada, las manos entorpecidas por el frío. Con una repentina punzada de tristeza, Magda se dio cuenta de que su cabellera, casi toda ella blanca ya, empezaba a ralear, y de que las articulaciones de sus dedos se estaban volviendo cada vez más nudosas. ¿Cuándo había envejecido? Todos se estaban debilitando, su fortaleza absorbida por el ávido deseo de devorar de la criatura que aguardaba al pie de la montaña... y el hombre al que había entregado su amor se hallaba en sus mismísimas fauces.

Magda se acercó a él para ayudarle con el cinto de la espada.

–Una parte de mí siempre seguirá aquí, y una parte de ti..., de todos los hombres y mujeres de Montségur vivirá eternamente dentro de mí –dijo con tranquila y apasionada convicción.

Raoul tuvo que aclararse la garganta dos veces antes de poder continuar, e incluso entonces habló con voz enronquecida.

–Más de lo que puedes saber –dijo, deslizando delicadamente sus nudillos encallecidos por la mejilla de la joven.

–Pero es que lo sé –replicó Magda sin inmutarse, sus ojos límpidos y llenos de sabiduría–. Nada de cuanto puedas decirme me sorprenderá.

Una sonrisa melancólica acentuó los surcos que tensaban la piel de Raoul entre las fosas nasales y las comisuras de los labios.

–Eres la hija de Bridget. No podía ser de otra manera.

Raoul se marchó para pasar revista a los centinelas del turno de guardia de la noche, y Magda, dejando escapar un largo suspiro, trató de decidir qué objetos se llevaría consigo cuando partiera hacia una nueva vida. No serían muchos, ya que deberían viajar ligeros de equipaje. Tendría la custodia de los libros más importantes, el conocimiento que le pertenecía por derecho de nacimiento, y dinero para pagar su viaje y fundar su convento. También estaba la copa, que debía entregar a Luke.

Dibujó el motivo de la lanza grabado sobre la superficie resplandeciente de la copa con la punta del dedo índice, y después puso la otra mano sobre su útero en una delicada caricia. A pesar de que había estado a punto de morir cuando perdió al bebé, Magda no había sufrido ninguna lesión permanente. El momento adecuado volvería a llegar inevitablemente a medida que una estación siguiera a otra, cuando el campo baldío fuera arado, sembrado y cosechado. Magda todavía lloraba al bebé perdido que le había sido arrancado prematuramente de las entrañas por el insidioso poder oscuro del vampiro que acechaba debajo de sus murallas. Cuando su niña murió, Magda sintió cómo el poder del odio crecía. La bestia chupaba sus barreras día tras día, buscando alguna forma de atravesarlas. A veces Magda casi podía verla merodeando por entre las sombras de las murallas, a la espera.

Un gruñido de irritación dirigida contra ella misma escapó de sus labios. El odio seguía atacando incluso en aquel momento, sembrando la duda con la esperanza de cosechar una pérdida de la fe. Magda apretó las mandíbulas, entrecerró sus ojos llenos de luz y concentró su poder. Las sombras acumuladas alrededor de la claridad de la antorcha se volvieron menos espesas, y la llama se elevó repentinamente. Magda estaba decidida a no dejarse vencer.

Raoul echó a andar por el paseo de ronda de la muralla y fue hablando con los soldados de guardia. El aire era tan frío que tenía la impresión de estar respirando trocitos de cristal. Los tablones recubiertos de escarcha crujían bajo sus botas forradas con piel, y los tejados de los cobertizos del patio de armas, casi invisibles debajo de la muralla, relucían como las incrustaciones del manto de un arzobispo. Unas horas antes había caído una ligera nevada, y podía volver a nevar si aquella noche gélidamente cristalina decidía cambiar de repente. Raoul alzó la mirada hacia el cielo y rezó para que no hubiera ninguna gran nevada durante la semana siguiente como mínimo, ya que de lo contrario Magda y Domingo quizá no podrían disponer del tiempo suficiente para escapar.

Si asomaba la cabeza por encima de las almenas vería las hogueras de acampada de los cruzados, que rodeaban la montaña a intervalos regulares como un centenar de malévolos ojos dorados. Las laderas estaban salpicadas de avanzadillas, una de ellas la de Domingo, un faro de esperanza entre todos los otros presagios de destrucción. Raoul siguió andando e intentó no pensar en las pocas probabilidades de sobrevivir que les quedaban, consolándose con el pensamiento de que hasta aquel momento Domingo había triunfado sobre todos los empeños contrarios del destino, y de que seguía habiendo una pauta entre la confusión aunque él careciese de la clarividencia necesaria para distinguirla. Los hijos de Simón de Montfort habían sido elegidos como guardianes de la misma luz que su padre había tratado de extinguir.

Echándose el aliento sobre las manos, se dispuso a inspeccionar la barbacana del este, que se alzaba sobre los baluartes exteriores de sus defensas. La estructura se elevaba sobre una escarpada loma, y estaba unida a la fortaleza principal por una estrecha cornisa de piedra flanqueada por muros espantosamente lisos y altos.

Aquella noche Guillaume estaba al mando de los centinelas de la barbacana, y acogió a su padre con una sarcástica sonrisa de deleite antes de ofrecerle un poco de vino aromatizado con especias. El aliento que surgía de sus labios para arremolinarse en una nube de vapores blancos estaba impregnado por el olor del brebaje, pero el joven mantenía el equilibrio sin dificultad y hablaba con claridad.

Raoul rechazó el odre que le ofrecía su hijo.

–¿No eres un poco imprudente? Un hombre necesita tener la cabeza lo más despejada posible mientras realiza una guardia de noche en una muralla.

–Tengo la cabeza despejada, no temas –replicó Guillaume. Su sonrisa no vaciló, y golpeó suavemente el brazo de su padre con la mano libre–. Te he oído venir cuando todavía estabas a una legua de distancia. Si hubiese querido, habría podido esconder este odre debajo de mi capa y nunca lo habrías visto.

–No puedes ocultar tu aliento –dijo Raoul enarcando una ceja, y continuó avanzando por el paseo de ronda de la muralla.

Guillaume dirigió una mueca iracunda a la ancha espalda de su padre, bebió otro desafiante trago del odre y le siguió.

Unos metros más allá había dos centinelas apoyados contra las piedras, los rostros ocultos por las sombras. Hablaban en voz baja y parecían absortos en su conversación.

–¡Santo cielo! –gruñó Raoul–. ¿A esto le llamáis estar de guardia? ¡He visto amas de casa en un mercado que estaban más alerta que vosotros! Vamos, coged las lanzas y...

Se interrumpió al reparar en los rollos de cuerda que relucían bajo la claridad de las estrellas y en el destello de un garfio de escalada que había mordido el borde del muro. Se apresuró a empuñar su espada mientras se le revolvían las entrañas al reconocer el terrible peligro que acechaba en aquel lugar. Conocía a todos los soldados de la guarnición de Montségur de cara, si es que no de nombre, y su memoria no contenía ni las caras ni los nombres de aquellos dos. El acero centelleó en sus manos, y el frío destello se reflejó en sus ojos. Guillaume masculló un juramento detrás de él y arrojó el odre de vino al suelo para desenvainar su arma.

–¡Vete! –rugió Raoul sin apartar la mirada de los dos hombres mientras estos se separaban para atacarle–. Da la alarma. ¡Corre, maldito seas! ¡Haz lo que te dicen aunque solo sea por una vez en la vida!

Guillaume echó a correr. El estrépito de las espadas al entrechocar vibró a través de su cráneo, latió en las profundidades de sus entrañas y le atravesó los ijares con una punzada de remordimientos. Estaba llegando al inicio del estrecho pasillo de piedra cuando su carrera fue frenada de golpe por la aparición de otro intruso. Un centinela de la barbacana yacía en el centro de un charco de sangre que se agrandaba junto a los pies del hombre.

Guillaume se negaba a creer que aquello estuviera ocurriendo, que estuvieran siendo objeto de un sigiloso ataque en plena noche, pues si este tenía éxito, el culpable de su triunfo sería él por su falta de atención.

–¡No! –aulló, y se abalanzó sobre el soldado enemigo.

El suelo que pisaba era traicionero, pues la escarcha lo había vuelto muy resbaladizo, y Guillaume patinó. Al tratar de recuperar el equilibrio perdió su espada en el fondo del precipicio. El largo cuchillo de su oponente se hundió en su cuerpo, pero la vacilante inercia de Guillaume hizo que la hoja se apartara de todos los puntos vitales. Se tambaleó y acabó desplomándose sobre el soldado, que cayó al suelo bajo su peso. Guillaume le aplastaba el hombro contra una protuberancia rocosa más allá de la cual no había nada salvo la oscuridad del vacío. Una rodilla se hundió en su ingle. La daga relució en el aire, avanzando velozmente hacia su garganta y Guillaume agarró la muñeca que la empuñaba para retorcerla, tensando el antebrazo y el bíceps. La sangre se deslizaba por su flanco, abrasadoramente caliente en el gélido frío de la medianoche. El brazo comenzaba a flaquearle, y comprendió que pronto perdería su presa.

–¡No! –exclamó con tono lastimoso al tiempo que apretaba los dientes para realizar un último esfuerzo.

La daga salió despedida hacia un lado y cayó ruidosamente al suelo. Su oponente se debatió, intentando quitarse de encima el peso de su cuerpo, pero Guillaume se negó a dejarse desplazar. Lanzó un puñetazo, sintió que la piel de sus nudillos se rasgaba al chocar con unos dientes y volvió a golpear, haciendo caso omiso del dolor. Su adversario empezó a toser, atragantándose con su propia sangre. Guillaume logró desenvainar su cuchillo y golpeó una vez más, y otra, y otra más. En el último ataque la punta del cuchillo arañó la roca con un chirrido metálico y el soldado dejó de retorcerse debajo de él. Sollozando a causa del esfuerzo y la conmoción, Guillaume liberó su daga. La hoja había quedado incrustada en la carne, y el esfuerzo por liberarla casi pareció ser superior a lo que podía exigir de su cuerpo, repentinamente tembloroso y debilitado. A cuatro patas en el suelo, Guillaume vomitó el vino que había consumido con tanta despreocupación.

La barbacana había quedado sumida en el silencio más absoluto. Todos los sonidos de lucha habían cesado, y cuando Guillaume avanzó con paso tambaleante hacia la fortaleza principal para dar la alarma, fue horriblemente consciente de que llegaba demasiado tarde.

La mejilla de Raoul estaba pegada a la resbaladiza capa blanca que recubría los tablones del paseo de ronda de la muralla. La mano atrapada debajo de su cuerpo aún conservaba el calor de la vida, y la otra aferraba los tablones, paralizada sobre ellos por un espasmo. Raoul ya no tenía fuerzas para moverla porque la vida se le estaba escapando a través de la herida en el pecho, sobre la vieja cicatriz de la batalla de Muret. La muerte se iba aproximando lentamente, trazando círculos alrededor de él como una bestia al acecho.

Había vendido cara su vida. Tres vascos yacían bajo la luz de las estrellas junto a él, ya reclamados por la muerte. El que hubiesen perecido no había alterado el resultado final. Los defensores habían perdido la barbacana, y con ella la última esperanza para Montségur. Raoul cerró los ojos. Estaba demasiado exhausto para seguir manteniéndolos abiertos, y además no había nada que ver; las estrellas se habían apagado.

Alguien le dio la vuelta.

–Está muerto –oyó que mascullaba una áspera voz vasca.

–Arroja su cuerpo a los gavilanes. ¡No hay ninguna necesidad de emplear la decencia cristiana con un hereje! –gruñó un compañero.

–Pero lleva una buena armadura, y sería una lástima arrojarla al vacío con él. Vamos, ayúdame a quitársela.

Los vascos, codiciosos como urracas, le despojaron del camisote, la daga y el gambesón.

–¿Qué es eso que cuelga de su cuello?

–Es uno de sus talismanes maléficos –se apresuró a responder una voz llena de alarma–. ¡Lánzalo bien lejos!

–Podría ser valioso, y tal vez me traiga suerte. ¡Dices eso porque te gustaría haberlo visto primero! –replicó el mercenario vasco mientras tiraba del cordoncillo del medallón del cáliz y la paloma.

Raoul intentó apartar la mano que se movía sobre su cuello. Al principio sus extremidades no respondieron a la orden pero un instante después, tan de repente como si la puerta de una prisión se hubiese abierto, la tarea se volvió fácil..., demasiado fácil. Raoul se incorporó, sintiéndose tan ligero como un vilano. Los vascos estaban inclinados sobre algo que yacía en el suelo, una crisálida rasgada que parecía extrañamente familiar. Gruñendo a causa del esfuerzo, la llevaron hasta el muro y Raoul les siguió. Los vascos alzaron el cuerpo por encima del parapeto y lo lanzaron al precipicio que se extendía debajo, y después se asomaron sobre las piedras para ver cómo se despeñaba. Un golpe sordo casi inaudible subió hasta ellos, seguido por el silencio. Raoul, lleno de curiosidad, hubiese perseguido el sonido hasta la oscuridad, pero su deseo fue frustrado por una temblorosa barrera de energía, de la cual brotaba un deslumbrante resplandor irisado que avanzó velozmente hacia él para absorberlo. Solo entonces Raoul, sintiéndose invadido por el sereno distanciamiento de lo que ya solo era espíritu, comprendió que esta vez sí había cruzado la frontera entre la vida y la muerte.

Dentro de su tienda, Domingo se aseguraba de que todo estuviera preparado para el viaje: raciones, mantas, capas de abrigo, odres de agua... Se mordisqueó ferozmente la uña del pulgar, los nervios en tensión mientras deseaba que hubieran planeado la salida la semana anterior, cuando algunos de los libros y el tesoro se habían sacado de Montségur dentro de cestas suspendidas de cuerdas por la ladera. Aquel cargamento ya estaba a buen recaudo dentro de las cavernas de Ornolac, donde esperaba ser recogido. La tarea que debían realizar Raoul y él se había vuelto mucho más difícil desde que la barbacana del este se hallaba ocupada por los cruzados, y además por algunas de las mejores tropas de Hugh d'Arcis. La catapulta había sido desmantelada para ser transportada hasta la cima e instalada en la barbacana, desde donde era casi seguro que cualquier piedra disparada conseguiría un impacto directo.

Domingo se sentó encima de su jergón con las piernas cruzadas y empezó a respirar profundamente, vaciando su mente e intentando calmarse. En los últimos días le había costado mucho establecer contacto con Magda; era como si hubiese una barrera entre sus mentes, aunque no se trataba de una barrera hostil sino protectora, un anillo defensivo vital para todo lo que había en Montségur, o eso había creído entender Domingo en su último y breve encuentro telepático.

Todavía no había logrado encontrar ni siquiera una pequeña hebra de tranquilidad cuando un joven soldado irrumpió en su tienda, el rostro convulsionado por la inquietud y el miedo.

–¡Debéis venir enseguida, milord Domingo! ¡Jules y un vasco están a punto de matarse el uno al otro!

Domingo se sintió tentado de decir que más valía que les dejaran matarse, pero tenía que seguir fingiendo.

–Muy bien. Ya voy –dijo, y se levantó del jergón con lentitud para coger la espada–. La próxima vez, espera fuera y pide permiso para entrar antes de aparecer ante mí de esta manera.

–Sí, mi señor –murmuró el joven, correteando junto a él como un potrillo para gran irritación de Domingo.

Los soldados que se habían congregado alrededor de los combatientes se apresuraron a dejar pasar a Domingo en cuanto le vieron llegar. Domingo, la espalda rígida y una expresión de helada desaprobación en el rostro, avanzó a través de ellos hasta llegar a la pelea. Jules y el vasco estaban describiendo cautelosos círculos, las armas preparadas para atacar mientras cada uno buscaba una abertura en la defensa de su oponente. Los dos sangraban a causa de heridas superficiales, y ambos parecían decididos a llegar hasta el final.

Domingo se interpuso entre ellos, alzando también su acero.

–¡Bajad las armas! –ordenó con voz gélida–. ¡Ya sabéis cuál es la pena con que se castigan las peleas!

–¡No he sido yo quien ha empezado! –protestó Jules, la voz agudizada por la rabia y la indignación–. Gané el collar de manera justa y sin hacer trampas. ¡Podéis examinar los dados, mi señor, y enseguida veréis que no están trucados!

–¡Hiciste trampas, bastardo! –resopló el vasco y se lanzó sobre Jules, pero solo consiguió ser detenido por la espada de Domingo.

–¡Tirad las armas! –ordenó Domingo con voz enronquecida, empezando a percibir el parpadeo de la rabia dentro de sí.

Sabía hasta qué punto resultaría sencillo darle rienda suelta, descargar toda la tensión acumulada dentro de su ser mediante una explosión de violencia que dejaría encogidos de terror a sus hombres... Precisamente porque habría sido demasiado fácil, Domingo mantuvo firmemente controlada su furia.

Los gestos exagerados y las voces iracundas de los dos soldados indicaban con toda claridad que habían estado bebiendo. Aquellas disputas siempre seguían el mismo y monótono curso. Vino, dados, insultos, sangre derramada... Ni siquiera las penas, que iban desde la flagelación pública hasta la muerte en el cadalso, disuadían a los hombres de dejarse arrastrar por el deseo de pelearse.

Jules exhaló un largo suspiro, arrojó la espada al suelo y apoyó las manos en las caderas mientras adelantaba un pie. El vasco, con los ojos llenos de veneno, hizo lo mismo con bastante menos gracia.

–Me lo ha robado –reiteró tozudamente mientras Domingo agitaba la mano y la pequeña multitud de soldados empezaba a dispersarse, e inmediatamente Jules empezó a protestar, pidiendo que le permitieran exponer su versión de lo ocurrido.

–¡Silencio! –gruñó Domingo, sus ojos no menos peligrosos que su voz–. ¿Cuál es el motivo de vuestra pelea? Enséñamelo –añadió, tendiendo la mano.

Jules sostuvo la mirada implacable de los ojos verdigrises de su comandante durante un momento, sintió cómo empezaba a extraerle las entrañas del cuerpo y se apresuró a hurgar en la bolsa que colgaba de su cintura.

–Es mío, mi señor. ¡Lo gané honradamente!

–¡Mentiroso! –escupió el vasco, disponiéndose a abalanzarse sobre él. Una vez más lo detuvo la espada desenvainada de Domingo.

Sin relajar la mano, Domingo tomó el talismán que Jules le estaba tendiendo de tan mala gana. Era un disco de plata esmaltada colgado de un sucio cordoncillo de seda roja trenzada, con una copa, o cáliz, del que surgía una paloma que emprendía el vuelo adornando la reluciente superficie.

Domingo sintió que se le helaba la sangre en las venas.

–¿De dónde habéis sacado esto? –preguntó al vasco.

El mercenario, interpretando equivocadamente la granítica intensidad de la mirada de Domingo y el ángulo de la muñeca que sostenía la espada, respondió con más celeridad de la que había prometido la confrontación en un primer momento.

–Se lo quité a un cátaro muerto en la barbacana este, mi señor.

–¿Un cátaro muerto?

–Sí, mi señor. Y además era un caballero... Luchó como un poseso, pero al final logramos acabar con él. Me llevé este collar como recordatorio. También conseguí un camisote de excelente calidad, pero yo y Gastón lo vendimos y nos repartimos el dinero.

Domingo sintió que un nudo de dolor le oprimía la garganta. La presencia de aquel disco en su campamento significaba que Raoul tenía que estar muerto, ya que era el encargado de inspeccionar a los centinelas para asegurarse de que estaban en sus puestos. ¿Qué iba a hacer ahora? Su puño se tensó sobre la joya esmaltada y la apretó hasta que los cantos se hundieron en la carne de su palma.

–Si tanto aprecias este objeto, nunca tendrías que haberlo apostado –dijo ásperamente–. Es el medallón de un hereje muerto, e incluso puede que esté manchado por la blasfemia. Me parece que será mejor que ninguno de los dos lo tenga. Podréis consideraros muy afortunados si acabo decidiendo no hablarle de esto al sacerdote cuando diga la próxima misa..., ¡de la misma manera en que os consideraréis muy afortunados por recibir diez latigazos cada uno y conservar la longitud actual de vuestro cuello!

Esa fue la fachada, la ira fríamente controlada de un oficial que reñía a unos subordinados que acababan de pelearse en público, pero en cuanto hubo visto administrar el castigo y hablado con el capitán que mandaba el destacamento de los vascos, Domingo se sentó sobre el jergón de su tienda y hundió el rostro entre las manos.

–¿Papá? –La manita de Sancha acarició suavemente los abundantes cabellos rubios del hombre. Su padre yacía sobre el colchón, el rostro enterrado en los brazos cruzados y el cuerpo alejado del mundo y vuelto hacia la pared–. No llores más, papá, por favor...

La niña siguió acariciándole la melena, fascinada por la reluciente claridad de aquella cabellera tan distinta de la suya, que era negra y rizada como la de su madre.

Su delicado contacto no era ningún bálsamo para la herida de Guillaume, sino más bien una afilada espina.

–No estoy llorando –mascculló al tiempo que alzaba la cabeza para mostrarle sus ojos, secos pero enrojecidos. Ya no le quedaban más lágrimas que derramar–. Oye, cariñito, déjame solo... Vete con tu madre, ¿de acuerdo?

Sancha se chupó la suave y rosada carne del labio.

–Bridget me ha enviado para que te dijera que necesita hablar contigo, papá –explicó, y siguió dándole palmaditas en el hombro.

Guillaume se incorporó lentamente y deslizó las manos sobre su rostro sin afeitar. Se sentía fatal. Las heridas sufridas durante su encuentro con el enemigo en la barbacana este aún le causaban dolor, pero estaban curando bien, y ese padecimiento era soportable. Lo que le dejaba sin fuerzas era el torbellino interior, y resultaba imposible aliviar aquel dolor con el vino. La mera idea de enfrentarse a una copa rebosante de fresco y rojo veneno bastaba para cubrir su cuerpo con el sudor helado del anhelo y las náuseas.

Sancha se encaramó al borde del jergón. Sus enormes ojos castaños permanecían clavados en el rostro de Guillaume, llenos de adoración e inquietud. La niña apoyó confiadamente la cabeza en su musculoso brazo. Guillaume había traicionado la confianza depositada en él con la bebida y el descuido, y de repente el enemigo podía acceder a cada una de las partes vulnerables de la fortaleza mediante la catapulta. Cogió en brazos a su hija y la estrechó contra su pecho, apretándola con tanta fuerza que Sancha dejó escapar un chillido de miedo y empezó a debatirse. Una sombría tensión inmovilizó la curva de los labios de Guillaume por encima de los oscuros rizos de Sancha. Tenía que haber alguna escapatoria para ella y para Constanza, porque Guillaume no se atrevía a creer que su negligencia también causaría sus muertes.

Bridget estaba en el cuartito que utilizaba para almacenar y preparar las hierbas y raíces medicinales con las que aliviaba los padecimientos de los enfermos y los heridos, y bien sabía Dios hasta qué punto necesitaban tales curas últimamente. No estaba sola, pues Magda y Chrétien también se hallaban presentes.

–¿Se me ha llamado para juzgarme? –preguntó Guillaume, deteniéndose en el umbral y adoptando una postura beligerantemente defensiva.

–Me parece que tú mismo te has juzgado ya –respondió Chrétien con su voz grave y poderosa, en la que acababa de aparecer la sombra casi imperceptible de un estremecimiento–. Ese tipo de confrontación no serviría de nada.

–¿Qué queréis entonces?

–Tu ayuda –respondió Bridget.

Bajo su impasible mirada gris, Guillaume apartó las manos de las caderas, en las que había buscado un punto de apoyo. Sus cejas se elevaron para reunirse con la línea irregular de su flequillo.

–¿Queréis mi ayuda? ¿Después de lo que ocurrió en la barbacana del este?

–Quizá debido a eso –replicó Chrétien con tranquila sagacidad–. A partir de ahora no volverás a subestimar a los cruzados, y tu dolor es tan grande que, a menos que repares el mal que has hecho, te destruirás a ti mismo con las recriminaciones. Debes comprender que ninguno de los presentes en esta habitación te culpa de nada.

–¡Qué generosos sois al desear que ponga algo de orden en mis pensamientos para que así podáis concederme vuestra absolución! –replicó Guillaume con amargura y les dio la espalda, pero no salió del cuartito. Las lágrimas que había creído extinguidas para siempre ardieron repentinamente detrás de sus párpados. Se pellizcó el puente de la nariz y cerró los ojos, pero sabía que su respiración le delataba–. ¿Qué queréis que haga? –preguntó con un hilo de voz y sin volverse hacia ellos.

Hubo un largo silencio antes de que Chrétien carraspeara.

–¿Sabías que tu padre estaba planeando irse de Montségur?

–No. –La voz de Guillaume se convirtió en un suspiro–. No, no lo sabía. No me dijo nada, pero supongo que es lógico, pues no confiaba en mí, ¿comprendéis? Impulsivo, caprichoso, incapaz de aguantar el vino... He demostrado que tenía razón, ¿no? –añadió, y la última palabra acabó siendo engullida por un sollozo arrancado de lo más profundo de su ser.

–¡Basta! –Magda se acercó él y, cogiéndole del brazo, tiró de Guillaume–. ¡No puedes envenenar tu vida con el remordimiento y la amargura! Raoul escogió permanecer con nosotros en Montségur. Podría haberse ido hace mucho tiempo y nadie se lo habría impedido ni habría tenido peor concepto de él porque obrara de esa manera. Y no te lo contó porque había jurado guardar el secreto.

Sus palabras solo contenían la mitad de la verdad, pero dado el estado de Guillaume, Magda no le habría revelado la otra mitad por nada del mundo.

Guillaume meneó la cabeza y se enjugó las lágrimas con la mano. Permaneció en silencio, y su cuerpo perdió una parte de la rigidez que se había adueñado de él.

–Iba a sacarme de aquí por la poterna para llevarme con Domingo –intervino Magda–. Si surgían problemas, él y Luke de Béziers se ocuparían de resolverlos mientras nosotros huíamos. Todos los planes estaban trazados; las rutas, todo...

–¿Domingo? –De repente los ojos castaños de Guillaume se volvieron aún más enormes que los de su hija–. ¿Te refieres a mi medio hermano? –preguntó boquiabierto, mirando fijamente a Magda–. ¿Domingo? ¿Domingo está aquí?

Magda asintió.

–Entre los cruzados, sí. Unimos nuestras almas hace ya mucho tiempo, y recientemente nos hemos convertido en amantes. La niña que perdí era suya.

Guillaume la contempló con los ojos llenos de asombro. Se había preguntado en más de una ocasión a qué hombre de la comunidad de Montségur se había llevado Magda a la cama, pero ni sus más locas fantasías lograron aproximarse a la realidad. ¿Ella y Domingo? ¡Jesús!

–Temo que sea descubierto, porque está corriendo un riesgo muy grande. Luke ha sido su contacto, pero ya no podemos seguir utilizándole. Hugh d'Arcis le vigila demasiado estrechamente, y el cerco se ha cerrado alrededor de nosotros de tal manera que Luke ya no puede entrar y salir de Montségur como solía.

Guillaume deslizó las manos por entre sus cabellos y se preguntó cómo era posible que todas aquellas cosas hubieran existido delante de sus narices sin que llegara a enterarse. Quizá el vino le había cegado a todo lo que no fuera sus propios odios, o quizá todos habían intentado ocultarle sus secretos precisamente porque era tan volátil e impulsivo. No atreviéndose a seguir investigando implicaciones tan terribles, se volvió nuevamente hacia Magda.

–¿Y qué razón puede haber para que la huida sea tan importante? –Vio las miradas que intercambiaron los tres componentes del grupo y volvió a encogerse–. De acuerdo, no me lo digáis –dijo cansinamente–. Sé que no merezco vuestra confianza. ¿Qué queréis que haga?

Bridget le contempló en silencio durante unos momentos. Guillaume acababa de examinar las profundidades más recónditas de su ser y se había horrorizado ante lo que escondían. Esa siempre era la parte más difícil. Algunos hombres y mujeres nunca llegaban a ella, prefiriendo vivir pegados a las orillas por miedo a lo que se agazapaba en las profundidades, hasta que un día los bajíos en los que se habían protegido se evaporaban de repente y morían de sed.

–No –dijo con firme tranquilidad–. Tienes derecho a saber por qué se te pide que arriesgues tu vida.

Ramón de Perella se restregó los ojos doloridos con los nudillos, pero solo consiguió irritarlos todavía más y hacer que le fuese difícil centrar la mirada en Pierre-Roger, Guillaume y los otros caballeros que formaban su consejo de guerra.

–No podemos seguir así –dijo cansadamente–. O negociamos unas condiciones de rendición ahora que aún nos queda algo de aguijón en la cola, o negociamos dentro de un mes, cuando ya no dispongamos de nada con lo que convencerles de que deben escucharnos.

–¡No! –Pierre-Roger dejó caer su enorme puño sobre la mesa, golpeándola con la salvaje potencia de un mazo–. ¡No les entregaremos ni un solo centímetro de terreno a menos que mueran conquistándolo!

–Somos nosotros quienes estamos muriendo –respondió el señor de Perella con la voz enronquecida por el cansancio–. Ahora que se han apoderado de la barbacana, pueden matarnos a voluntad. El mero hecho de pensar en la rendición ya ha supuesto una horrible tortura para mí. En una ocasión juré que enrojecería las montañas con la sangre de quienes osaran poner los pies en esta sagrada cima, pero ahora comprendo que seguir luchando solo prolongará nuestra agonía.

Su sobrino se levantó de un salto y empezó a pasearse por la habitación, apretando las mandíbulas hasta hacer rechinar los dientes.

–¡No puedo creer que te esté oyendo proponer la rendición!

Ramón de Perella siguió el deambular de Pierre-Roger con ojos llenos de cansancio.

–Es muy doloroso, pero debemos enfrentarnos a ello. Las rabietas no nos ayudarán en nada.

Dos semanas antes Guillaume se habría levantado de un salto, hecho una furia, para ponerse de parte de Pierre-Roger. Pero eso era antes de que hubiera sido templado por la pena, los remordimientos y el peso de una espantosa responsabilidad, de modo que el nuevo Guillaume permaneció sentado y reprimió la primera negación instintiva surgida de la sorpresa.

–En Montségur hay secretos que nunca deben caer en manos de los dominicos –dijo Guillaume, dispuesto a defender la propuesta de Ramón de Perella–, pero la red se ha tensado tanto que ahora ya es imposible hacer ninguna clase de arreglos. Las negociaciones nos proporcionarían esa oportunidad.

Pierre-Roger dejó escapar un resoplido despectivo, e interrumpió su nervioso paseo.

–¿Secretos? –Perella alzó la mirada hacia él–. ¿Relacionados con las místicas?

–Sí, mi señor. Se suponía que mi padre debía escoltar a Magda hasta el lugar de la montaña en el que la estaría esperando un contacto, pero después de lo que ocurrió en la barbacana del este...

–¡Y todos sabemos quién tuvo la culpa! –le interrumpió ferozmente Pierre-Roger, enfurecido al ver que Guillaume le negaba su firme respaldo habitual.

Las mandíbulas de Guillaume se tensaron, pero su tono no se alteró.

–No podéis decir nada que no me haya dicho a mí mismo ya.

–¡No estéis demasiado seguro de ello!

–¡Calma, calma! –gruñó Ramón de Perella–. Las recriminaciones solo sirven para malgastar el aliento. ¡Pensándolo bien, Guillaume y tú bien podríais culparos por lo que ocurrió en Avignonet! Iniciar unas negociaciones significaría abrir un canal con el mundo.

–¿Y qué hay de los cátaros? –replicó Pierre-Roger–. ¡Todos sabéis qué les hará Hugh d'Arcis!

–¿Cambiaría el desenlace final si resistiéramos otro mes, dos como máximo? De esta forma, por lo menos algunos de nosotros seguiremos con vida. –De Perella inclinó la cabeza para dar más énfasis a sus palabras–. No veo que haya ningún mal en pedir que se nos permita negociar. Después siempre podemos rechazar las condiciones en el caso de que nos resulten imposibles de tragar.

–¡Ya me estoy atragantando! –se burló su sobrino.

–¡Pues entonces mastica bien! ¡Hay en juego muchas más cosas aparte de tu orgullo!

Un silencio absoluto se adueñó de la habitación durante los momentos siguientes a la marcha de Pierre-Roger, que había salido de ella dando un portazo..., aunque no había muchos sitios en los que pudiera desahogarse. Todo el espacio y la seguridad habían quedado reducidos a una esquina del patio que no podía ser alcanzada por la sombra de la catapulta.

–Ya entrará en razón cuando se haya calmado –dijo el señor De Perella con un tono levemente preocupado, como si ni él mismo creyera en sus palabras–. Debe hacerlo. –Después volvió la cabeza hacia Guillaume y estiró los labios en una pobre imitación de una sonrisa–. ¿Qué me responderíais si os propusiera dirigir las negociaciones como jefe de mis edecanes?

Con el medallón y el cáliz suspendidos ante sí, Domingo se concentró hasta que los ojos empezaron a escocerle y se vio obligado a parpadear, lo que disipó la magia del momento. No percibía nada, ni siquiera la vibración de una sensación. La fortaleza le mantenía a raya, impidiéndole acceder a Magda. La paloma pareció palpitar sobre el disco esmaltado, una ilusión causada por haberla estado contemplando fijamente durante demasiado tiempo. Dio la vuelta al disco y estudió el reverso, que estaba adornado por el símbolo de un caldero en el que se hundía una lanza, y volvió a preguntarse qué significaría. El conocimiento, igual que el contacto con Magda, flotaba justo más allá de su alcance, rodeado por un círculo de peligro y protegido por una barrera que mantenía alejados tanto al amigo como al enemigo.

Tan cerca, y tan lejos... Domingo volvió a ceñirse al cuello el cordoncillo rojo y contempló lo que le rodeaba con ojos llenos de aborrecimiento. La sala de guardia de la barbacana del este era mucho más cómoda que una tienda, pero la mera visión de aquellas piedras ya le resultaba insoportablemente odiosa. Raoul había muerto allí, y con él las esperanzas de los cátaros. Una catapulta coronaba los baluartes y escupía su pétrea destrucción sobre los cátaros atrapados; él también estaba atrapado.

Un puño golpeó la puerta de la sala de guardia y Jules solicitó permiso para entrar. Domingo escondió el medallón debajo de su camisote.

–¡Adelante! –gritó con brusquedad y se puso en pie.

La puerta se abrió con un crujido y Jules apareció en el umbral. Ni su todavía reciente flagelación ni el mal humor de Domingo habían conseguido hacer mella en su naturaleza fanfarrona y parlanchina.

–Los herejes han enviado a alguien con una bandera de tregua, mi señor –anunció, y sus ojos de comadreja relucían–. Supongo que empiezan a sentirse desesperados.

El corazón de Domingo aceleró sus latidos. Abandonando sus cavilaciones, pasó junto al pequeño sargento sin decir palabra y subió corriendo a las almenas. Después de lanzar una fugaz mirada hacia abajo, ladró una orden a los hombres de guardia y bajó corriendo por las serpenteantes escaleras.

Guillaume parecía la sombra de sí mismo. El resplandor de la joven virilidad era menos que un recuerdo en un rostro que había quedado reducido a huesos y oquedades cavernosas. Su delgadez rozaba la demacración, como si una hoja invisible hubiese ido rebanando su carne hasta dejar únicamente la llama del espíritu. La huella que el sufrimiento y las penalidades habían dejado en él era tan tremendamente visible como la terrible pena que desgarraba su ser.

–Traigo conmigo un documento firmado por Ramón de Perella y Pierre-Roger de Mirepoix que me autoriza a negociar con Hugh d'Arcis –dijo Guillaume solemnemente a los hombres inmóviles alrededor de Domingo que estaban escuchando sus palabras, pero sus ojos contaban una historia distinta y más personal.

Domingo enarcó una ceja. El mensaje silencioso fue de un hombre a otro, y Domingo se volvió hacia la descaradamente curiosa multitud de soldados y escuderos.

–¿Es que no tenéis nada que hacer? –preguntó secamente, los ojos entrecerrados e iluminados por un destello amenazador–. ¡Quienes no lo tengan, que esperen unos minutos y pronto les encontraré algo en que ocuparse! –Los espectadores se desvanecieron tan rápidamente como la neblina bajo la luz del sol–. Santo Dios, Guillaume... –murmuró Domingo–. ¿Qué ha estado ocurriendo ahí arriba? He estado a punto de enloquecer de preocupación. Magda ya debería haber salido de Montségur hace mucho tiempo.

–¿Cómo esperas que eso ocurra cuando tus soldados están por toda la barbacana? –Los labios de Guillaume se separaron para mostrar los dientes–. ¡Nada se mueve sin que sus ojos lo vean!

–¡No son mis soldados! –replicó Domingo con un tono no menos abrasivo–. Advertí a tu padre que debía mantenerse alerta contra un ataque de esas características. Hago cuanto puedo, sabiendo muy bien que no es suficiente, pero no me atrevo a despertar las sospechas porque quiero que la ruta de huida permanezca abierta.

–¡De qué sirve una ruta de huida si no podemos llegar hasta ella!

–Supongo que por eso estás aquí, ¿no? –Cogió a Guillaume del brazo y lo llevó hacia la sala de guardia–. Ven conmigo. Si vamos a arrancarnos el pellejo a tiras, será mejor que lo hagamos en un sitio donde podamos estar cómodos.

La observación hizo que la piel curtida por la intemperie de Guillaume se volviese un poco más oscura, y se sintió lleno de culpabilidad y resentimiento. Domingo estaba en lo cierto. Apretando los dientes y obligándose a no perder el control, Guillaume le siguió hasta la sala de guardia de la barbacana, donde solo un mes antes él mismo había estado cómodamente sentado, con una jarra de vino siempre al alcance de la mano..., siempre demasiado cerca de sus dedos.

El calor de un brasero le invitó a extender las manos para experimentar el lujo del calor. Desde finales de enero no habían tenido combustible salvo para cocinar y hervir agua con la que limpiar las heridas. Sintiéndose como un traidor, pero incapaz de contenerse, Domingo disfrutó de la cálida irradiación. El sonido del vino escanciado en una copa le obligó a tragar rápidamente para reprimir las náuseas mientras sentía cómo la boca se le llenaba de saliva.

–No quiero vino –se apresuró a decir a Domingo, aterrado por la posibilidad de que le resultara imposible resistirse una vez que la copa estuviera en sus manos–. Desde... desde que mi padre murió, he renunciado a cualquier bebida que no sea el agua.

Domingo le lanzó una mirada tan penetrante y sagaz que Guillaume inclinó la cabeza hacia un lado.

–Yo estaba al mando de esa barbacana la noche en que murió Raoul –dijo, hablando en voz tan baja que Domingo tuvo que aguzar el oído–. Soy el único culpable de que nos pillaran por sorpresa.

Domingo no dijo nada. Guillaume se atrevió a mirarle, pero el rostro de su hermano no reflejaba expresión.

–¿No vas a recriminarme mi conducta? –preguntó con voz repentinamente desafiante.

–Estoy caminando por una cornisa demasiado estrecha para perder el equilibrio arrojando piedras a los demás. –Domingo abrió una mano en un gesto lleno de tristeza y bebió un sorbo de vino–. Lo que debemos hacer es llevar a Magda a un lugar seguro antes de que esta fortaleza caiga, porque cuando la conquisten no habrá cuartel.

–Lo sé. –Una dolorosa ansiedad invadió el pecho de Guillaume–. No estoy aquí únicamente por Magda. También he venido para negociar en nombre de otros cuyas vidas podrían salvarse si nos rendimos ahora. Tengo a una mujer y a una niña en la fortaleza, ninguna de las cuales es cátara, y lo mismo les ocurre a otros muchos combatientes. No hay ninguna razón por la que la Iglesia no pueda dejarlas marchar. Magda y tú podéis aprovechar la tregua de las negociaciones para escapar.

–Si mis recuerdos de Toulouse no me engañan, me atrevería a decir que no tienes madera de diplomático –observó secamente Domingo.

Guillaume torció el gesto.

–He cambiado mucho desde entonces. Cumplir treinta años y ver que en la urdimbre de tus sueños hay un desgarrón que abarca toda tu vida es algo que te altera irrevocablemente. De repente te encuentras desnudo ante el mundo, y... Quiero que mi hija viva.

–No he de hacer ningún esfuerzo para entender ese deseo –dijo Domingo, bebiendo otro trago de vino y apartando la jarra de su alcance después.

De repente Guillaume se acordó de que la hija de Domingo no había tenido ocasión de vivir.

–Dios bendito... Lo siento –dijo.

Domingo agitó la mano en una negativa casi imperceptible.

–¿Por qué deberías disculparte por mi pérdida? No hemos venido aquí para compadecernos el uno del otro. Limitémonos a discutir la situación, y así luego no tendremos que arrepentirnos de lo que hayamos podido llegar a decir.

Guillaume se envaró ante el tono empleado por Domingo y toda la contrición desapareció de sus ojos, que se entrecerraron para lanzarle una mirada helada.

–La situación... –dijo, apretando las mandíbulas–. Debo intentar prolongar las negociaciones hasta la víspera del equinoccio de primavera, pues Bridget ha trazado un plan para esa fecha.

–Pues yo opino que cuanto antes os marchéis, mejor –dijo Domingo, frunciendo el ceño.

–No –replicó Guillaume–. Durante el equinoccio el poder natural puede ser controlado y transformado con más facilidad. Bridget ya no posee la fortaleza necesaria para conjurar una tormenta a partir de la nada –añadió mientras observaba atentamente a Domingo para detectar cualquier signo de incredulidad, pero su hermano no reveló ni siquiera con un parpadeo lo que pensaba de semejante observación.

–Bien, ¿qué camino hemos de seguir a partir de aquí? –Domingo volvió a extender la mano hacia la copa; sin embargo, no se la llevó a los labios, sino que derramó el vino sobre las esteras que cubrían el suelo–. Para la Diosa –murmuró, mientras levantaba la vista hacia su medio hermano Guillaume.

Capítulo 43

Fray Bernard contempló la cabeza de pescado que había en su plato y esta le devolvió la mirada con sus ciegos ojos blancos como velas. Aún quedaban algunas hebras de carne adheridas a la espina. El fraile extendió el dedo índice y tocó el delicado trazado de líneas puntiagudas. Qué hermoso, qué austeramente desnudo y mortal era, y cuán blasfemo por parte de los cátaros era creer que un alma humana podía renacer en el cuerpo de un pez... Solo el hombre tenía un alma, y cuando moría esta entraba en la felicidad eterna del cielo o sufría en el infierno. Todos los cátaros, hasta el último de los que se escondían en la cima de aquella montaña, irían al infierno. Fray Bernard no iba a permitir que ni uno solo de ellos se retractase de sus creencias. Cada noche iba a contemplarlos, arrastrándose a cuatro patas sobre las duras piedras de la ladera, y cada noche era rechazado por el diabólico poder que burbujeaba detrás de aquellas paredes.

–¿Os cuesta digerir el pescado? –preguntó Hugh d'Arcis al ver la mueca que retorcía el flaco rostro del fraile.

–No, mi señor. El pescado es excelente. –Bernard presionó uno de los rígidos huesos afilados como agujas con la yema del pulgar hasta que la punta le perforó la piel. Una diminuta joya rojiza relució sobre ella, brillando con el oscuro color de la sangre. «Os convertiré en pescadores de hombres...»–. Estaba pensando en vuestra decisión de permitir que los cátaros que se retracten de su herejía sobrevivan junto con los hombres y las mujeres de la guarnición.

–El sitio ya ha durado demasiado tiempo –dijo D'Arcis con

mal disimulada irritación–. De esta manera los cátaros recalcitrantes morirán en el poste y obtendremos la fortaleza sin necesidad de consumir más tiempo o incurrir en más gastos. Una vez que Montségur esté en nuestras manos, los herejes nunca podrán volver a utilizarla como base. Os lo repito, fray Bernard, y vos mismo habéis podido verlo en el campamento: no podré mantener a mis hombres en campaña mucho más tiempo, porque todos quieren volver a casa.

El pálido labio superior de Bernard se tensó, mostrando sus dientes amarillentos.

–Los cátaros os están ocultando cosas. Lo sé, porque lo he visto. Los herejes corrientes... Oh, sí, esos cátaros irán de buena gana a las llamas por sus malditas creencias, pero cobijados entre ellos hay otros cuya blasfemia es todavía más grande que la suya. Los cátaros harán cuanto esté en sus manos para ayudarles a huir y permitirles proliferar.

–¿Y qué pueden hacer? –se burló D'Arcis–. ¡Ahí dentro están tan atrapados como langostas metidas en una cesta!

–Las cestas pueden ser usadas tanto para escapar como para aprisionar.

Un fruncimiento de ceño amenazador oscureció la frente de D'Arcis, quien no respondió al sarcasmo del fraile. La noche anterior se había producido una brecha en la seguridad. Algunos cátaros habían escapado de la fortaleza llevándose consigo varios fardos. Un centinela había oído algo y, al mirar hacia arriba, había entrevisto el extremo de una cuerda que serpenteaba a lo largo del muro de la fortaleza y se perdía en la oscuridad. Aunque se dio la alarma de inmediato y se registró concienzudamente toda la ladera de la montaña, los fugitivos lograron huir. Después de aquello, las medidas de seguridad se habían reforzado hasta volverlas absolutamente inviolables.

–Ahora ya nada conseguirá atravesar nuestras líneas –dijo secamente y encorvó los hombros, lo que unido a su picuda nariz hizo que pareciese un halcón en plena muda del plumaje.

Bernard no se dejó convencer por sus palabras.

–Os aseguro que tienen poderes de naturaleza diabólica. Yo mismo he tenido ocasión de experimentarlos.

D'Arcis, los ojos llenos de impasible pragmatismo, le miró fijamente.

–Entonces es a vos a quien corresponde desafiarlos, fraile –masculló–. Yo he de preocuparme de las cuestiones militares.

–En ese caso deberíais tener mucho cuidado con su negociador. No hay que confiar en él. Probablemente espió todos nuestros puntos débiles y nuestros recursos antes de regresar a la fortaleza.

Se limpió la sangre del dedo en el plato y contempló cómo el pan la absorbía de la misma manera en que su lengua absorbía una santa hostia. La tregua terminaría al amanecer del día siguiente, dos semanas después de su inicio, y Montségur se había comprometido a abrir sus puertas. Al día siguiente, cuando se encendiesen las hogueras y los herejes fueran entregados a las llamas, Bernard se quitaría su camisa de pelos y se regocijaría.

D'Arcis, quien no parecía en absoluto preocupado, escogió una gamba de uno de los platos que quedaban encima de la mesa y le arrancó la cabeza.

–Es lo que yo esperaría de cualquier soldado digno de ese nombre.

–¿Y también esperaríais que encontrara ayuda entre vuestras tropas?

D'Arcis acabó de pelar la gamba, hizo una pausa y contempló al sacerdote, el rostro repentinamente serio y solemne.

–Esa es una acusación muy grave. Confío en que dispondréis de pruebas para apoyarla.

–¿Realmente creéis que todas esas brechas en la seguridad han sido simples descuidos? Deberíais volver la mirada hacia los hombres que se encuentran más cerca de las murallas.

–¡No necesito que un sacerdote entrometido me diga cómo he de hacer mi trabajo! He interrogado concienzudamente a todos mis comandantes y no tengo nada que reprocharles.

D'Arcis se metió el crustáceo en la boca y lo aplastó entre sus muelas como si fuera un sustituto del fraile que compartía su mesa.

Los ojos de obsidiana de Bernard se entrecerraron.

–En una de mis visiones vi a un cruzado dentro de Montségur, y era uno de ellos. Era un oficial, pues llevaba una cota de malla debajo de la sobreveste y la cruz.

–¿De veras? –D'Arcis apartó el plato de gambas e indicó a sus escuderos que retiraran la vajilla–. ¿Y qué aspecto tenía?

–Tenía la barba y los cabellos negros, y era alto y musculoso.

–¡Una descripción aplicable a la mitad de los caballeros del campamento! –Alegrándose de poder pasar por alto las palabras del sacerdote, D'Arcis empezó a levantarse–. Os diré qué voy a hacer, ¿de acuerdo? –añadió, decidiendo que intentaría complacer a fray Bernard–. Enviaré un mensajero a la guardia de la barbacana para que advierta a Domingo que esta noche debe mantenerse alerta por si ocurre cualquier cosa que se salga de lo corriente.

–¿Domingo, habéis dicho?

Bernard, que también se disponía a levantarse, se dejó caer en su asiento, los ojos clavados en la raspa de pescado que los escuderos aún tenían que llevarse.

D'Arcis se encogió de hombros.

–Creo que la condesa de Montfort en persona escogió ese nombre para honrar así al fundador de vuestra orden. Es el hijo bastardo del viejo conde Simón..., el atleta de Dios, como solía ser conocido. Y me atrevería a decir que las hazañas atléticas de Domingo son considerablemente más seculares en lo que concierne al bello sexo. –La expresión que apareció en el rostro de Bernard lo hizo fruncir el ceño–. ¿Qué ocurre?

–Lo sé todo sobre Domingo FitzSimon –dijo Bernard en un gélido susurro–. Fui su preceptor en Toulouse. Si tan a fondo habéis interrogado a todos vuestros comandantes, entonces ya sabréis que es un hereje de primera magnitud y que ha sido marcado con la zurdera diabólica.

–¡Oh, vamos! –D'Arcis dejó escapar una carcajada un tanto

temblorosa–. He conocido a varios zurdos a lo largo de mi vida, y uno de ellos era sacerdote. ¡Ser zurdo no es motivo para condenar a un hombre!

–Fue juzgado por herejía en el treinta y cinco y expulsado del Languedoc. Si no ardió en la hoguera, fue únicamente debido a las poderosas conexiones de su familia. –Bernard siguió hablando como si D'Arcis no hubiese abierto la boca–. Su madre es una Perfecta y se encuentra dentro de esa fortaleza, al igual que su amante, y el enviado que vino a negociar las condiciones de la rendición con vos, Guillaume de Montvallant, es nada menos que su medio hermano.

D'Arcis se encrespó y se puso de color carmesí.

–¡No os creo! –logró decir, pero solo eran palabras porque en realidad le creía por más que se negaba a hacerlo.

–Ahora veo la conexión –murmuró Bernard–. Antes la había pasado por alto, y no le reconocí a causa de la barba. –Se apretó la frente con el puño–. Será esta noche. Lo siento aquí, una acumulación del poder...

La primera oleada roja de la furia había desaparecido de los ojos de Hugh d'Arcis, sustituida por la abrasadora blancura de una tensión mucho más mortífera.

–Redactaré de inmediato una orden de arresto a nombre de Domingo –dijo secamente.

Mientras se dirigía hacia la entrada de la tienda sintió un repentino y horrible vacío en el estómago al acordarse de todos aquellos pequeños incidentes inexplicables, como la constante tendencia de la catapulta a padecer molestos problemas de funcionamiento, el equipo que se rompía o era robado, y la ocasión en que había sorprendido a Domingo conversando con aquel caballero templario.

Cuando d'Arcis y fray Bernard se habían sentado para cenar, el anochecer primaveral era suavemente cálido y despejado, pero ya hacía rato que había empezado a levantarse un súbito vendaval que ondulaba las lonas de las tiendas y deslizaba sus ráfagas a través de las hogueras del campamento. Cuando D'Arcis alzó la mirada hacia el cielo, las estrellas estaban siendo rápidamente engullidas por las nubes.

–Se acerca... –dijo el fraile, la voz cargada de oscuros presagios–. El Armagedón, la batalla final, se aproxima.

A D'Arcis se le erizó el vello y entonces descubrió que era a Bernard a quien temía, no a los cátaros refugiados en la fortaleza.

Bridget estaba sentada dentro de un pentágono dibujado con sal sobre el suelo de las almenas, el rostro vuelto hacia el este y los ojos dirigidos hacia el lugar de la salida del sol; los cabellos, surcados por hebras grises, cubrían su espalda desnuda como una capa. Su cuerpo, debilitado por el ayuno y la privación, había perdido toda la flexibilidad y el tono muscular, pero el resplandor interior perduraba y parpadeaba alrededor de ella, centelleando y reluciendo como una entidad viva más animada que la carne que la contenía. Chrétien estaba sentado delante de ella, sujetándole las manos con las suyas de tal manera que sus cuerpos formaban el antiguo símbolo del infinito. Aquella noche era el equinoccio y el poder de la naturaleza podía ser controlado y dirigido, y nunca lo habían necesitado más que en aquellos momentos.

Bridget cerró los ojos y se concentró. Su ser era el conducto a través del que fluiría la fuerza vital para llegar a su destino. Su cuerpo tembló ante el poderío de las fuerzas que se iban desplegando alrededor y dentro de ella. Controlar semejante poder le hubiera exigido un duro esfuerzo incluso en la época más dorada de su juventud, y en aquel momento, mientras empezaba a acumularse, Bridget supo que su viaje había comenzado, igual de irrevocablemente y de la misma manera en que lo había hecho el su hija.

El rayo desgarró el cielo sobre los almenajes de Montségur como un atisbo del mundo que había más allá y las nubes hirvieron en el cielo, agitándose como chorros de vapor que brotaran del caldero de la vida.

Semejante a una antigua diosa, la gigantesca catapulta que se alzaba sobre la muralla del este era tanto la destructora de la vida como su fuente, la llave de la libertad. Domingo contempló la gigantesca máquina de asedio con los ojos llenos de un aborrecimiento en el que también había un chispazo de satisfacción por lo que se disponía a hacer. Aquellos objetos mortíferos habían formado parte de él desde los primeros días de su infancia. No recordaba ni un solo instante en el que el estrépito del contrapeso y el crujido del torno no hubieran vivido en sus sueños y obsesionado sus horas de vigilia cada vez que permitía que sus pensamientos vagaran a su antojo. Su padre aplastado y convertido en pulpa sanguinolenta, hombres y mujeres que aullaban, la varita de sauce de fray Bernard...

La catapulta llevaba catorce días sobre las murallas, donde se elevaba como un centinela silencioso, sus fauces prisioneras del bozal de las dos semanas de tregua que habían concedido a los cátaros para que rumiaran las condiciones de su rendición y repasaran sus vidas. Aquella noche la máquina quedaría reducida al silencio para siempre, pero no antes de que hubiera prestado un último servicio.

Domingo había enviado a los hombres de guardia a la sala de abajo para que cenaran. Mientras la tregua permaneciese en vigor, la vigilancia de la catapulta no era excesivamente estricta, y nadie se había quejado ni siquiera pensado que hubiera algo de extraño en esa orden, ya que Domingo la había convertido en una rutina durante las últimas cuatro noches.

Después de haber lanzado una última mirada alrededor, Domingo puso el pie sobre el cabrestante y la mano encima de una viga, y se izó ágilmente a la estructura principal del arma. Deslizó la mano debajo de su capa para desprender con gran cautela de su cinturón uno de la media docena de pequeños huevos de arcilla y lo colocó con meticuloso cuidado en el hueco donde se juntaban dos travesaños. El huevo contenía fuego griego, un líquido oscuro que poseía espectaculares propiedades combustivas, de fácil ignición y de extinción casi imposible. Domingo avanzó metódicamente por la catapulta, desprendiendo los otros recipientes de su cinturón y colocándolos para que sirvieran a su propósito final, uno en el cabrestante, otro en la bolsa de cuero que contenía las piedras, dos en los pilares de sustentación y otros en la superestructura. Toda su concentración estaba dirigida hacia los pequeños y volátiles cascarones de arcilla, pues sabía que un solo movimiento descuidado o un resbalón de los dedos los harían estallar en una bola de llamas devoradoras e inextinguibles.

Cuando hubo completado la tarea, bajó al suelo de un salto y dedicó un momento a aflojar sus tensas mejillas con un prolongado suspiro de alivio mientras se limpiaba las manos en la capa. El viento agitó sus cabellos, y Domingo alzó la cabeza para lanzar una rápida mirada a las alturas, donde un cielo nocturno lleno de nubes absorbía rápidamente el anochecer tachonado de estrellas. Se volvió hacia los barriles de pez pulcramente alineados a lo largo del muro del almenaje, llevó rodando dos de ellos hasta la catapulta, los colocó a ambos lados de esta y después quitó los tapones. Luego abrió un tercer barril y lo inclinó para dejar un reluciente rastro gelatinoso entre la catapulta y el comienzo de la escalera. A esas alturas a Domingo ya le costaba respirar a causa del esfuerzo, pero aun así una maravillosa oleada de júbilo se abrió paso a través de la tensión física y las náuseas provocadas por el nerviosismo. La catapulta llevaba demasiado tiempo dominando su vida, y ya era hora de que desapareciese en un acto de sacrificio.

–*Benedicte* –la saludó burlonamente y, arrancando una antorcha del soporte de la pared, rozó con la punta llameante uno de los lados del rastro que había creado y echó a correr–. ¡Fuego! –aulló unos instantes después, abriendo la puerta de la sala de guardia de un manotazo–. No os quedéis parados mirándome como si fuerais un rebaño de ovejas... ¡La catapulta está ardiendo! Organizad una cadena de cubos. ¡Yo iré a buscar más ayuda!

Mientras Domingo corría a través de la noche, el rugido de las llamas aumentaba a medida que eran alimentadas por el cada vez más potente vendaval y los primeros destellos del rayo iluminaban el cielo sobre las almenas. Manteniéndose dentro de las sombras y moviéndose con la velocidad de una serpiente que avanzara por entre la maleza, Domingo se encaminó hacia el muro oeste de Montségur.

Magda se aferró a la cuerda que estaba siendo desenrollada poco a poco a lo largo del precipicio oeste de la fortaleza y se sintió tan vulnerable como una mosca en una pared, lista para ser aplastada. Los guardias verían con toda claridad su silueta y la de Guillaume recortadas contra los fogonazos intermitentes del rayo y darían la voz de alarma; o bien, el negro caminante nocturno percibiría la existencia de aquella brecha en las defensas de Montségur y llegaría en silencio, deslizándose velozmente sobre sus pies ensangrentados, para destruirlos.

El miedo mordisqueaba la tranquilidad de Magda como una rata que royese la cuerda de la que se hallaba suspendida gracias a un frágil arnés de cuero. No debía tener miedo, ya que el temor solo serviría para ayudar a la oscuridad, porque le proporcionaría una herida de la que alimentarse.

–Ya no falta mucho –susurró Guillaume junto a ella.

Magda no podía verle la cara, pero su voz le indicó que había hablado tanto para reconfortarla como para tranquilizarse a sí mismo. El cuero se hundió en sus muslos, la cuerda se balanceó, llevándola hacia los muros, que le arañaron el cuerpo, y el viento aulló como un demonio desencadenado, golpeándola y esparciendo sus cabellos por encima de su rostro. Creyó oír maldecir a Guillaume, pero no estaba segura, porque la violencia de los elementos era tan grande que se apoderaba de cualquier pensamiento o palabra para transportarla muy lejos. Las cuerdas de las que colgaban su cuerpo y el de Guillaume oscilaron alarmantemente cuando los que las estaban soltando poco a poco, debilitados por el agotamiento y la falta de comida, intentaron mantenerlas tensas y no lo consiguieron. Mordiéndose el labio, Magda procuró no pensar en el vacío que se extendía debajo de ella y concentró toda su voluntad en la imagen de Domingo esperándola.

El rayo embistió las almenas como un toro lanzado a la carga, llegó a la barbacana y acuchilló los muros. Un fugaz apaciguamiento del vendaval permitió que Magda oyera el gruñido de triunfo que dejó escapar Guillaume cuando las llamas se alzaron hacia el cielo desde la cima de la barbacana, iluminando la catapulta y convirtiéndola en una gigantesca mantis religiosa de fuego a la que parecía rendir homenaje el enjambre de abejas de las chispas. Oyeron el retumbar de los barriles de pez que estallaban y lo acogieron para guardarlo devotamente en lo más profundo de sus corazones, y la exultación calentó sus cuerpos helados por el viento.

De repente hubo piedras sueltas y retazos de dura hierba debajo de sus pies. Guillaume, al ser el más pesado, llegó al suelo una fracción de segundo antes y se apresuró a liberarse del arnés. Una silueta encorvada avanzó velozmente a través de la oscuridad, y Guillaume se llevó la mano a la espada; de inmediato se relajó al ver que era Domingo.

–Buena hoguera –dijo Guillaume, dirigiendo una inclinación de la cabeza a la barbacana.

–Los mantendrá ocupados durante un rato.

La réplica de Domingo fue seca y lacónica, porque toda su atención estaba concentrada en Magda. La joven se había enredado en el arnés y luchaba por incorporarse. Domingo la ayudó a salir de entre las tiras, la incorporó y la abrazó durante unos instantes. Magda se adaptó a los contornos de su cuerpo como si nunca hubiera existido ningún dolor, peligro o separación, o quizá precisamente gracias a ellos y en un acto de desafío a todo lo que se les oponía. Domingo se permitió consumir unos instantes en un rápido abrazo y un beso apasionado pero fugaz antes de dejarla libre.

–Dame tu fardo –dijo, y mientras se lo echaba al hombro el viento bailoteó alrededor de ellos, soplando desde todas las direcciones a la vez como si luchara consigo mismo, y el rayo formó escaleras serpenteantes en el cielo.

Frotándose la nuca para proporcionar un poco de alivio a los músculos que habían quedado envarados por la presión de las tiras del fardo y el descenso, Magda alzó la mirada hacia los muros de la fortaleza que se alzaba sobre ellos y, al hacerlo, sus pómulos capturaron la pureza de la brillante claridad. Las puertas psíquicas estaban abiertas. Percibió la presencia de su madre y de Chrétien, pero no había espacio para la bendición o la despedida. También advirtió cómo se esforzaban por controlar el poder que habían invocado, y en una reacción instintiva habría tratado de ayudarles si Domingo no se hubiera interpuesto en su camino.

–¡Vamos, deprisa! –la apremió, tirándole de la mano.

La mirada de Magda fue atraída hacia el punto en el que sus dedos se entrelazaban con los suyos, forjando el eslabón para el futuro. Se apresuró a seguirle, sintiéndose un poco extraña debajo de aquellas ropas de hombre que llevaba y, al mismo tiempo, sabiendo que eran una bendición, porque así no había faldas que pudieran poner obstáculos a sus piernas mientras corría a través de la oscuridad.

–¡Antorchas! –les advirtió Guillaume–. Se están desplegando por debajo de nosotros... ¡Mirad!

Los tres se detuvieron unos instantes para contemplar los puntitos de luz que subían y bajaban por entre los árboles.

–Debemos llegar ahí abajo –dijo Domingo, la voz enronquecida por la preocupación–. ¡Hemos de darnos prisa!

Unas cuantas piedras se desprendieron bajo sus pies y cayeron ladera abajo con un estridente repiqueteo. Magda patinó y resbaló, y se aferró desesperadamente a la fortaleza de la mano de Domingo. Ah, si pudiera detenerse siquiera un momento para recuperar el aliento y encontrar el sexto sentido que le permitiría caminar por aquellas laderas como si estuvieran bañadas por el sol del mediodía... La ilusión de este último le fue fugazmente concedida por un tremendo relámpago, azul y rosado, que chisporroteó sobre las rocas cerca del sendero y provocó una pequeña avalancha que se precipitó sobre los árboles de abajo.

Domingo les apremió a seguir descendiendo. Dejaron atrás un

puesto avanzado desierto –Domingo había alejado a los soldados antes de ir a esperarles– y entraron en el cobijo de los pinos. Una vez allí se detuvieron unos minutos para recuperar el aliento, con el cuerpo en tensión. La parte más difícil había terminado. Ya solo tenían que reunirse con Luke y los caballos para deslizarse después por entre las hogueras de acampada que formaban un anillo alrededor de la colina.

La mano de Magda se tensó sobre la de Domingo.

–Una criatura negra nos persigue –murmuró, volviendo la mirada hacia el sendero lleno de sombras que debían tomar–. Sabe que estamos aquí, y es muy poderosa.

Las primeras gotas de lluvia cayeron sobre ellos, penetrantes como pinchazos y más frías que el hielo.

–Nosotros somos más fuertes que ella –dijo Domingo, alzando sus manos unidas–. Somos más fuertes que la muerte... –añadió mientras le apretaba suavemente los dedos, y Magda le miró a los ojos y le devolvió el apretón.

Continuaron descendiendo por la ladera, siguiendo senderos de cabras a través de los árboles. La repentina huida de un búho que remontó el vuelo desde una rama baja les dio un susto de muerte, pero aún más aterrador fue el momento en el que el viento cambió bruscamente de dirección y pudieron oír los ladridos de los perros por encima de los latigazos de la tormenta.

–Hermosa noche para una cacería –masculló Guillaume, intentando ocultar así el nervioso nudo de tensión que acababa de oprimirle el estómago ante la repentina idea de que las historias sobre los negros sabuesos de Satanás, aquellos cuentos que se contaban alrededor de las hogueras de los campamentos, tal vez no fueran tan improbables después de todo.

Los ladridos estaban demasiado cerca, al igual que las antorchas de quienes los buscaban. La catapulta envuelta en llamas continuaba agonizando detrás de ellos, y los muros de la barbacana permanecían iluminados por una extraña claridad rojiza que servía de alimento al rayo, de tal forma que el cielo ardía y ondulaba como una gigantesca cortina de bronce.

–Ya no falta mucho para llegar a los caballos –dijo Domingo.

Estaba tratando de tranquilizarles, porque había percibido con toda claridad la sombra de bravata que había en la voz de Guillaume y, hallándose él mismo cerca de sucumbir al pánico, sabía que a su compañero le faltaba muy poco para dejarse dominar por él.

Siguieron bajando a toda prisa y el sendero se ensanchó, flanqueado por pálidos tocones de árbol que indicaban los lugares en los que los pinos habían sido cortados y arrastrados montaña abajo para construir empalizadas y cobertizos donde alojar a las tropas de asedio y, más siniestramente, un recinto lleno de ramas y madera con el propósito de destruir de la manera decretada a los cátaros que no se arrepintieran.

Una choza abandonada se alzaba en el inicio de un claro. A la izquierda aparecían más árboles cortados, pero el sendero de la derecha aún se hallaba envuelto por la espesura del bosque. Detrás de la choza, que Guillaume reconoció gracias al recuerdo de un lejano día de inocencia y que Magda había conocido durante toda su vida, el lustroso pelaje de las monturas relucía como metal carbonizado y Luke aguardaba impacientemente, sosteniendo las riendas de cuatro nerviosos corceles.

No hubo intercambio de palabras. Los cuatro sujetaron sus fardos a las grupas con rapidez y se dispusieron a montar. El primer perro entró corriendo en el claro en el mismo instante en que Domingo curvaba las palmas para impulsar a Magda hacia la silla. Guillaume gritó una advertencia y desenvainó la espada, pero la joven le gritó que se detuviera cuando ya se preparaba para alzarla.

–¡Si matas al perro, su muerte les guiará hasta nosotros tan infaliblemente como si dejas que viva!

Magda se apartó del caballo y se plantó delante de Guillaume, con una mano extendida y el dedo señalando hacia delante. El perro, un enorme sabueso negro, se detuvo tan bruscamente como si hubiera chocado contra un muro invisible y se tambaleó. Gruñidos ahogados emergieron de las profundidades de su garganta. Magda mantuvo el índice dirigido hacia el centro de su cráneo y empezó a canturrear en voz baja. A los hombres les pareció que pronunciaba un hechizo, pero el cántico solo era una manera de concentrar el poder de su mente y de conseguir que el can obedeciera su voluntad por encima de la de quienes lo habían enviado en pos de ellos.

Mientras el aguacero empezaba a descargar sus telones alrededor de los fugitivos, el animal gimoteó y, con el rabo entre las piernas y las orejas pegadas a su enorme cabeza, retrocedió en una lenta diagonal, encogido de miedo, y en cuestión de minutos el claro quedó desierto. Magda bajó lentamente el brazo y después volvió a alzarlo para presionarse la frente con la palma. Con tanta negrura alrededor, cualquier proyección de la fuerza vital se volvía tan difícil y laboriosa como empujar un peñasco montaña arriba.

–Estoy bien –dijo, respondiendo con una inclinación de la cabeza a la preocupada indagación de Domingo, y volvió a su montura–. Perderán nuestro rastro a partir de este sitio. Ningún perro irá más allá de este claro; percibirán el terror del otro, y la lluvia eliminará nuestro olor.

Sus caballos, bayos de oscuro pelaje elegidos para que se confundieran con las sombras de la noche, desaparecieron entre los árboles. Cuando una partida de búsqueda llegó a la vieja cabaña cátara del claro unos momentos después, los perros reaccionaron con un terror tal que sus cuidadores también se sintieron aterrorizados y, sin llevar a cabo ni siquiera una rápida inspección y con abundantes genuflexiones, se encaminaron con paso presuroso hacia el faro de fuego que coronaba la montaña.

Jadeando a causa de la ascensión y calado hasta los huesos, fray Bernard contempló con ojos llenos de veneno la catapulta, que seguía ardiendo en un acto de desafío a la lluvia, y después volvió la mirada hacia los soldados a los que se había ordenado registrar la montaña. Todos habían regresado ya, y una vez reunidos cerca de la cima quedó claro que ninguno tenía nada que informar, salvo los hombres que habían rastreado el claro, los cuales habían experimentado tal inquietud que estaban convencidos de que la vieja cabaña se hallaba encantada.

–¡Se os han escapado, idiotas! –exclamó Bernard, y su mirada implacable recorrió a los soldados inmóviles delante de él como si quisiera arrancarles la piel a tiras con los ojos–. No habéis buscado lo suficiente, o no habéis estado lo bastante atentos. ¿Qué razón puede haber para que los perros tuvieran miedo, salvo la de que la mujer los haya maldecido?

Los soldados se removieron nerviosamente y bajaron la vista hacia sus botas embarradas. Si las maldiciones acechaban entre las tinieblas, no tenían ninguna intención de correr el riesgo de enfrentarse a ellas.

–Hay que detenerlos. ¿Es que no lo entendéis? Bernard se volvió hacia Hugh d'Arcis, que permanecía inmóvil junto a él, contemplando con expresión sombría los restos de su catapulta–. Hemos de ir en pos de ellos, esta misma noche, inmediatamente... Dadme cinco de vuestros mejores hombres, mi señor.

D'Arcis se mordisqueó el labio y reflexionó. Montségur se rendiría al día siguiente. Tenía que supervisar la rendición, no solo movido por el deber, sino también por el triunfo y la venganza. No podía dirigir la persecución personalmente, tal como habría deseado hacer.

–Sí, llevaoslos –dijo secamente.

Fray Bernard inclinó la cabeza, aunque no había ni un ápice de respeto en su expresión. El sacerdote encorvó los hombros bajo su voluminosa capa negra y echó a andar hacia el campamento.

La tormenta que se agitaba en las alturas era tan violenta que ahogaba cualquier otro sonido y sensación. Mientras caminaba por los pasillos y salas de Montségur, Claire sintió cómo vibraba a través de su cuerpo hasta que ella misma fue el trueno que perseguía la cola del relámpago. Esperaba que Magda y Guillaume ya hubieran conseguido alejarse lo suficiente de Montségur. El faro de la barbacana del este atestiguaba la decisión de Domingo, una pira funeraria para conmemorar la muerte de Raoul. Claire pensó en él y en sus hijos, unidos por un vínculo común, y descubrió dentro de sí un pozo de tristeza tan profundamente callada y solitaria como la última hoja otoñal suspendida de un árbol desnudo.

Al día siguiente las mujeres y los niños de la guarnición saldrían por las puertas para encaminarse hacia la libertad. Lo mismo harían los cátaros, con la diferencia de que la puerta que llevaba a su libertad estaba hecha de llamas. ¿Cuánto tiempo se tardaba en morir en la hoguera? ¿Dispondría de tiempo para saberlo y gritar? Era el falso dios quien estaba introduciendo aquellos pensamientos en su cabeza, apremiándola a renegar de su fe, a liberarse del dolor al precio de poner en peligro su alma, pero el falso dios no se saldría con la suya. Claire era demasiado fuerte.

Las mujeres de la guarnición estaban acurrucadas en un rincón de la sala. Sancha dormía profundamente en los brazos de Constanza sin que la tormenta la inquietara en lo más mínimo. En cuanto a Constanza, había estado llorando. Aunque su relación con Guillaume nunca había ido más allá de la superficialidad, el joven guerrero había cuidado muy bien de ella y de Sancha, y Constanza no quería perderlo. Claire siguió adelante. Ya habría tiempo para ocuparse de Sancha y de Constanza más tarde; de momento debía encontrar a Bridget.

Acababa de llegar a las almenas cuando otro relámpago de potencia aterradora golpeó los muros. Esta vez el trueno hizo que Claire se encogiera junto a un merlón mientras se tapaba los oídos con las manos. Los ecos se desplegaron por el cielo, gruñeron y acabaron disipándose para ser sustituidos por un silencio fantasmagórico, roto únicamente por el repiqueteo de la lluvia. El corazón le latía a toda velocidad cuando se puso en pie y avanzó con paso tambaleante por el paseo de ronda de la muralla hacia la pequeña plataforma erigida sobre la torre a la que Bridget había ido en tantas ocasiones para contemplar el amanecer y hacer acopio de fuerzas.

Bridget estaba allí con Chrétien, inmóviles el uno al lado del otro dentro de un pentágono de sal que se estaba disolviendo rápidamente bajo la lluvia. Claire, con las manos sobre la boca, se aproximó un poco más a ellos, y descubrió que los dos estaban muertos.

El viento gemía a lo largo de las almenas, y la lluvia contenía trocitos de hielo que golpeaban con la fuerza de piedras y atravesaban la vieja capa y el traje de Claire como si no existieran para dejarla helada. Con los ojos nublados por las lágrimas, dispuso los cuerpos en una postura lo más digna posible e intentó convencerse de que solo eran cascarones, que la chispa vital, como el mismo rayo, se había disuelto en el infinito. Todos se habían ido y la habían dejado abandonada allí, a ella, que había querido ser la primera en morir. Permaneció inmóvil sobre la plataforma durante largo rato y, cuando por fin volvió a ser consciente de sí misma y de lo que la rodeaba, la lluvia había cesado y el cielo empezaba a palidecer por el este. El sonido que la había sacado de su ensimismamiento era el chirrido de la puerta principal al abrirse, rindiéndose así a los cruzados y los sacerdotes.

Hugh d'Arcis juntó las manos a la espalda y examinó a los dos contingentes inmóviles en el patio de armas del castillo. En términos de suciedad, agotamiento y delgadez no había gran cosa que permitiera distinguir a unos de otros, y a primera vista resultaba difícil diferenciar al hereje contumaz de la oveja católica descarriada. El grupo ligeramente más numeroso estaba formado por los hombres, mujeres y niños de la guarnición que habían sido arrastrados a caminos blasfemos, pero que aún podían ser redimidos mediante la reeducación y la penitencia. Una mujer contemplaba a los soldados de D'Arcis con sus oscuros y apasionados ojos ya llenos de osadía. Encima de su hombro, una niñita de negra y rizada cabellera observaba solemnemente a los cruzados mientras se chupaba el pulgar.

El otro grupo contempló a D'Arcis no con resignación y miedo, como este había imaginado en un principio, sino con una abrasadora certidumbre que superaba a cualquier creencia ordinaria, los rostros iluminados por lo que D'Arcis hubiese jurado era un residuo de los rayos de la noche anterior. Para aquellos Perfectos no existía ni siquiera el destello del arrepentimiento. Algunos de ellos incluso extendieron las muñecas hacia las manillas que los soldados les estaban colocando con violenta premura.

Les habían arrebatado sus posesiones y las habían apilado en un pequeño montón en el centro del patio; lo que más abundaba eran las copias de los evangelios en lengua vernácula, pero la Inquisición tendría que examinarlas antes de que fueran quemadas. También había unos cuantos collares y brazaletes de escaso valor, ya que los cátaros no creían en los adornos y casi todos habían sido obtenidos de conversos recientes que todavía conservaban vínculos sentimentales con su pasado. Ciertamente no había nada que mereciese ser repartido como botín, aunque los rumores de tesoros fabulosos habían abundado en el campamento de los cruzados durante todo el invierno.

Mientras los soldados realizaban su tarea, D'Arcis se paseó por la fortaleza que había tardado nueve meses en conquistar. Desierta salvo por los cautivos del patio de armas, sus pasos creaban ecos que resonaban huecamente sobre las piedras y los tablones de madera. D'Arcis se detuvo unos instantes ante un caldero lleno de gachas y dejó atrás diminutos recintos repletos de paja maloliente que habían sido utilizados como dormitorios. Las dos semanas de tregua habían permitido que los cátaros disfrutaran de unas raciones y un grado de decencia que no se merecían. Habían abusado de su confianza, y de ahí las manillas. ¡Que fueran llevados a rastras montaña abajo para morir como la escoria que eran!

Subió al paseo de ronda de la muralla y empezó a recorrer las almenas. El aire matinal se había vuelto frío y cortante después de la tormenta de la noche anterior, pero también había sido aromatizado y suavizado por la primavera a medida que el mundo quedaba inundado por el sol.

Al día siguiente iniciarían la larga labor de derribar las murallas de Montségur, que serían derruidas hasta que lo que quedara de ellas nunca pudiera volver a suponer una amenaza. La forma en que el edificio había sido orientado para aprovechar el sol al máximo resultaba bastante curiosa. La luz de las primeras horas del día deslumbró a D'Arcis mientras llegaba al final del paseo de ronda de la muralla y a la pequeña plataforma sobre la que yacían dos cuerpos. Vio a una mujer de mediana edad y a un anciano, desnudos los dos, y se sintió invadido por la repugnancia primero y, cuando distinguió los oscuros contornos de un pentágono que el rayo había dibujado en la madera, por el miedo también. D'Arcis se apresuró a retroceder después de una rápida genuflexión y bajó a toda prisa por la escalera que llevaba al paseo de ronda de la muralla principal. Aquellos cadáveres también tendrían que ser quemados, y cuanto antes, mejor.

Claire se tambaleó sobre las piedras de la empinada cuesta. Podía sentir el suelo a través de las partes desgastadas de sus sandalias, con cada paso agudizado por el dolor del contacto, de saber que aquellos eran los últimos pasos que daría jamás y que aquella visión de las montañas, azules bajo la calina primaveral y oscurecidas por los pinos, sería la última de la que disfrutaría en aquel mundo. Quería detenerse y dedicar unos momentos a la despedida, pero los guardias, en su premura por acabar de una vez con todo aquello para que no hubiese más cátaros que turbaran sus conciencias, los empujaban con palos, látigos de caballerías y el plano de las hojas de sus espadas, como si sus cautivos fueran animales que estuvieran siendo conducidos al matadero.

Una anciana cayó delante de ella. Claire se inclinó para tratar de ayudarla, pero un soldado muy joven tiró brutalmente de ella para alejarla de la mujer.

–¡Apártate de ella, ramera! –masculló.

La adolescencia todavía temblaba en su voz y sus ojos estaban llenos de temor; Claire comprendió que obraba así por miedo al yo interior. «Arranca lo superficial para poner al descubierto el más grande de todos los terrores. Responde al odio con el amor.»

–Que puedas caminar en la luz –le dijo con dulzura, y su bendición fue recompensada con un bofetón que le cruzó la cara.

Claire se tambaleó, la mano sobre la mejilla. El joven cruzado levantó a la anciana con un salvaje tirón y luego le asestó un empujón que casi consiguió volverla a derribar.

–¡Sigue andando! –le rugió, y se encaró con Claire–. ¡Y tú también, perra! –añadió, y sus dedos le magullaron el brazo mientras la obligaba a avanzar con un segundo empellón.

Cuando estuvieron cerca del pie de la montaña, los cruzados se alinearon a lo largo del camino para burlarse y lanzarles escupitajos, y algunos entraron en él con alegre entusiasmo para empujar a los cátaros con palos y ramas. Claire vio las capas negras de los frailes dominicos, las sedas magníficamente incrustadas de gemas de un obispo, la túnica de color rojo sangre de un enviado papal y el altar erigido al aire libre, con su enorme cruz presidiéndolo para que todos la vieran y la adorasen. El hedor del campamento del ejército hacía que los malos olores que se habían adueñado de Montségur durante las últimas semanas del asedio pareciesen el más delicioso de los perfumes. Allí, presente por todas partes, reinaba la pestilencia de la corrupción mundana que Claire había olvidado durante sus años en la montaña. Su recuerdo surgió de la nada para inundar todo su ser con un sabor a bilis.

Los cruzados habían levantado una empalizada con troncos despojados de sus ramas, y luego la habían llenado con madera y ramas sobre las que los sacerdotes esparcían agua bendita mientras los soldados derramaban pez. Un tramo de peldaños de madera llevaba a una pasarela que corría a lo largo de la empalizada. De pronto Claire vio a un hombre ataviado con las vestimentas episcopales inmóvil en el centro de la pasarela, junto a una tosca escalerilla de madera que descendía hacia el combustible. El obispo, sosteniendo una cruz ante sí, aguardaba a sus víctimas.

El desprecio y el terror libraron batalla dentro de Claire ante el espectáculo de aquella grotesca parodia. Abrir una puerta en la empalizada y hacer entrar a los cátaros por ella les hubiera resultado mucho más sencillo, pero tenían que cargarlos de cadenas, arrastrarlos montaña abajo y exhibirlos ante los cruzados, permitiendo que fueran zarandeados, atormentados y cubiertos de escupitajos antes de subir por una escalera para ser enviados, de nuevo y simbólicamente, hacia abajo, a los fuegos del infierno. ¿Acaso no comprendían que el infierno estaba allí? ¿No se daban cuenta de que estaban a punto de ofrecerles la liberación, que habían fracasado?

Los cautivos fueron empujados hacia delante y obligados a subir por los peldaños. Cuando le llegó el turno a Claire de descender al recinto de ramas, perfumado por el acre aroma de la madera cortada y la resina de pino, el obispo trazó el signo de la cruz sobre su cabeza. Ella le miró a la cara, y el obispo desvió la vista, reaccionando con la nerviosa inquietud fruto del temor secreto.

–Has fracasado –le dijo Claire.

Después puso las manos sobre los travesaños de la escalera y se reunió con sus hermanos y hermanas en la fe cátara.

Cuando el último Perfecto hubo entrado en el recinto y la escalera fue retirada para impedir que alguno de ellos intentara llevar a cabo una última y desesperada huida hacia la libertad, había más de doscientas personas aguardando la muerte dentro de la empalizada.

El obispo alzó su báculo y empezó a hablar con palabras llenas de retórica y de pomposa seguridad en su propia importancia, de mal y de engaños. Claire decidió no oírle y murmurar su propia y sencilla plegaria. Cerró los ojos para no contemplar la falsa imagen de la cruz mientras rezaba.

El olor a quemado invadió sus fosas nasales. Esta vez no era el aroma de las hogueras de acampada, sino el que tanto había estado temiendo. «Pues Tuyo es el reino, el poder y la gloria, por los siglos de los siglos, amén...» Claire alzó los párpados y contempló la lengua de llamas que empezaba a alzarse por encima de la empalizada entre nubecillas de humo resinoso. Unos momentos de dolor y la espera terminaría para siempre. Una mujer le había aconsejado que inhalara el humo, porque la muerte llegaría más deprisa de esa manera. Claire repitió la plegaria en voz más alta y firme, suplicando ser liberada de todo aquello. Enseguida el humo le arrebató el aliento y una llamarada repentina rozó el borde desgarrado de su vestido, jugueteó brevemente con él y luego ascendió con rapidez por su cuerpo, consumiéndolo. Sus pulmones se llenaron de humo y su cuerpo se convirtió en una antorcha. Los primeros segundos de abrasadora agonía fueron sustituidos por el frescor de una oleada de luz que la limpió y calmó, interponiendo una barrera entre Claire y los fuegos del odio y la ignorancia. Su cuerpo se consumió y se ennegreció entre las llamas, pero Claire de Montvallant por fin era libre.

Capítulo 44

Domingo acabó de cepillar a los caballos, cubrió sus grupas con mantas y empezó a atarlos. Guillaume, inclinado sobre la diminuta hoguera de acampada, cocinaba unas truchas que habían comprado a un pastor con el que se habían topado hacía unas horas, y Luke recogía madera para el fuego.

Era una noche muy despejada, y las estrellas brillaban en el cielo, pero su claridad era más pasiva que iluminadora. Domingo alzó la mirada hacia el cielo durante unos momentos y después reanudó su tarea. Solo una noche más y cruzarían la frontera gascona. Quizá entonces dejaría de percibir con tanta intensidad aquel molesto cosquilleo en los hombros. Tenía el inexplicable presentimiento de que los seguían, pero después de otear desde las alturas a lo largo del camino y escrutar a los otros dos hombres no había descubierto nada. Magda albergaba los mismos temores, y Domingo sabía que no se trataba meramente de que le hubiera contagiado su inquietud.

–¿Quieres un poco de ayuda?

La joven se reunió con él en el mismo instante en que había empezado a pensar en ella. Era algo que solía ocurrirles cada vez con más frecuencia, como si bastara con el más tenue chispazo mental para que cada uno fuera consciente de la presencia del otro. Moviéndose deprisa y con gran competencia, la muchacha empezó a atar al robusto corcel castrado en que había cabalgado. El asedio la había enflaquecido, pero aun así demostró ser capaz de soportar las implacables jornadas de marcha dictadas por Domingo sin quejarse en ningún momento, aunque cuando hacían un alto con la caída de la noche siempre devoraba sus raciones y se quedaba dormida inmediatamente.

Magda se quitó el sombrero de peregrino de anchas alas que ocultaba su trenza de relucientes cabellos durante el día, y Domingo sintió un repentino anhelo de deshacerla y permitir que sus cabellos, sedosos y frescos, se deslizaran entre sus dedos. Cuando Magda se levantó, Domingo no pudo resistir el impulso de tomarla entre sus brazos y besarla. Los dedos de la joven se enredaron en su cabellera mientras respondía con un hambre silenciosa tan grande como la suya. Domingo dejó escapar un gemido ahogado y se apartó de ella, pensando que podían satisfacer su pasión allí mismo, entre los caballos, sin esperar ni un solo instante. Guillaume y Luke no les interrumpirían, pero una señal de advertencia, un súbito incremento de la inquietud, se infiltró insidiosamente entre la agitación de su cuerpo. Domingo metió las manos debajo del cinturón, resistiéndose a la tentación, y observó a Magda con expresión sombría. La joven le devolvió la mirada, una pregunta en sus luminosos ojos grises.

–Cuando tenía dieciocho años –dijo Domingo, hablando muy despacio y escogiendo cuidadosamente las palabras para tratar de explicar lo que sentía–, siempre acababa cediendo al impulso de acostarme con todas las mujeres que se cruzaban en mi camino. Casadas o doncellas, damas o siervas... Me daba absolutamente igual cuál fuera su condición. –Se encogió de hombros, visiblemente incómodo–. Supongo que seguía buscando el consuelo del pecho, quizá debido a haber tenido una infancia tan difícil.

–Y ahora estás demostrando tu madurez mediante la abstinencia, ¿verdad? –inquirió Magda con una media sonrisa.

–No.

–¿De qué se trata entonces?

–He sido escudero en la corte del rey Luis y, como es habitual, arranqué el fruto prohibido de todos los árboles que el destino puso a mi alcance y lo devoré sin sentir el más mínimo remordimiento. –Le lanzó una mirada de soslayo–. Un día un esposo airado me sorprendió con algo más que los dientes hundidos en cierta manzana. Nunca he olvidado esa sensación: darme la vuelta y ver a un hombre, enloquecido por la ira y con todo el derecho del mundo a estarlo, inclinándose sobre mí con una espada desenvainada... Ese recuerdo continúa acompañándome, como si algo esperara el momento en que baje la guardia para vengarse por robarle lo que considera suyo.

Magda se estremeció, incapaz de tranquilizarle porque había estado experimentando esa misma sensación.

–Me parece que alguien nos ha estado siguiendo desde Montségur –añadió Domingo en voz baja.

–Yo también lo pienso. Esto aún no ha terminado.

Volvieron a la hoguera con el rostro ensombrecido y se acercaron al agradable calor con el que las llamas les dieron la bienvenida.

–Cambio de planes –anunció Domingo, mirando a Luke y a Guillaume–. Solo descansaremos unas horas. Quiero entrar en la Gascuña esta misma noche.

Fray Bernard contemplaba el parpadeo luminoso de la hoguera que indicaba la situación del campamento de los herejes. Podía ver las figuras que dormían tendidas en el suelo, el hombre de guardia y los caballos atados a un árbol. Ya estaban muy cerca de ellos. Igual que un lobo, alzó la nariz hacia el viento y acarició la daga que colgaba de su cinturón. Era un arma de caza, un puñal alemán cuya hoja tenía un palmo y medio de longitud. Bernard había rezado sobre ella, la había purificado con agua bendita y después había bendecido sus bordes temiblemente afilados. Gracias a ello estaba seguro de que la hereje moriría, y de que su conocimiento perecería con ella. Su fuerza era más grande que la de la mujer, porque la suya procedía de Dios. Dios le había dicho lo que debía hacer.

Incapaz de conciliar el sueño, Domingo dobló su manta en un pulcro bulto para guardarla en el petate de la silla de montar y luego se acuclilló junto al fuego, donde Guillaume montaba guardia.

–Supongo que todavía no es hora de emprender la marcha, ¿verdad? –preguntó Guillaume.

Domingo meneó la cabeza.

–No podía dormir. Estoy demasiado nervioso y preocupado. –Cogió una ramita, la lanzó al fuego y contempló cómo era consumida por las llamas. Después su mirada se deslizó a lo largo del cuello de piel de lobo de su capa y acabó posándose en su hermano–. ¿Qué harás ahora? En cuanto todo esto haya terminado, quiero decir...

Guillaume alzó los hombros como si intentara desplazar un molesto peso invisible, y no respondió.

–Si quieres puedes establecerte en mis tierras de Inglaterra –añadió Domingo.

–Preferiría no tener que depender de un Montfort para conseguir el pan de cada día –dijo Guillaume–. Tal vez haya cierta justicia en ello, pero me parece que antes preferiría morirme de hambre.

Esta vez fue Domingo quien guardó silencio, no confiando en sí mismo lo suficiente para atreverse a hablar. El lazo de sangre que le unía a Guillaume era más bien un obstáculo que un cimiento sobre el que se pudiera erigir un entendimiento más elevado.

–No saldría bien. Lo comprendes, ¿verdad?

–Ahora lo comprendo –replicó Domingo con un tono más bien gélido.

Pero sabía que Guillaume tenía razón y, pasados unos minutos, agitó la mano en un gesto de aceptación cargado de tristeza.

–De todas maneras –dijo Guillaume, lanzándole una rápida mirada de soslayo–, ya estaba más o menos decidido a marcharme con Luke y hacer los votos de los templarios.

Magda gimió y se removió en sueños, y Domingo volvió la cabeza hacia ella. Guillaume se levantó y empezó a pasear nerviosamente de un lado a otro, como un animal enjaulado que oliera la libertad en la brisa.

–¿Sabías que es mi medio hermana? –murmuró.

–Lo sospechaba. Los cabellos rubios eran una rareza en el sur hasta que llegaron los franceses, y vuestro parecido disipa cualquier duda sobre vuestro parentesco.

Domingo se inclinó sobre Magda, súbitamente invadido por una oleada de ternura protectora.

–Sí –mascolló Guillaume con una sombra de malicia en la voz–. Mirándonos cualquiera pensaría que soy yo el que ha nacido en el norte.

–Eso es superficial –replicó Domingo, negándose a dejarse provocar–. Lo que importa es lo que hay dentro del corazón –añadió, y no obtuvo la satisfacción de ver torcer el gesto a Guillaume.

Los gimoteos de Magda se volvieron más ruidosos, convirtiéndose en gritos, y sus brazos y sus piernas se agitaron como si estuviera intentando quitarse de encima a un asaltante. Domingo le murmuró palabras tranquilizadoras, que quedaron ahogadas cuando la joven empezó a dar alaridos.

Siluetas oscuras atacaron como lobos surgidos de la negrura. Guillaume desenvainó su espada. Luke, alertado por los gritos de Magda, ya había arrojado a un lado su manta y empuñaba su acero. Domingo cubrió a Magda con su cuerpo para protegerla y enseguida comprendió que se hallaba en la situación que tanto había temido su imaginación, con la diferencia de que no había llegado a ella a través del cortejo amoroso, y de que si moría allí, lo haría para siempre en vez de solo durante unos segundos. Debajo de él, los ojos de la joven eran dos lagunas oscuras llenas de miedo y perplejidad.

–¡Nos han encontrado! –jadeó Magda mientras las chispas golpeaban la noche y las espadas se encontraban para separarse con un chirrido metálico.

Guillaume se lanzó al ataque y fue recompensado con un chillido de dolor. Su adversario retrocedió tambaleándose, tropezó con unas ramas para el fuego amontonadas junto a la hoguera y se desplomó pesadamente sobre las llamas. El humo se alzó de la lumbre para envolver los cuerpos en una espesa nube, y toses entrecortadas brotaron de los combatientes.

–¡A los caballos, deprisa!

Domingo levantó a Magda de un tirón mientras Guillaume cubría su huida y desenvainaba su espada sin dejar de correr. Un soldado echó a correr tras ellos. Domingo detuvo un mandoble antes de atacar a su vez, y empujó a Magda para que siguiera avanzando. Una silueta negra surgió de la oscuridad para caer sobre ellos, el cuerpo desplegado formando una estrella tenebrosa con un destello plateado en su punta superior. Domingo sintió un golpe helado en las costillas y oyó gritar a Magda. Sus fosas nasales fueron invadidas por el olor a rancio de la lana sucia y los relentes de incienso viejo. El golpe, aunque desviado por su cota de malla, lo hizo tambalear, y Magda le fue arrancada en ese momento. Domingo vio el brillo del acero levantado por encima de su cabeza y se abalanzó sobre el atacante, moviéndose con fulminante celeridad.

Los tres cayeron juntos. El puñal de hoja afilada como una navaja de afeitar se agitó y golpeó una y otra vez, impulsado por la fuerza sobrehumana del asesino, y su empuñadura se volvía resbaladiza a causa de la sangre mientras Domingo intentaba desarmar al hombre que lo blandía. Por fin logró sujetarle, pero entonces Magda le gritó que lo soltara con una voz tan salvajemente imperiosa que obedeció, mas no lo suficientemente deprisa. El primer y violentísimo impacto atravesó tanto su cuerpo como el de su enemigo, e hizo que saliera despedido hacia atrás en un momento de cegadora agonía.

Había una extraña luz en sus ojos, una ondulación de llamas, aunque era más abrasadora que el fuego y, al mismo tiempo, más fría que el hielo; Domingo oyó cómo el otro hombre dejaba escapar un chillido de conejo herido, o quizá fuera él mismo quien gritaba, o tal vez su padre. ¿Cómo era posible que un hombre que tenía la cabeza aplastada pudiese gritar?

Los sonidos fueron disminuyendo hasta convertirse en un débil graznar enronquecido que Domingo por fin pudo distinguir de sus jadeos entrecortados. Abrió los ojos, y enseguida tuvo que entrecerrarlos porque aún estaba deslumbrado. Sus manos se hallaban llenas de profundos cortes y manaban sangre. Su cota de malla le había salvado de sufrir males peores, y solo tenía morados y algún que otro pequeño pinchazo. Fray Bernard todavía se agitaba débilmente sobre el suelo junto a él, los ojos en blanco y la sangre brotando de su boca como una espuma rojiza; la empuñadura de un cuchillo sobresalía del centro de su esternón.

–Se ha apuñalado a sí mismo en su frenesí –logró balbucir Magda con voz temblorosa–. Hice lo que me había enseñado mi madre, y volví su mal contra él.

El sacerdote dejó de respirar mientras la pareja le contemplaba con los ojos llenos de horror. La empuñadura del cuchillo tembló una última vez y luego quedó inmóvil. Magda bajó la mirada hacia su traje cubierto de sangre, luego la posó en las manos laceradas de Domingo, y se lanzó convulsivamente a sus brazos. Se besaron con una mezcla de perplejidad y alivio, y esta vez ninguno de los dos intentó resistirse al apasionado poder de sus sentimientos. Magda puso las manos sobre las de Domingo y emitió un palpitante chorro de energía a través de sus dedos para que se extendiera por los suyos en una serie de oleadas curativas, y a su vez esa energía le fue devuelta en la pasión del beso de Domingo. Su cuerpo también estaba dolorido y lleno de arañazos, pero el terrible golpe dirigido hacia abajo, el único que hubiese podido matarla, había sido desviado por el medallón del cáliz y la paloma.

–Sentí cómo nos acechaba en mi sueño –jadeó mientras ponían fin al abrazo y se separaban–. Intenté despertar y advertirte, pero al principio no podía. ¡Me tenía atrapada!

Domingo extendió el brazo para alisarle los cabellos pero se detuvo, consciente del estado de sus manos. Aún estaban cubiertas de sangre, pero esta ya no fluía de los cortes, y apenas sentía dolor.

–¿Estáis bien? –Guillaume, apoyado sobre la empuñadura de su espada de una manera en que ningún caballero que se respetase un poco se habría permitido jamás, con la palma sobre la punzada que le atravesaba un costado y la respiración jadeante, acababa de aparecer junto a ellos. Sus ojos fueron rápidamente, y con una creciente preocupación, de la ropa empapada de Magda a los oscuros cortes que surcaban las manos de Domingo–. Oh, Cristo...

–Es bastante menos grave de lo que parece –se apresuró a decir Magda para tranquilizarle–. Solo tengo unos cuantos arañazos, y las manos de Domingo no tardarán en curar. ¿Y tú?

Guillaume se irguió, la respiración ya casi normalizada.

–Ni una señal –dijo, y sonrió–. Llevaban nueve meses holgazaneando en un campamento y se habían acostumbrado a la vida fácil. Ah, sí, no eran más que unas cuantas espadas sin filo... –Volvió la cabeza para contemplar la hoguera y el desorden que los rodeaba–. Estaban tan gordos y bien alimentados que Luke y yo nos hemos librado de ellos sin ninguna dificultad.

Luke, que aún jadeaba mientras limpiaba lentamente su espada y la envainaba, no disponía del aliento necesario para discrepar. Lo único que sabía era que Guillaume sería una formidable adición a las filas de los caballeros del Temple.

Guillaume se inclinó para echar un vistazo al fraile muerto.

–Le conozco –dijo, levemente sorprendido–. Es un inquisidor papal.

–¿Te acuerdas de él? –preguntó Domingo–. Era el fraile que te hizo arrestar delante del castillo Narbonnais de Toulouse.

Guillaume meneó la cabeza.

–Todos los frailes me parecen iguales –dijo mientras limpiaba la hoja de su espada en la negra tela de la capa.

–Este era distinto –murmuró Domingo con repentino apasionamiento–. Su sombra ha oscurecido toda mi vida desde que tenía cuatro años, y seguirá oscureciéndola incluso ahora que ha muerto. –Puso la mano sobre el brazo de Magda–. Esta noche ya no podremos dormir más... Bien, seguiremos camino hacia la Gascuña.

Capítulo 45

Inglaterra, mayo de 1245

El bebé abría y cerraba las manos dentro de su cestita de ramas de sauce, intentando agarrar la luz salpicada de puntitos de sombra que se filtraba a través de las hojas de los manzanos del huerto en el que tomaba el aire. Según la tradición, y como solo contaba cinco meses de edad, su cuerpecito habría tenido que estar vendado, pero Magda se había negado a utilizar las tiras de tela. Su hija sabría que sus manos estaban libres desde el primer instante de su vida, y jamás se hallaría confinada.

–Cualquiera pensaría que está hablando con los árboles –dijo Domingo, sentándose en el banco al lado de Magda.

El día era tan cálido que había prescindido de la túnica. Allí, en su propio jardín arbolado, Domingo podía descuidar su atuendo cuanto le viniera en gana. Simón había partido recientemente hacia la corte, seguido por cofres repletos de magníficas vestimentas que cargaban mulas tambaleantes y rodeado por la ampulosa exhibición de estandartes y panoplia correspondiente a su rango. Domingo, en cambio, prefería llevar una existencia tranquila y apacible en sus tierras junto al inicio de los marjales, con su esposa, su hijita, nacida en el solsticio de invierno, y la fraternidad de albañiles y maestros de obras que compartían el castillo con ellos mientras construían el convento de Magda.

–Y realmente está hablando con los árboles –dijo Magda–. Percibe su fuerza vital, y está intentando capturar algo más que las sombras de las hojas.

Domingo deslizó el brazo sobre los hombros de su esposa y jugueteó con la borla de seda que adornaba el extremo de su trenza. Durante su embarazo Magda había florecido como una rosa y, de hecho, en aquel momento parecía una rosa, con sombras de oro tiñendo el delicado tono rosado de su piel reluciente de vitalidad. Bridget había nacido en uno de los días más gélidos de un invierno implacable, pero el parto había sido tan rápido como carente de complicaciones, y la niña era una constante fuente de deleites. Domingo no creía que pudiera llegar a sentirse más feliz y satisfecho, quizá porque el horror de todo cuanto había ocurrido antes impregnaba aquellos momentos de unas profundas sensaciones que no podían ser expresadas mediante palabras.

–En una ocasión dijiste que me lo contarías todo sobre la Magdalena –le murmuró contemplando el resplandor de cabellos que había entre sus dedos–, y que entonces me explicarías por qué tomaste la decisión de consagrarle tu convento.

Magda se inclinó hacia él para observar las sombras de las hojas y la luz del sol, y advirtió cómo las ondulaciones de su aura, la de Domingo y la de su bebé se confundían unas con otras.

–¿Y si te dijera que desciendo de ella?

Domingo frunció los labios.

–Entonces tuvo que ser muy hermosa.

–Oh, en serio...

–En lo que a mí respecta, me daría absolutamente igual que te atribuyeras a Hécate por bisabuela. Eres tú quien me importa, no tus antepasados.

–Pero esos antepasados han legado a mi linaje algunos dones muy extraños y peligrosos.

Domingo extendió las manos ante sí. La piel todavía mostraba las ya casi invisibles cicatrices provocadas por la daga de un loco.

–Eso lo admito, pero insisto en que no me importa..., ni siquiera sabiendo que por alguna misteriosa razón tu linaje hace enloquecer de ira a la Iglesia de Roma.

Magda le sostuvo la mirada en silencio durante unos momentos.

–No es solo por la Magdalena, sino porque tuvo un esposo

con quien estuvo casada durante más de diez años, y porque le dio hijos antes de que lo mataran –dijo después–. Roma tiene su propia versión de lo ocurrido, naturalmente. Se supone que los reyes-sacerdotes deben ser célibes.

–¿Los reyes-sacerdotes? –repitió Domingo sin acabar de responder. De repente el significado de las palabras de Magda se abrió paso en su cerebro. En una reacción totalmente involuntaria, sus ojos se volvieron hacia el bebé–. ¿Quieres decir que tu madre, tú y nuestra hija descendéis del Cristo?

–Sí.

Domingo alzó su mirada hacia Magda.

–Debéis de tener alguna prueba de ello, ya que de lo contrario los sacerdotes no hubieran estado tan decididos a haceros callar para siempre –dijo.

–Oh, sí. Tengo los textos, una copia de un evangelio escrito por la mismísima Magdalena. Después de la muerte de su esposo, María Magdalena y sus hijos fueron hasta el Languedoc a bordo de un barco mercante. A medida que el poder de la Iglesia romana crecía, sus descendientes fueron perseguidos porque podían desvelar la verdad. Una rama de la familia cruzó el mar para huir a Inglaterra. Mi madre era la única superviviente de esa rama, y se convirtió en sacerdotisa de la religión de la Diosa. Cada generación aprende a utilizar su poder para hacer el bien, a fin de crear un contrapeso al mal que hay en el mundo. Mi tío abuelo Chrétien creía que mediante sus acciones los cátaros podrían demostrar la falsedad de Roma e incrementar la armonía de la humanidad, pero estaba espantosamente equivocado. Quienes estaban preparados para escuchar eran muy pocos, y los miembros de nuestra familia empezaron a ser perseguidos apenas hubieron iniciado su actividad. –Se inclinó, sacó a su hija de la cesta y besó sus delicados cabellos oscuros–. El secreto deberá ser cuidado y alimentado entre la oscuridad, por lo menos durante esta generación, y quizá durante mucho tiempo en el futuro.

Domingo levantó el medallón del cáliz y la paloma que Magda llevaba encima del vestido.

–Así que tú eres el grial –murmuró, hablando muy despacio–. Sí, ya lo entiendo... La portadora de la sangre sagrada, el recipiente de la gracia. –Hizo girar el medallón entre sus dedos–. ¿Y yo soy la lanza? –Un destello de humor sarcástico brilló en sus ojos–. Supongo que también resulta adecuado.

Magda bajó los ojos, repentinamente ruborizada.

–Hacía tiempo que quería contártelo, pero no sabía qué decirte, y temía lo que podía llegar a leer en tu mente o en tu corazón.

–Si hay alguien en este mundo que pueda conocer mi mente y mi corazón, eres tú –dijo Domingo, elevándole el mentón con la yema de los dedos para que los ojos de Magda se encontraran con los suyos.

–Y no hay nadie en este mundo más vulnerable que yo –dijo ella con una sonrisa–. No he mirado dentro de ti con mucha frecuencia, ¿sabes? ¿Qué pensarías de una esposa que siempre estuviera examinando tu correspondencia privada?

–Que es una desvergonzada –murmuró Domingo, tirándole suavemente de la trenza–. ¡Y habrías recibido tu merecido por espía! –Después se puso serio–. El linaje está a salvo en mis manos. Bien sabe Dios que las han herido y mutilado lo suficiente para demostrarlo; además ahora formo parte de él –añadió mientras extendía el índice, y su hija curvó el puñito alrededor de él y le obsequió con una sonrisa resplandeciente.

Siguieron sentados en el jardín mientras el día transcurría en derredor suyo y el sol alteraba su ángulo, creando un nimbo de luz dorada alrededor de los tres.

Índice

Título de la edición original: *Children of Destiny*
Traducción del inglés: Albert Solé,
cedida por Ediciones Martínez Roca, S. A.
Diseño: Eva Mutter
Fotografía de la sobrecubierta: Colin Finlay

Círculo de Lectores, S. A. (Sociedad Unipersonal)
Travessera de Gràcia, 47-49, 08021 Barcelona
www.circulo.es
3 5 7 9 2 0 0 6 8 6 4

Licencia editorial para Círculo de Lectores
por cortesía de Ediciones Martínez Roca, S. A.

Depósito legal: Na. 1028-2002
Fotocomposición: Fotoletra, S. A., Barcelona
Impresión y encuadernación: RODESA (Rotativas de Estella, S. A.)
Navarra, 2002. Impreso en España
ISBN 84-226-8959-6
N.º 07849